아산재단 연구총서 제247집

재활상담과 사례관리

나 운 환

집문당

머리말

최근 재활의 패러다임이 전문가 중심에서 내담자 중심, 내담자 중심에서 다시 파트너십 중심으로 급격히 전환되면서 장애인들의 참여가 중요한 쟁점의 하나로 다루어지고 있다. 최근 우리 사회의 큰 화두 중 하나였던 장애차별금지나 UN의 장애인 권리협약도 큰 흐름은 장애인들의 참여를 어떻게 보장할 것이냐를 다루고 있으며, 결국, 2007년 제정된 장애차별금지 및 권리구제 등에 관한 법률이나 장애인복지법 개정, 장애인특수교육법 등은 모두 이를 중요한 관점으로 다루고 있다.

재활상담은 장애인이 역량을 가지고 사회의 성원으로 살아가는 데 있어 발생하는 문제를 해결하려는 것으로 장애인의 심리적 구조를 객관적 자료에 의해 진단·평가하고, 내담자가 장애 이전에 가지고 있었거나 새로 원하는 삶의 조건을 평가하여 가장 잘 합치되는 삶을 살 수 있도록 지원하는 통합적인 개념으로 결국 재활상담에 있어서 장애에 대한 관점이 가장 중요한 논점이 되는 것이다.

그동안 상담이나 심리치료에 대한 이론서들이 많이 출간되고 번역되었다. 그러나 이 모든 내용들은 상담이나 심리치료의 이론적 부분을 다루고 있지, 실제 재활상담에서 중요한 장애에 대한 관점을 집중적으로 조명하지 못했다. 이 책을 저술하는 데 있어 가장 중요하게 다루었던 내용은 상담이나 사례관리의 중심을 의료적, 사회적 모델의 장애관점에 두고 다루었다는 것이다.

저자는 지난 13년 동안 재활현장에서 다양한 경험을 하였고 학교에서 재활상담사를 양성하기 위한 8년간의 경험을 바탕으로 현장과 학교의 연계는 결국 장애관점을 같은 맥락에서 풀 수 있느냐에 달려 있음을 깨닫게 되었고 이 책 전반에 이 경험을 담고자 노력하였다.

이런 맥락에서 제1부는 재활상담의 개관으로 재활상담의 개념과 특성을 장애관점에서 정의하였으며 재활상담의 역사적 변천과정, 재활상담사의 역할과 양성제도들을 체계적으로 정리하였다.

제2부는 상담이론으로 장애를 가진 사람을 결정론적으로 접근하느냐 비결정론적으로 접근하느냐라는 기준에 의해 정신분석적 이론, 인본주의적 이론, 합리적·정서적 이론, 행동주의적 이론, 절충주의적 이론으로 구분해서 살펴보았으며 재활상담의 단계와 상담기술, 상담기록을 이론과 실천현장을 고려하여 서술하였다.

제3부는 직업상담이론으로 직업상담의 개념과 역사적 변천과정, 직업문제를 인간의 생애 전체 혹은 진로행동 성숙성 여하에 따라 분류학적 관점과 발달론적 관점에서 직업상담이론을 살펴보았으며 또한 직업상담 시 정보관리의 중요성을 인식하고 직업과 산업분류, 직업분류와 직업사전, 직업전망서 등을 다루었다.

제4부는 사례관리 부분으로 재활상담에서의 사례관리 개념과 사례관리자의 역할, 그리고 사례관리 모델과 과정을 서술하였다. 재활상담에서의 사례관리 개입과정은 초기면접, 문제상황 측정 및 평가, 재활계획, 서비스 조정, 모니터링, 재측정이라는 측면에서 살펴봄으로써 우리나라 재활현장과의 괴리를 좁힐 수 있도록 서술하였다.

이 책은 학생만이 아니라 현장에서 근무하는 재활상담사, 장애인, 장애인 가족들이 직업적 관점에서 재활상담을 효율적으로 진행할 수 있도록 서술하였기 때문에 다양한 사람들이 활용할 수 있으리라 생각한다.

대구대학교는 우리나라 재활상담현장에 상당한 의미를 가지고 기여하는 대학이라는 사실에 많은 사람들이 공감하고 있다. 비록 늦었지만 장애관점에서 상담이라는 조금은 원론적이고 이론적인 학문을 접근할 수 있었던 것이 이 책의 가장 소중한 가치라는 생각이 들며, 본서가 출판되기까지 자료조사, 원고입력, 교정 등의 많은 일들을 도와준 연구실의 정승원, 정지훈, 박세진, 김미정 대학원생들과 직업재활학과 정울, 임하나 학생, 그리고 늘 재활상담과 한국의 직업재활을 위해 고민하는 사랑하는 제자들 박경순, 류정진, 정명현, 김춘만, 김동주, 전미리, 강윤주, 이혜경, 박철현, 이운식, 이문정에게 감사의 마음을 전한다.

마지막으로 본서가 출판될 수 있도록 연구비를 지원해 준 아산사회복지재단과 편집 · 교정을 위해 애써 준 집문당출판사 조서영 씨, 그리고 학문적 스승이신 강위영 교수 이하 직업재활학과의 선 · 후배 교수들과 사랑하는 가족들에게도 감사의 마음을 전하고 싶다.

2008년 2월
재활현장의 목소리가 살아 숨쉬는
대구대학교 대명동 캠퍼스에서
나 운 환

차 례

제 1 부 재활상담의 개관

제 1 장 재활상담의 개념

제 2 장 재활상담의 특성 · 27

제 3 장 재활상담의 역사적 변천

제 4 장 재활상담사의 역할과 양성

제 2 부 상담이론

제 8 장 합리적 · 정서적 이론

제 9 장 행동주의적 이론

제 10 장 절충주의적 이론

제 11 장 재활상담단계와 기술

제 3 부 직업상담이론

제 12 장 직업상담의 개관

제 13 장 직업상담이론

제 14 장 직업상담에서의 정보관리

제 4 부 사례관리

제 15 장 재활상담과 사례관리

제 16 장 사례관리 모델과 과정

표 차례

그림 차례

제 1 부
재활상담의 개관

〈핵심 내용〉

재활상담은 장애인이 역량을 가지고 사회의 성원으로 살아가는 데 있어 발생되는 문제를 해결하고자 하는 것으로 장애인의 심리적 구조를 객관적 자료에 의해 진단·평가하고, 내담자가 장애 이전에 가지고 있었거나 새로 원하는 삶의 조건을 평가하여 가장 잘 합치되는 삶을 살 수 있도록 지원하는 통합적인 개념으로 장애에 대한 관점이 중요한 영향변인이다. 상담은 1800년대 이후 지속적인 발전을 거듭하면서 최근에는 다양성을 중요한 변화요인으로 인정하고 1900년 이후 재활상담이 소개되기 시작하였다.

재활상담사의 역할과 기능에 대해서는 대체적으로 사례관리, 직업상담 및 평가, 정의적 상담, 직업배치로 요약되며, 재활상담사 자격제도는 미국은 1974년 한국은 학회에서 1991년부터 양성하고 있다. 재활상담사들의 미래의 과제는 전문성과 윤리성 함양에 있으며 윤리의식에 대한 많은 논의들이 필요하다.

제 1 장

재활상담의 개념

1. 상담이란
2. 재활상담이란

제 1 장 재활상담의 개념

1. 상담이란

재활상담에 대한 개념을 정립하기 위해서는 먼저, 상담에 대한 개념을 정리할 필요가 있다.

상담(counsel)은 라틴어의 consulere에서 유래된 것으로 '숙고하다, 고려하다, 조언을 받다' 등의 의미를 가지고 있는 용어로서 이 용어가 가지고 있는 의미를 단적으로 표현하는 데는 한계가 있다. Bingham 등(1996)은 상담을 "목적을 가진 대화"라고 정의하였고, Rogers(1942)는 "내담자로 하여금 새로운 방향에서 발전적인 한 발자국을 내디딜 수 있을 만큼 자기 자신을 이해하도록 도와주는 구조화되고 허용적인 관계"라고 하였으며, Wrenn(1994)은 "내담자의 필요와 특성에 따라 변화될 수 있는 두 사람 사이의 역동적이며 목적적인 인간관계"라고 하였다. 또한 Burks & Stefflre(1979)는 "상담가와 내담자 사이의 전문적인 관계형성을 통해 제기된 문제를 해결하고, 자기 목표에 도달할 수 있도록 학습하게 하는 것"이라고 하였다.

그러나 상담이라는 용어는 역사적으로 살펴보면 지도(guidance)와 심리치료(psychotherapy)라는 용어와 동의어로 사용되어 온 많은 흔적을 발견할 수 있다(Kleinke, 1994).

guidance라는 용어는 1900년경에 처음 등장하였으며 개인을 지도하는 과정으로 정의되었다. 1909년 Parsons의 『직업의 선택』(*choosing a vocation*)은 상담을 직업적인 관점에서 지도라는 개념으로 사용한 저서이기도 하다. 저자는 당시의 급격히 발전하는 산업사회에서의 직업을 선택하는 일은 대단히 어려운 과제이며 그렇기 때문에 직업선택을 해야 하는 젊은이들은 적절한 지도가 필요하다고 생각하였다. 현명한 직업선택을 위해서는 먼저 여러 직업의 특징을 이해하고 자신의 재능과 장점을 이해하여 둘 사이의 적절한 연결을 짓는 것이 필요하다고 생각하였으며, 이러한 일련의 작업을 돕는 것이 직업상담(vocational counseling)이라는 견해이다. 그 후 직업상담은 개인의 특성을 객관적으로 측정하기 위한 각종 심리검사의 발달과 직업정보의 체계적인 전달방법의 발달에 의해서 더욱 효과적인 방법으로 발전하게 되었다. 특히 제1차 세계대전 후 발달하기 시작한 적성검사와 지능검사는 직업상담을 활발하게 하는 직접적인 작용을 하였다.

이러한 guidance에 대한 정의는 20세기에 들어와서 이 용어가 지나치게 지시적이고 도덕적인 설교를 강요하고 있다는 점에 대한 비판이 제기되었다. 이에 심리치료 현장에서 일을 하는 심리분석가들과 직업상담가들은 서서히 정신 혹은 영혼을 돕는다(caring for soul)는 뜻의 심리치료(psychotherapy)라는 용어를 사용하기 시작하였다. 이 용어는 그리스어의 psycho와 therapeutikos에서 유래하였다.

이 같은 의미의 심리치료 용어는 주로 정신보건 분야에서 일을 하는 직원들이 빈번히 사용하였는데 오늘날의 상담이라는 용어적 정의와 일치한다고 보면 된다.

즉 심리치료 혹은 상담은 집단활동과 개별활동을 통해 내담자의 공통적인 발달과업들을 성취해 나가도록 지원하거나 내담자들이 자신의 발달을 방해하는 인지적, 정서적, 행동적 장애물들을 점차적으로 극복해 나가도록 지원하는 것을 의미한다. 1997년 미국상담협회의 정의를 보면 상담은 인지적, 정서적, 행동적 및 체계적 개입전략을 통해 정신건강, 심리학, 인간발달의 원리를 적용하는 것이며 병리적인 것뿐만 아니라 개인적 안녕감, 개인성과, 능력발달을 중요시하는 개념으로 설명되고 있다.

따라서 최근의 경향은 심리치료와 상담은 거의 동일한 개념으로 사용되고 있으며 굳이 구분해 본다면 지도와 상담, 심리치료는 〈표 1-1〉과 같이 상호 연속체적인 관점으로 설명할 수 있다(Neukrug, 2003).

이상의 학자들의 정의를 종합해 보면 상담은 다음과 같은 특성을 가진다고 볼 수 있다.

첫째, 상담은 전문적이며 임상적인 활동이다. 즉 상담은 상담가의 전문적인 자질이 반드시 수반되는 직업적 활동이다. 따라서 상담은 실험에 의해 이루어지는 과정이 아니라 상담가의 경험과 지식, 인품 등의 자질을 바탕으로 실제 상황에서 이루어지는 임상적 활동이라 할 수 있다.

둘째, 상담은 일대일의 과정 또는 한 사람과 한 사람의 관계이다. 즉 상담은 도움을 주고자 하는 사람과 도움을 받고자 하는 사람의 개인 대 개인의 인간관계에 의해 성립되는 것으로 두 사람이 얼굴을 마주 보며 하는 대면관계이다. 내담자의 여러 가지 문제 중

〈표 1-1〉 지도, 상담, 심리치료의 연속체적 관점

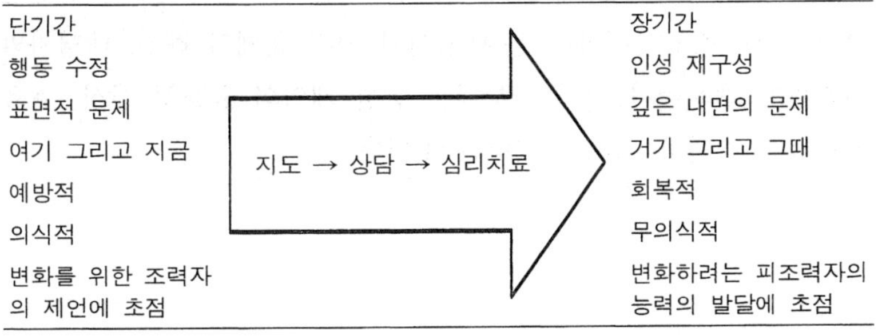

단기간		장기간
행동 수정		인성 재구성
표면적 문제		깊은 내면의 문제
여기 그리고 지금	지도 → 상담 → 심리치료	거기 그리고 그때
예방적		회복적
의식적		무의식적
변화를 위한 조력자의 제언에 초점		변화하려는 피조력자의 능력의 발달에 초점

에는 집단활동을 통해 보다 적절히 해결될 수 있는 것도 있지만 매우 개인적이고 정서적인 문제일 경우, 상담가와 내담자 간의 일대일의 관계를 통해 해결될 수 있다. 따라서 어떤 학자들은 이러한 관계를 사람 대 사람(person in person)의 관계라 하여 서로 심리적으로 만나고 수용하는 관계를 강조하고 있다.

셋째, 상담은 언어와 비언어적 수단을 매개로 하는 관계이다. 즉 상담은 상담가와 내담자가 직접 얼굴을 마주 보고 대화할 때 표정이나 몸짓, 손짓 등을 곁들여 언어적, 비언어적 상호작용을 하는 관계이다.

넷째, 상담은 전문적인 기술을 가진 상담가에 의해 이루어진다. 즉 상담은 내담자가 가지고 있는 문제를 진단하고 해결하기 위한 복잡한 과정이므로 상담가는 심리학적 도구나 기술에 숙달되어 보다 정확한 예측을 내릴 수 있어야 하며 이러한 정확한 예측에 의해 상담의 결과를 평가할 수 있다.

다섯째, 상담가와 내담자 간에 비밀보장과 깊은 신뢰감이 성립되어야 한다. 비밀유지는 상담가의 기본적인 윤리이고, 이러한 상담은 개인의 성장발달에 초점을 맞추어 그의 잠재력을 최대한 발휘할 수 있도록 하는 하나의 학습과정이므로 내담자가 가지고 있는 모든 사항을 인지해야만 상담이 이루어질 수 있다. 따라서 내담자와 상담가는 친밀감(rapport)을 형성해야 한다.

이상의 내용을 정리해 보면 상담은 내담자의 행동변화나 정신건강의 증진, 직업문제와 같은 내담자가 가진 문제의 해결, 내담자의 인간관계 개선이나 자신의 통제를 통한 개인의 효율성 향상, 효율적인 의사결정을 위해 존재하는 것이다.

2. 재활상담이란

그렇다면 재활상담이란 무엇인가? 일반적으로 재활은 "신체적으로 장애를 가지고 있는 사람으로 하여금 그가 가지고 있는 잔존기능을 최대한으로 발휘시킴으로써 신체적, 정신적, 사회적, 직업적, 그리고 경제적인 능력을 회복시켜 주는 것"이라고 정의하고 있으며, 1976년 제29차 세계보건총회에서 결의(WMA 29.68)된 장애예방과 재활은 제3의 의학으로 정의하면서 "의료적, 사회적, 교육적, 직업적 조치를 통합적으로 사용하여 개인을 훈련시키고 재훈련시켜 개인의 기능적 능력을 가능한 최고의 수준으로 높이는 것"이라고 정의하고 있다. 또한 1993년 UN의 장애인의 기회평등에 관한 표준규칙(standard rules on the equalization of opportunities for persons with disabilities)에서는 재활이란 "장애인으로 하여금 최적의 신체적, 감각적, 지적, 정신적 및 사회적 기능수준에 도달, 유지하도록 하며 이들이 수준 높은 자립을 달성할 수 있도록 이들의 생활을 변화시킬 수 있는 도구를 제공하는 것에 목적을 두는 하나의 과정"으로 정의하고 있다.

이와 같은 개념을 종합적으로 정리하면 재활은 치료, 훈련 등과 같이 단순히 기술적인 것을 의미하는 것이 아니라 장애인을 한 사람의 사회인으로서 생활이 가능하도록 도와주는 총체적인 서비스 활동, 즉 총체적 재활(holistic rehabilitation)활동으로 정의할 수 있으며 통합재활, 전인적 재활은 어느 단편적 서비스만으로는 불가능하고 장애인이 사회의 한 구성원으로서 정상적인 생활(normal life)이 가능하도록 하는 여러 종류의 서비스를 총칭하는 개념으로 이해해야 할 것이다.

재활의 궁극적인 목표는 일반적으로 장애인이 지역사회나 사회생활에 일상적으로 참여할 수 있는 방법을 찾아 주는 것으로, 여기서 일상적인 참여라는 것은 아마도 모든 면에 있어서의 기회균등과 인권이라고 정의할 수 있을 것이다. 이러한 궁극적인 목표를 달성하기 위한 재활의 일차적 목표는 장애인의 최적의 기능수준을 되찾아 최상의 생활을 유지할 수 있도록 도와주는 것으로, 첫째는 장애의 예방으로, 이는 1차 수준의 예방(산전 및 산후관리, 유전상담), 2차 수준의 예방(조기발견 및 치료), 3차 수준의 예방(ADL: Activities of Daily Living: 훈련 및 보장구 사용교육)을 포함하며, 둘째는 기능향상으로 손상된 신체부위의 능력증진뿐만 아니라 손상되지 않은 신체부분의 기능적 보상과 보장구 사용, 그리고 환경적인 장애의 제거 등이 포함된다. 셋째는 사회적 통합으로 장애인이 교육, 직업, 심리 등을 포함하여 사회의 한 구성원으로서 살아갈 수 있도록 하는 것을 포함하며, 마지막으로는 장애인들이 인권(human right)을 확보하며 이에 대항할 수 있는 권리를 행사할 수 있도록 하는 것을 포함한다.

따라서 재활상담은 인간 서비스 분야에서 진로를 찾고자 하는 개인에게 광범위한 기회를 제공하는 흥미롭고 도전적인 전문직으로 표현된다. 개인적, 사회적, 환경적인 장애의 영향에 초점을 맞춘 재활은 다른 사람의 삶을 개선시키는 것을 지원할 수 있고 또한 사회를 개선시킬 수 있는 분야이다. 다른 사람을 지원하는 것은 계획하지 않은 위험이 항상 존재한다는 잠재성을 인식하는 것과 마찬가지로 지식과 기술들을 획득하고 유지하기 위한 책임감을 포함한다.

재활상담은 전문 분야로서 개별적이고 직업적인 상담지원을 통해 장애인들을 위한 기회의 평등을 촉진시키고, 독립심을 증가시키고 삶의 질을 증진시키는 데 헌신한다. 신체적, 정신적, 그리고 정서적 장애를 가진 사람들과 일함으로써, 재활상담사들은 개별적이고 사회적이고 직업적인 장애의 영향에 관련해서 상담을 제공한다. 비록 특정한 활동들이 작업환경으로 인해 다양하지만, 재활상담사들은 장애인의 장점, 제한점, 그리고 목표를 확인시킴으로써 그들을 지원하고 그 목표들을 성취할 수 있는 재활계획을 수립한다. 그 계획은 의료처치, 직업훈련, 그리고 직무배치를 포함할 것이다. 재활상담사들은 장애인의 고용주와 가족구성원만큼이나 다른 전문가들(예: 의사, 심리학자)과 밀접하게 일한다. 즉 재활상담은 서비스의 상호이해적인 결과로써 정의되고, 작업장과 지역사회에서 장애인의 근로능력, 독립심, 통합, 그리고 참여를 최대화하기 위해 소비자와 재활상담사 공동으로 계획된다.

2003년 미국의 재활상담사 자격위원회(Certified Rehabilitation Counselors Council: CRCC)의 재활상담 정의를 살펴보면 더욱 이해가 명확해지는데 재활상담은 "신체적, 정신적, 발달적, 인지적, 그리고 정서상의 장애를 가진 사람들에게 상담과정의 지원을 통해 가능한 한 가장 통합된 환경에서 그들의 개인, 진로, 그리고 독립생활 목표들을 성취할 수 있도록 원조하는 체계적인 과정"이며, 상담과정은 의사소통, 목표설정, 그리고 자기옹호, 심리적이고, 직업적이고, 사회적이고 유익한 개입을 통한 유익한 성장 혹은 변화를 포함한다.

따라서 재활상담은 장애인이 역량을 가지고 사회의 성원으로 살아가는 데 있어 발생되는 문제를 해결하고자 하는 것으로 장애인의 심리적 구조를 객관적 자료에 의해 진단, 평가하고 내담자가 장애 이전에 가지고 있었거나 새로 원하는 삶의 조건을 평가하여 가장 잘 합치되는 삶을 살 수 있도록 지원하는 통합적인 개념으로 설명된다.

제 2 장

재활상담의 특성

제 2 장 재활상담의 특성

재활은 개인에게 자기충족, 사회적 의미, 기능의 효과적인 상호작용을 제공하기 위해 의학적, 심리학, 신체적, 직업적 중재를 제공하는 통합 프로그램과 총체적인 프로그램이라고 정의되었다. 재활상담에서 재활은 소비자와 재활상담사에 의해 지역사회와 작업장에서 장애인들이 최대의 고용가능성, 독립, 통합, 참여에 대한 상호계획과 통합적인 서비스로 정의되는데 재활의 기본적인 철학은 개인이 인지하는 장애의 영향, 개인의 권리와 관련된 선언, 재활의 목표를 성취하기 위한 전략의 제안으로 이루어져 있다. 재활철학은 비록 재활 서비스 전달 주변환경 안에서 발생하여 변화하지만 시간이 지나도 비교적 안정적으로 남아 있다.

재활철학에 대한 옹호와 믿음의 역사는 오랫동안 장애인의 권리와 지지를 위해 지속되었다. 40년 전에는 Talbot(1960)은 "재활은 소비자 개인능력의 충족과 자기인지를 바탕으로 한 삶의 방법과 같다"고 정의하였고, 30년 이전에 Bitter(1979)는 미국에서의 재활의 실천을 위한 철학적 기초는 기회균등과 전인격이라 하였다. 1959년 이래로 Wright(1980)는 재활철학의 뒷받침되는 기초가치와 신념을 계속해서 업데이트하였는데 최근 대부분 재활상담의 철학은 재활상담사 인가위원회(CCRC, 2003)에서 발표되고 있으며 대체로 다음과 같은 철학을 견지하고 있다.

첫째, 고용현장과 지역사회에서 장애인의 독립과 통합의 촉진

둘째, 모든 사람들의 존엄과 가치에 대한 믿음

셋째, 모든 사람들에게 권리를 행사할 수 있도록 지원함과 아울러 장애인들에게 스스로 역량 강화를 통해 동일한 상태를 유지할 수 있도록 지원

넷째, 아래와 같은 기술을 활용해서 인간의 총체적인 기능 회복

① 다학문적인 팀워크

② 총체적관점을 유지하기 위한 상담원조

③ 가족체계와 지역사회 안에서 개인을 고려하기 위한 약속

다섯째, 자기주장의 중요성을 재인식

여섯째, 소비자와 재활상담사에 의해 만들어지는 통합적, 종합적인 측면에서의 서비스 전달체계 모델 형성 및 유지

재활상담에서 가장 중요한 철학과 특성은 아마도 장애를 대상으로 하고 있다는 것이고 그것은 장애에 대한 관점으로 표현할 수 있다. 장애인의 삶과 재활상담의 모든 과정에서 장애는 항상 고려될 수밖에 없다. 장애의 실체는 간단히 말하면 장애인이 어떤 것을 좋아하든 그렇지 않든 간에 불가능하거나 어렵게 하는 장벽(barrier)이라는 것이다.

장애인은 삶의 매 순간을 장애와 함께 한다. 장애가 크든 작든 장애인의 삶의 모든 부분에서 고려되어야만 한다. 그런데 장애에 대한 경험이 없는 비장애인에게 있어 장애는 그저 이따금씩 생각만 하는 것에 불과하다. 이러한 이유로 비장애인은 장애를 얼마나 가까이 접하고 얼마나 많이 배워 이해하고 있는지에 관계없이 장애의 경험을 완전하게 이해하는 것이 불가능하다. 그것은 개인적인 경험이기 때문이다.

그럼에도 불구하고 대부분의 사회적 의사결정은 여전히 비장애인의 몫이다. 만약 장애인이 삶의 질을 향상하고 유지하고자 한다면 비장애인이 가급적 최대한으로 장애의 경험을 이해해야 한다.

비장애인은 자신들이 생각하고 가치를 부여하고 감정을 느끼며 행동하는 모든 것이 장애인의 삶에 극적인 영향을 미친다는 것을 분명히 알아야 할 필요가 있다. 장애가 일상이 된 사회의 경우, 장애인의 삶의 질을 향상시키는 것이 훨씬 용이해질 것이다. 동시에 이러한 경우에는 대부분 비장애인의 삶의 질 향상 역시 더 쉬워질 수 있다.

여기서 재활상담에서 장애에 대한 관점이 왜 중요한지를 세 사람의 사례에서 살펴보기로 하겠다.

□ 사례 1: 대구

○ 대구의 일상생활

대구는 자신의 삶을 즐길 줄 아는 38세의 낙천적인 남자로 미혼이며 자신의 아파트를 가지고 있다. 그는 기초생활수급 대상자이며 때때로 수입을 보충하기 위해 일용직이나 파트타임 일을 하고 있다.

그의 성격은 매우 사교적이고 상대를 편안하게 해주기 때문에 친구들과 대체로 원만한 인간관계를 유지하고 있다.

그는 약간의 재산을 소유하고 있지만 그러한 물질적 재산에 높은 가치를 부여하지 않는다. 예를 들면, 그는 이동전화나 TV, DVD를 좋아하지 않고 심지어 그것들이 필요하지 않다고 주장한다.

대구가 파트타임 일을 하는 이유 중 하나는 그가 여행하는 것을 매우 즐긴다는 것이다. 그는 충분히 돈을 모았을 때, 그는 전에 가본 적 없는 도시로의 여행을 계획한다. 그는 값싸게 여행하는 방법으로 여행을 하며 그곳에서 필요한 돈을 충당하는 방법을 알고 있다. 그렇게 함으로써 그는 다른 여행자들보다 더 많은 것을 보고, 경험을 할 수 있었다.

대구는 다양한 취미를 가지고 있다. 그러나 음악은 아마 그에게 있어 가장 중요한 취미 중 하나이다. 그는 상당히 타고난 음악 능력을 가지고 있다. 그리고 비록 그가 어떠한 공식적인 훈련을 받지 않았지만 그는 많은 악기를 어느 정도 연주할 수 있었다.

그는 혼자서 혹은 아마추어 음악가인 친구와 함께 음악활동을 하는데 이것이 그에게 많은 즐거움의 원천이 되었다. 그는 다양한 정식 훈련을 받았지만 그때마다 그는 필수적인 학과훈련에서 금세 지쳐 했다. 대구는 화투놀이와 펜팔에게 편지 쓰는 것과 다양한 수공예품을 만드는 집단에 참여하고 축구팬으로 경기 관람하는 것 등을 즐긴다.

대구는 아는 사람이 많았고 좋은 사회적 기술과 지도력을 가지고 있는 것에 긍지를 가지고 있다. 그는 그를 이해하고 여러 해 동안 회사에서 함께 일해 온 오랫동안 사귄 친구들이 많이 있다. 그러나 여가활동을 통해 사귄 대부분의 친구들은 오랫동안 지속되지 못하였다. 이러한 친구들은 대구를 불쾌하게 하는 행동이나 말 등의 실수를 범한다. 그럴 때마다 그는 다른 새로운 친구들을 만든다.

○ 대구의 장애

대구는 출생 이후 한쪽 시각장애와 경한 청각장애를 가지고 있었다. 그의 한쪽 시각장애는 그가 십대가 될 때까지 발견되지 않았다. 왜냐하면 그는 한쪽 시각을 이용하여 잘 적응하였으며 청각과 행동상의 문제를 가지고 있었기 때문이었다.

학교를 입학할 때까지 대구는 청력에 대한 진단을 받지 못해서 학령기 전 여러 해 동안 언어를 배우는 데 어려움이 있었다. 사실 그는 의미를 전달하는 확실한 능력이 있음에도 불구하고 비언어적인 방법으로 주로 의사소통을 했다. 일단 양쪽 귀에 보청기를 착용한 후부터 대구는 대부분의 소리를 들을 수 있었다.

그는 외국어와 국어를 빨리 배웠다.

대구의 가족과 사회적 환경의 많은 요인들이 대구의 유년기 행동발달에 악영향을 끼친 것으로 보이지만 아마도 청력에 대한 장애가 가장 중요하게 작용한 것 같다. 원인이 무엇이든지 간에 대구의 부모는 사회적으로 받아들일 수 있는 그의 행동발달을 형성하는 데 어려움을 가지고 있었고 그의 행동을 극복하기 위한 지도에서 계속적으로 좌절을 경험하게 되었다. 그가 14살 때 교육을 위해 외갓집에서 생활했고 21세 때까지 특수학교 교육을 받았다.

대구는 비록 다른 사람들은 일반적으로 두 눈으로 본다는 사실을 유년기 때부터 명백히 알고 있음에도 불구하고 그의 부모와 선생님을 포함하여 그가 오직 한쪽 눈으로만 볼 수 있다는 것을 믿을 수 없을 정도로 어느 누구에게도 언급하지 않았다.

사실, 한쪽 시각은 그가 십대 때 체육시간 선생님에 의해 우연히 발견되었다. 대구는 그 당시에도 주장하였고, 그리고 여전히 오늘날까지도 주장하고 있는데 다른 사람들이 그를 특별한 사람으로 생각할 것이기 때문에 그의 시각에 대하여 다른 사람이 아는 것을 원하지 않는다고 하였다.

대구가 나이가 들어감에 따라 그리고 청소년기 때부터 많은 상담을 통해 점차적으로 그를 잘 알고 있는 사람들과 그의 시력에 대하여 이야기하는 것을 꺼리지 않게 되었다.

예를 들면, 친한 친구들과 함께 걸을 때 그들을 더 쉽게 볼 수 있도록 오른쪽 측면에 걷도록 한다든지 하였는데 그러나 결코 왼쪽 눈으로만 볼 수 있다는 것을 설명하지는 않았다.

대구는 종종 오른쪽 사람들과 부딪친다. 이러한 일들이 발생될 때 그는 분노를 나타냈고 그가 가고 있었던 곳을 보지 못하는 것에 대하여 다른 사람들을 비난한다.

어떻게 다른 사람들이 오른쪽을 볼 수 없다는 사실을 알고 있을 것으로 기대하느냐는 질문을 받을 때, “만약 사람들이 장애를 가지고 있다면 그들은 알고 있을 것이다"라고 단호하게 대답한다.

아직은 이러한 경우에서처럼 그는 다른 사람들에게 말하거나, 보여 주기 위한 능력을 거의 가지고 있지 않았다. 대부분의 경우 대구는 그의 유년기와 크게 달라지지 않은 성인기를 살고 있으며 여전히 그는 다른 사람들에게 한쪽 시각만 보인다고 말하지 않는다. 또한 대구는 친한 친구를 포함하여 누구에게도 그의 청각장애에 대하여 이야기하지 않는다.

그러나 시각장애와 달리 대구는 양쪽 귀에 보청기를 착용하고 있기 때문에 청각장애를 숨길 수 없다. 이러한 시각적인 메시지는 그가 다른 사람들이 이야기하는 것을 듣지 못할 때 그들이 더 큰 소리로 또는 더 분명하게 말할 필요가 있다는 것을 그들에게 알게 하기 때문에 자주 도움이 된다. 동시에 보청기의 존재는 2가지의 서로 다른 문제들을 야기한다.

첫째, 특히 장애를 가지고 일하거나 생활하는 데 친숙하지 않는 사람들은 단순히 그가 보청기를 착용하고 있다는 것을 알아차리지 못하고 반드시 그들이 이야기하는 것을 그가 들을 수 없다는 생각을 하지 않는다는 것이다.

대구는 보청기에 대한 자의식이 강하다. 그리고 다른 사람들은 그를 이해하도록 돕기 위한 많은 시도에도 불구하고 그가 청각에 어려움이 있다는 사실을 충분히 모르는 경우 단순히 그를 이해할 수 없었다. 대구가 강하게 그리고 일관되게 표현하는 관점은 "그들은 나의 보청기를 쉽게 볼 수 있기 때문에 큰소리로 말해야 한다는 것을 알고 있을 것이다"라는 것이다.

두 번째 문제는 대부분 다른 사람에게서 발생하는데, 그들은 청각장애인과 함께 생활해 본 경험이 없어 특별하게 이야기하지 않는다는 것이다. 만약 보청기를 착용한 사람이 그들이 이야기한 것을 들을 수 없다면 그들에게 다시 묻겠지만 대구는 이것에 대해 아무것도 말하지 않았기 때문에, 다른 사람들이 말하는 것에 착오가 많았다.

이러한 두 가지 문제에 대한 대구의 반응은 그가 들을 수 없는 사람들을 떠나게 하는 것이다. 그는 다른 사람들이 말하고 있는 것을 이해하기를 원한다. 하지만 그들이 그가 들을 수 있도록 그에게 말하지 않는다면 그는 일방적으로 빠르게 그리고 다른 사람들의 관점에서 봤을 때 매우 버릇없이 대화를 끝내 버린다. 그는 사람들이 그에게 말하는 방법을 알고 있어야 한다고 주장한다. 그러나 그들로 하여금 그렇게 하는 방법을 배우도록 돕는 것에 대한 어떠한 참여도 거절하고 있다.

○ 대구의 행동특성

현재의 대구는 우호적이고, 협력적이고 대부분의 경우에는 예의바르지만, 이따금 다른 사람들에 대하여 퉁명스럽고 경멸하는 듯한 행동을 한다. 일반적으로 그가 충분히 들을 수 없거나 볼 수 없었거나 그가 거의 관심이 없는 것에 대하여 이야기하고 있을 때 때때로 다른 사람들에 화를 낸다. 그가 화를 낼 때에는 일반적으로 다른 사람들이 좋아하는 것과 상관없이 날카로운 코멘트를 하고 주위를 맴돌다가 떠나 버린다.

다른 사람들에게 무례하고 불쾌한 이러한 행동들을 하는 것은 다른 사람들이 "어리석고" 또는 "무식"하기 때문이라고 대구의 마음속에서 항상 정당화된다. 그는 다른 사람들이 충분히 그의 장애를 이해하고 그에 대하여 반응하는 방법을 정확하게 알고 있을 것으로 기대하지만 그러한 어려움을 다른 사람들이 잘 알지 못한다는 것을 아이러니하게도 느끼지 못한다. 즉 자신이 다른 사람들과의 차이에 대하여 관대하지 않다는 것이다.

○대구의 미래계획

대구는 자신의 삶에서 최근 일어난 변화에 대하여 매우 많이 알고 있다. 그는 지난 몇 년 동안 체중이 늘었다는 것을 알았고 자신의 활동들은 예전과 다를 바 없다는 것을 알고 있다. 그리고 그의 관심에도 변화가 있다는 것을 알고 있다. 비록 그가 40살이 되기까지는 2년이 남아 있지만, 그는 40살 때 그의 인생이 어떻게 될지에 대하여 궁금하게 생각하고 있다.

그는 아직 자신의 미래에 대한 비전을 명확히 말할 수는 없지만 자신의 삶에 대해 질문과 의아심을 갖기 시작하였다.

때때로 대구는 결혼 또는 적어도 심각하게 진행 중인 관계에 대한 생각으로 즐거워한다. 현재까지, 모든 여성들과 그의 관계는 아주 우연하고 일시적이었다. 그는 그의 남자 친구들이 오랫동안 그리고 안정적인 관계를 유지하는 것을 보고 자신도 오랫동안 안정적인 여성을 만나고 싶다는 소망을 자주 표현하였다. 그러나 이러한 요점에 강요하지 않음에도 불구하고 그는 항상 아내는 너무 많은 문제를 야기할 것이라고 빠르게 이야기한다. 이처럼 그가 절친한 관계를 원하는 것처럼 보일지라도 자신의 미래 현실적인 부분으로써 그것을 보지 못한다.

가까운 장래를 위하여 대구는 그가 하고 싶어 하는 것들에 대한 계획에 결함을 가지고 있지는 않다. 그는 많은 여행 계획과 참여하고 싶어 하는 많은 이벤트와 만나고자 하는 많은 사람들이 있다. 비록 실현될 것이라는 기대가 없음에도 불구하고 계획과 꿈을 풍성하게 가지고 있다. 대구를 위하여 만약 꿈과 계획들이 그다지 머지않은 장래에 있다면 더 많은 현실이 될 것 같다.

□ 사례 2: 진주

○진주의 일상생활

진주는 지난 6년 동안 딸 하나에게 좋은 엄마가 되려고 노력하면서 보냈다. 단지 26살의 미혼모로서 그녀는 때때로 이것이 매우 어려운 것이라는 것을 알지만 열심히 노력하였다. 그녀는 하나의 아버지와 과거 4년 동안 만나지 않고 있었다.

진주와 딸은 그들이 자주 방문하는 그녀의 숙모 집 근처의 작은 아파트에 살고 있다. 진주가 지방의 빵집에서 일하는 것이 유일한 수입원이기 때문에 때때로 수입과 지출의 균형을 맞추는 것이 어렵다. 지난 3년 동안 하나를 집 근처에 있는 주간보호소에 맡겼고 지금은 학교를 다니기 때문에 진주가 퇴근할 때까지 2~3시간 동안 이웃집에 머문다.

진주는 거의 한 달에 한 번 정도 그녀의 부모와 여동생 가족을 방문하기 위해 하나를 데리고 간다. 그녀가 도착할 때, 특히 진주의 부모는 항상 하나를 위해 무엇인가를 가지고 있는 것처럼 보인다.

사실 진주는 비록 숙모가 아이를 봐 주시지만 대체로 그녀가 가는 곳이 어떤 곳이든지 간에 하나를 데리고 다녀야 한다. 이러한 외출은 진주와 하나에게 재미와 즐거움을 주지만 그들이 쇼핑이나 세탁이나 심부름을 위해 외출해야 할 때 하나는 흥미를 가지는 것이 때때로 어렵다.

진주는 자신을 평범한 삶을 즐기는 보통의 사람으로 생각한다. 저녁이면 그녀는 긴장을 풀고 그녀의 친한 친구와 함께 또는 가족과 함께 잡담하거나 그녀가 아주 좋아하는 TV프로그램을 보는 것을 즐긴다.

○진주의 장애

진주는 조금 읽고 쓸 수 있는 수준의 경한 지적 장애를 가지고 있다. 그녀는 수를 알고 돈을 잘 사용하지만 합산을 할 경우와 가게에서 거스름돈으로 다시 교환할 때 그녀를 당황스럽게 할 수도 있다. 그녀는 졸업한 후에도 여러 해 동안 학교생활을 즐기고 있으며 그녀가 학교에서 사귄 친구나 선생님에 대해서 좋게 이야기하고 있다.

진주의 장애는 그녀의 친구관계나 빵집에서 일하는 것에 눈에 띄게 영향을 주지는 않는다. 그녀는 다른 사람들 옆에서 일하는 것을 좋아하고 그녀가 할 수 있는 만큼 도우려고 노력한다.

진주에게 특히 힘든 것 중 하나가 출퇴근하는 것이다. 심지어 그녀는 자신의 근처에 있는 거리와 건물을 시각화하는 데 많은 어려움을 가지고 있다. 결과적으로 그녀는 사물들이 어디에 있는지 또는 특정의 장소에 어떻게 가야 하는지를 설명할 수 없다.

그녀가 외부에 있을 때 방향감각을 거의 가지고 있지 않지만 그녀는 매우 좋은 기억력을 가지고 있다. 그녀는 가고자 하는 곳을 안내해 주는 이정표(signposts)의 순서를 기억하는 것을 이용한다.

진주는 몇 년 전에 심각하지 않은 정신병적인 증상의 진단을 받았고 가벼운 약물을 복용하고 있으며 그녀는 약물복용을 재검토하기 위해 일 년에 한 번씩 그녀의 담당 정신과 의사를 방문한다. 대체로 가족, 친구 그리고 동료들은 그녀의 정신병적 문제로 기인되는 어떠한 행동도 알지 못한다.

진주는 장애에 대하여 거의 이야기하지 않는다. 그녀는 다른 사람들과 마찬가지로 잘 할 수 없는 것과 어떤 일을 하는 데 있어 도움이 필요로 한다는 것을 잘 알고 있다. 그러나 그녀의 생각은 모든 사람들은 어떤 일을 하는 데 있어 도움을 필요로 한다고 생각한다. 단지 장애인으로 그녀 자신을 생각하지 않는다. 오히려 그녀는 자신을 보통의 사람으로 생각하고 보통의 삶을 보내려고 노력한다. 자신의 삶의 부분으로 장애를 생각하지 않기 때문에 장애는 그녀에게 골치 아픈 것이 아니다.

○진주의 친구나 가족의 관점

진주와 달리 그녀의 부모와 여동생과 숙모는 그들이 지각하는 그녀의 장애에 대하여 상당한 관심을 가지고 있다. 그들은 그들이 할 수 있는 만큼 진주의 딸인 하나를 돌보고 있으며, 심지어 그녀가 현금이 없을 때 재정적 기여도 하고 있다. 그들은 그녀가 충분한 육아기술을 가지고 있지 않고, 그녀와 하나를 위한 충분한 재산을 가지고 있지 않으며 다른 사람들이 그녀를 이용할지도 모른다는 것을 걱정하고 있다. 그들은 진주가 그녀의 삶을 리드하도록 하고 있다. 필요하다면 도와줄 준비가 되어 있다. 그들은 결코 멀리 떨어져 있지 않는다.

대조적으로 진주의 가장 친한 친구 두 명은 그들과 매우 비슷하다고 여긴다. 비록 장애수당을 받고 집 밖에서 일을 하지는 않지만 둘 다 자기 자신의 아이들이 있다. 세 명의 친구들은 그들의 아이들에 대한 이야기를 교환하고, 때때로 잘 양육하는 방법에 대하여 이야기하기도 한다. 그녀의 직장 동료들은 그들보다 덜 숙련된 것이라 생각하고 있지 장애 때문에 평범하지 않다는 생각을 하지 않는다.

○진주의 미래계획

진주는 장래의 인생에 대하여 생각하고 다른 사람들과 함께 장래의 인생에 대하여 이야기를 한다. 그녀는 일하는 것이 흥미롭고 그리고 일을 하기 위해 좋은 장소라는 것을 알기 때문에 그녀가 할 수 있는 한 오랫동안 빵집에서 계속해서 일하고 싶어 한다. 그녀는 그녀와 하나가 오래오래 현재의 아파트에서 사는 것을 상상한다. 왜냐하면 그들은 이웃을 알고 그리고 임대료가 낮기 때문이다.

그녀는 마찬가지로 하나를 위한 계획을 가지고 있다. 그녀는 그녀가 캠프에 참여하는 것을 원하고, 학교나 그들의 가까운 지역사회센터의 몇몇 클럽에 참여하기를 원한다.

장기적으로 그녀는 자신을 지지하기 위한 충분한 돈을 가질 수 있도록 하나가 고등학교를 졸업하고 좋은 직업을 가지기를 바란다.

□ 사례 3: 광주

○ **광주의 일상생활**

광주는 7살이고 다운증후군이다. 그는 형과 남동생, 여동생과 함께 4형제 중에 둘째이다. 그의 엄마는 공장의 노동자이고 아버지는 기계공이며 부모님 모두 맞벌이를 한다. 또한 그가 좋아하는 과자를 굽는 데 있어 상당한 기쁨을 느끼고 있고 그를 위해 가까이 사는 할머니를 자주 초대한다. 광주는 그의 할머니에게 매우 다정하게 말하고 그녀와 매우 친밀한 것으로 보인다.

광주의 가족은 많은 일을 함께 한다. 그리고 모든 가족 구성원이 서로 도와주고 지원하고 가족 공동체가 매우 긴밀하게 결합되어 있다. 그들과 함께 한 활동은 때때로 그가 기억하고 말하는 많은 삶의 경험을 주었다. 그는 형과 동생이 가는 어느 곳이나 함께 갔다.

그는 그의 형, 동생들과 함께 게임과 스포츠에 참가하였고 가족과 함께 외출을 하고 휴가를 즐긴다. 그는 수영장과 유원지, 박물관, 영화관, 극장, 그리고 문화센터 등의 많은 다른 장소에 간 적이 있다. 그는 기차나 버스로 서울 여행을 정기적으로 하는데 그것은 그가 특히 즐기는 활동이다. 이러한 경험들은 그의 생활을 나이에 맞게, 풍부하게, 경험이 많게 보이도록 하는 데 기여하고 있다.

○광주의 장애

광주의 주된 문제 중의 하나는 다른 사람과의 의사소통이다. 그는 명확하게 발음하는 데 문제가 있고 그의 문장에서 짧은 단어를 삽입하는 것을 아직 배우지 않았다(예: 나의 형은 푸른색 코트를 가지고 있다고 말하는 대신에 그는 형은 파란코트라고 말한다). 게다가 그는 주말에 했던 일 같은 최근에 일어난 사건조차 잊은 것처럼 보인다. 그가 간단한 이야기를 할 때, 그는 상세한 설명을 자주 생략하기 때문에 의미를 파악하기 위해서는 매우 주의 깊게 들어야만 한다.

대부분의 사람들은 그가 말하고자 하는 것을 이해하는 데 약간의 어려움을 가지고 있고 이것이 그를 매우 실망하도록 한다. 그의 반응은 매우 화를 내고 똑같은 것을 되풀이 하는 것을 거절하면서 딱 잘라 버린다.

그와 그의 또래와 비교해 보면 광주는 인쇄, 가위이용, 버튼 이용, 구두끈 매기, 컴퓨터 마우스 이용하기와 같은 소근육 조절이 요구되는 작업과 그리고 또래의 친구들이 손을 이용s하여 배우는 다른 활동과 같은 과제를 수행하는 데 어려움을 가지고 있다. 그는 또한 달리기, 공 잡기, 스케이팅, 사이클링과 같은 대근육 활동에도 문제를 가지고 있다. 다른 사람들은 그를 완고하고 부정적으로 인지할 수도 있지만 힘든 일을 피할 수 있다면 그는 거의 모든 일에서 보통은 할 것이다.

그는 상당한 소음 또는 굉장히 많은 사람들, 학교 체육관에서 활동과 같은 상황에 대한 두려움을 보이고 있다. 광주는 자주 자신이 가두어진다고 느끼기 때문에 밀폐된 장소나 콘서트, 공공모임이나 어두운 침실로 가는 것이 문제가 된다.

그는 많은 동물, 특히 개와 함께 있는 것을 두려워한다. 그는 그들에 대해 편안하다고 느낄 때까지 그러한 상황으로부터 떨어져서 이러한 조율들에 대하여 점차적으로 익숙해질 필요가 있다. 광주는 잘 먹지만 쉽게 지치고 감기나 다른 호흡기 질환의 감염이 더 잘 되는 것처럼 보인다.

광주는 매우 명확하게 싫어하는 것과 좋아하는 것을 표현한다. 유감스럽게도 그의 또래 아이들과 관계에 있을 때 더 많은 혐오를 드러내고 있다. 만약 그가 당신을 싫어한다면, 그는 당신에게 명확한 용어로 알려 준다. '저리 가' 또는 '나는 당신을 좋아하지 않는다'라고. 때때로 그는 당신을 무시하고 지나쳐 버릴 것이다. 그는 아직까지 다른 아이들과 협력하여 노는 것을 잘 배우지 못하고 대신에 그가 알고 있는 사람의 행동을 모방하거나 그가 가지고 있는 상상의 친구와 함께 행동을 만들어 가는 것처럼 유사물과 노는 것을 좋아한다.

대체로 광주는 사회적으로 성공하고 누구나 알 수 있는 사람과 그리고 다른 아이들과 함께 상호 작용할 수 있도록 모델링이 필요로 하다.

○광주의 행동특성

광주는 매우 사교적이고, 어른과 관련이 있는 것들을 매우 즐긴다. 아이들에게는 상냥함, 충실함 그리고 애정을 거의 드러내지 않는다. 그는 접촉을 즐기는 것처럼 보이고 포옹과 키스를 함으로써 다른 사람들에게 그의 애정을 보이려고 한다. 그의 생활에서 많은 사람들을 위해, 그들을 웃게 하는 방법을 알고 있으며 또한 그는 자주 이것을 이용할 준비가 되어 있다. 예를 들면 그의 어머니와 함께, 그는 취침하는 척하다가 예기치 않게 엄마에게 다가갈 것이고 어머니를 즐겁게 하기 위해 귀에 속삭일 것이다. 광주는 집에서 특히 그의 남동생과 사이좋게 지내고 주말에는 그의 형과 계단 아래서 자는 것을 좋아한다. 그는 그의 여동생을 끌어안고, 그녀를 태우고 여동생을 아기로 부른다. 그는 부모에게서 좋은 예절을 배웠고, 그의 인생의 다양한 환경에서 이것을 적용하고 있다. 예를 들면, 그는 항상 "죄송합니다" 그리고 "감사합니다"라고 말하는 것을 잊지 않고 가벼운 사고 후에도 "당신 괜찮습니까?" 묻는 것도 잊지 않는다.

광주는 판에 박힌 일상적인 일을 즐기고 그런 일을 하도록 하는 것에 쉽게 고무된다. 또한 그는 장난감 놀이와 게임을 함께 하거나 또는 아이스크림을 함께 먹는 것과 같은 단순한 보상의 약속을 통하여 그의 부모나 교사 또는 보조원과 함께 협력하기 위한 동기가 될 수 있다. 만약 그것이 그가 이전에 했던 일상적인 일의 일부분이라면 이러한 일들을 특히 잘 한다.

그는 먹는 것을 좋아하고 밖에서 노는 것을 좋아한다. 또한 청소하는 것과 정리하는 것을 좋아한다. 그는 집에서 마루를 진공청소기로 청소하고 학교에서 그의 책상과 선생님의 선반을 정리한다. 그는 엄마가 옷을 정리하는 것을 도와주는 것을 좋아한다. 그는 아침에, 모든 사람이 외출할 옷을 준비하는 것을 도와준다.

광주의 부모는 아이들을 위해 현재 유행하고 있는 옷을 입도록 그에게 권하면 그는 쉽사리 수용하고, 특히 그의 형을 모방하여 입는다. 그는 또한 최신 유행하는 옷을 입는 것이 다른 사람으로부터 칭찬과 추가적인 상호작용을 가져온다는 것을 알고 있다. '와 멋진 청바지인데'와 같은 코멘트는 자부심과 더불어 그의 얼굴을 환하게 만든다.

마찬가지로, 그는 단지 다운증후군을 가진 7살 소년이 세상물정에 밝은 것처럼 보이는 단어나 구를 반복할 때 다른 사람, 특히 어른들이 재미있어 하는 것을 안다.

광주의 부모는 가정에서 그를 대하는 방법을 다음과 같이 설명했다.

광주를 다른 누구와 다르게, 또는 장애를 가진 사람으로 광주를 대하지 않는 것이 매우 중요하다. 우리는 항상 광주를 우리들의 다른 아이들과 똑같이 대하려 노력하였다. 왜냐하면 그것이 광주를 허용적이고 사랑을 하도록 느끼게 만들고 더 많이 존중을 받을 것이라고 믿기 때문이다.

○광주의 학교생활

광주는 그의 이웃에 있는 통합학교에 다니고 그의 친구들과 함께 교실에서 거의 하루를 보낸다. 모든 학교의 프로그램 작성자들은 그의 학습 욕구에 적응할 필요가 있다. 그리고 그는 교실의 특별한 상황에서 보조자와 교사로부터 개별적인 주의를 필요로 한다. 그는 철자법과 발음 중심의 어학 교수법이 통합되어 있고 친숙한 일상적인 단어를 사용한 다운증후군 아이를 위해 디자인된 책을 읽기 시작했다. 그는 또한 구체적인 방법에서는 한 자릿수를 셀 수 있고, 그리고 두 자리까지 셀 수 있다. 학습 이후에, 때때로 그가 실제로 어느 정도 이해하는가를 평가하는 것이 어려울지라도 그는 단어와 개념을 기억한다.

광주의 선생님은 그의 학교생활 내 특별한 교육이 필요할 것으로 생각하고 있다. 광주의 친구들은 대체적으로 그를 잘 받아들이고 있다. 그들은 그가 배우는 방법과 교사와 그와 상호작용 하는 것에 매료된 것처럼 보인다. 그들은 자주 이러한 상호작용을 은밀하게 지켜보고 교사에 의해 알아차리게 될 때 그들은 미소를 짓는다. 그들은 그가 다르다는 것을 아는 것처럼 보이지만, 그들은 어떠한 방법에서도 그들과 차이가 있다는 것을 나타내지는 않는다.

운동장에서는 그가 다른 아이들과 다르다는 것이 더 명백해진다. 다른 아이들은 축구를 하고 있지만 그는 축구에 가담하지 않는다. 다른 아이들은 그들과 함께 놀 것을 그에게 요구하지 않고 또한 그들도 그의 놀이에 참여하지 않는다. 학교에서 이러한 태도를 개선하기 위해 두 가지 전략을 활용하고 있는데 먼저, 조직된 팀 스포츠에 그를 참여하게 하고 그의 참여를 격려하기 위해 매주 한명씩 지명했다. 조직된 팀에 가담하는 것은 광주에게 특히 잘된 일이고 대개 코치와 교사가 그를 격려하나 그의 동료들은 그를 어떻게 다루어야 하는지 항상 잘 알고 있는 것은 아니다.

그것이 광주에게 도움이 되지만 그의 동료들과 함께 놀지 않도록 하는 하나의 요인은 그가 거의 대부분의 시간을 혼자 놀이를 할 때 절대적으로 행복해 보인다는 것이다.

사실 그는 다른 친구들이 그와 함께 협력적인 놀이에 끌어들이려고 노력할 때 그는 때때로 초조해 한다. 그는 단지 그 자신의 방법으로 놀기를 원하지만 그의 또래의 대부분의 아이들은 그가 왜 그렇게 하는지 이해하기 힘들다.

광주의 학습 프로그램은 다른 사람들과 효과적으로 말하는 방법 그리고 가능한 한 분명하게 자신을 표현하는 방법을 배우는 것을 포함한다. 여기서는 특별한 요구를 지원하기 위해 두 개의 주된 방법을 활용하는데 첫째, 그가 사용하고 있는 일상적인 문장이나 짧은 이야기를 창조할 많은 기회를 제공한다. 둘째, 자신의 생각을 강한 억양으로 강조하도록 훈련한다. 이 두 가지 전략에서 교육의 초점은 다른 사람에 의해 습관적으로 사용하고 있는 모든 단어를 발음해 보도록 그를 격려해 주는 것이다.

그의 선생님은 일상용어를 사용하는 것을 배우는 것으로 첫 번째 방법을 설명하고 있다. 교실에서 사용되는 총체적인 전략은 효과적인 것처럼 보인다. 학교에서 광주의 부모와 다른 선생님들은 그가 올해 정말로 많이 발달했다고 말한다.

광주의 엄마는 그로 하여금 근처 학교에 다니도록 하는 것이 얼마나 중요한 것인가를 설명하고 있다. 학교에서 장애를 가진 아이들과 통합하는 것이 매우 중요하다.

광주는 일반교실에서 수업을 한다. 왜냐하면 그는 거기에서 더 빨리 더 많이 배울 수 있기 때문이다. 그는 교실에서 동료들과 적절하게 어울리는 방법을 배운다. 또한 친구를 사귀고 어울리는 것을 배운다. 그것은 그가 받아들여지고 사랑을 받고 단지 광주 자신을 위해 존중받고 있다고 생각이 드는 곳에서 그의 인생에 엄청난 변화를 만들 것이다.

○ 광주의 미래계획

광주는 과거에는 그의 아빠처럼 자동차 정비공이 되기를 원했지만 지금은 선생님이 되고 싶어 한다. 그는 숙제를 하고 그들의 계획과 더불어 그들 형제를 돕는 것을 좋아한다. 그의 부모는 아이의 장래를 위해 자신들의 꿈과 희망을 가지고 있다. 우리는 광주가 고등학교를 마치고 대학에 가기를 희망한다. 우리는 그가 직업을 가질 것이라고 확신하고 우리는 그가 결혼을 하고 그의 집에서 또는 그룹홈에서 살기를 희망한다. 우리는 광주를 위해 커다란 희망을 가지고 있다.

상기의 세 사례는 이들의 삶에 있어 장애는 어떤 방식이든 영향을 주고 있음을 드러내고 있다. 즉 장애인 개인의 장애유형, 장애 발생시기, 장애를 둘러싸고 있는 환경들에 따라서 삶의 방식은 달라지며, 결국 이들의 삶에 있어서 지속적으로 연계된 재활상담은 당연히 장애에 따라서 개입되고 접근될 수밖에 없는 것이다.

여기서 장애의 관점에 대해 살펴보면, 재활이 시작된 이래 1990년 중반까지 장애의 관점은 의료적 모델(medical model)이라는 입장에서 장애를 정의하는 중심개념은 개인이 가지게 되는 손상(impairment)의 정도, 즉 개인의 신체적 혹은 인지적 기능의 특징들에 맞추어져 있다. 그러나 의료적 모델 신체 혹은 손상에 근거한 장애에 대한 관점은 다음과 같다(나운환, 2003).

첫째, 장애가 환경적 상황에 따라 결정된다는 사실을 간과하고 있다. 즉 장애는 개인적 측면에서 발생한 것이 아니라 사회적 환경이 주류화(mainstream)를 중심으로 구성되어 온 결과라는 것을 고려하지 못하였으며, 또한 이런 장애인에 대한 잘못된 역할인식(social role)으로 인해 장애인들은 더욱 부정적 이미지를 가질 수밖에 없었다는 것을 간과하고 있다는 것이다.

둘째, 장애인의 실제 경험을 반영하고 있지 못하다. 즉 이와 같은 개념은 대부분이 사회의 권력자나 행위자에 의해 만들어지는 것이고 그들의 의식이 사회규범화되는 상황에서 과연 그들은 장애인의 실제 경험과 역할을 반영하고 있느냐라는 문제이다. 따라서 장애개념은 피상적이고 권력자나 행위자의 주관적인 관념에 의해 만들어지므로 장애에 대한 개념을 더욱 혼란스럽게 하였다.

셋째, 서비스 주체를 잘못 인식하고 있다.

이에 비해 사회적 모델은 장애인 권리 확보를 위한 장애인 자조단체들이 장애문제에서 장애인들의 직접적인 경험이 중시되고 고려되어야 한다는 사상에 의해 등장하는데, 이 모델의 관점은 장애개념을 의학적, 개인적 관점에서 보는 관점에서 보는 시각에서 사회·환경적 및 사회적 관점에서 보아야 한다는 시각에서 출발한다. 즉 장애라는 것은 장애를 가진 사람들이 살아가는 사회구조가 기본적으로 모든 사람들이 살아갈 수 있도록 만들어지지 못했기 때문에 발생되는 문제라는 것이다. 이 모델은 사회가 외모와 지능에 관계없이 지역사회의 모든 구성원들을 동등하게 대우하고 있는가, 즉 시민으로서 법에서 규정하고 있는 최소한의 평등(equality)과 정당성(justice)을 보장하고 있는가라는 문제를 제기하면서 만약에 이것이 부족하다면 많은 사람들은 장애가 될 수밖에 없다는 결론을 내리고 있다.

따라서 상담의 초점은 개인의 문제나 변화에 맞추어지는 상황에서 이것과 함께 장애를 유발시키는 사회적 환경들을 함께 고려할 수 있도록 변화되어야 한다.

이와 같은 장애에 대한 관점은 실제 장애나 손상에 관한 개념과 국제적인 표준화된 기준을 만든 세계보건기구가 1980년 국제장애분류(International Classification of Impairments, Disabilities, and Handicaps: ICIDH)에서 장애를 세 가지 차원 심신의 손상(Impairment), 활동(Activity), 참여(Participation)로 재정의하면서 더욱 변화되었다. 1997년의 장애는 서로 다른 세 가지 차원이 상호관련성을 가지며, 개인의 질환과 정서상태를 의미하는 보건상태(health condition)와 사회환경적 요인이 복합적으로 상호 작용되어 나타나는 결과가 장애라고 설명하고 있다. 여기서 환경적 요인은 사회적 태도, 건축 장벽의 특징, 법체계들을 의미하며, 개인적 요인은 성, 나이, 보건상태, 삶의 형식, 습관, 양육태도, 성격, 사회적 배경, 교육 정도, 전문성, 과거와 현재의 경험, 심리적 사상이나 특성을 의미한다.

따라서 재활상담에서 가장 핵심적인 특성은 장애에 대한 관점이 분명하게 인식돼야 한다는 것이며 장애의 관점은 개인적 모델과 사회적 모델이 함께 고려되어야 한다는 것이다. 즉 재활상담은 장애인 개인의 신체적, 인지적 손상과 함께 심리적 측면과, 사회・환경적 측면을 동시에 고려하는 장애관점을 이해해야만이 상담의 근본적인 접근이 이루어질 수 있다.

제 3 장

재활상담의 역사적 변천

제 3 장 재활상담의 역사적 변천

재활상담은 신체적, 정서적, 발달론적, 인지론적, 그리고 정서적 장애를 가진 사람들에게 상담과정의 지원을 통해 가능한 한 가장 통합된 환경에서 그들의 개인, 진로, 그리고 독립생활 목표들을 성취할 수 있도록 지원하는 체계적인 과정으로, 재활상담과정은 의사소통, 목표설정, 그리고 자기옹호, 심리적, 직업적, 사회적이고도 유익한 개입을 통한 성장 혹은 변화를 포함하는 개념이다(CCRC, 2003).

아마도 재활상담의 시작은 1917년 the Smith-Huges Act(PL 64-347)에 의한 연방 직업교육위원회가 재활업무를 시작한 이래라고 볼 수 있으나 학문적으로는 상담의 역사와 같은 맥락으로 발전해 오고 있다.

1. 상담과 재활상담의 기원

일반적으로 상담의 기원은 1800년대라고 보는 학자들이 다수인데 이와 같은 근거는 1800년대의 사회운동과 직업상담활동, 검사활동의 활성화, 사회사업과 심리학, 정신의학의 시작과 무관하지 않다(Neukrug, 2003).

□ 역동적인 사회운동의 출현

1800년대는 산업혁명과 르네상스운동 등 상담 분야에 영향을 끼친 많은 사회운동들이 일어났다. 빈곤층을 위해 사회운동을 주도한 사회사업가, 정신질환자들의 치료방법을 변화시키려고 노력한 정신의학자, 그리고 더 많은 인본주의적 교육방법과 공적 교육으로의 접근을 주장한 John Dewey(1859-1952)와 같은 교육학자 등 모두가 더 인간적이고 더 현대적인 방법들로 사람들을 지원하기 원했다. 상담 분야는 이러한 많은 사상들과 의미들을 융화시키는 노력의 결과로 발전하였다. 사회운동들과 타인들을 보호하는 데 기반한 운동의 초점은 초기 전문상담의 구축과 발전에 영향을 주었다.

□ 직업상담활동의 시작

오늘날의 직업상담과 같은 의미는 아니지만 1800년대 후반 이미 직업정보들이 소개되기 시작했다. 이라크어로 쓰인 10세기 저술들은 이미 직업정보를 소개하였고 이와 동시에 직업상담활동들이 시작되고 이것은 상담 분야의 전문성 확립에 영향을 주었다. 특히, 산업혁명으로 인해 이 시기는 집단적인 직업상담이 필요했던 시기이고 이것을 계기로 직업상담에 관련된 저술들이 나오게 되었고 이것은 결국 상담에 있어 새로운 실험적 과학에 기초를 둔 직업상담을 위한 체계 형성의 계기가 된 것이다.

□ 검사활동의 출현

직업상담운동의 성장과 함께 또 하나의 실험적 운동이 시작되었는데, 유럽과 미국의 실험과학의 발달과 함께 개인의 차이를 실험하는 데 관한 흥미가 증가하였다. 곧 사람들은 지능의 차이를 연구하였다. 예를 들어, 1896년에 개발된 Alfred Binet의 지능검사는 대규모 측정도구 사용의 시작에 영향을 끼쳤고, 의사결정 시 개인과 기관들을 돕는 데 활용되었다. 상담 분야에 있어서 이런 많은 사정도구들은 직업상담을 위해 사용되어졌고 전문상담 분야의 시작을 알리는 상징이 되었으며 이것은 결국 상담 분야의 발달에 많은 영향을 끼치게 되었다.

□ 심리학, 사회사업, 정신의학의 발달

상담의 기원과 발전에 있어 또 다른 중요한 영향을 미친 변인은 바로 심리학, 사회사업, 정신의학의 발전이다.

심리학은 다른 어떤 분야보다 상담 영역에 많은 영향을 주었다. 20세기에 심리학자들에 의해 개발된 많은 검사도구들은 초기에 직업상담사들에 의해 활용되었고 후기에는 교육과 다른 많은 장면들에서 사용되었다. 또한 심리학자들에 의해 개발된 현대 상담기술들은 상담의 다른 영역들에서 활용되었으며 상담기술 발전에 원동력이 되었다.

심리학의 태동은 수천 년 전으로 거슬러 올라갈 수 있다. 예를 들어, 심리학적인 사고는 B.C. 700년경 삶과 우주의 본질에 대해 숙고하던 그리스 철학자들에게까지 거슬러 올라갈 수 있다. 그리스 철학자인 히포크라테스는 정신질환을 다루는 방법에 대한 관념들을 제공하였고, Plato(B.C. 427-347)은 자기반성과 사유는 지식에 이르는 길이라 주장하였다.

또한 꿈과 환상은 대리만족을 제공하고, 그러한 인간의 상태는 육체적, 도덕적, 영적 근원이라 주장하였다. Plato의 제자인 Aristotle (B.C. 384-322)는 이런 영향인지 심리학자가 되었다. 왜냐하면 그는 지식을 연구하는 데 객관성과 논리를 사용하였기 때문이다. 그리고 그의 저서들은 본질적으로 심리학적인 것들이었다.

비록 Augustine(354-430)과 Thomas Aquinas(1225-1274)가 의식, 자기성찰, 탐구를 강조하였지만, 이 800년 동안 다른 심리학적 사고들은 거의 없었다. 이것은 부분적으로 이성과 객관성을 경시하고 신성만을 강조한 기독교의 발달에 기인한 것이다. 그러나 14세기에서 17세기에 걸쳐 일어난 르네상스는 그리스 철학들을 재발견하고 인간상태 본질에 관한 의문의 새로운 흥밋거리를 제공하였다. 이것은 인간의 본성뿐만 아니라 과학적 방법의 시작에 관한 철학적 논의에 의해 이어졌다.

19세기에 심리학은 현대의학, 물리학, 새로운 진화론에 의해 더 많은 영향을 받았다. 최초의 실험심리학자인 Wilhelm Wundt(1832-1920)와 Francis Galton(1822-1911)은 근육 강도, 머리 크기, 반응시간과 같은 사람 사이의 물리적 차이들을 실험하기 위해 실험실들을 개발하였다. 이러한 심리학 장면에서의 과학적 방침은 미국 전역으로 빠르게 확산되어, G. Stanley Hall(1846-1924)과 James Cattell(1860-1940)은 1800년대 후반에 하버드와 펜실베이니아 대학에 실험실을 설립하였다. 또한 19세기에는 William James(1842-1910)의 실용주의 이론이 널리 알려지면서 철학적, 과학적, 심리학 학파가 혼합되게 되었다.

실험적 과학의 자연스런 성장은 19세기 후반에 심리검사와 교육검사 도구 개발로 이어졌다. 예를 들어, Alfred Binet(1857-1911)은 지적 장애 아동의 학급배치에 사용된 최초의 지능검사를 개발하였다. 20세기 초에는 학업성취도 검사, 직업평가를 위한 검사, 최초의 인성검사들이 나타났다. 오늘날 검사들은 어디에서나 발견되고 우리 내담자들을 더 깊이 이해하는 데 중요한 요소가 되고 있다.

검사운동의 시작은 광범위한 심리치료 시스템인 정신분석의 성장과 같이 하는데 Sigmund Freud(1856-1939)에 의해 개발된 이 운동은 과학적 방법에 대한 새로운 강조에 확실하게 영향을 받았다. 프로이트는 최면술이라 불리는 새로운 현상을 시행하고 있었던 Anton Mesmer(1734-1815)와 Jean Martin Charcot(1825-1893)에게 많은 영향을 받았다. 이 초기 최면술사들은 개인의 정신상태에 영향을 주는 데 강력한 역할을 할 수 있다고 주장하였다. 사실 샤르코(1825-1893)는 몇 가지 육체적 질병들은 최면술을 일으킬 수 있다는 것을 보여 주었다. 프로이트는 억제된 고통스런 기억들을 밝혀내기 위해 독창적으로 최면술을 사용하였다. 그러나 이후에는 다른 기술들을 사용함으로써 최면술 사용을 중단했고 인간행동의 근원을 이해하기 위한 그의 복잡한 이론은 계속적으로 발달하였다. 정신건강과 정신질환에 관한 프로이트의 관점은 혁명적이고 지속적으로 우리가 내담자의 문제들을 개념화하는 방법들에 영향을 미쳤다. 비록 그가 정신과의사로서 훈련을 받았다 할지라도, 프로이트의 개념들은 매우 빠르게 심리학 전문가들에게 채택되었다.

전통적인 정신분석 이외에 19세기 후반부터 다른 심리학파들이 나타나기 시작하는데 고전적 조건 형성 실험을 실시한 Ivan Pavlov (1849-1936)와 행동주의를 개발한 학자들은 내면적 관찰을 덜 강조하고, 자극-반응과 환경적 영향들의 중요성을 강조하였다. 이와 같은 기간 동안, 현상학적 심리학과 실존주의 심리학이 시작되었고 실존적 본질과 현실에 관한 연구를 강조하였다. 또한 이 시기에 개인이 현실 속의 경험을 조직하는 방법에 관한 의문에 답하고자 노력한 게슈탈트 심리학도 발생하였다. 행동주의 실존주의 심리학, 현상학적 심리학, 게슈탈트 심리학은 오늘날의 인지-행동 및 인본주의 치료에 근간이 되었다.

미국심리학회(APA)는 1892년에 발족되었다. 그러나 1920년대에 들어서서 임상의들이 현장에서 더 큰 영향력을 행사하기 시작하였고 많은 수가 이 학회에 가입되었다. 1940년대 중반에 APA는 크게 변화하였고 상담 심리학회와 같은 많은 새로운 임상학회들을 흡수하였다. 상담 전문 영역의 역사와 목적에 따라 나누어진 이 분과는 많은 심리학자들이 학자나 과학자가 아닌 임상전문가로서 그들 자신이 보인다는 현실을 강조하였다.

그러나 오늘날 우리는 여전히 행동의 원인을 정신생리학적으로 이해하려고 노력하는 실험심리사들과 상담과 심리치료를 실시하는 임상심리사를 찾을 수 있다. 덧붙여서, 우리는 또한 학교에서 검사를 실시하고, 산업체 혹은 조직 속에서 일하는 또 다른 심리사들을 찾을 수 있다. 오늘날 APA는 미국 정신의학회와 함께 다수의 관계자들과 인간행동을 이해하기 위한 저널을 출판하는 것과 같은 학문적 활동들을 제공한다. 그것은 DSM-Ⅳ를 개발하고 계속적으로 수정하도록 원조를 제공한다. 따라서 상담학의 발전은 심리학의 발전과 맥을 같이 한다고 볼 수 있다.

상담에서 사회사업이 미친 영향도 많은데, 특히 개인이 가진 문제에 접근하기 위해서는 내담자를 둘러싸고 있는 사회환경과 시스템을 이해하는 것을 강조하는 사회사업은 상담이 가족과 사회 시스템 내에서 개인을 이해할 수 있도록 하는 데 영향을 주었다. 많은 주요 가족치료사들이 사회사업가들로부터 시작되었기 때문에, 상담가들은 내담자들에 대한 그들의 개념을 적용하도록 배웠다. 또한 현장경험에 대한 사회사업의 강조는 상담 영역으로 계승되었고, 상담가 교육 프로그램들은 그들의 훈련 프로그램들 속에서 점점 더 많은 현장경험을 제공하였다. 끝으로, 옹호에 대한 사회사업의 강조는 그들의 내담자들이 그들의 문화와 사회의 커다란 역동성으로부터 큰 영향을 받는다는 점을 상담가에게 충실하게 조언하였다. 그것은 우리 모두에게 지역, 주, 국가적 차원에서 우리의 내담자를 계속적으로 옹호해야 한다는 점을 깨닫게 해 주었다.

사회사업의 시작은 원래 영국의 구빈사업으로 거슬러 올라간다.

1601년 엘리자베스 구빈법은 교회가 빈곤자들을 위한 재정을 늘리고 관리하도록 함으로써 교회의 권한을 강화시켰다. 미국 식민통치 시절, 이 시스템이 옮겨 가서 지방정부들은 빈곤자들을 지원하기 위한 법을 제정하였다. 이와 같은 시기에 종교기관들과 함께 자선사업이 시작되었다. 1800년대에 이농현상으로 도시인구가 증가함으로써, 이 나라에는 전통적인 자선조직들에 의해 해결될 수 없는 많은 빈민층이 증가하였다. 이에 대한 정치적 압력은 교정학교, 정신병원, 기타 특수시설들과 같은 특별한 제도를 만들도록 이끌었다.

공공제도의 혜택을 받지 못하는 빈곤층들을 돕기 위해 두 가지 주요한 접근방법들이 발달하였다. 빈곤자들을 방문할 자원봉사자를 거느린 자선조직협회(Charity Organization Society: COS)는 아동을 교육하고, 빈곤상태를 감소시키기 위한 경제적 지원을 하였다. 일반적으로 도덕적 판단과 종교적 가치에 의해 빈곤자들은 조언, 지원, 적은 양의 생필품과 의약품을 받았다. 때때로 우호적인 방문자로 알려지기 시작한 이들은 한 가족을 수년 동안 돕기도 하면서 사회사업의 시초로 발전된다. COS와는 대조적으로 빈민운동은 극빈자들의 사회 속에서 실질적으로 생활하는 운동가들을 만들었다.

지역사회 활동에 대한 신념을 가진 이상주의적인 젊은 운동가들은 빈곤층에 더 좋은 서비스들을 제공하도록 정치인들을 설득하려고 하였다. 빈민자의 집 중 하나로 잘 알려진 Hull House는 사회활동가 Jane Addams(1860-1935)에 의해 1889년 시카고에 설립되었다. 빈곤층의 증가와 함께 이들의 욕구를 충분히 충족시키도록 하기 위한 방법들에 대한 논문들과 책들이 집필되기 시작하였다. 20세기로 접어들면서, 사회사업 양성 프로그램이 발달하기 시작하였다. 그 후 30년 동안 사회사업은 개별사회사업, 집단사회사업, 지역사회사업 등 주요 관심 영역에 초점을 두고 많은 방향들로 성장하였다.

1940년에서 1950년대 사이, 다양한 사회적 가족 시스템을 이해하는 것에 관한 관심이 증가되었다. 사회사업가들은 사회 시스템과 가족들을 위해 일을 하게 되었고, 이러한 관심은 많은 사회사업 프로그램들의 본질적인 초점이 되었다. 그러한 프로그램들은 초기 철학자나 심리학자들이 그래 왔던 것처럼 개인만을 바라보던 관점과 대조적으로 상황적 혹은 시스템적 사고를 강조하였다. 사회사업가인 Virginia Satir(1967)는 더 커다란 시스템에 초점을 맞추어 정신보건 전문 분야를 새로 변혁시켰다.

1955년 많은 사회사업기관들은 사회사업협회(National Association for Social Work: NASW) 형태로 결합하였다. 1965년 NASW는 석사 수준의 사회사업가들을 위한 실무기준을 형성하기 위해 Academy of Certified Social Workers(ACSW)를 설립하였다. 오늘날 사회사업가들은 병원에서부터 정신보건센터, 정부, 주거 서비스, 보호소에 이르기까지 사회 서비스 분야의 다양한 곳에서 발견되어질 수 있다. 덧붙여서 비록 많은 사회사업가들이 오늘날 개별 심리치료와 가족치료를 실시하고 있지만, 다른 사업가들은 지역사회 속에서 옹호작업을 수행하고, 또 다른 이들은 사회 서비스 기관들을 관리한다. 따라서 상담에서 사회사업의 역할은 상담이 생태학적인 환경, 특히 가족이나 주변환경을 동시에 접근하여야 한다는 사실을 일깨워 주었으며, 이 부분은 오늘날에 상담에 있어 중요한 영향으로 발전되어 오고 있다.

정신질환의 분류와 정신병리에 초점을 둔 정신의학은 향정신성 약물사용과 더불어 내담자를 위한 진단과 처치계획의 개발에 있어서 상담사들과 다른 전문가들을 지원해 준다. 게다가 발생할지도 모르는 일부 정신건강 문제들에 대한 인식은 상담사들이 적절한 시기에 향정신성 약물과 정신생물학에 대한 전문가에게 긴급히 의뢰해야 하는 점에 대해 이해할 수 있도록 도와주기 때문에 상담 영역에 있어서 깊은 인연을 가지고 지속적으로 영향을 미친다.

1700년대 후반까지 정신질환은 불가사의하고, 악마적이고, 일반적인 방법으로 건드릴 수 없다고 받아들여져 왔다. 그러나 곧 세상을 바라보는 새로운 방법들과 정신질환을 이해하고 다루기 위한 새로운 접근들이 나타났다. 1700년대 후반 프랑스에서, 정신의학의 창시자가 된 Pinel(1745-1826)은 과학적인 관점으로 정신이상을 바라본 많은 이들 가운데 한 사람이었다. 2개의 정신병원을 운영하고 있는 Pinel은 환자들을 가두어 놓았던 체인들을 제거하고 최초로 환자들을 인간답게 대하였다.

1800년대에 정신질환을 이해하고 진단하고 처치하기 위한 많은 노력이 있었다. Kraepelin(1825-1926)은 정신질환의 최초의 분류방식을 개발하였고, 어떤 심리학적 상태들과 질환들 사이의 관계를 본 Charcot(1825-1893)와 Janet(1895-1947)는 오로지 조직적 본질만을 고려했었다.

사회개혁가로 헌신한 Rush(1743-1813)는 미국 정신의학의 창시자로 알려져 있다. 노예제도 폐지의 맹신자이자 독립선언서 서명자이고, 미국 군사학교의 대안으로 평화연구소의 설립을 옹호한 Rush는 빈곤층과 정신질환자들을 인간적으로 다루도록 호소하였다. Rush의 저서인 『정신질환에 대한 의학적 연구와 관찰』은 1812년에 출판되었는데, 이 책은 70년 후 정신의학 장면에서 중요한 저서가 되었다.

1800년대 초, 필라델피아 소재 펜실베이니아 병원과 버지니아주 윌리엄즈버그에 소재한 공공 정신병원은 정신질환자들을 치료하기 위해 설립되었다. 정신질환자들을 위한 초기 치료는 오늘날 정신병원에서 치료하는 것과는 거의 공통점이 없었다. 그러나 그들은 정신장애인의 실재는 인정하였다.

1800년대 중반, Dix(1802-1887)와 몇몇 사람들은 정신질환자의 도덕적 치료를 옹호하고 지지적 보호, 장려, 존중, 스트레스 요인 제거, 선택적 처치로써 직업적 훈련을 주장하였다. 정신병원들의 확산과 이 새로운 접근의 사용은 1844년 정신질환자를 위한 의료관리협회(the Association of Medical Superintendent of American Institution: AMSAI) 설립의 계기가 되었다. 미국 정신의학회의 선구자인 이 협회는 정신질환자의 진단, 보호, 처치의 개선과 그 시대의 정신병원들의 기준을 개발하는 것을 목적으로 하였다.

20세기 중반, 정신의학은 많은 다른 방향으로 발전하였다. 많은 정신의학자들이 정신분석적 흐름을 견고히 한 것에 반하여, 다른 이들은 정신질환자를 위한 선택적 처치로써 정신생물학을 향해 움직이기 시작하였다. 게다가 다른 이들은 사회적 정신의학에 점점 몰두하기 시작하였다. 1950년대에서 1960년대에는 여러 요인들이 정신과의사들의 역할과 기능에 큰 영향을 끼쳤다. 먼저, 1950년대에는 항전신성 약물의 사용이 크게 확대되었다. 그리고 1960년대에는 정신보건센터들에 기반을 둔 정신질환자에 대한 탈시설화가 지역사회 기관들 속에서 정신과의사들의 역할을 크게 확대시켰다. 정신과의사들은 점점 정신분석적 접근을 기피하고 정신생물학적 접근을 시작하였다.

1950년대에 미국 정신의학회는 최초의 정신질환자를 위한 진단 및 통계매뉴얼(DSM-I)을 개발하였다. DSM-IV-TR은 임상가들 사이의 일치도를 높이기 위한 임상진단 규준을 제공한다.

오늘날, 일부 정신질환자들을 향한 연구방향은 전체적 혹은 부분적으로 생물학적 기반을 두고 있다. 정신의학자들은 정신보건 현장에서의 역할이 점점 더 중요해지고 있다. 덧붙여서, Prozac과 같은 새롭고 더 많이 개선된 향정신성 약물들의 등장은 정신의학가들이 상담가들과 다른 정신보건 전문가들에게 매우 중요한 자문역할을 하도록 만들었다.

따라서 정신의학은 상담 분야에서 개인의 생물학적 기반에 근거한 접근의 필요성이라는 측면에서 상당한 영향을 미치고 있다고 보인다. 이 영향은 오늘날 상담학이 총체적 접근을 하는 데 원인을 제공하고 있다.

상담의 기원은 살펴 본 바와 같이 어떤 사건이나 계기가 있어서 출발하고 학문적인 발전을 이룬 것은 아니고 사회상황과 주변학문들의 발전에 따라 자연스럽게 복합적으로 등장한 분야라고 볼 수 있으며 이 과정에서 사회운동과 직업상담활동, 검사도구의 발전은 특히 많은 영향을 준 것으로 보인다. 그리고 이 과정에서 재활상담은 구체적으로 언급한 기록은 없지만 직업상담활동이나 검사도구의 개발, 정신의학의 발전과정에서 자연스럽게 장애아동이나 장애인을 대상으로 하는 분야들이 접근되고 소개되고 있기 때문에 재활상담의 기원도 상담의 기원과 같이 가고 있다고 볼 수 있다.

2. 현대상담과 재활상담의 등장

현대상담과 재활상담은 거의 같은 시기에 등장한다. 먼저 20세기의 시작은 역동적으로 시작한다. 많은 사회운동가들은 빈민층을 보호하고 이들의 빈곤을 개선하기 위해서는 고유 시스템의 변화를 요구하면서 학교상담의 필요성을 주장하였고 정신의학 분야는 정신질환을 치료하는 방법들을 지속적으로 변화시키면서 역동적으로 다양한 검사도구들을 발전시켰다. 이와 함께 20세기 시작은 도시화·산업화로 인해 도시로 이주해 온 도시빈민과 산업사회의 적응의 일환으로 체계적인 직업상담이 시도되기 시작하였다. 비록 직업안내, 직업상담의 개념들은 1800년대 후반에 등장하였지만 체계화된 것은 1900년 초에 들어서 체계화되었다(Neukrug, 2003).

1907년 직업적 안내에 초점을 둔 직업교육과정이 Davis(1871-1955)에 의해 소개되었으며 같은 시기에 뉴욕에서 진로선택이라는 소책자를 쓴 Weaver(1862-1922)는 뉴욕에서 진로지도를 시작하였다. 또한 Reed(1871-1946)는 1910년 시애틀 학교 시스템에서 진로지도 서비스들을 확립하는 데 35개 도시들은 그들의 학교체계에서 직업안내 서비스를 확립할 계획을 수립하였다. 비록 그들의 생각이 혁명적이라 하더라도, 초기의 많은 직업안내 개혁가들은 개인들은 그들의 상사에게 절대 복종하고 승진을 위해 동료들과 싸워야만 한다고 주장했던 사회적 다원주의 같은 그 시기의 도덕주의적 사고와 이론들로부터 영향을 받았다.

미국의 직업상담에 가장 큰 공헌을 한 사람은 Parsons(1854-1908)이다. 오늘날 미국 직업상담의 창시자로 불리는 파슨스는 애덤스의 활동과 같은 그 시기의 개혁운동으로부터 큰 영향을 받았다. 결국 그는 직업을 선택하고 직업선택을 위해 준비하고, 취업할 방법을 찾고, 효과적이고 성공적인 진로를 수립하도록 개인을 도와주는 직업사무소를 설립하였다. 파슨스는 직업상담이 공립학교 속에 수립되기를 희망하였다. 그러나 그가 1908년에 요절함으로 인해 그의 희망이 성취되는 것은 보지 못했다. 1909년에 그 운동을 기리기 위해, 보스턴에서 첫 번째 직업상담회의가 개최되는데 이 회의는 1913년 직업안내학회(the National Vocational Guidance Association: NVGA)를 설립하는 결과를 낳았다. 이 학회는 훗날 미국상담학회(American Counselor Association: ACA)의 선구자적 역할을 하게 된다.

파슨스는 통찰력 있는 사람이었다. 그는 학교 내에서의 체계적인 진로지도와 전국적인 직업상담운동을 계획하였고 개별상담의 중요성을 예견하고 협력이 경쟁보다 더 중요한 사회를 만든다는 것을 주장하였다. 파슨스의 직업상담원리는 상담의 많은 분야에 광범위하게 큰 영향을 주는데 주요한 요점은 다음과 같다.

첫째, 직업상담은 자기 자신, 자신의 적성, 흥미, 열망, 자원, 제한점, 그것의 원인에 대해 명확하게 이해해야 하고, 둘째, 직업들에서의 요구, 성공의 조건, 장점과 단점, 급여, 기회, 전망에 대한 지식을 이해해야 하고, 셋째, 이들 두 요인 그룹들과 관련된 합리적 판단을 해야 한다는 것이다.

그러나 더 심도 있게 파슨스의 노력을 고찰해 보면 그는 상담전문 분야에서의 중요한 고려점을 제공해 주었다. 예를 들어, 좋은 상담은 내담자가 최선의 선택을 결정하도록 만들 수는 없지만 상담이 가지는 중요성에는 주목해야 함을 강조하였다.

그 후 직업상담은 개인의 특성을 객관적으로 측정하기 위한 각종 검사도구의 발달과 정신역동치료방법의 발전에 힘입어 현대상담 발전에 이르기까지 지대한 역할을 한다.

□ 검사도구 개발과 측정의 확산

직업상담의 출현과 함께, 검사는 일상화되었다. 파슨스도 직업상담 시 검사들의 사용을 강하게 주장하였다. 제1차 세계대전 결과, 능력에 대한 평가는 대규모의 기준에 적용되었는데, 그 이유는 Army Alpha와 같은 검사들이 직업배치를 결정하는 데 사용되었기 때문이다. 이러한 능력검사들은 곧 직업상담에서 사용하도록 채택되었다.

직업상담을 보조하기 위한 검사도구들의 사용은 최초의 흥미검사 도구들 중 하나인 스트롱 직업흥미검사도구 개발에 의해 촉진되었다. 이 검사는 직업상담의 혁명을 가져왔다.

그러나 검사들은 직업평가만을 위해서는 사용되지 않았다. 그 예로, Woodworth의 Personal Data Sheet는 정서적 문제를 가진 개인들을 선별해 내기 위해 군에서 사용된 초기 인성도구였다. 검사들의 성공적인 군사내용은 학교, 기업, 산업체 등지에서 유사한 도구들을 개발하고 채택하도록 이끌었다. 20세기 중반, 인지능력, 흥미, 지능, 인성들을 측정하는 검사들은 보편화되었다. 종종 직업상담에서 사용되었지만, 이 검사들은 곧 모든 종류의 상담 분야에서 사용되게 되었다.

□ 정신역동치료의 발전

예일대를 졸업하고 정신분열증으로 인해 수년 동안 병원생활을 한 Clifford Beers는 1908년 *A Mind That Found Itself*를 저술하였다. 1909년 그는 정신병동의 비참한 상태를 종식시킬 수 있는 법이 통과될 수 있도록 의회에 로비를 했던 정신위생위원회(National Committee for Mental Hygiene: NCMH)를 설립하는 데 도움을 주었다. 곧, 이 위원회는 사회사업가, 임상심리사, 정신과의사를 스태프로 하는 최초의 아동지도 클리닉을 조직하였다. 같은 시기에 정신분석은 정신과의사들에 의해 사용되기 시작하였고 지역사회 속에서 그 방법들을 사용하기 시작하였다. 제1차 세계대전의 종료는 많은 임상심리사들이 전쟁으로 인해 정신적 문제를 지닌 재향군인들에게 그들의 서비스를 제공하도록 만들었다. 정신분석의 장기적인 처치 접근들이 정신과의사들에게 거의 사용되지 않게 됨으로 인해, 그들은 곧 새롭고 짧은 접근을 개발하기 시작하였다.

순수한 직업상담과는 다른 상담 영역의 출현은 점점 성장했고, 1930년대 동안 Williamson(1900-1979)은 최초의 포괄적 상담이론을 개발하였다. Minnesota 관점 혹은 특성 요인이론으로 잘 알려진 윌리엄슨의 접근은 최초로 파슨스의 사상을 발전시킨 것이다. 원래는 직업 쪽에 초점을 두었었지만, 이 접근은 일반적인 상담 접근과 심리치료 접근으로 수정되었다. 특성요인 이론 접근은 5단계의 시

리즈를 포함한다.

첫째, 문제의 분석과 검사, 가능한 기록들의 획득, 내담자에 대한 검사

둘째, 문제이해를 위한 정보의 종합, 요약, 조직화

셋째, 문제의 진단과 해석

넷째, 해결방법을 찾도록 개인을 상담하고 원조

다섯째, 사후지도, 적절한 사후지도를 보장

나치주의의 결과로 1930년대에서 1940년대 동안 많은 인본주의 철학자들, 정신의학자, 심리학자들은 유럽에서 미국으로 망명하였다. 그 결과 미국의 심리치료와 교육 장면에 극적인 영향을 주었다. Rochester Guidance Center에서 일했던 Rogers(1902-1987)는 이들 인본주의자들로부터 큰 영향을 받아 상담 장면에서 혁명을 일으켰다. 내담자중심적인 그의 인본주의는 짧은 기간 동안 더 인간적이고, 더 솔직하고, 더 실용적으로 내담자에게 비지시적인 방법으로 접근했다. 1940년대 초는 상담 분야에 중대한 영향을 준 로저스의 저서 *Counseling and Psychotherapy*가 출간되었다. 로저스와 인본주의적 상담과 교육의 장을 새로 확립한 이들은 직업상담의 초점으로부터 더 광범위한 상담 분야로 이동하는 중요한 원동력이 되었다. 제2차 세계대전 이후 개인의 자유와 자치성의 증가에 점점 초점을 두게 됨으로써 로저스의 접근은 이 시기에 성숙되었다. 1940년대 로저스와 다른 인본주의자들은 상담 영역에 커다란 영향을 주었지만, 그들의 영향은 20세기 중반 이후에 일어나는 것들에 대하면 그리 대단한 것은 아니다.

이와 같이 현대상담의 등장도 직업상담, 검사도구의 확대와 직업상담과의 연계, 정신역동치료의 발전이 결국 현대상담이론을 출현하게 만들었다. 그리고 이러한 이론들은 재활상담 분야에 직업재활 현장과 장애인의 재활심리 · 심리치료 분야에 그대로 적용되므로 현

대상담이론은 재활상담이 출현하는 데 산파역할을 한 것이나 다름이 없다.

1917년 미국의회를 통과한 the Smith-Huges Act는 연방정부가 장애인들을 위해 주에 직업교육지원을 하였고 이 직업교육에는 진로지도 · 직업상담이 중요한 내용으로 포함되었다. 이후 이 법은 미국 재활 100년의 중심 역할을 하게 되는 직업재활법(the Vocational Rehabilitation)으로 개정되고 주로 신체장애인들에게 총체적인 직업상담 서비스를 제공하게 되고 많은 재활상담사들이 재활기관 · 주 등에서 일을 할 수 있도록 제공하였다. 그 이후 1938년의 와그너 오데이법(the Wagner O'Day Act), 1943년 개정 재활법은 시각장애인, 정신 · 인지장애인들에게 지속적인 직업상담 서비스를 제공하는 기본적인 내용을 다루었고 결국 미국 내에서 재활상담이 출현하는 결정적인 역할을 하게 된다. 물론 한국에서는 상담 분야나 재활상담 분야의 논의나 활성화가 다루어지지 않았다.

3. 상담과 재활상담의 발전

□ 미국의 상황

상담 분야가 가장 역동적으로 발전하고 인간의 삶에 영향을 준 것은 아마도 1950년대부터라고 볼 수 있다. 1950년대 이후 상담전문 영역은 인본주의적이고 비지시적 방법으로 크게 변화해 갔다. 이시기에 Carl Rogers가 그의 두 번째 저서인 *Client-Centered Therapy: Its Current Practice, Implication and Theory*를 출판함으로써 현장에 커다란 영향을 끼쳤다. 더구나 이 시기는 진로상담, 아동발달, 생명발달이론에서 많은 연구가 진행되었다(Neuckrug, 2003).

아마도 가장 중요한 사건은 러시아 인공위성 스푸트니크호 발사로 많은 미국인들은 이 사건으로 인해 심리적으로 큰 충격을 받았으며 미국이 1958년 국가방위교육법(the National Defense Education Act: NDEA)을 의회가 통과시키도록 자극하였다. NDEA는 중등교육과정에 상담가들을 배치할 수 있도록 교육기관들에게 재정을 지원하였다. 이 상담가들은 미래과학자가 되기 위한 학생들의 수학과 과학에 대한 재능을 확인하였다. 이러한 입법조치의 결과는 1950년대와 1960년대 중등학교 상담사들의 많은 증가를 가져왔다. 그리고 1964년 이 법은 초등학교 상담사 배치까지 확대되었다.

학교상담사들의 극적인 증가와 더불어, 1950년대는 또한 최초의 전일제 대학교 상담사들과 대학상담센터들이 생겨났다. 중등학교 상담가들과 대학상담센터들은 종종 제2차 세계대전 이후 생겨난 직업상담센터로서의 역할도 하게 되었다. 다른 상담전문 영역으로서 대학상담센터들은 학생들이 직업을 가질 수 있도록 인본적인 발달적 접근을 시도하였는데, 센터 스태프들은 주로 상담사들과 임상심리사들이었다.

지역사회 기관들 또한 1950년대에 상담사들과 심리치료사들이 유입되었다. 정신질환 치료제, 항우울 치료제, 항불안 치료제, 전기치료의 발달은 주 병원들로부터 지역사회 기관들에서 필요한 서비스를 받아도 되는 많은 사람들을 해방시켰다. 또한 이 시기는 제2차 세계대전 기간 동안 심하게 다친 많은 사람들에게 필요한 육체적, 정신적 서비스들을 제공하도록 직업재활센터들 속에 상담사들이 많이 배치되었다.

1950년대 동안 상담현장의 변화는 전문가협회들의 변화가 반영되어졌다. 1945년 미국 결혼 · 가족협회(the American Association of Marriage and Family Counseling: AAMFC)의 설립에 이어, 1950년대에 NASW는 APA의 17분과의 이름이 변화되어 형성되었다. 상담

및안내분과에서 상담심리학분과로, 미국인사및안내협회(the American Personnel and Guidance Association: APGA)는 4개의 상담 관련 협회들의 합병으로 형성되었다. 17분과의 회원가입기준이 박사학위소지사인 데 반해 APGA에서는 석사학위수준을 요구하는 차이가 있다. APA는 상담활동에 강조를 두고 있음에도 불구하고 임상 영역 속에서 강력한 영향력을 발전하였다. 그래서 학교상담사분과(the American School Counselor Association: ASCA), 상담사교육분과(Association for Counselor Education and Supervision: ACES), 진로상담사분과(National Career Development Association: NCDA), 재활상담사분과(American Rehabilitation Counseling Association: ARCA), 인본주의 교육 및 상담사분과(Counselling Association for Humanistic Education and Development: C-AHED)가 설립되었다.

1980년대 이후 상담 분야가 발전하는 데 있어서 결정적인 요인이 된 것은 다양성(diversification)이 상담 분야에서 인정되기 시작했다는 것이다.

20세기 초반에서 중반 동안 상담과 치료에서 세 가지 주요한 접근이 있었다. 즉 심리역동 접근(프로이트), 지시적 이론(윌리엄슨), 내담자중심이론(로저스)이었다. 그러나 1950년대 후반에서 1960년대에 이르기까지 수많은 새로운 상담 접근들이 시작되었다. Ellis(1961)의 합리 · 정서(인지)적 접근, Bandura(1969), Wolpe(1958)와 Krumboltz (1966)의 행동주의적 접근, Glasser(1961, 1965)의 현실치료, Perls (1969)의 Gestalt 접근, Berne(1964)의 교류분석적 의사소통 접근과 Arbuckle(1965), Frankel(1963), May(1950) 등의 실존주의 접근들이 시작되었다. 이 상담 접근들은 이시기의 치료사들의 강력한 요구에 의해 편파적으로 만들어졌다.

상담사들과 다른 정신보건 전문가들의 요구는 Johnson 대통령의 "위대한 사회적 이니셔티브"와 관련된 많은 정책들이 통과됨으로써 확대되었다. 그러한 법들 중 하나가 짧은 기간 퇴원환자들을 보호하고, 외래환자들을 보호하고, 부분적인 입원, 응급 서비스, 상담과 교육 서비스들을 제공할 수 있는 광역 정신보건센터들을 설립하도록 지원한 1963년 지역사회 정신보건센터법이었다. 이것은 개인의 문제들을 관리하고 중증 정신질환자들이 저가의 정신보건 서비스를 획득할 수 있도록 해 주었다. 대략 600개의 지역사회기반 정신보건센터들이 이 법에 의해 설립되었다.

많은 다른 법들이 또한 이 기간 동안 통과되었다. 그 예로, 1964년 개정 NDEA는 초등학교에서 대학에 근무하는 상담사들을 훈련하도록 확대되었다. 1967년, 약 20,000명의 학교 상담사들이 이 법에 의해 훈련을 받았다. 또한 인력개발 및 훈련법, 초등 및 중등교육법, Head Start, 작업장려 프로그램과 같은 많은 법들은 상담사들을 위한 다양한 직업기회들을 제공하였다. 시민권법, 기회균등법, 선거권법과 같은 또 다른 중요한 법적 제도들은 상담전문 영역을 향한 보다 수용적인 태도를 형성하도록 사회적 이상과 지역사회서비스를 향한 국가의 태도를 수정하도록 만들었다. 분명히 1960년대는 법적 활동들을 통해 상담전문 분야의 확대, 수용, 교정의 시기였다.

이러한 확장과 교정은 현장에서 전문화의 중요성을 증가시켰다. 이것의 한 부산물이 현장에서의 윤리적 규준을 마련한 것이었다. 따라서 1961년 APGA의 첫 번째 윤리적 행동강령이 제정되었다. 1960년대는 또한 상담 프로그램의 인정기준들에 대한 요구활동이 활발하게 이루어졌다. 이러한 움직임은 1981년 상담 및 관련 프로그램 인가 위원회(the Council for Accreditation of Counseling and Related Program: CACREP) 설립의 원동력이 되었다. 마지막으로 1960년대는 지금의 상담평가협회(1965)가 된 APGA의 회원기구가 계속적으로 증가하였다. 1964년 APGA의 권고로 국가 고용상담협회(the National Employment Council Association: NECA, 1966)는 지방 분소들을 가지게 되었다.

이외에도 1979년대 동안 다양한 분야에서 상담사들의 증가된 욕구에 따른 많은 일들이 일어났다. 그 예로, 1975년 Donaldson V. O'Connor에 대한 고등법원 판결은 그들의 의지와 상관없이 입원되어 있었던 수천 명에 달하는 주 정신병원 환자들의 탈시설화를 이끌어 내었다. 이 사례는 그들 자신과 타인들에게 해가되지 않는 개인들은 그들의 의지에 반하여 수용될 수 없다는 결론을 가져왔다. 병원으로부터 개인들의 해방은 지역사회 정신보건 상담사들의 필요성을 증가시켰다.

그래서 1975년 의회는 확대된 지역사회 정신보건센터법을 통과시킴으로써 정신보건센터들이 제공하는 위임 서비스를 다음과 같이 5개에서 12개로 확대시켰다.

① 단기 퇴원환자 서비스
② 외래환자 서비스
③ 부분병원(낮병원)
④ 응급 서비스
⑤ 상담 및 교육
⑥ 아동을 위한 특수 서비스
⑦ 중년층을 위한 특수 서비스
⑧ 사전 시설수용 선별서비스
⑨ 정신병원을 위한 사후보호 서비스
⑩ 정신보건으로부터 전환보호 서비스
⑪ 알콜중독 서비스
⑫ 약물남용 서비스

1970년대는 또한 재활상담 분야에도 많은 변화가 있었다. 특히 재활법을 비롯한 다양한 정책입안들은 훈련된 재활상담사들의 채용에 대한 욕구를 증가시켰고, 학교 상담사들의 역할을 확대시켰다. 그 예로, 1973년 재활법은 직업재활 서비스들과 중증의 심신장애를 가진 성인들을 위한 고용상담 서비스를 확대하였다. 1975년 모든 장애아동을 위한 교육법(PL94-142)은 장애를 가지고 있는 모든 아동들을 위한 특정한 환경 속에서의 교육권을 확보하였다. 이 법은 장애학생들의 배치결정 시 그 팀 속에 학교 상담사를 참여시키도록 하였으며 학교에서의 전환고용과 지원고용 서비스에도 많은 영향을 주었다.

이 시기는 또한 상담을 전공하는 학생들을 위한 훈련에도 중요한 변화가 일어났다. 1970년대의 인본주의 운동의 영향으로 많은 개인들은 집단상담기술훈련을 발전시키기 시작하였다. 이러한 집단상담기술교육은 로저스와 다른 인본주의 심리학자들이 중요하게 여겼던 많은 기술들을 바탕으로 하고 있다. 주의 깊은 행동관찰 및 청취, 감정이입적 이해와 같은 이러한 상담사 훈련방법들은 짧은 시간 동안 상담관계 형성에 긍정적인 영향을 줄 수 있도록 학습되었다.

1970년대는 또한 현장에서의 전문화가 증가되는 시기였다. 그 예로, 1970년대 초반 상담교육 및 감독학회(Association of Counselor Educations and Supervisors: ACES)는 석사과정 상담 프로그램의 기준초안을 마련하였다. 국가 자격인정은 1973년 재활교육위원회(Council on Rehabilitation Education: CORE)와 1979년 국립 인정정신보건상담사 학술원(National Academy for Certified Mental Health Counselors: NACMHC)에 의해 최초로 상담사 면허증을 시작하였다. 마지막으로, 주 면허는 1976년 버지니아에서 최초로 상담사 면허증을 제공함으로써 시작되었다.

1970년대 제도들은 상담현장의 개혁을 가져왔고, 많은 상담사들이 정신보건, 재활, 고등교육, 학교상담 분야로 진출하도록 만들었다. 이러한 개혁의 결과 중 하나는 40,000에 달하는 APGA 멤버자격의 성장과 중다문화적 상담 및 개발학회(Association for Multicultural Counseling and Development: AMCD, 1972), 상담을 위한 정신, 윤리, 종교가치학회(Association for Spiritual, Ethical and Religious Values in Counseling: ASERVIC, 1974), 그룹 활동에서의 전문가협회(Association for Specialist in Group Work: ASGW, 1973), 국제중독 및 범죄자 상담학회(International Association of Addictions and Offender Counseling: IAAOC, 1972), 미국 정신보건상담사협회(American Mental Health Counselor Association: AMHCA, 1978)와 같이 많은 ACA분과의 설립을 형성하였다.

1980년과 1990년대로 상담 분야는 지속적으로 변화가 일어나고 발전하는데 상담 분야는 이제 인간의 모든 삶 속에 자리 잡고 있다.

상담 분야가 전문 영역으로 발전하면서 상담사들의 훈련기준과 자격기준을 위한 긴급한 요구들의 증가를 가져왔다. 그 결과, 1981년 전문성의 기준을 설정하는 상담과 관련 교육 프로그램 인가위원회(Counsel for Accreditation of Counseling and Related Educational Programs: CACREP)가 설립되었다. 오늘날 CACREP(Counsel for Accreditation of Counseling and Related Educational Programs)은 지역사회상담, 학교상담, 대학상담, 정신보건상담, 진로상담, 노인상담, 학사, 결혼, 커플, 가족상담/치료에 대한 석사과정 프로그램을 승인하고 있다.

1980년대와 1990년대는 자격 유형들에서 놀라운 성장이 이루어졌다. 1981년 APGA는 상담사들을 위한 국가자격시험을 관리하는 국가자격상담사국을 설립하였다. 오늘날 국가상담사자격인증위원회(National Board for Certified Counselors: NBCC)는 국가공인상담사(National Certified Counselors: NCCs), 임상정신보건상담, 학교상담, 중독상담, 공인임상 감독자(Approved Clinical Supervisor: ACS) 등의 하위공인자격 전문가로서 31,000명 이상의 개인들에게 자격을 부여하였다. 또한 ACA의 한 분과의 결혼 및 가족상담사협회(International Association of Marriage and Family Counselors: IAMFC)는 NACFT (National Academy for Certified Family Therapists)를 통해 현재 가족치료사 자격을 제공하고 있다. 마지막으로, 오늘날 46개주와 Columbia 구에서는 상담사를 위한 주 면허법을 통과시켜 140,000명 이상의 공인상담사들을 배출하였다.

1980년대와 1990년대 동안 상담분야에서 일어난 엄청난 변화들 중 하나는 중다문화적 상담의 증가였다. 이것은 중다문화적 상담을 모든 인정 대학원 프로그램의 교과교정으로 넣도록 한 CACREP (Counsel for Accreditation of Counseling and Related Educational Programs)의 권고와 중다문화적 상담현장에서 발간되는 자료들의 한 결과였다.

1990년대는 또한 상담과정에서의 윤리와 전문가이슈에 대한 중요성이 강조되었다. 1980년대 전만 하더라도 상담교재에서 오늘날과 같은 윤리적 이슈들을 거의 논하지 않았었다. 또한 윤리적 개념은 지도, 교육, 상담을 포함한 다양한 부분들로부터 점점 소개되었다. 1995년, ACA는 최소한의 행동진술을 나타내는 윤리코드를 개정하고 실무규정을 늘렸다.

1980년대와 1990년대 동안에 일어난 많은 변화들은 전문협회의 변화들을 반영하였다. 1983년 APGA는 미국 상담 및 개발협회(American Association for Counseling and Development: AACD)로 명칭을 바꾸었고, 1992년 협회는 다시 미국 상담협회(American Counseling Association: ACA)로 명칭을 변경하였다. 1980년대와 1990년대에는 정부 상담사 및 교육자협회(Association for Counselors and Educators in Government: ACEG, 1994), 성인발달 및 성숙협회(Association for Adult Development and Aging: AADA, 1986), 국제결혼 및 가족상

담사협회(International Association of Marriage and Family Counselors: IAMFC, 1989), 미국 대학 상담협회(American College Counseling Association: ACCA, 1991), 게이, 레즈비언, 양성애자를 위한 상담협회(Association for Gay, Lesbian and Bisexual Issues in Counseling: AGLBIC, 1997), 사회정의를 위한 상담사조직(Counselors for Social Justice: CSJ)과 같은 ACA의 새로운 분과들의 형성되었다. 2000년에는 AMHCA와 ASCA와 같은 두 개의 거대한 분과로 인해 ACA의 회원들이 55,000명으로 급상승하였다. 17개 분과와 1개의 계열단체를 가지고 있는 ACA는 전국 500개의 상담사 양성 프로그램들과 다양한 상담 영역들을 책임지고 있다.

□ 한국의 상황

우리나라의 상담 영역의 발전은 일제시대로 거슬러 올라가지만 현대적 의미의 상담은 1950년 전후 서서히 발전하기 시작하였다.

상담 영역에 많은 영향을 준 심리학이 우리나라에서도 상담 영역이 발전하게 된 근원이 되었으며 상담 영역의 시작도 1946년 2월 4일 설립된 조선심리학회 창설이 그 시작이라고 볼 수 있다. 조선심리학회는 1948년 정부수립 이후 대한심리학회로 개명하고 주로 심리학을 순수학문으로 여기고 상담 영역과 같은 응용 분야에는 큰 관심이 없었다. 그러나 미 군정과 함께 미국에서 관심을 가지고 접근했던 행동주의나 기능주의 심리학이 도입되고 1950년대 초 미국교육사절단이 활동하면서 본격적으로 상담 영역의 발전이 시작되었다. 이장호(2003)는 상담 영역의 발전단계를 도입과 혼란의 시기, 개념의 모색기, 전문성 확립에의 노력기, 상담의 확성기, 전문성 확립기로 분류하고 있는데 대체로 태동기, 발전기, 전문성 확립기로 구분할 수 있다. 이 시기의 상담 영역은 꾸준히 발전되어 왔다(이장호, 2003).

먼저, 태동기는 상담에 대한 논의의 시기이고 학교에서의 검사도구의 활용이 활성화된 시기이다. 이 시기에는 특히 미국 교육사절단과 중앙교육연구소의 활동이 생활지도와 상담의 발전에 기여했다고 할 수 있다. 미국 교육사절단은 1952년 10월부터 네 차례에 걸쳐 우리나라를 방문하면서 교육 전반에 대한 지원을 하며 상담, 검사, 생활지도 등을 소개하였다. 이와 함께 1953년 부산에서 설립된 중앙교육연구소는 그 후 서울로 이전하여 각종 연구, 지도, 교육활동 등을 통해 상담과 생활지도 발전에 기여하였다. 한편 이 시기에는 심리측정의 방법이 도입되어 우리나라에서 처음으로 지능검사지가 개발되었는데, 당시만 해도 생활지도 담당자나 상담가의 역할이 분명치 않았던 만큼 이러한 심리검사의 출현은 일선 상담가들에게는 상당한 도움이 되었다. 그러나 심리검사의 도입은 상담과 생활지도를 심리검사와 혼동하는 부작용을 빚기도 하였다.

이러한 가운데 우리나라에서 최초로 제1회 교도교사(상담교사) 상담검사 강습이 1958년 서울시 교육위원회 주관으로 덕성여자대학교에서 이루어져 47명의 교도교사를 배출하였다. 이후 문교부와 중앙교육연구소는 단기 강습을 통해 계속적으로 교도교사를 배출해 냈으며, 중앙뿐 아니라 각 시도 교육위원회를 통해서도 활발한 교육이 이루어지기 시작하였다. 그러나 이들 초기의 교도교사들은 기존의 훈육부와 역할 구분이 명확히 이루어지지 않은데다, 생활지도 부문에서 상담활동이 오히려 훈육의 부수적인 활동으로 이해되기도 하는 경우가 있어 많은 어려움을 겪었다. 이들은 이외에도 담당과목의 수업, 과중한 행정업무, 상담시설의 미비, 예산의 부족 등 열악한 환경 속에서 거의 개인자격으로 상담활동을 해야 하는 형편이었다.

단기강습의 교육내용에 있어서도 참가자들의 강한 의욕과는 대조적으로 교도교사의 실제 교육과정이 일반 교사의 재교육 과정과 크게 다를 바 없었으며, 구미의 새로운 이론을 소개하는 데 그쳤을 뿐이어서 이들이 상담가로서의 전문성을 확보하기에는 매우 부족한 수준이었다. 이때 가장 널리 소개된 이론이 로저스의 비지시적 상담이론으로서 실제 이 이론은 당시의 상담교육에 가장 큰 영향을 주었다. 이러한 비지시적 상담이론은 심리측정과는 전혀 다른 사조였으나 별 무리 없이 공존하면서 청소년의 문제해결과 성장촉진에 도움을 줄 수 있었다. 또한 이 시기는 심리검사가 활성화되고 계속 표준화되면서 학교현장에 급속히 그 활용이 전파된 시기이다.

또한 1962년 서울대학교와 이화여자대학교의 학생생활연구소가 공식적으로 창립되었고, 이어 주요 대학의 교양과목으로 상담심리학 강좌가 개설되고 각 대학에 학생생활연구소가 설립됨에 따라 대학교 상담가들의 모임도 생겨났다. 특히 서울대학교 학생생활연구소는 이 시기에 대학교수 연수회, 고교 카운슬러 교류 프로그램 등을 통해 타 대학이나 중고등학교의 상담요원 연수에 기여하였다.

한편 강습회를 통해 양성된 교도교사들은 1960년대 초까지 약 250명에서 300명에 이르렀는데, 이 시기에도 이들은 이전과 거의 마찬가지로 문교부나 각 시도 교육위원회의 실질적인 도움을 받지 못하였을 뿐 아니라, 학교 현장에서도 상담에 대한 이해부족으로 교사로서의 업무를 다 수행하고 난 나머지 시간에 개인적으로 헌신적 희생을 감수하며 상담활동을 하는 형편이었다. 이러한 과정에서 많은 수의 교도교사들이 상담활동에서 이탈하고 초기의 상담활동이 쇠퇴해 가는 기미를 보이자 중고등학교 교도교사들의 전국적인 모임이 논의되기 시작하였다. 1962년에는 "카운슬링의 회고와 전망"이라는 주제로 전국의 400여 교도교사들이 서울대학교에 모여 전문적 생활지도의 이론화 및 체계화를 시도하였고, 이어 1963년 12월 5일에는 교도교사들의 활동과 서울대학교 학생생활연구소의 지원으로 한국카운슬러협회가 결성되었다. 1964년부터는 이러한 교육계의 노력에 의해 중고등학교의 상담교사 자격제도가 실시되었고 심리검사윤리위원회와 한국카운슬러협회의 각 시도 지회가 발족되어 상담 영역의 정체성확립에 계기가 되었다.

발전기는 1968년부터 상담의 불필요론, 무용론이 대두되고 이에 대한 반성으로 상담가들의 자질에 대한 반성, 그리고 상담을 전문적으로 확립해야 할 필요성을 인식하던 시기이다. 1970년 이후 상담의 인본주의적 입장, 정신분석학적 입장, 행동주의적 입장 등 여러 가지 이론들을 소개하는 연수회가 계속 개최되고, 감수성 훈련과 같은 집단 프로그램들이 도입되어 상담활동에 있어서 지속적인 발전 노력들이 활발하게 이루어졌다. 이와 함께 대학에 대학원 수준의 상담전공이 1972년 이화여자대학교, 1975년 서울대학교에 개설되었으며, 1972년에는 한국심리학회 내에 임상심리분과가 창립되어 1973년부터는 전문가 자격증 제도를 실시하였다. 또한 같은 해인 1973년에는 교육법 시행령을 개정하여 18학급 이상의 중등학교에는 교도주임을 둔다는 규정이 신설됨으로써 교도부가 독립적인 부서로 신설되고, 학교 교육활동에서 상담이 전문적인 활동임을 공식적으로 인정받게 되었다. 이러한 변화에 따라 1974년 서울시의 경우 중학교의 82%, 고등학교의 81.2%에서 교도주임을 임명하였다.

이후 1982년에는 문교부가 대학의 교육학과, 심리학과, 교육심리학과, 기독교 교육학과 및 종교 교육학과에 입학하여 상담 및 관련 분야를 전공하고 교육과정을 이수하면 중등학교 상담교사로 발령을 낸다는 방침을 정하였다. 이로써 학교상담을 위한 최소한의 제도적 장치가 마련되었다고 볼 수 있으며, 이러한 방침은 지금까지 대학 전공에 관계없이 240~360시간 정도의 단기강습 희망으로 상담교사를 양성해 오던 종래의 제도에서 상당히 진전된 것이다. 이는 중등학교 상담사의 전문화와 더불어 날로 심각해지고 있는 학생지도 문제의 해결, 과학적인 진로지도, 그리고 바람직한 청소년 확립을 위해 극히 적절한 조치라고 하겠다. 또한 1986년에는 교육법 시행령이 개정되어 교도주임 교사의 임용기준을 중학교 12학급 이상, 고등학교 9학급 이상으로 기준을 완화하고 교도주임 교사의 과중한 수업부담을 줄이기 위해 주당 수업시간을 6시간으로 단축함으로써 중고등학교에서의 생활지도 및 상담활동을 제도적으로 강화하였다. 그러나 아직 전임 카운슬러 제도를 실시하고 있는 학교가 1.4%에 불과하고 교도주임의 84.5%가 주당 16시간의 과중한 수업부담을 안고 있는 등 현실적으로 아직 해결해야 할 문제가 있는 실정이었다.

이 시기의 다른 특징은 상담 자원봉사자의 활동이다. 정부차원에서 처음으로 상담 자원봉사를 체계적으로 운영한 것은 1985년 서울시 교육위원회가 실시한 것인데, 지역 상담실에서 상담 자원봉사를 선발하여 상담이론 및 집단상담 경험 등 소정의 연수과정을 거쳐 수료자들로 하여금 학교 현장에서 상담을 하게 하였다. 이들은 상담 인력이 부족한 학교 현장에서 학생상담의 일익을 담당하였으며, 호응이 좋아 1988년까지 전국적으로 확산되어 실시되고 있다. 이 시기에는 정부기관이나 사회단체에서도 상담에 관심을 갖고 각종 상담실을 개설하였는데, 그 중 몇 가지 예만 보면, 사랑의전화(1981), 한국청소년연맹 청소년상담실(1983), YMCA 청소년성교육상담센터(1984), 한국여성개발원 상담실(1984) 등이다.

이 시기에는 상담전문가들의 전문적 학술활동 또한 활발히 진행되었으며, 대학상담학회에서는 학생생활연구소의 상담가들을 위한 지속적인 연구발표와 워크숍을 통해 다양한 상담기법과 이론을 소개하였다.

특히 1987년에는 한국심리학회의 임상심리분과로부터 상담 영역이 분리되어 상담심리 및 심리치료학회가 발족하였는데, 이 학회의 발족으로 각종 사례발표, 학술발표, 워크숍, 연구활동, 그리고 상담심리사와 상담심리전문가 등의 자격증 수여 등의 활동이 보다 전문적으로 이루어지게 됨으로써 자질향상을 위한 중요한 계기를 마련하였다.

전문성 확립기는 1990년대 이후 상담 관련 여러 분야의 노력으로 우리나라에서의 상담활동이 그 전문성을 확립해 가는 시기이다. 1990년 4월에는 각 시도 교육연구원에 진로교육 연구부가 개설되어 진로상담실을 운영하면서 진로결정을 위한 상담과 검사를 실시하고, 연수회 등을 개최하여 교사들의 진로상담 및 지도활동에 커다란 기여를 하게 되었다.

한편 한국카운슬러협회는 1991년 1월 22일 교육부장관의 인가를 받아 사단법인으로 출발하여 새로운 출발을 하게 되었으며, 1993년 8월 13일 개최된 창립 30주년 기념 및 제28차 정기총회에서는 연차대회 참가인원만 1,000명이 되고 정규회원이 3,500여 명에 이르는 커다란 성장 발전을 보여 주었다. 1990년 체육청소년부 산하에 설치되어 활동해 오던 청소년 종합상담실은 1991년 조직 및 사업내용을 확대하여 '청소년 대화의 광장'이라는 명칭으로 법인 설립허가를 받게 되었다. 이로써 우리나라의 상담활동은 법적인 근거와 함께 정부 차원의 상담소를 갖게 된 것이다.

또한 1987년 발족된 상담 및 심리치료학회는 이후 꾸준히 성장·발전하여, 자격증 제도를 도입하는 등의 활동을 통해 상담사의 전문성과 자질 향상을 위해 활발한 활동을 펼치고 있다. 이렇듯 1990년대 우리나라의 상담활동은 학교, 산업체, 각종 사회단체, 정부기관 등으로 그 영역을 넓혀 가면서 점차 그 전문성을 확립해 가고 있다고 하겠다.

한국에서의 재활상담은 상담 영역의 전문성 확립기에 등장하였다. 1981년 세계 장애인의 해 이후 장애인의 재활상담의 중요성이 꾸준히 제기되었지만 이에 대한 체계적인 접근은 이루어지지 않았다. 그러나 미국에서 특수교육과 재활상담을 공부하고 대구대학교 특수교육학과에 재직 중이던 강위영 박사는 대구대학교의 이태영 총장과 함께 1988년 재활과학대학을 설립하였고 미국의 재활상담사와 같은 역할을 하는 전문가를 배출하기 위해 직업재활학과를 설치하고 재활상담사를 배출하기 시작하였다. 그리고 1991년 한국직업재활학회를 창립하고 동 학회에서 직업재활상담사라는 자격을 부여함으로써 우리나라 재활상담 영역이 도입되기 시작하였으며 현재는 직업재활사로 개칭되어 전국의 장애인복지관, 생활시설, 직업재활시설, 특수학교에 배치되어 재활상담 역할을 수행하고 있다.

□ 상담과 재활상담의 비전

지난 19세기나 20세기와 마찬가지로 21세기에도 상담의 영역은 계속 중요하게 인식되고 다루어질 것이다. 물론 상담은 소비자 주의, 독립생활, 재활 패러다임의 변화들로 인해 재활상담사들이 직면하게 되는 도전적인 문제들도 상당히 증가할 것이다.

그러나 이러한 문제를 차지하고라도 앞으로 상담 영역이 다변화되고 세분화되면서 상담사들에게 발전하는 이상 전문성을 요구할 것이라는 것은 충분히 예견되는 일이다. 특히, 재활상담 영역 내에도 어떤 방식이든 학회 자격증이 국가인증 혹은 국가면허제도로 발전할 것이며 이에 따른 배치와 역할규정도 분명하게 정립될 것이다. 이 과정에서 재활상담이 지나치게 장애인 개인을 중심으로 접근하고 장애인 개인을 치료하려고 했던 방식은 전환되어야 할 것이다. 재활상담에서 가장 중요한 것이 장애에 대한 관점이라면 결국, 장애의 관점이 개인에서 사회・환경변인을 중요시하는 방향으로 전환되기 때문에 재활상담은 장애인 개인뿐만 아니라 장애인을 둘러싸고 있는 다양한 사회·환경적 변인을 동시에 고려하는 것이 필요하다.

또한 재활상담을 연구하고 전문가를 배출하는 학교도 증가할 것이고 대학원 중심의 양성이 보편화될 것이다. 이미 미국의 재활상담사가 석사과정 출신을 중심으로 양성되고 있는 것을 감안해 본다면 대학원 과정에 재활상담과정이 증가될 확률이 높다.

이런 비전 외에도 재활상담은 많은 이슈들도 해결해야 한다. 위법행위 소송의 확대와 같은 윤리적 이슈들과 청각·언어장애인과 같은 농문화를 어떻게 이해하고 접근할 것이며, 재활상담을 어떻게 발전시킬 것인지에 대한 이슈들도 지속적으로 해결해야 한다.

첫째, 윤리적 이슈들에 대한 해결이 필요하다. 상담 관련 전문가 협회는 상담사에 대한 윤리규정을 가지고 있으며 미국의 재활상담사도 마찬가지로 윤리지침과 윤리적 의사결정 기준을 가지고 있다. 그러나 전문 영역의 가치가 발전하고 사회가 변화함으로써 윤리적 기준들도 새로운 관점을 반영하여 지속적으로 개선해야 하는데 이것을 어떻게 유기적으로 해결할 것인지에 대한 깊은 성찰이 있어야 한다. 더욱이 우리나라는 직업재활사의 윤리지침도 마련되어 있지 않은 상태에서는 상담사들 스스로가 전문적인 기술과 윤리에 대한 인식, 재활상담에 대한 분명한 비전과 전망을 가지고 있어야 할 것이다.

둘째, 농문화와 같은 다양한 문화적 배경을 가진 내담자들을 이해하는 노력이 필요하다. 특히, 상담사들이 다양한 문화적 배경을 이해하지 못하는 이유는 ① 전문가들이 다양한 이슈들을 중요하게 여기지 않았고, ② 다중문화적 이슈들과 관련된 근본적인 신념체계들을 찾는 데 대한 상담사들의 거부, ③ 이러한 이슈의 본질에 대한 거부로 인해 중다문화적 이슈들을 비평적으로 살펴보는 것에 대한 연구자들의 거부, ④ 현재의 중다문화적 경향들의 지지자로서 보이지 않는 특정 연구결과에 따른 정치적 오류로 보이는 것에 대한 두려움 때문이다. 따라서 이를 해결하기 위해서는 재활상담사들은 문화적 특성의 이해에 대한 전문가 포럼의 정기적인 모임과 프로그램의 마련 등의 노력들이 있어야 할 것이다.

마지막으로 재활상담이 변화하는 장애관점과 복잡한 사회·환경에 부응하기 위해서는 재활상담이 지속적으로 발전될 수 있도록 상담사, 학교, 관련되는 모든 전문가의 발달론적 관점의 노력이 있어야 될 것이다. 이는 우리나라 재활상담의 발전과정과 다른 상담영역이나 외국의 발전과정에 대한 깊은 성찰과 실천적인 현장의 목소리가 더해질 때 더욱 가능해지리라고 보기 때문에 이에 대한 철저한 준비와 접근하는 자세가 필요하다.

제 4 장

재활상담사의 역할과 양성

1. 재활상담사의 역할과 기능
2. 재활상담사 양성제도
3. 재활상담사의 윤리원칙

제 4 장 재활상담사의 역할과 양성

1. 재활상담사의 역할과 기능

재활상담사라는 전문직이 국가적인 자격 시스템으로 등장하게 된 것은 1974년이지만(Graves, 1983) 이미 재활상담사의 역할이 시작된 것은 1917년으로 거슬러 올라간다. 즉 1917년 the Smith-Huges 법에 의해 장애인들에게 직업상담을 하는 극히 제한적인 수이지만 전문가들이 배치되기 시작했다. 물론 이 당시는 재활상담사라는 용어는 아니고 agent 혹은 caseworker라는 이름으로 주로 동 법률에 의해 교육 분야에서 진로지도 혹은 직업상담 업무에 종사하였다. 그러나 1954년 개정 직업재활법은 직업재활활동에 대한 정부의 재정적인 지원을 늘리도록 규정하였고 또한 자금지원의 확대로 창출된 많은 새로운 일자리를 채우는 데 필요한 재활상담사들을 훈련시키기 위해 전문대학과 종합대학에 보조금 지급을 인가하여 재활상담사들이 대폭 확대되는 계기를 마련하였다.

미국의 재활 서비스 체계는 공공 분야, 민간 비영리 분야, 그리고 민간 영리 분야 등 3가지 분야로 구분할 수 있다. 1954년 개정법으로 공공 분야와 민간 비영리 분야에 고용된 재활상담사들의 수는 엄청나게 증가하게 된 것이다 그리고 이것은 법 개정 외에도 민간 비영리 분야에서의 증가는 지난 35년간에 걸쳐 행해진 수많은 재활시설의 설립에 기인한다(Danek, Wright, Leahy, & Shapson, 1987). 1970년대와 1980년대 동안에는 많은 영리를 목적으로 하는 재활기관을 포함하여 민간 분야에서 재활상담사들을 많이 요구하게 되었다(Danek et al., 1987). 1960-1970년대까지 주로 재활상담사들은 미국의 주-연방 직업재활 프로그램, 퇴역군인재활 프로그램, 재활시설, 그리고 재활병원에 고용되었다. 그러나 장애인의 증가와 재활욕구의 다변화로 재활상담사들은 빠르게 늘어났고 2000년 이후에는 민간 영역(Lynch & Lynch, 1998), 문화적으로 다양한 집단들(Harley, 2000), 학교와 학교에서 직장으로 전환에 있는 학생들(Szymanski, 1984 · 1994; Szymanski & Danek, 1985), 노인들(Kennedy), 그리고 가족들(Ferguson, 2001; Power, Dell Orto, & Gibbons, 1988)을 포함하는 다양한 서비스전달의 중요성과 환경을 포함하고 있다. 또한 최근에는 정신질환(Kress-Shull & Leech, 2000), 뇌질환(Bergman, 2002; Corhell, 1990), 다발성경화(Drake et al., 2001; Koch, Nelipovich, & Sneed, 2002), 그리고 AIDS(NcReynolds, 2001)을 포함하는 추가된 형태의 장애들이 강조되면서 더욱 재활상담사들은 증가하고 있다.

1974년 이래 재활상담사 자격관리를 하는 재활상담사자격위원회(Commission on Rehabilitation Counselor Certification, personal communication: CRCC)의 통계를 보면 2003년까지 15,500명 이상의 재활상담사들에게 공인 재활상담사(CRC)의 자격을 주었다. CRCC 자격증을 가지고 있는 재활상담사들의 작업환경은 1991년 통계를 보면 민간 영리 분야, 43%; 주-연방, 18%; 민간 비영리 분야, 14%; 정신건강, 7%; 의료/병원, 5%; 전문대학/대학, 4%; 공립학교, 2%; 기타, 8%로 나타났다. 대상자 가운데 42%는 재활상담 분야의 석사학위 프로그램을 마친 것으로 확인되었다(Leahy, Szymanski, & Linkowski, 1993).

재활상담사의 역할과 기능에 관한 논쟁은 지난 35년간 수많은 저널에 수록된 논문과 서적에서 나타나는데 몇몇 학자들은 상담의 기능을 조정가의 기능과 반대되는 것으로 제시하였으며(Patterson,

1987; Remley, 1993), 또 다른 학자들은 문제해결(Angell, Desau, & Havrilla, 1969) 및 사례관리(Roessler & Rubin, 1998)로 제시하였으며, 또 다른 학자들은 재활상담사를 재활임상가(Whitehouse, 1975), 직업전문가(Hershenson, 1988), 또는 수요자측(demand-side)의 직무개발가(Gilbridge & Strensrud, 1992)로 기술하여 왔다.

경험적인 연구의 통계를 보면 재활상담사의 역할과 기능에 대해 많은 의문들이 제기되는데 Kunce와 Angelon(1990)은 개인유형검사(Personal Styles Inventory)를 사용하여 한 표본(N=56)에서 임상재활상담사들은 "사례관리자"(50%)나 "치료사"(27%)의 성격 유형을 가진다고 하였다. 인성 프로파일에 관계없이 재활상담사들은 장애를 가진 사람들과 함께 하는 그들의 일에 영향을 미치는 핵심적인 특성들을 가지고 있다. 예를 들어, 다른 사람들을 돕는 데 흥미를 보이거나 장애를 가진 사람들을 돕기 위해 그들의 능력을 사용하고자 하는 것은 중요한 삶의 성과를 성취하다는 것이다(Matkin, Bauer, & Nickles, 1993).

몇몇 조사연구들은 재활상담사의 역할과 기능에 대해 고찰하고 있는데, 이러한 연구들은 재활상담사들이 그들의 시간소비를 어떻게 평가하고, 그들이 그들의 직무에서 어떤 활동을 중요한 요소들로 보는지를 보고한다. 〈표 4-1〉은 재활상담사들이 그들의 근로시간의 중요한 직무역할에 관한 2가지 조사연구의 결과들을 나타낸 것이다(Zandy & James, 1977; Rubin & Emener, 1979). 적어도 2가지 조사연구의 결과들이 〈표 4-1〉에 제시된 결과에서 명확하게 나타난다. 첫째, 재활상담사들은 다양한 작업역할이 있다. 둘째, 재활상담사들은 문서작성(기록, 보고서 기록, 사무)보다 상담과 지도에 더 적은 시간을 보낼 수도 있다. 전국적인 조사에서 Wright 등(1987)은 재활상담사들이 사례기록을 그들의 직무에서 매우 중요한 부분으로 평가한다고 하였다. 즉 재활상담사들은 그들의 직무 가운

〈표 4-1〉 재활상담사가 7가지 직업활동에 보낸 시간을 평가한 2가지 조사연구 결과

상담사의 직무활동	소비된 시간의 비율	
	Zandy & James(1977)	Rubin & Emener(1979)
상담과 지도	27.7	20.65
기록, 보고서 기록, 그리고 사무	29.4	38.26
전체적인 직무계획	4.8	9.03
특별한 내담자들의 배치	7.2	7.52
홍보활동	5.4	5.84
전문적인 성장	7.4	6.61
기타(예를 들면, 자원개발, 여행, 직업개발, 정리, 그리고 조정 서비스)	18.3	11.87

1. 7개의 서부지역 주들에서 208명의 재활상담사를 무작위로 추출하여 조사함.
2. 1978년 Salt Lake 시에서 거행된 재활협회 정기총회에 참석한 재활상담사를 대상으로 한 것으로 전국적으로 분포하고 있지만 소수(N=30)를 조사함.

출처: Roessler & Rubin(2006), Case Management and Rehabilitation Counseling.

데 매우 중요한 부분으로 ① 다른 사람들이 사례를 이해할 수 있도록 사례를 기록하고, 요약하며, 보고서를 작성하기, 그리고 ② 현재의 사례기록을 유지하기 위해 내담자의 정보를 편집하고 해석하기와 같은 활동을 들었다. 더욱이 〈표 4-1〉의 자료는 상담이 재활상담사의 역할에 본질적인 부분이라는 주장을 지지한다. Wright 등(1987)은 그의 연구에서 재활상담사들이 전국적으로 비슷한 비율로 그들의 시간을 상담에 보낸다고 보고했으며(즉, 26.6%) 그로 인해 상담이 재활상담사의 직무역할에서 중요한 부분임을 확인했다.

또한 재활상담사의 역할과 기능, 그리고 연수 영역과 관련하여 4가지 전국적인 우편조사 연구들이 1980년대에 이루어졌다. Emener와 Rubin(1980)은 Muthard와 Salomone(1969)의 간편 재활상담사 과제 조사(Abbreviated Rehabilitation Counselor Task Inventory)를 통해 40개 직무과제가 그들 직무의 부분이 되는 정도에 관해 주립 재활기관, 민간 재활시설, 그리고 민간이 운영하는 대인 서비스 프로그램 재활상담사들을 대상으로 전국적인 조사를 하였다. 그 결과, 재활상담사들은 정의적 상담, 직업상담 및 평가, 사례관리, 그리고 직업배치 과제가 그들의 직무에서 본질적인 부분이라고 하였다.

Rubin 등(1984)은 주-연방 재활기관, 민간 비영리 재활시설, 정신건강 및 지적장애센터, 병원, 민간 재활기관, 그리고 민간 재활상담소에 고용된 공인 재활상담사들을 대상으로 더 길고 더 포괄적인 직무과제 조사를 기지고 우편조사를 실시하였다. 재활상담사들은 정의적 상담, 직업상담 및 평가, 사례관리, 그리고 직업배치 업무들을 그들 직무의 중요한 부분으로 보고하기도 하였다.

Wright 등(1987)은 재활상담사들이 114개의 서로 다른 직무과제들 각각을 수행하기 위한 능력을 가지는 게 얼마나 중요하지를 재활기술조사(Rehabilitation Skills Inventory)에 표시하도록 요청하였다. 그들은 "전문적인 기술이 현재 직무환경에서, 응답자의 주요한 직업역할에 얼마나 중요한지의 정도와 직무에서 이러한 기술을 응답자가 사용하는 것이 내담자의 재활에 얼마나 중요한지"를 포함하도록 중요성을 조작적으로 정의하였다. Emener와 Rubin(1988), 그리고 Rubin 등(1984)의 연구결과와 마찬가지로 Wright 등(1987)은 재활상담사들이 정의적 상담, 직업상담 및 평가, 사례관리, 그리고 직무배치 및 직무과제들을 완벽하게 수행할 수 있는가가 내담자의 재활에 매우 중요하다고 여겼다.

Beardsley와 Rubin(1988)은 재활상담사, 직업평가사, 직업적응 전문가, 직무개발 및 배치 전문가, 재활간호사, 그리고 독립생활 서비스 제공자를 포함하여 서로 다른 재활전문가 집단을 조사하였다. 이 연구의 목적은 6개 집단의 일반적인 직무과제와 지식을 확인하기 위함이었다. 이 연구의 목적은 6개 집단의 일반적인 직무과제와 지식을 확인하기 위함이었다. 조사 자료를 제공하기 위해 2,000명 이상의 전문가들이 직무과제검사나 지식검사 중의 하나를 하였는

데 6개 집단에서 공통적으로 발견되는 업무 영역은 서비스 계획과 평가활동, 치료 서비스활동, 내담자 참여활동, 그리고 전문적인 연구활동이 포함되었다. 더욱이 6개 집단이 그들의 직무에 공통적으로 사용하는 4가지 지식 분야는 장애에 대한 의료적·심리사회적 양상, 재활의 법적·사회적 영향, 재활과 대인 서비스, 그리고 인간행동의 원리로 나타났다.

〈표 4-1〉에서 제공된 연구결과들은 Emener와 Rubin(1980), Rubin 등(1984), Wright 등(1987), 그리고 Beardsley와 Rubin(1988)의 연구결과와 마찬가지로 2가지 결론들을 지지한다. 재활상담사들은 다양한 직업역할을 가지며 장애인들의 삶의 질을 향상시키도록 돕기 위해 많은 기술들을 필요로 한다. 이상 4가지 연구결과들을 4가지 직무과제 분야들, 즉 ① 사례관리, ② 직업상담 및 평가, ③ 정의적 상담, 그리고 ④ 직무배치 분야들에 대한 논의를 통해 재활상담사의 역할을 더욱 더 구체화하는 기초를 제공하였다.

4가지 직무과제 분야들은 〈표 4-2〉에서 〈표 4-5〉까지 제시되어 있다. 이러한 4가지 직무과제 분야를 나타낸 표들은 2단계 과정을 통해 개발되었다. 1단계 리스트는 ① Emener와 Rubin(1980) 또는 Rubin 등(1984)이 보고한 것으로 재활상담사에 의해 그러한 연구들(범위 과제는 그들 직무의 한 요소이다)에서 척도 1부터 3.5 또는 그 이상의 평균등급을 받았을 때, ② Wright 등(1987)이 보고한 것으로 그들의 능력중요성 척도에서 2.5 또는 그 이상의 평균등급을 받았을 때, ③ Beardsley와 Rubin(1988)의 조사에서 모든 응답자들이 평균 3.0의 등급을 받았을 때(한 달에 한 번 실시) 모든 재활상담사의 직무과제로 만들어졌다. 1단계 리스트에 포함되기 위해 항목은 〈표 4-2〉에서 〈표 4-5〉까지 보이는 4가지 직무역할 중 하나에 개념상 적합해야만 한다.

그 목표에 대한 간단한 의사전달 및 설명과 더불어 2단계의 목적은 4가지 연구들을 통해 묘사된 대로 상담사의 역할을 왜곡시키지 않고 항목들을 제거함으로써 직무과제 분야 각각에서 목록의 크기를 감소시키는 것이다. 문항이 한 개 이상의 자원과 관련되는 경우에 그 용어는 자원에서 완전히 똑같거나 유사하다. 개념을 보다 명확하게 하기 위해 저자들은 몇몇 직무과제들을 원래 연구들 중의 하나에서 발견된 영역에서 주제적으로 더 적합한 분야로 옮겼다. 전문적인 연구활동은 Beardsley와 Rubin의 연구에서만 주목된 직무과제였으므로 이것은 표에서 빠져 있다. 중요한 전문적인 개발활동으로 2가지 활동들, 즉 사업, 노동시장 경향, 의료, 그리고 재활에 관련된 전문적인 연구와 개인의 직업적 효율성을 향상시키기 위한 관련연구 읽기가 포함된다(Roessler & Rubin, 2006).

〈표 4-2〉 사례관리

직무과제	출처
초기면접	
상담사와 기관이 내담자를 어떻게 도울 수 있는지를 결정하기 위해 초기면접을 실시한다.	2,3,4
재활 서비스에 대한 내담자의 기대를 결정한다.	2
의뢰원으로부터 내담자의 배경자료를 검토한다.	4
내담자에게 특별한 검진이 필요하지를 결정한다.	1,2
재활과정에서 재활상담사의 역할과 책임에 관해 내담자와 논의한다.	2
내담자와 재활전문가 사이의 의사소통에서 비밀로 할 수 있는 정도를 설명한다.	2,4
재활과정에서 내담자들의 그들의 권리와 책임을 이해할 수 있도록 한다.	2,4
내담자들이 이용할 수 있는 재활자격의 부여를 설명한다.	2
내담자들에게 다양한 지역사회 자원들의 한계와 서비스를 설명한다.	3
내담자들에게 상호기대와 상담관계의 본질을 설명한다.	3,4
내담자에게 지역사회 서비스, 레크리에이션, 교통수단, 기타 등등에 대한 정보를 제공한다.	2
서비스 조정	
장애인들에게 서비스를 제공하는 재활시설이나 센터, 기관이나 프로그램을 확인한다.	4

내담자와 교사가 함께 훈련 프로그램에 대한 내담자의 진보를 검토한다.	2
내담자들이 의뢰될 때 서비스나 기관에서 할 내용을 알린다.	2
내담자들의 직업기술을 개발하기 위해 훈련시설에 의뢰한다.	2
의뢰를 확실히 하기 위해 지역사회 조직 및 지도자와 협력관계를 확립한다.	1,2
내담자를 직업평가 의뢰한다.	2
내담자의 신체적 한계, 직업내성, 동기, 그리고 직업기능 수준을 사정하기 위해 내담자들을 재활시설에 의뢰한다.	2
내담자들을 직업적응 훈련에 의뢰한다.	2
내담자들을 의료적 평가에 의뢰한다.	2
내담자들을 심리적 평가 및 검사에 의뢰한다.	1,2
기관의 서비스에 부적격하거나 부적합한 개인들을 다른 기관으로 의뢰한다.	2
재활계획에 참여한 모든 기관들의 활동을 조정한다.	1,2,3
정신의학적 치료에 내담자들을 의뢰한다.	1
기관의 서비스에 부적격하거나 부적합한 개인을 다른 사회기관에 의뢰한다.	1
현재 및 잠재적인 의뢰 서비스에 조직의 프로그램에 관한 정보를 제공한다.	3
서비스를 조정하고, 시기적절하도록 다른 제공자들과 협력한다.	3,4
내담자의 기능적인 능력, 예후 그리고 치료계획들에 의료 전문가들과 논의한다.	3
내담자들을 진단하는 직원으로 참여한다.	2
분류된 재활 서비스들을 수행하기 위해 시간표를 작성한다.	2,4
내담자에 대한 재활을 계획하고 실행할 때 동료 재활사업가들과 협력한다.	2,4
서비스 제공자들에게 의뢰하기 위해 내담자들의 문제의 본질을 명확하게 진술한다.	3
적절한 전문가들이나 전문적인 서비스에 내담자들을 의뢰한다.	3
진단과정에서 내담자의 협력을 촉진한다.	2
성문화된 재활계획에 기록된 직업목표를 달성하는가와 관련하여 내담자의 진보를 검사한다.	2
건전하고 시기적절하게 재정적인 결정을 한다.	3
내담자의 재활을 위해 의뢰원이나 후원자와 함께 재정적 책임을 협의한다.	2
개개 내담자들에 대한 서비스의 효과를 평가한다.	4
사례기록과 보고	
다른 사람들이 내담자의 진보를 이해할 수 있도록(분석과 추론 그리고 비평이 포함된) 사례기록과 요약본을 작성한다.	1,3,4
재활팀이나 다른 협력자들에게 내담자의 진보를 구두로 보고한다.	1,2
내담자를 동료나 기관에서 설명하기 위해 요약 보고서나 문서로 준비한다.	1
사례들의 진보에 관해 의뢰원들에게 보고한다.	3

사례의 전달과 기록에 대한 윤리적 · 법적 고려들을 준수한다(예를 들면, 비밀성).	3
현재의 사례기록을 보존하기 위해 내담자의 정보를 편집하고 해석하다.	3,4
사례회의에 참가한다.	4

1. Emener & Rubin(1980).
2. Rubin et al.(1984).
3. Wright, Leahy, & Shapson(1987).
4. Beardsley & Rubin(1988).

<표 4-3> 직업사정과 상담

직무과제	출처
직업사정	
종합적인 내담자 정보를 바탕으로 직무나 작업 분야, 또는 적응훈련을 권한다.	3
내담자의 욕구를 직무 강화요인과 연결하고, 내담자의 적성을 직무 요구사항과 연결한다.	3
작업인성의 특성과 적응을 추론하기 위해 행동관찰을 사용한다.	3
특정 내담자에게 적절하고 유용한가에 따라 평가도구들과 기법들을 선정한다.	3
실제 직무나 모의작업 환경에서 관찰되고 평가되는 내담자의 직업인성에 대한 특성들을 확인한다.	3
직무배치에 필요한 중재수준을 결정한다(예를 들면, 직무클럽, 지원작업, 현직훈련).	3
내담자를 전반적으로 이해하는 과정에서 진단보조 도구인 검사결과들을 사용한다.	1,2
내담자의 작업력과 기능적인 장점 및 단점을 분석함으로써 전환가능한 작업기술들을 확인한다.	3
유급고용에 대한 내담자의 준비도를 사정한다.	3
내담자의 재활동기에 불리하게 영향을 미칠 수 있는 사회적, 경제적, 환경적 요소들을 확인한다.	3
내담자의 직업선택이 자신의 성격과 일치하는지를 사정한다.	1,2
내담자의 장애상태, 발생시기, 장애 정도, 그리고 지속기간에 관한 정보를 이끌어 낸다.	2
내담자의 장애와 관련하여 직업적인 중요성을 사정한다.	1,2
내담자가 현실적인 직업선택을 하도록 돕기 위해 그가 할 수 있는 훈련단계와 유형을 판단한다.	1,2
직업선택과 관련하여 내담자의 과거의 훈련, 작업경험, 과거의 수입수준, 취미, 교육수준, 그리고 사회경제적 요인을 평가한다.	2
내담자의 특정 욕구에 적절한 지역사회 서비스를 결정한다.	3

실현가능한 직업목표들을 결정하도록 돕기 위해 내담자에 관한 의료정보를 검토한다.	2
어떤 분야에 내담자를 배치할 것인지를 결정하기 위해 훈련이나 교육 프로그램의 추천에 앞서 특정 분야의 전문가들과 상의한다.	2
내담자를 전반적으로 이해하는 과정에서 진단보조 도구인 검사결과를 사용한다.	2
재활 프로그램에 대한 내담자의 심리적 준비도를 평가한다.	1,2
내담자들에 대한 심리평가 보고서를 검토한다.	2
의료적 · 심리적 서비스가 직업적인 장애를 감소시킬 수 있을지를 결정한다.	1,2
재활센터나 교육 프로그램과 같은 적절한 적응 대안들을 선택한다.	3
직업상담	
직업, 의료, 그리고 심리진단 보고서의 정보를 통합한다.	2
재활계획에서 내담자의 잔존능력을 설명하기 위해 기술된 사정자료를 통합한다.	3
재활계획에 기초하여 내담자와 관련된 정보를 종합적으로 진단할 준비를 한다.	2
내담자에 대한 진단정보를 해석한다(예를 들면, 검사들, 직업 및 교육기록들, 그리고 의료 보고서들).	3
내담자들이 진술한 흥미와 가치들을 직업선택과 관련시킨다.	3
기능적인 한계들과 관련하여 의료적 정보를 검토한다.	3
검사와 면접 정보가 교육적 · 직업적으로 나타내는 사항에 대해 내담자들과 상의한다.	3
내담자들에게 직업평가의 결과를 해석해 준다.	3
내담자가 자신의 선택을 적절하게 개선하도록 하기 위해 직업적, 심리적, 그리고 사회적 정보와 일치하는 직업영역들을 제안한다.	2,3
장애의 결과와 직업적 중요성을 내담자와 검토한다.	1,2
내담자의 직업적 강점과 한계들을 현실적으로 이해하고 수용하기 위해 내담자와 탐색한다.	1,2
내담자의 훈련과 경험에 적합한 특별한 직업적 대안들을 내담자와 상의한다.	1,2
상호 동의할 수 있는 직업상담 목표들을 개발한다.	2
내담자들의 고용가능성을 증진시키는 데 도움이 되는 바람직한 직업행동들에 관해 내담자들과 상의한다.	3,4
어떤 직업을 가지는 데 대한 실현가능성에 영향을 미칠 수 있는 노동시장 조건들에 대해 내담자들과 논의한다.	2
내담자들이 비현실적으로 보일 때 내담자의 직업계획들을 논의한다.	3
그들의 능력과 흥미, 그리고 재활목표들에 적합한 직무들을 선택하도록 내담자들에게 조언한다.	3
특정 직무들에 대한 교육 및 훈련에 필요한 사항들을 확인한다.	3
내담자들이 직업적 대안을 탐색하도록 직업 및 교육자료들을 추천한다.	3

내담자들이 자신들의 고용가능성을 증진시키도록 돕기 위해 좋은 직업적응에 관련된 요인들을 논의한다.	1,2
상담을 통해 광범위한 작업 분야와 특정 직무들을 망라하는 정보를 통합한다.	1,2
내담자의 일반적인 직업목표들과 관련된 직무명, 의무, 그리고 요구사항들을 설명하기 위해 직업전망편람(Occupational Outlook Handbook)과 그 외 작업정보원(예를 들면, 짧은 보고서와 초록)을 사용한다.	2
내담자의 일반적인 직업목표들과 관련된 직무명, 의무, 그리고 요구사항들을 설명하기 위해 이용할 수 있는 작업정보(예를 들면, 짧은 보고서와 초록)를 추천하고 만든다.	2
집단지능검사와 특별한 적성검사들(예를 들면, 종합적성검사, Bennet 기계, 미네소타 사무, 또는 Purdue 못박이판)에서 내담자가 가지는 질문들에 답하고, 결과들(검사방식과 원안을 사용할 수도 있음)을 해석한다.	2
내담자와 재활계획을 개발한다.	2,4

1. Emener & Rubin(1980).
2. Rubin et al.(1984).
3. Wright, Leahy, & Shapson(1987).
4. Beardsley & Rubin(1988).

<표 4-4> 정의적 상담

직무과제	출처
상담이나 의뢰가 필요한 심리적인 문제들(예를 들면, 우울증이나 자살 관념)을 인식한다.	3
내담자가 자신의 성격과 특성을 더 잘 이해하도록 돕기 위해 내담자의 대인관계를 논의한다.	1,2,4
내담자가 자신과 다른 사람들에 느낌을 이해하고 바꾸도록 돕기 위해 내담자들을 상담한다.	1,2,4
장애의 경제적 · 사회적 영향을 하기 위해 내담자들과 상담한다.	4
내담자가 자신의 장애로 인해 가지게 되는 한계들을 정서적 · 지적으로 수용하도록 돕기 위해 내담자와 상담한다.	1,2,4
내담자가 극복하기 어려운 듯 보이는 문제들에 직면하고, 이를 현실적으로 평가하도록 도움으로써 내담자의 불안을 감소시킨다.	2,4
이러한 행동들을 수정하도록 돕기 위해 내담자들의 행동에 영향을 미치는 요소들을 해석한다.	2,4
장애에 대한 정서적인 반응들을 확인하기 위해 내담자와 상담한다.	3
내담자의 자기탐색을 촉진시키기 위해 상담기법들(예를 들면, 반영, 해석, 그리고 요약)을 사용한다.	3
내담자가 긍정적인 태도로 상담을 종결하고, 그들의 능력이 독립적으로 작용하도록 돕는다.	3

개인의 적응과 관련하여 내담자가 특별한 행동목표들을 말로 나타내도록 돕는다.	3
내담자들이 기능적인 한계를 조절하도록 그들의 생활방식을 수정한다.	3
내담자들이 스트레스를 이해하고 대처하기 위한 기법들을 사용하도록 돕는다.	3
내담자들에게 개인의 역동성에 대한 통찰을 제공하기 위해 평가정보를 사용한다(예를 들면, 부정이나 왜곡).	3
내담자들이 그들의 장애에 대해 다른 사람들의 질문에 답하도록 돕기 위해 정보를 제공한다.	3
내담자의 사회적 지원체계(가족, 친구들, 그리고 지역사회 관계)를 평가한다.	3
개인이나 집단, 또는 가족 상담에 대한 내담자들의 욕구를 조사한다.	3
독립생활 활동을 수행하도록 내담자의 능력을 결정한다.	3

1. Emener & Rubin(1980).
2. Rubin et al.(1984).
3. Wright, Leahy, & Shapson(1987).
4. Beardsley & Rubin(1988).

<표 4-5> 직무배치

직무과제	출처
배치상담	
내담자에게 배치관련 정보(예를 들면, 주 및 민간 고용기관들, 연방정책과 절차, 그리고 근로자 보상법의 기능)를 준다.	1
내담자들이 구직 스트레스에 대해 정서적으로 준비되도록 지지적 상담기법들을 사용한다.	1,2,3
일자리를 알아내는 방법들로 내담자들을 지도한다.	2
내담자의 장애에 대한 고용주의 질문에 반응하는 방식들을 내담자와 논의한다.	2
내담자의 욕구와 능력을 가장 적합한 직업기회들에 관해 내담자에게 직접적인 정보를 제공한다.	2
유급고용에 대한 내담자의 동기를 유발하기 위해 몇 번의 만남을 통해 동기가 유발되지 않은 내담자를 면접한다.	2
지지와 확신을 주기 위해 내담자가 고용된 후에 면접한다.	2
내담자가 구직 신청서와 이력서를 준비하도록 돕는다.	2
특정한 직무나 직업군들에 대해 내담자의 기술이 전환될 수 있는지를 평가한다.	2
내담자가 직무면접을 준비하도록 지도한다(예를 들면, 구직신청서, 복장, 그리고 면접기술들).	3
고용의 탐색, 획득, 발달에서 성공하도록 노동시장 정보를 활용한다.	3
내담자들에게 그들의 욕구와 능력에 적합한 직업기회들을 알린다.	3

배치에 도움을 주는 지역 자원들을 활용한다(예를 들면, 고용주와의 접촉, 동료들, 그리고 주 직업 서비스).	3
체계적인 구직기술을 내담자에게 가르친다.	3
직무개발	
고용주와 함께 내담자의 직업기술들을 논의하고 내담자가 할 수 있는 특정과제들을 나열한다.	2
고용주와 내담자로부터 새로운 직무에 대한 내담자의 수행과 적응에 대한 정보를 얻는다.	2
직무를 찾고 있는 내담자에게 개인적인 의뢰를 한다.	2
내담자를 위해 현직훈련 프로그램들을 마련한다.	2
내담자들의 작업기술들과 능력들에 대한 적절한 정보를 예상되는 고용주들에게 제공한다.	3
장애인들을 고용하는 것과 관련하여 고용주들의 편견과 우려에 반응한다.	3
추가적인 서비스에 대한 필요를 결정하기 위해 내담자들의 고용 후 적응을 모니터한다.	3

1. Emener & Rubin(1980).
2. Rubin et al.(1984).
3. Wright, Leahy, & Shapson(1987).

최근에 CRCC(2003)는 재활상담사의 역할을 ① 장애인의 욕구를 사정하고, ② 확인된 욕구에 맞는 프로그램 혹은 기획을 하고, ③ 직무배치 및 사후 서비스가 포함되는 서비스를 제공하거나 배치하는 역할을 하며 대체로 재활상담과정 내에 다음과 같은 기능을 수행해야 함을 적시하고 있다.

① 사정과 평가

② 진단과 처치계획

③ 진로상담

④ 장애에 대한 의료적, 심리사회적인 영향에 초점을 맞춘 개인상담과 집단상담 처치개입들

⑤ 사례관리, 의뢰, 그리고 서비스 조정

⑥ 프로그램 평가와 연구

⑦ 환경, 고용, 태도의 장벽을 제거하기 위한 개입

⑧ 다양한 기관들 사이의 자문 서비스와 규제 시스템

⑨ 고용과 직무적응을 지원하는 것을 포함하는 직무분석, 직무개발 그리고 배치 서비스들

⑩ 자문관련 서비스와 재활공학에 대한 접근

미국에서는 재활상담사라는 용어를 사용하지만 한국에서는 미국의 재활상담사들과 같은 역할을 하는 전문가들은 한국직업재활학회가 자격인증하는 직업재활사가 여기에 해당한다고 볼 수 있다.

직업재활사는 지난 1991년부터 한국직업재활학회에서 자격을 부여하고 있는 제도로 시행초기에는 직업재활상담사라는 용어를 사용하였으니 2004년 1월부터 직업재활사로 변경하였으며 이들은 장애인들의 신체적, 정신적, 사회적, 직업적 가용능력을 직업재활과정을 통해 최대한으로 회복시켜 그들이 지역사회에서 가능한 직업을 가짐으로 사회·경제적으로 전인격적인 생활을 영위해 나가도록 하는 직업재활의 전반적인 업무를 담당하는 자로서 대체로 다음의 역할을 수행하는 사람으로 규정하고 있다.

① 장애인의 직업상담 및 재활상담,

② 직업평가 및 진로지도,

③ 직업재활계획 수립 및 방향설정,

④ 직업적응훈련 및 직업훈련,

⑤ 직무지도 및 직무개발,

⑥ 취업 후 적응지도를 비롯한 사후관리이다.

2. 재활상담사 양성제도

☐ 미국의 양성제도

미국에서 재활상담사를 양성하기 위한 교육 프로그램이 처음 등장한 것은 아마도 뉴욕대학에서 확립되었다. 그리고 1944년 오하이오 주립대학의 Kenneth Hamilton과 1947년 Wayne 주립대학의 John Lee와 Ralph A. peckham의 협력에 의해 확립되었다. 이 당시 프로그램들은 직업교육, 사회사업, 그리고 특수교육 등의 훈련으로부터 각각 발전해 갔다. 1949년까지 약 12명의 재활상담사들이 미국의 대학들을 졸업했다.

그 후 1955년부터 재활교육은 대학에서 확장되기 시작하여 1954년의 개정직업재활법은 재활상담의 연구기반들과 대학교육 프로그램들을 활성화하는 데 기여했다. 그 결과로 26개 대학에서 프로그램을 시작했을 뿐 아니라 1955년 가을부터 정부보조를 받을 수 있게 되었다.

미국에서 재활상담은 주로 대학원 석사과정에서 배출하고 있고 그리고 이 과정은 재활교육협의회(Council on Rehabilitation Education: CORE)의 인가를 받아야 한다. 이 CORE는 1969년에 논의를 시작하여 1971년에 설립되어 1972년에 비영리 조직으로 인가를 받았다. CORE의 설립목적은 재활상담 분야의 지속적인 개선과 향상을 통해 장애인에 대한 효과적인 재활상담 서비스를 제공하기 위해서이고 CORE가 규정하고 있는 재활상담의 대학원과정의 학문의 영역은 다음과 같이 규정하고 있다(CORE, 2007).

① 재활상담의 전문가적인 정체성(예: 역사, 철학, 윤리)

② 사회적 문화적 다양성 주제들(예: 가족 발달, 다문화적인 상담, 다양성 주제들)

③ 인류 성장과 진화(예: 수명을 가로지른 진화론, 인류 성, 전환 주제들

④ 고용과 진로 개발(예: 진로상담, 직무배치방법, 직무분석)

⑤ 상담과 자문(예: 상담이론, 인터뷰 기술, 보조공학)

⑥ 집단상담(예: 집단상담이론, 집단리더십 기술, 두 학문의 팀워크)

⑦ 사정(예: 측정과 통계적 개념, 사정방법, 해석하는 사정 정보)

⑧ 연구와 프로그램 평가(예: 기본적인 통계, 연구방법, 임상재활)

⑨ 장애의 의료적, 기능적, 환경적 그리고 심리사회적 양상(예: 신체적, 정신의학적, 발달적, 감각적, 약물남용 장애들)

⑩ 재활 서비스와 자원들(예: 사례관리, 독립생활, 지역사회에 기반한 프로그램의 이용)

또한 CORE는 최소 40시간의 내담자와의 직접적인 접촉을 포함한 100시간의 임상을 요구하고 적어도 204시간은 클라이언트와의 직접적인 접촉을 반드시 포함하는 600시간의 인턴십을 요구한다.

재활상담 프로그램의 인가는 재활교육에 있어 중요한 영향을 가진다(Linkowski & Szymanski, 1993).

학생들은 그들의 대학원과정의 75%를 이수했을 때 국가자격시험에 응시할 수 있다. 게다가, 프로그램 수료생들은 공인재활상담사(CRC)에 의한 1년간의 슈퍼비전 없이도 국가자격시험을 응시할 수 있다. CORE의 웹페이지는 인가 프로그램의 종류와 연간 소식지 등에 인가에 대한 정보를 포함하고 있다(http://www.core-rehab.org).

공인된 재활상담사(Certification Rehabilitation Counselor: CRC)자격은 1973년에 설립된 재활상담사 자격심의회(Commission on Rehabilitation Counselor Certification: CRCC)에서 담당하고 있다.

CRCC에 의한 재활상담사의 자격증에 대한 초기 논의는 1964년에 시작되었지만, 1974년부터 시작된 국가시험과정이다(Graves, 1983).

국가자격위원회(NCCA)에 의해 인가된 CRCC는 비영리적이고, 독립적인 자격증 발행 기관이며, 구성기관들의 자격과정을 감독하는 독립적인 규정기관이다. CRCC는 미국 전역과 여러 외국의 재활상담사들에게 자격을 부여한다. 또한 별도의 캐나다의 자격증 발행 절차를 보유하고 있다.

CRCC의 목적은 초기 전문직으로 들어갈 시기에 재활상담의 실제와 계약한 전문가들에 대한 보증을 제공하는 것이고 그 다음에 재활상담사들이 CRCC의 규칙들을 유지하게 하는 것이다(CRCC, 2003b). 위원회에 의해 만들어진 자격증을 위한 규칙들은 공적인 구성원들(소비자를 대표하는), 일반 구성원, 그리고 ARCA(American Rehabilitation Counseling Association)와 NRCA(National Rehabilitation Counseling Association)를 포함하는 8개 기관에 의해 완성되어진다. 대략 2003년 현재 15,500명의 재활상담사들이 자격을 가지고 있다(Parker et al., 2005).

또한 자격을 취득하기 위해서는, 재활상담사들은 반드시 재활상담사를 위한 전문가 윤리규범(CRCC, 2003)에 동의한다는 성명서에 서명을 해야만 한다. 그들은 또한 시험(상담과 재활장애 주제들)의 두 가지 부분에서 점수를 획득하고 통과함으로써 다음의 12가지 내용범위의 지식이 있음을 증명해야만 한다. 이 시험은 1년에 2차례 있다(4, 10월). ① 직업적인 자문과 고용주 서비스, ② 직무개발과 배치 서비스, ③ 진로상담과 평가기술, ④ 정신건강상담, ⑤ 집단상담과 가족상담, ⑥ 개별상담, ⑦ 상담에 있어 심리사회적이고 문화적인 주제들, ⑧ 기초, 윤리, 그리고 전문직 주제들, ⑨ 재활 서비스와 자원들, ⑩ 사례 및 사례건수 관리, ⑪ 건강보험과 장애체계, 그리고 ⑫ 장애의 의료적이고, 기능적이고 환경적인 관련, 그리고 재활상담사들은 그들의 자격증을 반드시 10시간의 윤리가 포함된 100시간의 조건에 맞는 보수교육을 5년 안에 취득하거나 혹은

Hedgeman(1985)이 지적한 것처럼 CRC시험을 다시 치러야만 유지된다.

□ 한국의 양성제도

한국에서의 직업재활사 양성 및 자격제도는 국가공인제도는 아니고 한국직업재활학회에 의해 규정되며 동학회의 직업재활사 자격 및 양성과정 인증규정에 의거 1급과 2급, 3급(3급 제도는 2008년부터 폐지)으로 구분되어 있고 자격심사위원회에서 자격요건을 갖춘 자에게 응시기회를 부여하여 자격시험에 합격한 자로 하며, 시행 초기에는 특례조항을 두어서 이미 학회에서 자격증을 받은 자에 대하여는 시험을 면제하고 자격을 부여하며, 2007년까지는 3년 이상 직업재활 관련 업무에 근무한 자를 대상으로 180시간 이상의 학회 연수를 이수한 자에 한하여 3급 자격시험에 응시할 수 있도록 하였다. 그리고 자격관리 주체는 한국직업재활학회이다

자격요건은 인증규정 제4조 규정에 의해 1급은 아래 각 항 중 하나에 해당하고 본 회에서 실시하는 심사를 통하여 자격이 인정된 자를 말한다.

① 직업재활사 2급 자격증 소지자로서 3년 이상의 실무경력 및 본 회가 인정하는 연수를 180시간 이상 이수한 자

② 직업재활사 2급 자격증 소지자로서 본 학회가 인정하는 대학원에서 석사학위를 받은 자

③ 본 학회가 인정하는 대학원에서 직업재활학 전공 박사학위를 받은 자

④ 대학(전문대학 포함)의 전임강사 이상으로서 3년 이상 직업재활 전공과목 강의 경력을 가진 자. 단, 전공과목이라 함은 본 규정 16조의 필수 또는 선택 이수과목을 칭한다.

2급도 아래 각 항 중 하나에 해당하고 본 회에서 실시하는 시험을 통하여 자격이 인정된 자를 말한다.

① 본 회가 인정하는 4년제 대학의 학과(전공)에서 본 회가 정한 필수이수과목 6개 과목(18학점)과 선택이수과목 중 6개 과목(18학점) 이상을 이수하고 졸업한 자

② 본 회가 인정하는 4년제 대학의 학과(전공)에서 본 회가 정한 필수이수과목 6개 과목(18학점)을 이수하여 부전공하고, 본 회가 인정하는 연수를 120시간 이상 이수한 자

③ 3급 직업재활사 자격증 소지자로서 본 학회가 인정하는 연수를 180시간 이상 이수한 자

④ 본 회가 인정하는 대학원에서 필수이수과목 3개 과목(또는 8학점) 이상과 선택이수과목 2개 과목(또는 4학점) 이상을 이수하고 석사학위를 받은 자

그리고 직업재활사 자격시험에 응시하기 위해서는 학부 및 대학원과정이 학회의 인증을 받아야 하는데 학부과정은 인증규정 제16조(학부 양성과정 인증)에 의해 다음 각 항의 필수이수과목 또는 이에 준하는 과목 6개 과목(18학점) 모두와 선택이수과목 또는 이에 준하는 과목 중 6개 과목(18학점) 이상 개설하고 있거나 2005년 4월부터 개설하는 조건으로 각 교육기관의 학부 양성과정을 인증한다.

① 필수이수과목: (직업)재활개론, (직업)재활상담, 직업평가, 직업개발과 배치, 재활행정 및 정책, 실습 I

② 선택이수과목: 장애의 의료적 측면, 장애의 심리사회적 측면, 장애 영역별 특성과 직업재활, 사례관리, 직업재활시설론, 장애의 진단과 평가, 직업적응훈련, 직업과 진로개발, 전환교육, 보호 및 지원고용, 직업재활방법론, 노동법규와 재활, 산업교육 및 훈련, 노동환경과 고용동향, 직업재활연구, 재활 프로그램 개발, 자립생활

(IL), 실습Ⅱ

또한 대학원 양성과정 인증은 제17조(대학원 양성과정 인증) 규정에 의해 자격인정위원회는 학부 프로그램 인증에서 정하고 있는 필수이수과목 중 3과목(또는 8학점) 이상, 선택이수과목 중 3과목(또는 8학점) 이상을 개설하는 조건으로 대학원 양성과정을 인증한다.

상기 규정에 의해 학부나 대학원 과정에서 학회의 인증을 받은 교육과정은 학부과정은 대구대학교, 한신대학교, 나사렛대학교, 가톨릭대학교, 평택대학교, 한국재활복지대학교이며 대학원 과정은 한국재활복지대학교를 제외한 5개 대학이다.

3. 재활상담사의 윤리원칙

1) 윤리적 의사결정

윤리(ethics)란 사람의 본질이나 성향을 의미하는 그리스어의 ethikos에서 유래된 것으로 1985년 『웹스터 사전』(*Webster Dictionary*)에서는 윤리를 "일련의 도덕적 원칙이나 가치" 또는 "개인이나 집단을 통치하는 행동원칙"으로 정의하고 있다. 이러한 윤리원칙은 개인이나 단체의 행동에 정당성과 타당성을 부여하며 미래를 계획하는 데 중요한 지침이 되는 것으로 재활상담사에게도 동일하게 적용된다.

1972년 미국재활상담협회(the National Rehabilitation Counseling Association: NRCA)는 재활상담사가 윤리적 딜레마에 직면할 때 이에 대처할 수 있도록 하기 위해 윤리지침(code of ethics)을 제정하였다. 이 지침은 1987년 미국재활상담협회(the American Rehabilitation Counseling Association: ARCA)와 재활상담자격위원회(the Commission on Rehabilitation Counseling Certification: CRCC)의 2년간의 공동

작업으로 개정되었다. 이 지침은 11개의 규준(canon)과 190여 개의 규칙(rule)으로 이루어져 있다(Roessler & Rubin, 2006). 규준에는 재활상담가들이 지향해야 할 일반적인 기준이 제시되어 있고, 규칙에는 구체적인 상황에서 어떻게 행동해야 하는지를 제시하고 있다. 이 지침은 목적은 다음과 같다.

첫째, 재활상담사가 재활현장에서 구체적으로 어떻게 해야 할 것인가를 결정할 때 일반적인 기준을 제시한다.

둘째, 재활상담사가 위법이나 책임성을 위반할 때 내담자를 보호하고, 내담자에 대한 전문가의 책임성을 분명히 한다.

셋째, 재활상담사의 전문적인 활동이 재활의 목적과 일반적인 기능에 있어서 유해하지 않다는 확신을 제공한다.

넷째, 재활상담사의 서비스가 지역사회의 도덕적 가치와 사회적 규범에서 벗어나지 않음을 증명한다.

다섯째, 재활상담사의 사생활과 정직성을 보장하기 위한 근거를 제시한다.

재활상담사들은 재활 서비스를 실시할 때 윤리적 딜레마를 인식해야 한다. 왜냐하면 재활 과정에서 상담사들의 모든 결정은 내담자와 내담자의 가족, 재활기관, 동료 재활전문가, 지역사회에 해를 끼칠 수도 있기 때문이다.

따라서 재활상담사는 모든 결정을 내릴 때 "정보수집, 정보에 대한 우선순위 부여, 의사결정"의 과정을 거쳐야 하고, 합리적인 의사결정을 위해 다양한 정보, 즉 공적 부분에서 내담자의 권리, 내담자 보호, 정당성, 공평성, 특히 내담자의 권리가 부모나 대리인의 권리와 균형을 이루는지, 의사결정에 영향을 주는 관계자의 참여보장 등의 정보를 수집해야 하며(Tymchuk, 1982), 그러한 결정이 우리 사회의 규준에 부합되는지를 고려해야 한다.

이러한 윤리적 의사결정은 ① 비용, ② 시간과 노력, ③ 이익이나 위험, ④기타 장·단기 또는 위험발생률을 기준으로 이루어지며 이를 지원하는 모델로 ①윤리적 문제를 의식하지 않고 무의식으로 반응하는 모델, ②윤리적 문제를 의식하고 행동하는 의식적인 모델, ③윤리지침이나 슈퍼바이저, 전문가 단체에 자문을 받는 모델 등이 있다(Emener et al., 1987). 이 중 50% 이상의 재활전문가들은 의사결정을 할 때 무의식적으로 하고, 25% 정도만 윤리적 의사결정을 위해 전문적인 자문을 받거나 윤리지침을 활용한다고 한다.

여기에서 윤리적 및 의식적 모델은 직관적 결정이라고도 하는데 이것은 윤리적 딜레마를 결정하는 가장 일반적인 방법으로 도덕이나 신념, 또는 이전의 경험에 기초하는 것이다. 그러나 직관은 상황이 돌발적이고 독특한 문제일 때 최선의 윤리적 결정을 제한한다. 따라서 윤리적 의사결정에서는 직관보다 비판적·평가적(critical-evaluative) 접근방법을 사용하도록 권고하고 있다(Kitchener, 1984). 이 비판적·평가적 접근방법은 의사결정 내용에 대한 객관적인 비판과 종합적인 평가를 한 후에 결정하는 방법이다.

재활과정에서 발생할 수 있는 윤리적 딜레마를 해결하려면 의사결정과정이 가장 중요하다. Tymchuk(1982)은 윤리적 의사결정 과정을 다음과 같이 7단계로 요약하고 있다.

①1단계: 상황의 개요, 측정을 기술하기

②2단계: 잠재된 관련 문제를 기술하기

③3단계: 2단계의 문제에 영향을 미칠 수 있는 지침들을 기술하기(예를 들면, 가치, 법, 지침, 실제, 연구 등)

④4단계: 각 문제에 대한 대안적인 결정을 목록화하기

⑤5단계: 각 대안에 대해 예상되는 장·단기, 중기 결론을 목록화하기

⑥6단계: 결과들에 대한 증거를 제시하기

⑦7단계: 의사결정하기

그러나 아직도 재활상담사들은 부주의나 고의로 윤리적 갈등을 무시하고 등한시하고 있다(Flowers & Parker, 1984). 재활상담사들은 재활과정에서 윤리적 딜레마에 대처하기 위해 다음과 같은 질문들을 늘 염두에 두고 있어야 한다.

□ 내담자 면접 전(pre client meeting)

① 나는 윤리지침의 사본을 소유하고 있으며, 실제 윤리지침을 적용하고 있는가?

② 나는 나의 개인적 가치를 이해하고 있는가?

③ 나는 기관의 규칙이나 정책에 대한 사본이나 적용할 수 있는 기술을 가지고 있는가?

④ 나는 기관의 규칙이나 윤리지침 사이에 불일치는 없는가?

⑤ 나는 전문적 효과성에 개입될 수 있는 갈등이나 개인적인 문제를 가지고 있는가?

□ 초기면접 시(initial meeting)

① 나는 필요할 때 의뢰할(refer) 준비가 되어 있는가?

② 나는 면접 시 내담자에게 상담정보를 어디까지 보호할 수 있는지 알려 주었는가?

③ 나는 내담자가 활용할 수 있는 서비스와 급여의 법적 제한을 토론하였는가?

④ 나는 내담자가 활용할 수 있는 서비스와 급여를 현실적으로 기대하고 있는가?

⑤ 나는 내담자를 상담할 때 영향을 줄 수 있는 목적이나 목표, 제한점을 토론했는가?

⑥ 나의 판단을 흐리게 하고 내담자의 개발을 저해할 이중적 관계가 있는가?

⑦ 나는 내담자나 대리인에게 동의를 얻었는가?

⑧ 나는 내담자의 욕구에 따라 다른 전문가에게 의뢰했는가?

⑨ 나는 내담자의 고용계획을 적절한 자료를 가지고 작성했으며, 내담자의 사생활을 보호하기 위해 노력했는가?

□ 계획개발(plan development)

① 나는 평가 서비스를 위해 필수적인 정보를 제공했는가?

② 내담자에게 팀 서비스를 하기 위해 기관 내의 정책이나 실제들이 준비되어 있는가?

③ 나는 내담자의 재활계획에 내담자의 가족들을 참여시킬 방법을 강구했는가?

④ 나는 필요한 평가를 하기 위해 평가 전 평가의 목적과 이유를 내담자에게 정보를 주었는가?

⑤ 나는 내담자의 평가결과가 표준화된 규준집단에 나타나지 않을 때 결과를 조심스럽게 재검토했는가?

⑥ 나는 평가결과에 대해 사회적, 경제적, 윤리적, 장애·문화적 요인들의 결과를 고려했는가?

⑦ 나는 내담자가 이해할 수 있도록 평가결과들을 설명했는가?

⑧ 나는 다른 전문가들과 함께 내담자의 고용계획이나 서비스 전달에 대한 내용들을 논의하고 정보를 공유했는가?

□ 계획완성(plan completion)

① 계획에 나와 내담자의 공동노력이 반영되었는가?

②이 계획은 통합적이고 개별화된 계획인가?

③이 계획은 내담자의 환경과 능력을 반영하고 있는가?

④이 계획에 내담자의 계획을 위해 협력하는 모든 기관의 상호간의 공정한 이해가 포함되어 있는가?

□ 계획실행(plan Inplementation)

①나는 계획이 신뢰성과 효과성을 위해 지속적으로 모니터하고 있는가?

②나는 내담자에 프로그램이나 기관에 보내기 전 접근성을 확인하였는가?

③나는 내담자를 대신해서 협력기관의 서비스에 대해 계속 모니터하고 있는가?

④나는 내담자의 효과적인 서비스 전달을 위해 지지하고 있는가?

□ 배치(placement)

①나는 내담자의 전반적인 능력, 직업적 제한, 물리적 제한, 흥미와 적성, 사회적 기술, 교육, 일반적인 자격, 관련된 다른 특성과 요구에 부합하는 고용을 고려했는가?

②나는 어떤 직무가 내담자와 고용주의 복지나 흥미에 위해한가를 충분히 고려했는가?

③나는 고용주에게 내담자를 추천하기 전에 접근성을 확인했는가?

④나는 고용주에게 내담자에 대한 직무와 관련된 정보를 충분히 제공했는가?

□ 사후지도(follow-up)

① 내담자와 고용주는 모두 만족하는가?
② 나는 적절한 고용 후 서비스를 제공했는가?
③ 이 종결은 오히려 내담자의 적절하지 않는 결과를 나타낼 것인지 고려했는가?

□ 종결(closed-not rehabilitation)

① 이 결정은 실제적으로 내담자가 적임이 아니라는 것을 반영하고 있는가?
② 나는 이 결정을 하는 데 혹시 외부압력에 반응하지 않았는가?
③ 나는 내담자를 사정하는 데 혹시 부적절한 자료를 활용하지 않았는가?
④ 나는 혹시 내담자에게 이득이 없다고 예상하여 관계를 중지하지 않았는가?
⑤ 나는 내담자를 지원하기 위하여 다른 기관에 의뢰하였는가?

2) 윤리원칙

재활상담사들을 위한 윤리원칙은 일반적인 윤리적 규범보다는 한 차원 높게 제시된다. 가장 중요한 윤리원칙은 Beauchamp & Childress (1989)에 의해 다섯 가지로 제시되었다. 즉 자치성(autonomy), 수혜성(beneficence), 비해성(non-maleficence), 정당성(justice), 충실성(fidelity)인데 여기에 책임성(accountability)을 더하면 여섯 가지가 중요한 윤리원칙이 된다.

□ 자치성(autonomy)

자치성은 자주적인 존재로 자신의 행동을 선택할 자유가 있고 자신의 행동에 책임을 지며 타인의 자유를 침범하지 않을 권리를 포함한다. 여기서 자치적인 선택이라는 것은 내담자가 적절하고 이성적인 판단을 내릴 능력을 가졌음을 전제로 하며, 모든 사람은 타인으로부터 조정・간섭・통제를 받지 않아야 한다는 것이며 실수와 그로 인한 결과에 대한 자유는 내담자의 성숙과 독립성 발달에 필수적이다. 따라서 재활상담사는 내담자의 능력・견해 등과 관련하여 다양성을 가지고 대해야 한다. 더욱이 내담자에 대하여 특별하거나 구체적인 선택을 강요하거나 강요하려고 위압・억압하는 것을 피해야 하며 고객의 독립적인 의사결정에 필수적인 정보를 왜곡하거나 유보하는 태도를 피해야 한다.

그러나 자치성이 내담자의 독립성을 촉진하도록 해야 하지만 내담자가 정신적 혹은 정서적 장애를 가졌을 때나 내담자의 잘못된 선택이 내담자 자신을 해롭게 할 위험성이 있거나 독립생활을 방해하고 그와 관련된 심각한 위험이 있을 때 직업재활 전문요원은 개입하여 절충할 수 있을 것이다.

□ 비해성(nonmaleficence)

비해성은 타인에게 육체적・감정적 해를 끼치지 않을 의무와 함께 내담자를 의도적으로 해롭게 하거나 타인에게 해를 끼칠 가능성이 있는 행동방식을 금지하는 것이다. 수혜성은 다른 사람을 위해 무언가 능동적으로 행하기를 요구하기 때문에, 단지 남을 해롭게 하는 것으로부터 삼가는 것을 요구하는 비해성보다 훨씬 임의적이다. 따라서 수혜성은 행동 지향적인 반면 비해성은 어떤 행동을 삼가해야 할 필요가 있다. 도덕적이고 법률적 의미로는 비해성은 거의 모든 경우에 있어서 요구된다는 것이 보다 명확하다. 남을 돕기 위해 초래되는 위험의 수준은 보통 타인을 심각하게 해롭게 하지 않도록 견뎌야 할 위험의 수준보다 덜하다. 예를 들어, 만약 어떤 사람이 직장동료 혹은 다른 사람들을 심각하게 전염시킬 수 있는 질병이 있다면, 비록 그것이 그 사람의 직장을 잃을 위험에 빠뜨린다 하더라도 사람들에게 질병을 옮기지 않도록 해야 할 강한 의무가 있다.

재활상담사들을 위해 가능성은 평가에서 배치까지 직업재활 전 과정에 있어 존재한다. 위해 가능성은 ① 평가결과가 잘못 사용되거나, ② 고용계획이 잘못 수립될 때, ③ 부적절한 서비스가 제공될 때, ④ 배치가 잘못되어 내담자의 장애를 오히려 악화시켰을 때 발생한다.

어떤 상담가들은 항상 수혜성보다는 비해성을 선택하여 비해성은 수혜성에 선행한다고 보는 두 원칙 사이의 항구적 위계관계를 가정한다. 예를 들어, 어떤 상담가는 비해성의 기준에서 고객에게 매우 바람직한 이익을 줄 수 있는 동시에 해롭게 할 위험이 있는 직업배치를 우선 배제할 것이다. 때때로 재활에서는 미래의 이익을 성취하기 위해 어느 정도의 위해를 입거나 혹은 다소 높은 정도의 위험을 감수하는 것이 최선일 수 있다. 그러나 이 경우에도 비해성의 원칙에 따라 수용할 수 있는 수준의 위험이 조심스럽게 결정되어야 한다. 상담 및 심리치료의 결과로서 야기되는 측면효과인 빈번한 일시적 스트레스나 불쾌를 장기적인 위해에서 구분하는 일, 그리고 고객의 위해를 정의하는 일에는 어려움이 따른다. 따라서 재활행정 및 상담사는 내담자의 위해를 피하기 위해 그들의 능력에 영향을 미칠 수 있는 것들에 대해 민감해야 한다.

□ 수혜성(beneficence)

수혜성은 재활상담사의 타인을 돕는 의무를 의미한다. 상담사가 윤리적으로 행동한다는 것은 단지 내담자의 자발성을 존중하고 위해로부터 보호하는 것뿐만 아니라 그들의 복지에 기여하고 촉진시키는 방향으로 행동해야 함을 의미하는 것이다. 재활상담사의 수혜적 행동에서 일어날 수 있는 문제는 ① 수혜적 행동이 혹시 도움을 요청하는 내담자의 존엄성을 손상하고 내담자의 지속적인 의존성을 조장할 위험이 있으며, ② 내담자의 이익을 위해 행동한다는 명목하에 내담자가 무엇을 해야 하는가에 대한 내담자 자신의 판단을 무시 혹은 침해할 수 있다는 것이다.

따라서 수혜적 행동은 내담자의 자치성, 비해성과 같은 다른 윤리적 가치와 갈등을 일으킬 수 있으며 이것을 고려하여 직업재활 전문요원들은 고객의 긍정적 성장을 도모하고 그들의 적절하고 합법적 이익을 주장 및 촉진하여야 할 역할과 의무를 지닌다. 내담자의 이익을 항상 자신의 이익에 우선하여야 하며 내담자의 이익을 위해 행동할 의무가 윤리적 측면의 중심이라는 것을 기억하여야 한다.

□ 정당성(justice)

정당성은 공평·공정(fairness) 등의 개념을 바탕으로 제한된 재활 서비스를 효과적으로 배분하는 기회균등이 전제되어야 한다. 정당성은 인간이 모두 동등하다는 전제에 기초하고 있고, 재활상담사의 직무에 가장 적절한 정당성 원칙의 국면은 분배적 정당성이다.

분배적 정당성은 재활 서비스 및 자원과 관련하여 누가 무엇을 가지느냐 하는 배분이나 할당과 관련된 공평성(fairness)을 말한다. 이러한 자원과 서비스가 풍족하고 서비스 전달기관 혹은 전달자 사이에 효과적인 조정이 이루어지는 상황에서 분배와 할당의 윤리적 문제는 심각하지 않지만 자원과 서비스의 부족 및 경쟁이 윤리적 갈등을 증가시킨다. 서비스나 자원이 부족한 상태(short supply)에서는 단지 몇 몇의 욕구만 충족될 수 있고, 경쟁적 상태에서는 어떤 욕구는 충족될 수 있는 반면 어떤 욕구들은 충족되지 않거나 지연될 수 있다. 직업재활 전문요원에게 있어서 부족은 그들의 직무와 분리될 수 없는 다양하고도 많은 요구를 충족시키기 위해 배분되어야 할 제한된 범위의 시간과 재화를 의미한다. 경쟁은 어떤 활동과 목표를 위해서는 희생될 수밖에 없는, 즉 할당될 수 없는 다른 활동과 목표를 위한 시간과 재화를 의미한다. 따라서 정당성은 차별적 처우의 기초로서 적절한 준거를 채택하도록 요구한다. 예를 들면, 정당성은 비록 어떤 욕구들이 고객에 따라 각기 다르더라도 각각의 고객 자신의 욕구에 관련하여 대우할 것을 요구한다. 즉 공평한 사회는 개인의 욕구에 대한 적절한 수준의 서비스를 필요한 모두가 획득할 수 있어야 하는 반면, 서비스 욕구가 별로 없는 모든 개인에게는 선택적이어야 한다고 본다.

따라서 재활상담사들은 내담자의 장애, 민족성, 성, 개인적 특성에 따른 차별에서 내담자를 보호해야 하며 내담자에게 얼마만큼의 서비스를 제공할 것인지 정당성에 근거하여 결정해야 한다.

□ 충실성(fidelity)

충실성은 내담자에 대한 약속을 지키고 정직하고 헌신하는 재활상담사의 태도를 의미한다. 이것은 약속이행, 신뢰, 불성실한 상담가의 자세금지 등과 관련되어 있기 때문에 모든 전문직의 기초라고 할 수 있다. 충실성은 사람 사이를 연결하는 핵으로 재활에 있어서 고객–상담가 사이의 관계는 매우 중요하며 재활상담사는 고용주, 직장상사, 동료, 고객 및 지역사회에 대한 성실(loyalty)을 유지할 의무가 있다. 충실성에 대한 의무는 정직과 성실의 개념에 초점을 두며 약속과 헌신을 유지해야 한다.

특히 비밀성(confidentiality)과 내담자의 동의(consent)는 충실성의 요소로 내담자는 비밀보장을 이해함으로써 그들에 관한 신상정보를 사실 그대로 노출하고, 내담자 동의는 명백히 재활 서비스를 제공할 때 관계의 본질을 설정하고 내담자와 상담가가 협조적 참여를 가능하게 한다.

따라서 재활상담사는 충실성이 그들에게 있어 결정적 원칙이며 재활관계의 중심이라는 것을 늘 염두에 두어야 할 것이다.

□ 책임성(accountability)

책임성은 재활기관과 재활상담사에 대해 동시에 요구될 수 있는 윤리개념으로 기관의 책임성은 기관이 수행하는 사업에 대한 정당한 분석과 설명을 제시할 수 있는 능력, 즉 수행의 결과에 대한 책임감과 함께 투입단계에서부터 산출단계까지의 과정에서 정당성을 갖추고 있는지를 의미하며 인력에 대해서는 주어진 예산으로 무엇이 성취되었으며 내담자의 문제해결이 합리적으로 달성되었는지를 정당화할 수 있는 능력을 의미한다.

따라서 책임성이란 문제발견과 목표설정에 이르는 일련의 요소를 포함하며 사회문제를 해소하는 데 효율성과 효과성이라는 중심적인 문제를 제시한다(Numan & Turem, 1974). 이러한 맥락에서 책임성은 최소의 비용으로 최대한의 효과, 최대한의 내담자 만족을 이루었는지 객관적인 증거를 제시하는 것이며 이를 통해 전문인력으로서의 정당성을 확보하게 될 것이다.

재활상담기관에서 재활상담사들이 책임성을 증진하고 확보하기 위해서는 다음과 같은 노력들이 있어야 한다.

첫째, 고객주권주의(consumer sovereignty)의 대한 인식이다. 이는 재활상담사들이 철저하게 장애인 중심의 서비스를 전개해야 한다는 것으로 고객인 장애인이 원하는 서비스의 양과 질, 방법으로 제공해야 한다는 이른바 시장경제 원칙에 근거하는 것이다. 이를 위해 고객의 욕구를 파악하는 데 우선순위를 두고, 서비스에 대한 정보를 보다 다양하게 제공하며, 서비스에 대한 접근성을 높이기 위한 시간을 조정하고 환경을 조성하는 등의 노력을 해야 한다.

둘째, 지속적으로 양질의 프로그램 개발에 노력하여야 한다. 오늘날 사회의 다원화로 인해 장애인의 욕구도 점차 다양해지고 새로워지고 있다. 재활상담사들이 이들의 욕구를 충족시키려면 양질의 프로그램 개발을 위한 지속적인 자기개발과 새로운 프로그램 개발을 위해 노력해야 한다.

셋째, 전문화와 지속적인 인력 개발에 대한 투자가 있어야 한다. 재활은 복지문제가 아닌 전문적인 인간 서비스(professional human services)이다. 따라서 재활상담사들의 전문화는 고객의 문제해결에 중요한 요소가 되므로 이들의 전문성을 위해 인력개발에 지속적인 투자가 필요하다. 또한 재활환경이 자원 부족으로 인해 항상 자원보다 욕구가 많은 수요초과 현상이라는 점을 감안하면 재활상담사들은 항상 열악한 근무환경에서 일할 수밖에 없으며 이로 인해 재활상담사들은 열의를 잃어버리는 소진(burnout)에 빠지기 쉽다. 따라서 이를 해결하기 위한 지속적인 노력은 책임성을 강화시키는 주요한 원동력이 될 것이다.

제 2 부
상담이론

〈핵심 내용〉

재활상담사들의 재활상담과정이 성공을 거두기 위해서는 내담자에게 적절한 상담이론을 선택하는 능력이 있어야 한다. 적절한 선택을 위해서는 상담이론이 왜 중요한지에 대한 인식과 이론의 기본적인 철학적인 관점, 실천적 무장이 필요하다. 재활상담이론도 크게 장애를 가진 사람을 어떤 관점으로 접근하느냐에 따라 결정론적인 관점의 정신분석적 이론과, 비결정론적인 관점의 인본주의적 이론(인간중심치료와 형태치료), 합리적·정서적 이론(A-B-C이론), 행동주의적 이론, 절충주의적 이론으로 구분하였으며, 마지막으로 상담의 단계를 라포 형성 및 신뢰 구축→문제정의 →목표 설정→상담 및 개입→종결 및 사후지도로 살펴보고 상담 시 활용되는 기술들을 상담환경, 대화기법, 상담기술로 구분하였으며, 마지막으로 상담기록의 의미와 유형을 과정기록과 요약기록으로 구분하여 살펴보았다.

제 5 장

상담이론의 개관

제 5 장 상담이론의 개관

일부 장애인에 있어 재활이나 독립생활, 역량 강화는 적절한 상담과정 없이는 목적을 달성할 수 없을 것이다. 재활, 독립생활, 역량 강화의 궁극적인 목적은 아마도 재활상담사의 기능과 적절한 파트너십과 역동적으로 연관되어 있다.

재활에 있어 전문적 상담관계 형성은 장애인의 심리적, 사회적, 신체적 장벽들의 누적된 영향들로 인해 발생한 후천적 장애를 개선시키는 데 있어서 중요하다. 장애인들은 그러한 장벽(barriers)들의 내면화로 부정적 자아감정과 심리적, 사회적 어려움을 겪게 된다.

따라서 재활상담의 일차적 과제는 내담자 스스로 또는 사회로부터 그러한 장벽들을 해소하는 것이다. 이런 관점에서 상담은, 행동변화를 촉진시키는 대인관계 분위기를 형성하는 것이라 할 수 있다. 그런데 이를 종종 선의의 행동(do-goodisim)과 혼동하는 경우가 있는데, 그것은 다른 것이다. 이 혼동은 효과적인 재활상담관계를 형성하는 데 필요한 이론적 지식, 긍정적 태도 그리고 내담자의 가치를 인식하지 못한 결과이다. 이 세 가지 측면은 긍정적인 행동변화를 촉진시키는 본질이 된다.

때문에 재활상담사는 우리 사회에서 심각한 장애를 가진 사람들이 직면하게 되는 장벽들로 인해 부끄러움, 분노, 좌절 그리고 실망들의 감정을 느끼는 것을 분별 있고 발전적으로 다룰 수 있도록 자유로운 분위기를 만들어 내야 한다는 것이다.

장애의 심리적, 사회적 영향들과 완전한 개인적, 사회적, 직업적 삶을 방해하는 장벽들의 제거에 대한 초점은 성공적인 재활상담에 절대적인 것이다.

이 장에서는 다루고자 하는 상담이론은 재활상담사에게 장애인과의 상담에 대한 효과적인 아이디어와 방법을 제공해 준다는 측면에서 상담이론에 대한 재활상담사들은 확실한 이해가 필요하다. 상담사에게 상담이론이 큰 방향을 정립하고 상담에 있어 효과적이라는 선행연구들은 많이 있다. 선행연구들은 주로 상담 및 심리치료 연구자, 교육자, 상담전문가 등에 의해 수행되었으며 소비자와 정책수립자들 또한 상담연구에 상당한 관심을 보여 왔다(Bergin & Garfield, 1994).

이 중에서 소비자들은 주로 상담의 적격성(eligibility), 상담의 비용(reimbursement), 전문적 상담사 양성, 상담자격 면허제도 등과 관련한 정책수립에 영향을 미치는 기초를 연구하고 상담과 심리치료의 성과를 증진시키는 데 관심을 가졌다. 이러한 경향이 재활 분야에서 부각되면서, 정책수립자, 행정가, 소비자, 전문가 집단 사이에 상담의 적절한 역할과 기능, 전문성 확보, 자격 요건, 재활상담 서비스를 위한 보상 등에 관한 논란이 상당히 진행되고 있는 것이 사실이다.

그러나 상담 및 심리치료 연구자들은 기본적으로 상담의 과정과 성과에 관심을 가져왔다. 그 이유는 변화의 심리과정(mechanism)과 실제성과에 대해 보다 잘 이해할 수 있기 때문이다. 상대적 성과연구에 초점을 맞춤으로써 개인적으로 다른 심리적, 행동적, 신체적 문제를 가진 내담자들을 위한 대안적 치료전략의 상대적인 장·단점을 알 수 있다.

상담성과의 영향을 주고 좌우하는 내담자와 상담사 간의 다면적인(multiple) 외적 상호작용에 따른 복잡한 상담관계로 인해 치료전략(strategy)과 성과(outcome)의 관계를 설명하는 것은 매우 어렵다. 상담의 성과가 전문가로서 훈련받은 재활상담사의 중재의 직접적인 기능으로 보일 수 있다는 주장은 재활 분야의 거의 모든 구성 집단에 있어 상당히 주요한 문제로 여겨져 왔다. 이와 함께 상담의 성공적인 결과를 측정하는 기준에 대한 논쟁도 있는데 상담 성과측정의 일반적인 범주는 정동(affective), 인지(cognitive), 행동변화(behavioral change) 기준 등이다. 그러나 성공적 성과의 기준에서 재활과정의 광범위한 목적에 대한 부분 또한 고려되어야 한다. 많은 경우 기준에서는 심리적 지수뿐만 아니라 내담자의 수입, 지위, 직장적응, 직업의 적절성, 재활의 성공적 종결 등과 같은 경제적, 직업적 상태를 반영하고 있다. 어떤 사람들은 내담자의 재활 서비스 만족도, 장애적응도, 신체적 기능을 반영하기도 한다, Smith 등(1980)은 메타분석을 사용하여 475개의 통제된 성과연구로부터 보고된 전반적인 효과들을 통계적으로 종합하여 성과측정 기준에 대해 제시하고 있는데 통계적으로, 475개의 연구(수만 명을 대상으로 측정된 1,766개의 효과)에 기초한 심리치료의 평균효과는 표준편차가 .85이다. Smith 등(1980)은 "심리적 건강 측면에서 평균(50%수준) 이하인 치료지원자는 심리치료를 받지 않은 사람들과 비교했을 때 심리치료 결과가 80%까지 향상되었다"고 요약하였다. 즉 치료를 받은 사람은 치료가 필요하긴 하지만 치료를 받지 않은 사람들의 80% 이상의 범위에 속하였다. 20년간에 걸친 Penn 심리치료 연구계획에 의하면, Smith 등(1980)에 의해 수행된 연구에서 보다 더 큰 효과를 보인 것으로 나타났다. Luborsky 등(1988)은 심리치료성과의 평균효과의 크기가 1.05 표준편차임을 밝혀냈다. 백분율로 볼 때 치료의 효과로 22%가 매우 개선됨, 43%가 상당히 개선됨, 27%가 약간 개선됨, 7%는 변화 없음, 1%는 약화됨으로 나타났다. 흥미롭게도 매우 개선됨과 상당히 개선됨을 합한 수치인 65%는 Mintz(1977)와 Bergin & Lambert(1978)의 이전 연구결과와 일치한다.

Seligman(1996)은 'Consumer Report'의 독자들을 대상으로 정신건강 서비스 전문가로부터 받은 치료효과에 관한 설문조사를 실시하였다. 1994년 180,000명의 독자들에게 여러 가지 상품들과 정신건강 치료에 대한 설문지를 발송하였고, 이 중 22,000명이 응답하였다(12%의 응답률). 응답자들의 경향은 고학력, 중류층에 속하며, 중년(평균나이 46세)으로서 남녀비율은 동등했다. 7,000명(32%)의 응답자는 최근 3년간 스트레스나 정서적 문제로 인해 친구에서부터 정신건강전문가에 이르기까지 자신을 도와줄 사람을 찾은 적이 있다고 답했다. 약 3,000명(14%)은 친구, 친지 또는 목사와 이야기했고, 대략 4,100명(19%)은 정신건강전문가, 지원그룹, 가정의사와 상담했다.

정신건강전문가에 의한 치료의 결과는 아래 제시한 것과 같이 상당히 긍정적이었다.

첫째, 치료 초기 "매우 불행한" 감정이었던 사람 중 87%가 조사시점에서는 "매우 좋은", "좋은", "그저 그런" 감정이었다. 치료 초기 "어지간히 불행한" 감정이었다던 사람의 92%는 조사시점에서 "매우 좋은", "좋은", "그저 그런" 감정이었다.

둘째, 1개월부터 2년 이상 치료를 받은 응답자들 사이에서는 치료기간이 길수록 감정의 개선도가 더 높았다.

셋째, 심리치료만 받은 사람과 약물치료를 병행한 사람 간의 차이는 발견할 수 없었다.

넷째, 모든 유형의 정신건강전문가가 긍정적인 성과를 얻었지만, 심리치료사, 정신과의사, 사회복지사가 통계적으로 결혼상담사보다 훨씬 치료성과가 좋았다.

다섯째, 가정의사는 6개월 이하의 치료기간 중에는 정신건강전문가와 별 차이가 없으나, 치료기간이 더 길어질수록 성과가 비교적 떨어졌다.

여섯째, 내담자의 문제에 대한 접근방법에 따른 성과차이는 없었다.

일곱째, 알콜중독 방지횟수는 성과점수에서 가장 높은 평균점수를 나타냈으며, 이는 통계적으로 정신건강전문가보다 훨씬 더 큰 점수였다.

Seligman(1996)은 'Consumer Report' 성과조사의 8가지 잠재적 제한점을 논하면서도, "연구의 방법적 장점, 즉 현실적이며 실제치료가 필요한 사람들을 대상으로 현장에서 실제적으로 수행된 심리치료의 효과성을 평가했으며, 광범위하면서도 신중하게 수행되었음"을 강조하였다. 그러나 Seligman의 연구는 방법론적 오류, 무응답자, 퇴행효과, 기타 여러 가지 측면에서 크게 비판받아 왔다.

결과적으로 Smith 등(1980), Luborsky 등(1988), Seligman(1996)은 상담 및 심리치료의 긍정적인 효과를 설득력 있게 증명하였으나, 여기에는 여러 학자들이 제기하는 재활상담의 특성과 같은 많은 쟁점이 남아 있다.

특히, 상담성과와 내담자 특성 간의 관계에 대해서는 Bergin & Garfield(1994), Garfield(1994), Garfield & Bergin(1986), Kazdin(1986), VandenBos(1986) 등의 학자들에 의해 연구되었는데, 비록 수많은 내담자 변인(즉 나이, 성별, 결혼상태, 문화적 정체성, 사회경제적 지위, 문제유형과 정도, 성숙도, 태도 등)이 독립된 연구에서는 성과에 대한 예견자와 같은 역할을 할 수 있지만, 이를 일반화시킬 수 는 없다(Neukrug, 2003).

이보다는 상담사의 특성, 특히 전문가적 자질과 인성적 자질의 중요성에 더 많은 주목을 하고 있다. 훈련받은 치료사가 훈련을 받지 못한 치료사나 전문직 보조치료사보다 일관된 우월함을 보이지 못한다는 사실에 대한 논쟁이 강력하게 진행되어 왔다.

비록, 이러한 연구가 전문가 훈련의 영향을 평가하는 데 사용한 방법론적 배경과 기준의 편협함에 대해 심한 비판을 받았지만, 전문가 훈련의 유형과 범위 또한 성과와 관련이 있다는 사실을 어떤 체계적인 방법으로 보여 주지는 못하고 있다.

본질적인 연구에서는 상담과정 내에서 일어난 일에 대해 초점을 두었다. 그러나 이 연구에서는 상담 접근법과 기법을 내담자 성과와 관련시키려 했으나, 일반적으로 결론을 내지 못하였다.

재활상담과정과 성과에 대한 연구는 일반상담의 과정 및 성과연구와 개념적으로 비슷하다. Bolton & Jacques(1978), Livneh & Sherman 등(1991)의 개론서를 보면 특정 재활대상에 대한 상담의 응용, 특수재활상담의 방향 및 적용, 내담자 성과측정 등을 포함한 관련 쟁점들이 많다.

변인으로서 내담자는, 상담사의 전문적 고려사항에 대한 Thoreson 등(1968)의 연구에 의해 상담사의 견지에서 고찰되었다. 내담자의 동기와 동기화되지 않는 내담자에 대처하는 상담사의 책임이 일차적인 고려사항으로 대두되었다. 이러한 발견은 후속 연구에 의해 강조되었는데 이 연구에서 상담사와 내담자의 문제인식의 불일치는 내담자가 동기화되어 있지 않다고 보는 상담사의 관점과 연관되어 있음을 밝혀냈다. 그러나 대부분의 연구는 특정 장애집단(예를 들면, 만성장애인, 만성통증내담자, 중증뇌손상청소년, 신체장애인의 성생활적응, 신체장애학생에 대한 컴퓨터 활용교육, 신체 장애인에 대한 개인 대 집단상담, 척추손상자의 지각영구, 척추손상자의 집단치료, 신장장애상담, 외상장애인의 손상과 슬픔에 대한 상담 등)에 대한 상담절차와 요구조건에 초점을 맞추고 있다. 위에 예시한 신체장애인 상담에 관한 대표적 재활 관련 문헌들은 지적장애나 정서장애, 약물남용에 대한 연구와 비슷하다.

변인으로서 상담사에 대한 일차적 관심사는 전문적 방향성과 상담 스타일 및 훈련 유형이다. Sather 등(1968)은, 예를 들어 관계 대 상황이라는 두 가지 차원에서 상담사의 방향성을 측정하는 도구를 제시하였다. 또한 Bolton(1974b)은 상담사의 세 가지 언어적 상호작용 스타일을 구분하였는데, 즉 치료적 스타일, 정보제공 스타일, 정보교환 스타일이다.

이와는 달리 Szymanski 등(1989)은 재활성과연구를 혼동시키는 외적 변인들을 통제한 보다 방법론적으로 정교한 모형 개발을 선도하였다. 이 연구는 중증장애인의 경쟁고용률과 상담사의 학력수준 및 경력과의 관계를 연구하였다. '적성－치료 상호작용' 설계를 활용하여 Szymanski 등(1989)은 재활상담학 석사가 학사나 타 전공 석사에 비해 훨씬 성공적인 재활성과를 얻었다는 점을 설명할 수 있었다.

Szymanski 등(1989)의 연구를 제외하면, 일반상담 분야에서의 상담과정 내에서 교육훈련수준이 상관관계를 가지고 있다는 연구는 일반적으로 결론을 내지 못하고 있다.

Thomas(1990)는 재활상담에서의 이러한 연구들을 비판하였는데 첫째, 교육과 훈련이라는 용어를 적절히 구별하지 못하였고, 둘째, 상담과정, 상담사, 내담자, 전후관계, 결과를 영향을 주는 다른 변인 등 무수한 변인통제에 실패했으며, 셋째, 자기중심적인 해석을 주장하였다. Thomas가 강력히 비판한 아젠다는 특정한 환경하에서 특정한 내담자 유형과 상담사 유형의 상호작용에 대한 가장 효과적인 중재가 어떤 것인지를 규명하려는 연구의 목적에 위배된다는 것이다.

그러나 Dunn(1990)은 "재활상담학 석사의 직무연관성에 대한 타당성(validation) 연구에서 모든 장애인이 자격 있는 전문가로부터 상담을 받도록 보장받기 위하여 필수적인 첫 번째 단계"라고 지적하였다.

재활상담에서 성공하기 위해서는, 수십 개의 주요 상담 접근법을 골라서 선택하는 시야가 필요하며 다음의 사항들이 고려되어야 한다.

첫째, 재활상담에서 이론이 왜 중요한가에 대한 관점이다. 하나의 이론은 원칙, 방법, 기법의 집합 이상의 것이다. 즉 내담자에 대한 설명과 예측으로부터 체계적인 내담자 묘사를 가능하게 하는 방법에 대한 지식을 조직하고 통합하며, 의문에 대한 해답을 얻으려는 시도인 것이다. 이론은 상담사가 방향성을 결정하는 데 도움을 준다. 또한 이론은 내담자에 대한 예측을 효과적이게 한다는 관점에서 유용하다. 이러한 점에서 이론은 재활상담사가 복잡한 재활조건들로 인해 혼란에 빠지는 것을 방지할 수 있도록 지도(map)나 모델을 제공한다고 할 수 있다.

둘째, 이론의 기본적인 철학적 관념(philosophical notions)은 무엇인가에 대해 고려되어야 한다. 이론이 인간의 본성을 어떻게 보고 있는가? 이러한 관점이 상담사 자신의 신념과 일치하는가? 이것과 연관지어 접근법의 이론적 기초가 얼마나 잘 개발되었고, 경험적으로 검증되었는가? 정상과 비정상 행동의 역동성을 얼마나 완전하게 묘사하고 설명하는가? 이러한 모든 요소들이 상담사의 견해와 기대에 부합해야 한다.

셋째, 내담자의 유형(type)과 범주(range)에 적합한 접근법은 무엇인가가 고려되어야 한다. 내담자의 현재 문제, 지적 기능, 언어표현능력, 치료적 목표(기대)와 같은 요소들에 따른 제한점은 무엇인가? 대부분의 재활 장면에서 상담사는 매우 다양한 특징을 갖고 있는 내담자를 접하게 되며 상담사의 접근법은 다양한 내담자를 다룰 수 있는 유연성이 있어야 한다.

넷째, 상담사가 선택한 접근법에서 훈련 시 고려할 사항, 경험, 인성적 자질, 언어능력, 가치관 등을 포함하여 요구되는 것은 무엇인가가 고려되어야 한다. 대부분의 상담체계는 상담사의 배경과 자질을 거의 요구하지 않지만, 몇몇 체계는 실무자들이 사용하기에 비실용적인 것들을 요구하기도 한다. 예를 들면, 정신분석 접근법을 훈련받으려면 성공적으로 분석을 수행해야 하고 수많은 관문을 통과해야 한다.

다섯째, 상담의 명백한 또는 함축적 목적은 무엇인지가 고려되어야 한다. 고용이라는 맥락에서 상담사는 접근법에서 제시하는 역할보다 좁게 기능이 제한된다. 이러한 제한성의 영향은 무엇인가? 예를 들어, 기관의 목적이 직무개발 및 직업배치로 규정되면 인성적 통합을 강조하는 상담 접근법은 정당화되기 어렵다. 목적 설정에 일차적인 책임(권한)이 누구에게 있는가는 또한 중요하다. 접근법은 목적 설정에서 상담사, 내담자, 기관의 역할에 관한 융통성에 따라 변경된다.

여섯째, 이론적 접근법의 목적을 달성하는 데 사용되는 구체적인 기법은 무엇인가가 고려되어야 한다. 상담기법 또한 상담사와 내담자에게 부여된 요구조건, 기관 맥락에서의 적합성, 성과를 얻기 위한 비용 측면, 기타 현실성 등에 따라 고려되어져야 한다. 예를 들어, 행동주의적 접근법은 강화계획을 수행하기 위하여 외부인의 협조가 필요하므로 가족 또는 보호자가 없는 내담자나 혹은 독자적으로 업무를 수행하는 상담사에게는 적합하지 않을 수도 있다. 어떤 기법들은 상담사의 전문적인 훈련을 요하거나 내담자의 원조를 위한 비현실적 요구조건을 가지고 있기도 하다.

일곱째, 변화를 측정하기 위한 기준은 무엇인지가 고려되어야 한다. 이것은 자신들이 사용하는 접근법이 효과적일 것이라는 맹목적인 신념 이상의 것을 요구하는 상담사들의 주요 쟁점이다. 어떻게 이를 측정할 것인가? 명백하게 기준을 제시하는 접근법은 없다. 사실상 몇몇의 사례에서는 변화의 기준이 이론과 부합하지 않는 것도 있다.

마지막으로 재활 장면에 적합한 상담 접근법은 어떻게 결정할 것인가가 고려되어야 한다. 이상적인 접근법은 ① 상담사의 기본철학과 이론적 방향성에 일치하고 ② 훈련 및 인성과 일치하며 ③ 기관의 내담자에게 적용 가능하고 ④ 성과 측면에서 설명이 가능하며 ⑤ 일반적으로 구체적인 재활 맥락과 잘 맞물리는 것이라야 한다. 단일 접근법으로서 인증을 받은 접근법은 아직 없다. 자신의 책무에 가장 적합한 접근법을 선택하는 데 있어, 자신의 훈련과 경험 그리고 전문가적인 판단을 적용하는 것은 학생과 실무자의 책임이다. 상담 접근법의 급증은 상담 및 심리치료과정에 관한 과다한 이론과 연구에 대처하기 위한 통합적-절충적 모델의 개발을 가져왔다.

최근 몇몇 연구자들은 절충주의 형태에서 상담사가 우위를 점하는, 지난 10년간의 사례보다는 이론적으로 전념한 보고서를 제시하기도 했다.

제 6 장

정신분석적 이론

1. 개　념
2. 주요 이론
3. 재활상담에서의 적용과 기법

제 6 장 정신분석적 이론

1. 개 념

정신분석적 이론(Phychoanalytic)의 기원은 Breuer와 Freud의 초기 연구에서 비롯되었는데 환자의 신경증적 증상을 치료하기 위하여 그들의 생애 초기 갈등들을 회상시키고 정화시키는 것이 도움이 된다는 가설을 사용하였다. 프로이트는 이 가설에 제한점이 있다고 보고 자유연상법을 개발했으며 이는 정신분석의 기본 기법이 되었다. 현재까지도 몇몇 프로이트 이론과 관련 개념이 분석가들에 의해 받아들여지고 있긴 하지만 고전적인 정신분석은 여러 가지 유형의 정신분석 중 하나일 뿐이다(Pine, 1990).

초기의 정신분석에서는 무의식, 유아기 성적 충동, 정신기능상의 불안 등의 역할을 강조하였다. 그러나 훗날 Adler(1963), Fromm (1947), Horney(1945). Jung(1959), Rank(1957), Sullivan(1947)과 같은 신프로이트학파는 당초 프로이트의 개념을 상당 부분 수정하였는데 특히 유아기 성충동의 역할을 덜 강조하는 대신 불안과 인성 발달에 있어서의 사회적 변인들의 역할을 강조하였다.

그러나 본서에서는 주로 프로이트의 초기 정신분석적 이론을 중심으로 살펴보았다. 정신분석적 이론은 인간본성에 대한 철학이며 성격발달의 실현이다.

인간 행동특성에 있어 특히 무의식의 역할에 초점을 맞추었으며 인간의 기본적인 성격구조를 이해하고 접근하는 기술들을 발전시켰다.

정신분석적 이론에서는 유·아동기의 경험이 성격을 형성하며 무의식이 모든 행동의 원인이라고 보는 것이다. 즉 유·아동기의 시절의 억압받았던 경험들이 무의식 속에 내재해 있다가 청년기나 성인기에 문제행동으로 나타난다고 하는 것이다. 따라서 정신분석적 이론은 오늘날의 문제행동을 치료하고 상담하기 위해서는 바로 유·아동기의 무의식 속에 억압되어 있던 기억들을 의식화하여 접근하고자 하는 이론이다.

물론 이런 Freud의 정신분석적 이론은 오랜 세월 동안 많은 학자들에 비난받아 온 것이 사실이지만 그러나 오늘날까지 이 이론만큼 인간의 행동세계를 광범위하게 이해하고 많은 영향을 준 이론은 없다. 특히, 현대 심리학의 주류로 이야기하는 정신분석학, 행동주의 심리학, 인도주의 심리학과 함께 상담 영역이나 치료 영역에 지대한 공헌을 한 이론이기 때문에 재활상담 영역에서도 가장 기초가 되는 이론이다.

2. 주요 이론

고전적 정신분석적 이론과 이후 상담이론의 가장 큰 차이점은 인간을 보는 관점의 차이일 것이며, 재활상담에 있어서도 장애를 가진 인간의 관점은 중요하게 다루어진다. 정신분석적 이론의 인간본성에 대한 관점은 결정론적이다. 즉 정신분석적 이론의 인간행동은 생후 5년간의 무의식적인 동기, 생물학적이고 본능적인 동기, 그리고 성적인 사건에 의해 결정된다고 본다. 즉 인간은 비합리적이며, 결정론적이고, 비관적인 존재로 보는 것이다.

정신분석적 이론의 바탕이 되는 주요 이론은 성격의 구조와 발달, 불안의 구조와 발달, 의식과 무의식, 자아방어기제들이다.

1) 의식과 무의식

정신분석적 이론의 핵심인 성격구조와 발달 이론은 바로 무의식적 개념의 구체화에서 비롯된 것이다. 프로이트는 인간의 의식수준을 의식, 전의식, 무의식 수준으로 구분하는데 실제 전의식은 무의식 수준으로 이해하는 것이 바람직하다.

의식(consciousness)은 인간이 현재 느끼는 모든 행위와 감정을 포함하는 것으로 의식, 전의식, 무의식을 포함한 전체를 인간의 정신세계로 표현한다면 의식은 가장 작은 부분이다. 왜냐하면 의식 수준은 순식간에 전의식이나 무의식으로 사라지기 때문이다. 따라서 정신분석적 이론에서는 이 의식 수준을 중요하게 생각하고 있지 않다.

전의식(preconsciousness)은 무의식과 의식 수준을 연결해 주는 정신세계로 조금만 노력하면 의식 속으로 떠올릴 수 있는 행위나 생각, 감정들을 포함한다.

따라서 프로이트는 정신분석에서 무의식의 내용이 전의식화되고 이것이 의식화된다고 하는데 필자는 전의식도 무의식의 수준으로 보는 것이 타당하다고 생각한다. 왜냐하면 전의식은 때에 따라서는 성장 기간 동안 의식화되지 않다가 오랜 시간 지나 의식화되는 경우도 있기 때문에 무의식 수준으로 보는 것이 더 적절할 것이다.

정신분석적 이론에서 가장 중요한 수준으로 보는 것은 무의식(unconsciousness)으로 정신분석적 이론의 핵심은 바로 무의식을 의식화하자는 것이며, 이 무의식의 역할을 이해하는 것은 인간의 정신상태의 본질을 이해하는 데 가장 중요한 일이라는 것이다.

무의식은 개인이 자신의 힘으로는 의식으로 떠올릴 수 없는 생각이나 행위, 감정들을 포함하고 있으며, 또한 무의식 속에는 자신이나 사회에 의하여 용납될 수 없는 감정이나 행위, 생각 혹은 충동들이 억압되어 있다.

이와 같이 억압되어 있는 무의식의 내용들은 개인으로 하여금 내적 갈등을 경험하게 하며, 그것들이 본래의 모습과는 달리 왜곡된 증상으로 나타나기도 한다. 이와 같이 무의식적으로 가장되거나 왜곡된 증상을 보이는 경험들을 의식 수준으로 끌어내기 위해서는 상담사의 도움을 필요로 하게 되며 프로이트는 인간의 모든 정신적 과정이 이와 같은 무의식으로부터 기원하는 것으로 본 것이다. 무의식의 개념을 정립할 수 있는 임상적 증거는 ① 무의식적 욕구, 소망, 갈등의 상징이 꿈으로 표현되거나, ② 친숙한 이름을 잊어버리는 생각과 실언, ③ 암시로 인한 최면극의 행동, ④ 자유연상법으로부터 나온 경험의 자료들, ⑤ 투사법으로부터 나온 경험의 자료들이다(Corey, 1996).

2) 성격구조와 발달

□ 성격의 구조

Freud는 인간의 성격을 구성하는 요인을 세 가지 구조 모델로 설명하고 있다.

먼저, 생물학적인 구성으로서 원시적인 성적, 공격적 본능과 같은 1차적인 욕구를 대표하는 원욕(id) 혹은 본능과 개인의 외부세계에 대한 방향성을 제공하고 외부세계와 내부세계와의 매개적 역할을 담당하는 집행부 역할을 하는 심리적 구성요소에 해당하는 자아(ego), 그리고 무의식적 죄의식에 대한 자아의 책임감이 구조화된 것으로 개인사회 관습의 가치와 윤리가 내면화된 사회적 구성요소에 해당하는 초자아(superego)로 구성된다.

프로이트는 인간행동의 에너지를 설명하는 과정에서 에너지란 한 가지 형태에서 다른 형태로 전환될 수 있으나 전체적인 우주체계에서는 소실될 수 없다는 에너지보존의 법칙을 기본가정으로 삼고 있다. 그리하여 그는 인간 유기체란 복잡한 에너지체제이며, 유기체는 음식에서 그 에너지를 얻어 혈액순환, 호흡, 근육운동, 지각, 사고 및 기억과 같은 여러 가지 행동이 힘의 원천으로 소모하고, 사용한다고 본다. 즉 그는 정신적 에너지는 신체적 에너지로 전환될 수 있고, 또 그 반대일수도 있다고 생각하였다. 그에 의하면, 이와 같은 신체적 에너지와 정신적 에너지 간의 전환을 맺어 주는 교량역할을 하는 것이 원욕과 그 원욕에 포함되어 있는 본능이다(Hall & Lindzey, 1978; Hjelle & Ziefler, 1981; 이형득 외에서 재인용).

프로이트에 이하면, 본능(instinct)이란 신체 조직상의 욕구에 의하여 야기되는 흥분상태가 소망의 형태로 나타나는 것이다. 그리하여 이것은 유기체의 외부로 표현되고, 긴장감소를 추구하게 한다.

본능은 원래 원욕 속에 포함되어 있는 힘의 원천으로 삶의 본능(eros)을 의미하나 프로이트는 공격적인 본능들로 구성되는 죽음의 본능(thanatos)을 가정하였다. 프로이트에 따르면, 삶의 본능 가운데서 성격발달에 가장 큰 영향력을 발휘하는 것이 성 본능이다. 이 성 본능에 내재하는 정신적 에너지를 리비도(libido)라 하는데 리비도는 성적 본능의 정신적인 측면이라 할 수 있으며, 일반적으로 삶의 본능이라 한다. 인간은 이와 같은 삶의 본능에 의하여 생명을 유지 발전시키고, 자신과 타인을 사랑하며, 또한 종족의 번창을 가져오게 하는 것이다.

한편 프로이트가 파괴의 본능이라고도 불렀던 죽음의 본능은 생물체가 무생물로 환원하려는 본능이다. 이 본능 때문에 인간은 결국 사멸하고, 살아 있는 동안에도 자신을 파괴하고, 처벌하며, 타인이나 환경을 파괴시키려고 서로 싸우며 공격하는 행동을 하게 된다는 것이다. 그리하여 죽음의 본능은 잔인성, 공격, 자살 그리고 살인과 같은 행동특성들을 나타내게 한다. 그는 모든 사람이 무의식적이기는 하지만 죽기를 원한다고 가정하고 있는 것이다. 그런데 이와 같은 삶과 죽음의 본능들은 서로 조화를 이루기도 하고, 대체되기도 한다(Hall & Lindzey, 1978). 예를 들면, 삶의 본능에 기인하는 음식을 먹는 행동도 파괴 본능에 기인하는 음식을 물어뜯고 씹고 삼키는 것을 통하여 만족을 얻게 됨으로써 조화되는 것이다. 그리고 성적 본능에 기초하는 사랑은 죽음의 본능에 기인하는 증오를 조화시킬 수 있다. 한편 사랑은 증오로 대치될 수 있고, 증오는 사랑으로 대치될 수도 있는 것이다(이형득 외, 1998).

앞서 기술한 바 있듯이, 이러한 본능들은 성격의 세 체계들이 각각의 기능을 수행할 수 있게 하는 에너지의 원천이 되고 있다. 한 개인이 보유하고 있는 정신적 에너지의 양은 한정되어 있다. 그러므로 성격의 역동성은 일정한 양의 에너지가 세 가지 성격 체계, 즉 본능, 자아, 초자아 간에 어떻게 분배되고 활용되는가를 중심으로 설명될 수 있다.

성격의 세 체계 간에는 한정되어 있는 에너지를 서로 사용하려는 경쟁이 생겨나게 되고, 그 결과로 한 체계가 에너지를 확보하게 되면 다른 두 체계는 희생하게 된다.

본능은 본래 모든 에너지원(源)을 보유하고 있으며, 그 에너지를 반사작용과 일차과정이라는 과정을 통해 사용한다. 그리하여 본능은 쾌락의 원리에 입각하여 본능을 충족시켜 줄 수 있는 어떤 실제 활동이나 심상에 그 에너지를 투여한다.

한편, 자아(ego)는 그 자체의 에너지 원천을 갖고 있지 않기 때문에 본능(id)으로부터 힘을 빌려 와야 한다. 이처럼 본능에서 전환된 에너지를 기초로 하여 자아는 본능과는 달리 논리적이고 현실적인 사고의 과정을 통하여 주관적 내부의 세계와 객관적인 외부 세계의 현실적 특성을 고려하여 욕구를 충족시키려 한다.

일단 자아가 충분한 에너지를 보유하게 되면 본능을 만족시키는 일 이외의 다른 목적을 위해서도 그 에너지를 사용한다. 즉 에너지의 일부는 지각하고 기억하고 판단하고 변별하고 추상하고 일반화하고 추리하는 것과 같은 심리적 과정들을 보다 높은 수준으로 발전시키는 데 사용되며, 또한 일부는 원욕이 충동적으로 불합리하게 작용하려는 것을 자아가 제지하는 데 사용되기도 한다.

또한 자아는 세 가지 성격체계들 간의 통합을 위하여 에너지를 사용한다. 자아의 이와 같은 통합적 기능의 목적은 성격 내부의 조화를 이룩하여 자아와 환경과의 복합적인 상호작용을 원활하고 효과적으로 할 수 있도록 하기 위한 것이다.

초자아(super ego)가 하는 일은 늘 같지는 않지만 가끔 본능과 반대되는 일을 한다. 또한 때로는 본능의 목표를 충족시키기도 하고 억제시키는 데 에너지를 사용하기도 한다.

따라서 만약, 한 개인의 성격구조에서 본능이 지배하면 그 사람의 행동은 충동적이고 원시적인 성격특성을 나타내게 되고, 초자아가 지배적이면 그 사람의 성격은 현실적이기보다는 도덕적인 면에 치중하게 될 것이다

따라서 성격의 구조는 분리되어 독립적으로 운영되는 개념으로 이해해서는 안 되며 오히려 전체로서 총체적으로 작용하는 기제라는 측면에서 이해하는 것이 바람직하다.

○ **본능 혹은 원욕**(id)

본능은 성격의 가장 기본적인 체계로서 생물학적 반사 및 충동과 본능을 포함하고 있으며 고통은 피하고 쾌락을 찾는 인간본능을 지배하는 성격구조이다. 본능은 비조직적이고 맹목적이며 흥분

이나 긴장을 억제하지 못한다. 본능은 흥분이나 긴장을 즉시 해소하고 원래의 위치로 돌아가려 한다(Corey, 1996).

본능은 사회관습이나 혹은 사회·환경의 적절성과는 관계되지 않으며 오로지 쾌락원칙에 따라 움직인다. 본능은 성숙된 구조가 아니며 무의식적이거나 의식 밖의 존재에 해당하는 성격구조이다. 인간의 삶 속에서 본능적인 행동은 생리적 반사작용이 대표적인 예가 될 것이다.

○ 자아(ego)

자아는 본능의 충동적인 행동을 관리하는 제계로 인간의 기본욕구를 해결하기 위한 계획을 개발하고 실행하는 역할을 담당한다. 자아는 현실적 사고과정을 통하여 적절히 통제하고, 반응할 한편의 성질을 검토·설정하며, 또한 어떤 욕구를 어떤 방법으로 만족시킬 수 있을 것인가를 결정하는 역할을 한다.

결과적으로 자아는 인간의 극히 원초적인 행동인 본능과 이성적인 행동인 초자아 사이에서 통합·조정하는 조정자의 역할을 수행하게 된다.

인간의 대부분 활동은 자아에 의해 결정되고 행동하게 되기 때문에 이런 활동들이 자아의 좋은 예가 된다고 볼 수 있다.

○ 초자아(superego)

초자아는 추상적인 인식에서 인간행동의 옳고 그름을 판단하게 되는 나침반 같은 역할을 하게 되는 성격체계이다. 초자아는 현실보다는 이상을 대표하며 쾌락보다는 완성을 추구한다. 그렇기 때문에 초자아는 본능의 충동을 억제하고 자아가 현실적인 목표 대신에 이상적인 목표를 가지고 전진하도록 설득하는 기능을 갖는다.

따라서 초자아는 부모와 도덕적 기준(사회적 기준)을 내면화하며 심리적인 보상과 처벌을 하게 되며 여기서 보상은 자존심과 자기애이고 처벌은 죄의식과 열등감의 표상이다. 이런 과정을 통해 초자아가 발달하게 되면 부모에 의해 통제되던 행동이 자기통제에 의해 통제되게 된다. 인간의 초자아적인 행동은 신체의 양심, 도덕, 규범 등에 의해 표출되는 행동으로 대표된다.

□ 성격의 발달

프로이트는 정신병리학 증상은 오이디푸스 콤플렉스 시기(oedipus complex: 즉 3세에서 6세 사이)의 성적 공격적 문제에서 일차적으로 발생하는 정신적 갈등의 결과라고 믿었다. 반면에 Kernberg(1984), Kohut(1984), Mahler(1979), Winnicott(1975)과 같은 최근의 정신분석이론가들은 생애 초기(즉 오이디푸스기 이전) 대상관계 및 발달을 일차적으로 강조하고 있다. 이러한 이슈는 개인의 본능적인 충동과 사회적 가치관 사이의 갈등에서 비롯된 정서적 장애인지 아니면 발달기적 결손에서 오는 병리학적 증상인지에 대한 견해의 차이에서 비롯된다. 또한 생애 초기 양육의 중요성 대 오이디푸스 콤플렉스 해결의 중요성에 대한 상대적 견해차이이기도 하지만 정신분석적 이론의 중요한 성과 중의 하나는 출생 시부터 성인기에 이르는 심리·사회적 발달과 특성을 정리한 것이다. 그는 개인의 성격을 유아기나 아동기의 여러 가지 경험들에 의해 특징지어지며 적어도 출생 후 5년 사이에 기본골격이 형성되고 그 후는 형성된 기본골격이 구체화되는 단계라는 것이다 또한 정신분석학 이론에서 강조되는 성적 에너지가 출생 시에 나타나서 이것이 일련의 발달단계를 거치면서 발전한다는 것이다. 정신분석적 이론에서 의미하는 성은 단순히 에로스적인 성교만을 의미하는 것이 아니라 신체적 쾌감을 일으키는 모든 것을 포함한다.

예를 들어, 빠는 행위, 배설이나 소유, 흔드는 것과 같은 신체운동, 심지어는 물거나 꼬집거나 하는 잔인한 행동까지 포함되며, 이 성격발달단계도 각 단계별 시기에 있어서 성적 흥분이 가장 민감한 성적 부위에 따라 명명된 것이며 구순기, 항문기, 남근기, 잠복기, 생식기로 구분된다(이형득 외, 1998).

○구순기(oral stage)

구순기는 출생 시로부터 대체로 1년 사이로 성감대가 주로 입과 입술의 빠는 행위에서 성적 쾌감을 경험을 하고 이것이 성격 발달에 중요한 영향을 미친다는 것이다. 영아는 성격의 구성요소 중 자아나 초자아를 발달시키지는 못하고 단지 즉각적인 만족만을 추구하는 본능만을 발달시킨다. 구순활동에서 얻는 쾌감은 성인이 되어서 지식 습득이나 소유에서 얻어지는 쾌락과 같은 다른 형태의 활동으로 전환이나 대치될 수 있다고 보는데, 이 구순적인 행동은 구순-협응적인 행동(oral-mcorporatice)과 구순-공격적인 행동(oral-aggressive)이 나타난다(Corey, 1996).

먼저 구순-협응적인 행동은 구순의 쾌락적인 감각이다. 리비도적 에너지는 처음에는 입에 모여 있다가 성장함에 따라 신체 각 부위로 옮겨 가는데 유독 구순적 욕구(과식, 씹기, 말하기, 담배 피우기, 술 마시기)를 탐하는 성인은 구순적 고착(oral fixation)에 빠지게 되고 영아기에 구순적 만족을 뺏으면 성인이 되어 문제행동을 일으킨다는 것이다.

이가 자람에 따라 구순-공격적 시기가 시작되며, 깨물기는 이 시기의 특징이다. 풍자, 적개심, 공격성, 험담 같은 성인의 특성이나 다른 사람을 '물어뜯는' 논평은 이 발달시기의 고착이라고 볼 수 있다.

탐욕과 욕심은 생애 초기의 충분한 음식과 사랑을 받지 못한 결과로서 발달된 것이다. 아동이 원하는 물질들은 실은 어머니로부터의 젖과 사랑의 대용물이다. 구순기의 이런 결핍은 차후의 성격발달에 영향을 미친다. 즉 불신감, 다른 사람에게 접근하는 데 대한 공포감, 애정에 대한 거부, 사랑과 신뢰에 대한 공포심, 자존심의 저하, 고립감, 그리고 긴밀한 인간관계를 맺을 수 없다는 무력감 등의 성격을 만들게 된다.

○ 항문기(anal stage)

생후 1년 정도까지 성적 에너지가 구순기에서 2~3세가 되면 항문으로 옮겨간다. 즉 대변의 배출과 보유가 쾌락과 만족의 근원이 된다. 이 시기의 아이들은 대소변 가리기의 시작과 함께 본능의 욕구인 즉각적인 대변에서 오는 기쁨과 부모에 의해 부과되는 사회적 제지인 배출 간의 조절을 배우게 된다.

이와 같은 배설에 대한 훈련법과 이때 유아를 대하는 부모의 감정, 태도 그리고 반응들은 아이들의 성격형성에 큰 영향을 미친다.

이 시기에 부모가 훈련과정에서 강압적이거나 거칠게 아이들을 교육시키게 되면 아집이 세거나 인색한 성격을 띠거나 강박적인 성격을 가지게 된다. 또한 때로는 유아는 배설물을 만진다든가 적절치 않을 때에 배설한다든가 함으로써 그들의 부모를 제어하려고 시도하기도 하고 엄격하게 배변훈련을 시키면 유아는 그들의 배설물을 아무 때나 또는 아무 데나 흩어 놓음으로써 분노를 표출하기도 한다. 이런 행동은 후에 잔인성, 부적합한 분노의 표현, 또는 극도의 청결치 못한 성격을 형성하는 근간이 된다. 프로이트는 이것을 항문-공격적(anal-aggressive) 성격이라고 표현하였다. 반대로 유아가 배설을 할 때 칭찬을 하고 너무 신경을 쓰면 유아는 배설활동을 너무 과대평가하게 된다. 또한 어떤 성인들은 지나친 청결함, 보유, 엄격함, 인색함 같은 특성에 고착된다. 이것은 항문-보유적

(anal-retentive) 성격이라고 하는데, 이 단계에서의 이와 같은 경험은 후에 성인의 성격형성에 근간이 되기 때문에 중요하다.

항문기의 발달단계에서 유아는 소위 적대감, 파괴성, 분노, 격분, 증오 등과 같은 부정적인 감정들을 경험하게 되고 이런 감정들이 수용될 수 있는 것이라는 것을 배우는 것이 중요하다. 치료받는 내담자들 중에는 사랑하는 사람에 대한 증오나 분노를 어떻게 수용해야 할지에 대해 학습하지 못한 사람들이 많다. 이것은 직접적으로건 간접적으로건 이런 감정들은 나쁜 것이며 만일 그러한 증오나 분노를 표출한다면 부모의 인정을 받지 못할 것이라고 배워 그런 감정들을 억압했기 때문이다(Corey, 1996)

따라서 항문기는 유아가 자신의 능력, 자긍심, 자율성 등을 바르게 확립할 수 있도록 적절한 훈련과 부모의 태도가 중요해지는 시기이다.

○ 남근기

유아가 4~5세로 성장하면 성적 에너지의 초점도 서서히 생식기로 옮겨가기 시작한다. 이성에 대한 구별의식이 생기고 자기존재확인, 모방, 자아도취 현상이 나타난다.

전통적인 프로이트학파의 이론에 의하면 남근기의 기본 갈등은 반대되는 성의 부모를 통해 발달한 무의식적이고 충동적인 소망에서 생긴다. 왜냐하면 이런 감정들은 매우 위협적인 성질의 것이므로 억압되어야 하기 때문이다. 그러나 이런 감정들은 후의 성적 발달과 적응에 강력한 영향을 미친다. 이성의 부모를 소유하고 싶은 소망은 동성의 부모에 대한 경쟁심과 병행하여 무의식적으로 발달하게 된다.

프로이트학파의 이론에 의하면 남아와 여아는 성적인 갈망과 갈등을 경험하지만 그것들을 억압한다. 남성의 남근기에서 남아는 그의 모친을 갈망하고 부친에 대해 적개심을 느낀다. 그는 모친에 대한 성적 충동을 부친이 처벌할 것이라는 두려움을 느낀다. 즉 오이디푸스 콤플렉스 현상이 발생한다. 모친은 남아의 사랑의 대상이 된다. 환상과 실제 행동 모두에서 그는 모친에게 성적 갈망을 나타낸다. 곧 그는 보다 강력한 부친이 이런 갈망의 적수가 됨을 느낀다. 그러나 모친을 사랑의 대상으로 느낄 때 이미 그것을 억압함으로써 그것이 의식되는 것을 피한다.

이때 남아에게는 남근에 대한 특수한 두려움이 생긴다. 프로이트는 이것을 거세불안(castration anxiety)이라고 명명했는데 이것은 남근기에서 중요한 역할을 담당한다. 거세불안은 부친이 남아의 남근을 자르지 않을까 하는 데서 생기는 두려움이다. 이런 불안은 그가 여아에게는 남근이 없다는 것을 알았을 때 더욱 심해진다. 자랑스런 소유물을 잃지 않을까 하는 불안에서 그는 모친에 대한 성적 욕망을 억압한다. 이런 오이디푸스적 갈등이 적절히 해결된다면 남아는 성적 갈망을 보다 적절한 애정의 형태로 대치한다. 또한 부친에 대한 동일시를 발달시킨다. 이것은 만약 부친을 이길 수 없다면 그에게 순종하는 것이 좋을 것이라는 인식에서 생기는 것이다. 부친과의 이런 동일시를 통해 남아는 대리적 만족을 경험하게 되며 부친을 보다 더 좋아하게 되고 부친의 태도를 수용하게 된다.

프로이트는 여성의 남근기를 남성의 그것처럼 명확하게 다루지는 않았으나 전통적인 프로이트학파의 여성발달에 대한 관점은 상당히 논쟁의 여지가 있으며 많은 여성들로부터 부정적인 반응을 받고 있다. 엘렉트라 콤플렉스(electra complex)는 오이디푸스 콤플렉스의 상대개념으로 여아의 첫 번째 사랑의 대상은 모친이지만 그 사랑은 남근기에 부친에게로 옮아간다. 그녀는 자신에게 남근이 없다는 것을 알게 되면서부터 모친에게 부정적인 감정을 갖게 된다. 이것은 남근선망(penis envy)으로 알려져 있으며 남아의 거세불안에 대응하는 개념이다. 그녀는 부친의 주의를 끌기 위해 모친과 경쟁하려고 하지만 자신이 결코 모친의 적수가 될 수 없음을 깨닫게 되면 모친의 행동특성을 받아들이는 과정을 통해 동일시를 하게 된다.

이 시기에서 가장 중요한 것은 성적 태도의 발달이다. 프로이트 이론에서 가장 오해를 받는 개념이 성욕(sexuality)이다. 그는 이 개념을 상당히 확대해서 사용하고 있다. 성욕이란 유기체적인 모든 쾌락을 의미한다. 남근기의 성욕의 유형은 이성의 부모와의 성교를 원하는 아동의 욕구가 아니다. 비록 아동이 모친에게서 성적 만족을 느낀다 하더라도 이런 종류의 성욕은 성교보다 더 광범위한 쾌락이다. 이 시기는 다음과 같은 행동들이 나타나는 심리·성적 발달단계이다. 성적인 것에 대한 호기심, 성적 환상, 자위, 성역할 동일시 그리고 성역할 놀이 같은 것이다.

성적 환상이 수반되는 자위는 초기 아동기의 정상적인 산물이며 남근기에 더욱 잦아진다. 아동은 자신의 신체에 호기심을 갖게 되고 자신의 몸을 탐색하며 성의 차이를 알려고 한다. 아동기의 이런 경험은 보편적인 것이며 성적 태도는 남근기에 형성되기 시작하므로 성욕의 수용과 성적 충동의 조절이 매우 중요하다. 이 시기의 또한 양심이 발달하는 시기로서 아동은 도덕적 기준을 배우기 시작한다. 엄격한 부모의 주입식 교육과 비현실적인 도덕기준이 초자아를 과잉통제 하는 위험을 가져온다. 자녀들에게 그들의 충동이 모두 나쁜 것이라고 가르친다면 아동은 자신의 자연스런 충동에 죄의식을 느끼게 되며 이것은 후일에까지 계속되어 다른 사람과 친밀한 관계를 갖지 못하게 된다. 부모의 이런 교육은 아동의 양심, 즉 그들이 질문하거나 사고하는 것을 두려워하게 만듦으로써 부모의 주입식 교육을 맹목적으로 수용하게 한다. 이런 아동의 태도는 도덕적이라기보다는 두려워하는 것이라 할 수 있다. 또한 부모의 주입식 교육은 완고함, 극렬한 갈등, 죄의식, 자책감, 자존심의 저하 그리고 자기경멸 등의 결과를 가져온다.

이 시기에 아동은 성적 감정을 자연스러운 것으로 수용하고 자신의 신체에 대해 건전한 관심을 가지며 성역할을 확인하는 학습을 할 필요가 있다. 또한 아동은 이 시기에 신체적 쾌락에 대한 태도와 옳고 그름에 대한 태도를 형성하며 남성과 여성에 대한 관점을 배운다. 또한 소년과 소녀로서의 성역할에 대해 그들이 어떻게 느끼는지 알 수 있게 된다(Corey, 1996).

결국, 남근기에 고착된 성인 남성은 대부분 경솔하고 과장되고 야심가적인 성격특성을 가지고 항상 자신의 강함과 남자다움을 나타내려고 하고, 반대로 남근기에 고착된 여성은 성관계에 있어서 순진하고 결백해 보이지만 난잡하고 유혹적이며 가벼운 기질을 나타내기도 한다.

○**잠복기**(latency period)

아동이 성장하면서 6~13세경까지는 성적 에너지가 비교적 안정된 시기를 맞게 된다. 즉 성적 에너지가 억압 또는 승화되어 지적 관심, 운동 그리고 우정 등으로 나타나면서 잠복기간을 거치게 되고 성격의 기본적인 구도가 형성된다.

이 시기는 유아기 때의 성적 충동이 서서히 사회화되고 전환되면서 사회나 세계문제, 즉 외적 세계에 관심을 갖게 된다. 이 시기는 많은 사회적 과제에 접하면서 자신의 신체와 사회에 대한 이해를 확장시키며, 적절한 성역할 동일시를 발달시키고 자기와 다른 사람들을 수용하는 방법을 학습하고 학교나 사회에서 요구되는 기본기술 습득을 하는 시기이다. 만약 이 시기에 이와 같은 경험을 충실히 하지 않으면 성인이 되어 자신에 대한 자존감이나 자신감을 경험하기 어렵게 된다. 그러나 잠복기는 정신분석적 이론에서는 잠복기에 해당되게 때문에 성격구조나 형성에 큰 의미를 부여하지는 않는다.

○ **생식기(성기,** genital character)

잠복기를 거쳐 13세 이상이 되면 서서히 성적 에너지 활동이 다시 일어나며 이 에너지는 남근기 때와는 달리 서서히 이성으로 좋아하는 대상이 옮겨가게 된다. 이성에 대해 관심을 갖게 되고 성적 경험을 가지려 하면서 이에 대한 성인으로서 책임성에 대해 생각하기 시작한다. 성에 대해 그동안의 자기도취적인 경향에서 서서히 이타적이 되고 다른 사람을 생각하게 된다.

이 시기의 처녀들은 서서히 다른 사람을 사랑하게 되며 성적 매력, 사회화, 집단활동, 직업계획, 그리고 결혼과 가족부양을 위한 준비들을 하게 되면서 서서히 현실 지향적이고 사회화된 성인으로 성숙해 가기 시작한다.

상기 정신분석적 이론의 성격발달 단계를 요약하면 〈표 6-1〉과 같다.

〈표 6-1〉 성격발달단계

구 분	시 기	성적 에너지	불안과 갈등요소	특 징
구순기	생후1년 (2세)	입, 입술	젖과 음식(식욕)	불신감, 공포감, 애정결핍, 무력감 등의 행동특성
항문기	2~3세	항문	대소변 배출과 보류	잔인성, 분노, 결벽증, 인색함 등의 행동특성
남근기	4~5세	생식기	오이디푸스 콤플렉스 엘렉트라 콤플렉스	성 불감증, 동성애, 경솔함, 과장됨 등의 행동특성
잠복기	6~13세	잠복	사회화의 부적응	자신감, 자존감 결여
성 기	13세 이상	이성	이성과 갈등 사회성취감 저하	이타적 사랑 사회적 책임성 증대

3) 불안의 구조와 발달

정신분석적 이론에서 인지해야 할 또 다른 이론은 바로 불안(anxiety)이다 불안은 생의 본능(eros)과 죽음의 본능(thanatos) 간의 갈등에서 인간은 결국 죽을 수밖에 없다는 생각에서 출발하게 된다. 불안은 무엇을 하기 위해 동기를 유발하게 하는 긴장 상태로 표현되는데 본능과 자아 그리고 초자아 간의 갈등이라고 볼 수 있다(Corey, 1996). 즉 자아는 본능과 현실 그리고 초자아 간을 적절히 중재하여 본능의 욕구를 충족시켜 주면서 한편으로 현실을 고려하고 초자아의 도덕적 이성에 의한 제한도 받아들여야 하는데 여기에서 갈등과정을 거치게 되는 것이다.

프로이트는 불안의 종류를 신경증적 불안(neurotic anxiety), 현실적 불안(realistic anxiety), 도덕적 불안(moral anxiety)으로 분류하였다.

신경증적 불안은 본능이 통제되지 않음으로써 개인이 어떤 행동을 하게 되고 이에 처벌받지 않을까 하는 데 대한 경험으로 신경증적 불안도 처음에는 현실적 불안으로부터 발달된다고 볼 수 있다.

현실적 불안은 외부세계로부터 오는 실제적 위협에 대한 두려움으로 우리가 갖는 시험이나 위험상황에서 갖게 되는 일반적인 두려움 등을 의미하는 것이다.

마지막으로 도덕적 불안은 자신의 양심에 대한 두려움으로 특히, 초자아가 강한 사람들은 자신의 윤리기준에 위배되는 일을 하거나 심지어 생각만 하는 것도 죄의식을 느끼고 경험하는 것이다.

불안은 개인에게 닥쳐오는 절박한 위험을 경고하는 기능을 가지고 있기 때문에 적절한 조치를 취하지 않으면 위험이 점차 증대되어 자아가 혼란에 빠지게 된다. 만약 자아가 혼란에 빠지고 합리적인 방법으로 불안을 상대할 수 없을 때 비현실적인 것에 의존하여 방어하게 되는데 이때 방어기제(defense mechanism)가 나타난다.

4) 방어기제

방어기제는 개인이 경험한 불안을 합리적인 방법으로 자아가 해결할 수 없고 혼란에 빠질 때 자아를 보호하기 위한 심리적인 정상적 행위이다. 만약 개인이 직면한 불안을 처리하기 위해 습관적으로 방어기제를 사용하지 않는다면 가치가 있다. 방어기제는 개인의 발달 수준과 불안의 정도에 따라 다르다. 그러나 모든 방어기제는 무의식적으로 작동되기 때문에 본인은 잘 알지 못한다는 점과 개인으로 하여금 현실을 거부 혹은 왜곡해서 지각하므로 불안으로부터 자아를 보호하자는 특징들을 가진다. 이 방어기제는 여러 가지가 있는데 방어기제 몇 가지만 소개하였다.

억압(repression)은 사회적으로 혹은 윤리적으로 용인될 수 없다고 생각하는 욕구나 충동, 그리고 사고 등을 의식부족으로 밀어내어 숨기려는 것을 말한다. 즉 위협이나 고통스러운 생각, 느낌으로 인해 갖게 되는 불안으로부터 자아를 보호하고자 하는 것이다. 그러나 이렇게 억압된 내용은 해결된 것이 아니고 무의식 속에 남아 있어서 현재의 행동에 동기로 작용하여 꿈이나 농담 등으로 나타난다. 이 억압은 다른 방어기제나 신경증적 장애의 기초가 되기 때문에 중요하다.

부정(denial)은 일반적으로 전의식이나 의식 수준에서 활동한다. 이것은 개인이 생각하는 것, 느끼는 것, 인식하는 것을 부정으로 왜곡하는 것이다. 위협적인 현실에 대해 사실이 아닌 것으로 방어해서 불안에 대처하는 것이다. 예를 들어, 교통사고로 중도의 장애를 입게 되었을 때 수용하기가 너무 고통스럽고 괴로워서 사실이 아닐 것이라고 부정하는 것으로, 아마도 방어기제의 가장 단순한 기제일 것이다.

반동형성(reaction formation)은 실제의 욕구나 충동과는 반대되는 행동을 자아가 하는 것이다. 이 기제는 자신의 무의식적인 충동에 정반대되는 행동을 하는 것으로 자신의 감정이 위협을 받을 때 이런 감정을 부인하기 위해 정반대되는 행동을 함으로써 혼란스런 충동을 은폐하려는 것이다. 사람들은 증오심을 허울 좋은 사랑으로 감추거나 반항심을 과도한 상냥함으로 은폐하거나 잔인성을 지나친 친절로 위장하는 것이 여기에 해당한다. 이성을 아주 좋아하면서도 좋아한다는 표현을 하지 못하고 오히려 화를 내고 성질을 건드리는 행위를 하는 것이 좋은 예가 될 것이다.

투사(projection)는 자신이 스스로 받아들일 수 없는 충동이나 행동, 태도 등을 자아가 무의식적으로 타인이나 환경의 탓으로 돌리는 기제를 말한다. 혐오감, 공격성, 그리고 기타 수용하기 싫은 충동이나 행동들을 '그 사람들이 거기에 있기 때문에 일어나는 것이지 결코 내 탓이 아니다'라는 식으로 받아들이기는 것이다. 그래서 자신의 딸에게 성적 충동을 느끼는 어떤 남자는 딸이 자신을 유혹하기 때문이라고 생각한다. 그는 자신의 위협적인 소망을 인식하거나 받아들여서는 안 된다고 생각한다. 대표적인 예로 어설픈 목수가 자신의 기술을 탓하지 않고 연장 탓으로 돌리는 경우이다.

합리화(rationalization)는 현실을 왜곡하여 자존심을 보호하려는 기제이다. 즉 큰 실패나 나쁜 결과를 사실 그대로 인정하지 않고 변명(합리화)함으로써 자아를 보호하고자 하는 기제이다. 예를 들어, 수능시험에서 좋은 성적을 거두지 못한 학생이 자기의 노력부족은 이야기하지 않고 부모의 경제적 어려움이나 우리나라 교육제도 때문이라고 그럴듯하게 자신을 합리화하는 것이다.

감정전이(transference)는 어떤 충동이나 행위의 결과가 어느 특정인의 감정 때문인 것을 그 사람에게 발산하지 않고 오히려 엉뚱한 사람에게 발산하여 자아를 보호하는 기제이다. 예를 들어, 직장 내에서 오늘의 행사가 잘 진행되지 못한 것은 팀장의 늦은 결재 때문인데 오히려 직장동료 중 만만하다고 생각되는 동료에게 감정을 발산하는 것이다.

치환(displacement)이란 불안에 대처하는 방법으로 위협적이고 부담이 되는 대상을 보다 덜 위협적이고 쉬운 상대로 바꾸는 기제이다. 예를 들면, 상대하기 버거운 상대에게 위협을 느낀 사람이 상대적으로 온순하고 쉬운 상대를 대상으로 화를 내고 반응하는 경우가 좋은 예가 될 것이다.

승화(sublimation)는 치환과 비슷한 기제로서 억압과 충동이나 성적 에너지를 사회적으로 가치 있는 행동으로 승화시키는 행동기제를 말한다. 한 예로써 프로이트는 레오나르도 다빈치가 모나리자를 그리는 데 관심을 가진 것은 그가 어릴 때에 헤어진 어머니에 대한 그리움을 표현한 일종의 승화기제에 의한 것으로 보았다. 우리는 많은 장애인들이 장애에 대한 사회적 역할가치가 낮은 것을 성공으로 극복한 사례들을 많이 볼 수 있는데 이것이 좋은 예가 될 것이다.

퇴행(regression)은 인간이 발달하는 과정에서 좌절과 불안을 경험하게 될 때 과거의 행동유형으로 자아를 방어하려는 기제이다. 발달의 초기 단계는 개인에게 그리 큰 요구를 하지 않는다. 과도한 긴장이나 도전에 직면할 때 개인은 미성숙하거나 부적절한 행동을 함으로써 그들이 느끼는 불안에 대처하려고 한다. 가령 학교에서 공포감을 느낀 아동이 운다든지, 지나치게 의존한다든지, 손가락을 빤다든지, 숨는다든지 또는 교사에게 지나치게 매달린다든지 하는 행위가 그것이다. 그들이 안전했던 생의 전단계로 되돌아가려고 한다. 장애인들이 재활과정을 거치는데 고통스러운 재활훈련을 피해 이전의 쉬운 상태로 되돌아가려는 자아기제들이 발동되는데 여기에 해당되는 예라고 볼 수 있다.

주입(interjection)은 불안과 충동을 해소하기 위하여 다른 사람의 가치나 기준을 받아들이거나 삼켜 버리는 것이다. 한 예로 부모로부터 끔찍하게 학대받던 아동이 부모의 행동방식이 주입되어 아동 학대의 악순환을 되풀이하는 것이다.

동일시(identification)는 자신의 불안과 열등적인 태도나 행동들을 피하기 위하여 불안을 해소할 수 있는 방안이나 열등감을 해소시킬 수 있는 성공적인 사례나 조직, 사람과 동일시함으로써 자아를 보호하기 위한 기제이다. 우리나라 문화에서 학연, 인연을 통해 출세한 사람을 등에 업으려고 하는 풍토나 개인의 특성도 일종의 동일시 방어기제라고 볼 수 있다.

보상(compensation)은 자신이 인식한 약점을 위장하거나 자신의 한계를 보상하기 위해 어떤 긍정적인 특성을 발달시키는 것이다. 그래서 긍정적인 주의나 인정을 받지 못하는 아동들은 최소한 부정적인 관심이라도 끌기 위해 어떤 부정적인 행동을 하기도 한다. 지적으로 열등감을 느끼는 사람은 과도하게 자신의 신체를 가꾸어서 보상받으려고 한다. 사회적으로 무능력한 어떤 사람은 자신을 고립시키거나 또는 자신의 지적 능력을 발달시키거나 할 것이다. 이 기제는 직접적이고 적절한 가치를 가지며 사람들로 하여금 내가 열등하다는 것을 보지 말고, 나의 과업성취를 통해 나를 보라는 시도를 하게 되는데 신체에 자신이 없는 사람이 과도한 외적 포장을 통해 자신의 열등한 의식을 보상받으려고 하는 행위가 대표적인 예가 된다.

3. 재활상담에서의 적용과 기법

1) 재활상담에서의 적용

정신분석이론의 많은 측면들은 재활상담 분야에 적용되어 왔다.

Cook 등(1992)은 자아방어라는 정신분석적 개념이 개인의 장애의 영향을 이해하는 데 유용하다고 제안하였다 Cook 등은 억압, 투사, 반동형성, 억제라는 네 가지 방어기제 목록을 만들어 이를 신체장애인의 적응과 관련된 문헌에 자주 언급하였다. Cubbage & Thomas(1989)는 여기에 부정, 보상, 승화, 자아의 제한, 합리화를 추가하였고 Krueger(1984)는 심리재활에 방어기제를 적용하는 것과 관련하여 방어기제의 기능을 이해함으로써 재활상담사는 내담자의 행동을 보다 잘 이해하고 문제에 대처할 수 있게 된다고 보았다. 장애인에게 적합한 또 다른 정신분석적 개념으로 거세불안, 애정결핍의 두려움, 나르시시즘(자기애), 죽음의 본능도 있다.

앞서 언급한 바와 같이 현대 정신분석학자들은 자아의 통합과 치료과정에서 공감의 중요성을 강조한다. 그리고 치료환경을 설정함으로써 환자나 내담자가 과거의 자기애적 장애를 개선할 수 있도록 돕는다. Thomas & McGinnis(1991)는 감정이입(공감)과 치료환경을 통해 신체장애에 적응하고 있는 내담자의 본질적인 회복과정을 촉진할 수 있다고 하였다. 몇몇 정신분석학자들은 상담사가 내담자의 직업발달을 이해하는 데 사용할 수 있는 아이디어를 만들었지만 어떻게 발달을 촉진시킬 것인지에 대한 구체적인 방안을 제시하지 못했다.

재활상담 분야에서 정신분석학은 생애 초기의 경험과 아동양육의 실제가 직업적 행동과 발달을 포함한 성인기 발달과 행동에 상당한 영향을 줄 수 있음을 인식시키는 데 지대한 공헌을 한 것도 사실이다. 그러나 일정 수준까지 익히려면 상당한 시간이 필요하기 때문에 재활상담사가 활용하기에는 어려움이 따른다. 그러나 정신분석이론을 습득하면 인간행동과 상담의 실제를 이해하는 데 상당한 도움이 될 수 있다. 또한 정신분석이론은 앞서 인용한 것 외에도 성격의 구조, 무의식의 기능, 방어기제(특히 장애에 대한 적응과정과 관련된 개념으로서)를 보다 잘 이해할 수 있는 틀을 제공한다는 측면에 재활상담에서의 부분적인 도입이 이루어지고 있으며 특히, 재활상담의 대상이 신체장애에서 정신장애로 변화하면서 정신분석적 이론의 적용사례는 증가하고 있는 추세이다.

2) 재활상담기법

□ 재활상담의 목표

고전적 정신분석에서 의미하는 상담이나 치료의 목표는 내적인 충동을 줄이고 불안을 감소시킴으로써 방어기제의 사용을 억제하는 것이다. 상담이나 치료는 장애인들의 자기이해를 증진시키고 좀 더 객관적으로 외부현실에 접근하고 적절히 대응할 수 있을 때 성공적이다. 이 목표를 달성하기 위해서는 자아는 중재자의 역할을 적절히 수행되도록 해야 하고 무의식은 의식화되어야 한다. 따라서 재활상담에서 정신분석적 이론의 상담 및 치료의 목표는 장애인으로 하여금 자신의 행동동기를 통찰하도록 하여 의식 수준에서 행동하도록 돕는 것으로, 즉 장애인들의 자기응집력과 자존감을 증진시키는 것이다.

□ 재활상담사의 역할

정신분석적 이론은 재활상담에 적용할 때 재활상담사의 역할은 장애인의 의식이나 무의식 속에 억제되어 있는 방어기제들을 합리적이고도 사회적으로 수용될 수 있는 방법으로 다루어질 수 있도록 표면화시키는 것이다. 그리고 뒷장에서 다루게 되는 인간중심 접근에서와 마찬가지로 상담 장면에서 자기발견, 감정이입, 용이한 상담 장면의 환경창출을 적절히 하여 무의식을 의식화할 수 있도록 돕는 역할을 해야 한다.

□ 상담기법

일반적으로 정신분석적 이론에서 활용되는 상담기법은 자유연상, 해석, 꿈의 분석, 저항의 분석, 전이의 분석 등이다(Corey, 1996).

ㅇ자유연상(free association)

자유연상은 정신분석적 이론에서 활용되는 기술 가운데 가장 기본적인 기술로서 장애인으로 하여금 마음속에 떠오르는 모든 것을 자유스럽게 이야기하도록 하는 데서 출발한다.

장애인들은 어떤 감정이나 생각을 억압하지 않고 즉시 말함으로써 감정을 유출시키며 이때 흐름이 방해되지 않도록 편안한 자세에서 이야기하도록 하고 상담사는 뒤쪽에서 청취하는 것이 좋다.

자유연상은 무의식적 소망, 환상, 동기 등을 해방시키는 데 사용되는 기본도구의 하나로 이 기법은 과거 경험을 상기시키고 때로는 꽉 잠겨진 강한 긴장감을 해방시킨다. 그러나 이런 해방은 그 자체로 결정적인 것은 아니다, 자유연상의 과정 중에 재활상담사의 과제는 무의식 속에 잠겨진 억압된 재료들을 확인하는 것이다. 일련의 연상은 상담사에게 장애인이 갖고 있는 문제들의 관계를 이해하게 해준다. 연상이 차단되거나 붕괴된다는 것은 떠오르는 자료들에 대해 불안이 생긴다는 단서이다. 이때 재활상담사는 해석해주고 그들이 의식하지 못했던 잠재된 역동성을 이용하여 통찰을 증진시키도록 이끌어야 한다.

○ 해석(interpretation)

해석은 정신분석적 이론에서 자유연상, 꿈, 저항, 전이 등을 분석할 때 사용되는 기법이다. 해석의 과정에서 재활상담사는 꿈이나 자유연상의 내용, 저항 그리고 상담관계 자체의 의미를 해석, 지적하기도 하고 교육하기도 한다.

해석의 기능은 자아를 새로운 자료에 동화시켜서 더 깊은 무의식의 자료를 밝히는 과정을 촉진시키기도 한다.

또한 해석은 내담자의 성격에 대한 상담사의 평가와 내담자가 과거의 장애를 극복하는 데 사용한 요인들에 대한 상담사의 평가에 근거를 둔다. 최근 들어 해석은 내담자의 자료에 대한 식별, 분류 그리고 번역을 포함하는데 적절한 해석을 하기 위해 상담사는 장애인의 준비도를 민감하게 지각해야 한다.

재활상담사는 장애인의 반응을 통해 해석의 시기를 설정해야 한다, 내담자는 적절치 않은 해석은 거부하므로 해석을 하는 시기가 적절해야 한다. 이때 일반원칙은 ① 해석되는 현상이 내담자의 의식적인 자각수준에 가까운 지점에서 제시되어야 한다. 역으로 말하면 분석자는 내담자 스스로가 인식할 수는 없지만 자신의 것으로 받아들이고 통합할 수 있는 자료들을 해석해 주어야 한다. ② 해석은 항상 표면에서 시작해서 내담자가 정서적으로 상황을 수용할 수 있는 깊이까지만 해야 한다. ③ 저항이나 방어의 저변에 있는 감정이나 갈등을 해석하기 전에 먼저 그런 저항이나 방어를 지적해 주는 것이 좋다.

○ 꿈의 분석(dream analysis)

정신분석적 이론에서 꿈이란 무의식의 세계로 통하는 길이다, 따라서 꿈은 부분적으로는 유·아동기의 경험들을 반영하고 있기 때문에 무의식적 욕구를 찾아내고 장애인내담자가 해결되지 않은 문제들에 대한 통찰력을 얻게 하는 중요한 절차이다. 잠자는 동안 방어가 허술해져서 억압된 감정들이 표면화되는 것인데 프로이트는 꿈을 무의식에 이르는 왕도로 보았다. 왜냐하면 꿈속에 무의식적인 염원, 욕구, 그리고 두려움이 표출되기 때문이다. 어떤 동기들은 너무 수용될 수 없어서 개방적이고 직접적으로 표현되기보다는 위장된 상징적인 형태로 표출된다. 꿈은 내용면에서 두 가지 차원으로 해석되는데 잠재적 내용과 표현적 내용의 두 차원이 있다. 잠재적 내용은 위장되고 숨겨진 상징적이고 무의식적인 동기들로 구성되고 그것들은 너무도 고통스럽고 위협적이기 때문에 잠재적 내용을 구성하는 무의식적 성욕과 공격적 충동들은 용납될 수 있는 표현적 내용으로 꿈꾸는 사람에게 꿈으로 변형되어 나타난다. 꿈의 잠재적 내용이 비교적 덜 위협적인 내용으로 변형되는 과정을 꿈의 작업(dream work)이라고 부르는데 재활상담사는 꿈의 표현적 내용들에 나타난 상징들을 연구함으로써 잠재적 내용을 밝혀내는 것이다. 이때 재활상담사는 꿈의 잠재적 의미를 밝히기 위해 꿈의 표현적 내용들에 관련된 자유연상을 하도록 요구하기도 한다.

○저항의 분석(resistance analysis)

정신분석의 초기 단계에서 장애인 내담자들은 억압된 감정이나 생각들을 회상할 수 없거나 혹은 그 표현을 억제하는 경향을 보일 때가 있는데 이것은 내담자들이 보이는 일종의 저항현상으로 상담 발전을 저해하고 내담자의 무의식적 욕구를 표출하는 것을 방해하는 것이다.

프로이트는 이런 저항을 참을 수 없는 불안에 대항해서 자아를 방어하려는 무의식적인 역동성으로 보았다. 또한 그는 이러한 불안은 사람이 자신의 억압된 충동과 감정들을 자각하게 될 때 야기되는 것으로 보았다.

불안에 대한 방어로서의 저항은 특히 정신분석치료에서는 무의식적 역동성에 대한 통찰을 얻으려는 내담자와 재활상담사의 공동의 노력을 방해한다. 저항은 위협적인 욕구가 자각되는 것을 방해하기 때문에 상담사는 그것을 지적해 내야 하며 내담자는 만일 그가 실제적으로 갈등을 해결하기를 원한다면 이런 저항에 직면해야 한다. 재활상담에서 상담사가 해석하는 목적은 장애인 내담자의 저항에 대한 원인을 자각하고 그것들을 처리하도록 돕는 데 있다. 대체로 상담사는 내담자의 주의를 환기시켜 내담자가 해석을 거부하게 될 가능성을 줄이고 자신의 저항행동을 통찰할 기회를 늘리기 위해 가장 명백한 저항들을 해석한다.

저항이란 극복되어야 할 단순한 어떤 것이 아니다. 그것은 일상생활에서 내담자의 일반적인 방어기제의 대표적인 것으로서 불안에 대항하는 것이며 내담자의 만족스런 생활경험을 방해하는 기제로서 인식되기 때문에 분석되고 해석되어야 한다.

○ **전이의 분석**(transference analysis)

전이는 장애인 내담자가 유아기나 아동기 때 중요한 인물에 대하여 가졌던 사랑이나 감정이 현재 상황을 왜곡시키고 그때의 사랑이나 감정을 그대로 재활상담사에게 전이하는 것이다.

전이란 억압된 사랑의 감정을 표현 가능한 사랑의 대상을 찾고자 하는 내담자의 욕구가 반영된 것으로 이러한 전이현상의 장면에서 상담사는 사랑의 대치의 역할을 하게 된다. 전이는 직접 언어적인 의사소통으로 나타날 수도 있고, 자유연상이나 꿈의 내용으로 나타나기도 한다.

이와 같은 전이현상은 무의식적으로 작용되기 때문에 내담자는 전혀 의식하지 못한다. 따라서 상담사는 전이의 현상을 즉시 해석해 주지 않고 내담자가 소위 전이신경증을 발달시킬 때까지 전이의 발달을 장려하기도 한다. 전이신경증이란 내담자가 유아기에서부터 특징 있게 발달시킨 중요한 인물에 대하여 반응하고 느끼고 지각하는 양식에 대한 통찰을 촉진시키는 일종의 미세 신경증이라 할 수 있다(Hjelle & Ziefler, 1981). 프로이트에 따르면 내담자가 상담사와의 전이관계의 참된 의미를 이해하게 됨에 따라 내담자들은 그들의 문제와 밀접하게 관련되고 있는 과거의 경험과 갈등들에 대한 통찰을 획득하게 된다. 정신분석이론에서 전이의 분석이야말로 치료과정의 절대적인 생명력이며, 그리고 성공적인 치료의 결과는 전적으로 전이의 해석에 달려 있는 것으로 생각될 정도로 중요하다고 볼 수 있다.

제 7 장

인본주의적 이론

1. 인간중심치료이론
2. 게슈탈트이론

제 7 장 인본주의적 이론

정신분석적 이론이 결정론적 인간관이라는 관점에서 출발하였다면 인본주의적 이론은 비결정론적 인간관이라는 측면에서 검토하는 상담이론이라고 할 수 있다. 이 이론은 내담자가 상담관계 형성을 변화시키는 요인이라고 믿고 내담자의 과거의 경험이나 외적 행동, 신념의 합리성보다는 감정과 정서를 강조하는 이론이다. 이 이론은 내담자가 온정적이고 공감적인 상담과정을 스스로 탐색할 수 있게 되면 자신의 삶의 방향을 성공적으로 다시 설정할 수 있다는 낙천적인 관점을 가짐으로써 재활상담사의 역할은 정신분석학적 이론보다 덜 강조되는 편이다. 인본주의적(humanistic) 이론의 대표적인 기법은 인간중심치료이론과 게슈탈트이론이다.

1. 인간중심치료이론

1) 개 념

인간중심치료(client-centered therapy)의 창시자는 Rogers(1942, 1951, 1961, 1980)이며 이 치료는 처음에 내담자중심치료로 불리었다. 이 이론은 Bergin & Garfield(1971, 1994), Carkhuff & Berenson(1977), Kiesler(1973), Raskin & Rogers(2000) 등에 의해 확대되었다.

인간중심치료는 부분적으로 정신분석치료를 반대하는 입장에서 개발되었기 때문에 기본철학과 방향성은 프로이트와 상당히 다르다. 이 이론은 인간은 선천적으로 선하며 기본적으로 현실적이고 발전을 향해 움직인다는 기본가정을 가지고 출발한다. 따라서 상담이란 이미 개인 속에 존재하고 있는 잠재능력을 파악하고, 제약되고 왜곡된 상태로부터 해방시킴으로써 충분히 정상적인 삶을 살 수 있도록 지원하는 것이라 보고 있다. 이런 인간중심치료의 기본입장 때문에 이 이론은 재활상담을 비롯한 교육, 가족, 의료, 산업, 조직 상담 및 언어치료 등에 다양하게 활용되고 있다. 또한 이 이론은 상담사의 태도와 성격특성을 강조하고 있는데 상담과정의 결과를 결정하는 요인은 내담자와 상담사 간의 관계라는 것이다. 인간중심치료의 인간관은 정신분석적 이론과는 차이가 있는데, 정신분석적 이론의 인간관이 결정론적이라면 인간중심치료는 인간에 대한 관점이 합목적적이며 점진적이고 건설적, 현실적으로 자신의 이상을 실현시켜 나가는 존재로 보고 있다.

인간중심치료에서 인간관의 관점은 인간은 긍정적이고 건설적인 방향으로 발전하려는 경향을 가지고 있다는 믿음이다. 또한 인간은 때때로 이상한 충동과 같은 반사회적 행동을 나타내는 경향도 있지만 이것은 인간 본성으로부터 나오는 것이 아니고 그 개인의 유기체적 경험들과 자아(self) 간의 부조화에 기인한 것으로 본다(Parker et al., 2005).

또한 모든 개인의 유기체 속에는 자체의 고유한 가능성들의 건설적인 성취를 향한 끊임없는 움직임이 있으며, 인간존재 속에 역시 보다 복잡하고도 완전한 발달을 향한 자연적 경향성, 즉 실현경향성(actualizing tending)이 있다고 주장한다(Rogers, 1980). 인간중심치료는 이러한 실현 경향성이 모든 유기체, 그리고 인간 속에 작용하고 있으며, 인간에게 있어서의 이 실현 경향성은 인간의 다른 모든 동기들의 원천이 되는 유일한 동기로 보고 있다.

인간에게 있어서 실현 경향성의 가장 중요한 면은 자아를 실현하고자 하는 개인의 충동이며 이 자아실현(self-actualization) 경향성은 복잡한 신체구조의 발달과 자기충족 및 성숙을 목표로 하는 인간의 모든 운동들을 포함한 진보적인 추진력을 제공한다.

그런데 자아실현이란 최종의 완전한 상태를 말하는 것이 아니라 보다 더 유능한 인간으로 되어 가는 과정으로 인간을 끊임없이 성장해 가는 존재로 보고 있다. 따라서 인간중심치료에 있어서 인간의 삶이란 수동적인 과정이 아니고 능동적인 것이다(이형득 외, 1998).

따라서 이와 같은 인간중심치료의 인간관은 상담에서의 일차적 책임을 내담자에게 주며 상담과정에서 내담자는 상담사의 지시에만 따르는 수동적인 존재가 아니라 능동적인 존재로 보고 접근하게 된다.

2) 주요 이론

Rogers는 인간중심치료를 완전하고 고정된 이론으로 정립하기보다는 상담과정에서 충분히 상황에 따라 변화될 수 있는 잠정적 이론으로 주장하면서 다른 상담이론들과는 다른 몇 가지 이론들을 주장하였다. 즉 ① 유기체의 선천적 기질로서 유기체를 유지해 나가는데 필요한 모든 능력을 개발하려는 현실적 경향, ② 자아를 형상화하는 자아실현에 대한 경향, ③ 상황적 사건과 내재적 자극을 지각하고 이를 형상화하고 과거의 경험과 새로운 행동경험을 통합하는 조직의 원칙 등과 같은 수많은 선천적 구성요소들을 주요한 특성으로 제시하고 있다.

□ 유기체의 현실적 경향

인간중심치료에서 유기체(organism)란 개인의 사상, 행동, 신념 및 신체적 존재 모두를 포함하는 총체로서의 한 개인을 의미하는 것으로 이 유기체는 자체 내에서 다양한 변화를 할 수도 있지만 다른 부분의 변화를 유발시키는 성격을 가지고 있다. 즉 유기체는 지속적으로 변화하면서 우주공간 속에 존재하게 되는데 그러나 이 변화의 중심은 바로 개인이다. 개인은 변화하고 있는 우주공간 속에서 자신이 경험하고 느낀 것에 대하여 반응한다. 바로 이 주관적인 경험의 세계를 현실적 경향(phenomenal field)이라고 보고 있다. 인간중심치료는 장애인 개인의 행동양식은 외적현실에 의하여 결정되는 것이 아니라 오히려 주관적 현실, 즉 현실적 경향에 의해 좌우된다고 보는 것이다. 그리고 현실적 경향은 그 장애인 개인의 내적 준거체제로서 공감적 이해를 통하지 않고는 다른 사람에게 결코 알려질 수 없다. 그러므로 장애인 개인행동의 이해는 그 개인의 내적 준거체제를 관찰하고 공감적 이해를 함으로써 가능한 것이다.

개인의 준거체제에 관한 지식은 주로 개인의 커뮤니케이션과 관련되어 있다고 Rogers(1951)는 주장하는데, 즉 우리는 직접적으로는 개인의 커뮤니케이션을 통하거나 그 개인의 행동의 관찰을 통하여 그 개인의 지각적이고 경험적인 장을 추론해 낼 수 있다는 것이다. 그런데 커뮤니케이션은 개인이 갖고 있는 자아방어의 경향성 때문에 항상 결함을 지니게 되고 그래서 불완전하다. 개인의 커뮤니케이션이 자신을 방어하려는 경향 때문에 왜곡되지 않고, 자유롭게 표현될 수 있으면, 있을수록 그만큼 현실적 경향에 대한 커뮤니케이션은 보다 진실된 것일 수 있다는 것이다. 그러므로 인간중심적 이론에서는 상담과정에서 내담자의 방어성을 최소화할 수 있는 상담관계 및 분위기의 조성을 위한 전략을 특별히 중요시하고 있다.

□ 자아와 자아실현 경향성

인간중심치료에서의 자아는 개인의 전체적인 현실적 경향 혹은 지각적 경향으로부터 분화된 것으로서 자신의 존재를 인지한다든지 자신의 기능을 형상화하는 것이다. 이런 자아의 발달을 통해 개인은 자기에게 속한 것과 자기의 일부와 자신이 지각하는 다른 모든 대상들 사이를 구별할 수 있게 되는 것이다. 또한 자아개념은 자아구조를 의미하는 것으로 느낄 수 있는 자아지각들의 조직된 틀을 말한다. 따라서 자아개념은 개인의 여러 특성들과 능력에 대한 지각들, 다른 사람들이나 기타 환경과 관련된 자신에 대한 지각과 개념들, 경험과 대상들과의 관련하에서 지각되는 가치관, 그리고 긍정적 혹은 부정적인 유인성을 갖는 것으로서 지각되는 목표 및 이상과 같은 요소들로 구성된다. 또한 자아개념은 자신의 현재의 모습에 대한 지각뿐만 아니라 자기가 되고자 하고 또한 되어야 한다고 생각하는 것까지 포함한다. 따라서 자아 혹은 자아개념은 건강한 사람에게 있어서는 일관된 행동양식을 나타내나 그렇지 않은 사람에게는 일관되지 않은 행동양식이 나타나게 된다. 전술하였듯이 모든 유기체는 현실적 경향성을 가지고 있으며 인간에게 있어서는 행동의 최상의 동인이 된다. 이 실현 경향성은 인간의 성장과 발달의 모든 면에 영향을 미치며 낮은 수준에서는 실현 경향성이 음식, 물, 그리고 공기와 같은 기본적인 욕구를 충족시키도록 작용한다. 그리하여 그것은 기본적인 신체적 욕구들을 지지하고 유지시킴으로써 유기체의 생존을 보증한다.

그러나 실현 경향성은 유기체의 생존을 보증하는 것 이상의 작용을 한다. 그것은 유기체의 성숙과 성장을 촉진시키고, 향상시킨다. 이러한 과정에서 볼 때, 실현 경향성은 단순히 유기체의 긴장 감소만을 목적으로 하고 있지 않으며 때로는 긴장을 증가시키기도 하는 것이다(Schultz, 1977; Hjelle & Ziefler, 1981; Meador & Rogers, 1979). 즉 모든 행동이 긴장의 방출만을 목적으로 삼는 것이라 보지 않고 행동을 발달시키거나 향상시키려는 개인의 욕구에 의하여 동기화되는 것으로 보고 있는 것이다. 우리는 이러한 경향성을 설명해주는 한 실례를 유아들의 보행학습에서 찾아볼 수 있다.

인생의 초기에 있어서는 실현 경향성의 신체적 요소와 심리적 요소들 중에서 신체적 요소가 더 우세하게 나타난다. 그러나 성장함에 따라 자아(self)가 발달하기 시작하면서는 신체적인 것으로부터 심리적인 것으로 옮겨가게 된다. 일단 자아가 출현하게 되면, 자아실현의 경향이 나타나며 평생을 지속하는 이 과정은 인간 생활에 있어서 가장 중요한 목표인 것이다. 자아실현은 한 인간이 자신이 되는 과정이며 그 개인의 독특한 특성들과 잠재력을 발달시켜 가는 과정인 것이다. 다시 말해서 이것은 좀 더 유능한 인간으로 되어 가는 과정이라 할 수 있다(Schultz, 1977; Hjelle & Ziefler, 1981). 그런데 우리가 유의해야 할 것은 자아실현이란 완전한 최종의 상태를 말하는 것이 아니라는 점을 인간중심치료는 강조하고 있다. 즉 자아실현은 죽을 때까지 지속되는 과정인 것이다.

또한 Rogers는 유기체의 실현 경향성과 자아실현 경향성을 구별하고 있는데 자아구조(self-structure)의 발달에 따라 일반적 실현 경향성은 자아 속에 상징화되는 유기체의 경험 부분을 실현해 가는 과정에서 그것 자체를 나타낸다. 만약 자아와 유기체의 전체 경험이 비교적 일치하면, 그때 실현 경향성은 비교적으로 통합적인 것이 된다. 만약 자아와 경험이 불일치하면, 그때 유기체를 실현하고자 하는 일반적 경향성은 그 동기의 하위체계, 즉 자아를 실현하고자 하는 경향성과 상반되는 목적을 향해 작용할 수도 있는 것이다.

따라서 우리는 자아와 유기체, 자아 경험과 유기체 경험 간의 차이 및 갈등의 가능성을 시사받을 수 있으며 이들의 갈등, 즉 자아와 유기체의 불일치가 바로 부적응 행동으로 발달한다는 사실을 알 수 있다. 한편 이와 같은 실현으로 인한 유기체의 일반적 경향성과 자아실현으로 인한 특수한 경향성 간에는 또 다른 중요한 차이가 있다. 유기체 전체의 성숙과 발달은 학습과 경험에 의하여 크게 영향을 받지 않는다. 예컨대 호르몬이나 화학적 기능 작용이 적절하면, 그 개인에게서 제2차 성징이 발달하게 된다. 이러한 종류의 발달에는 경험이 별로 관련되지 않는다. 그러나 자아실현은 생리적인 영향보다는 오히려 사회적인 영향력에 의하여 결정된다. 그러므로 자아실현(自我實現)은 경험이나 학습에 의하여 도움을 받을 수도 있고, 또는 방해될 수도 있는 것이다(이형득 외, 1998).

○자아의 적응과 부적응

완전히 기능하는 유기체로서 개인의 내부에는 자신의 경험을 정확하게 인식 속에 형상화하고, 타인으로부터 긍정적인 존중을 받고자 하는 욕구와 긍정적인 자아존중감이 서로 교차한다. 그리고 자아구조가 지각된 경험과 일치할 때 경험은 인식에 의해 왜곡되거나 부인되지 않는다. 그러나 최적의 기능조건이 아닌 상태에서 개인은 자아와 경험 간의 불일치감을 느끼게 된다. 그로 인해 방어적이고, 불안하며, 긍정적인 자아존중감이 부족해지고 모순된 반응의 지각을 부인하고 무시하며 왜곡하는 경향이 생기는데 이 현상은 자아의 적응과 부적응의 과정이다. 자아의 부적응상태의 개인은 그의 환경과 더불어 충분히 그리고 개방적으로 상호작용을 할 수 없으므로 그는 자아개념과 그를 둘러싸고 있는 현실, 즉 유기체적 경험들 간의 불일치를 가져오게 된다. 그래서 그는 자아의 모든 측면들을 실현할 수 없게 된다. 다시 말해서 그는 건전한 성격을 발달시킬 수 없게 되는 것이다.

반면에 인간이 완전히 가치의 조건들을 피할 수는 없지만, 만약,

그리고, 그러나 등과 같은 조건이 없이 있는 그대로 수용되거나 존경되는 무조건적인 긍정적 관심(unconditional positive regard)을 주거나 받는 것이 가능하다고 생각하고 있다. 따라서 만약에 발달하고 있는 개인이 무조건적인 긍정적 관심만 경험하게 되면 충분하게 기능할 수 있는 건전한 성격을 발달시킬 수 있다.

인간중심치료에서 부적응이란 자아와 유기체의 경험 간의 불일치를 말하는 것이며, 방어적인 특성을 지니고 있음을 알 수 있다. 반면에 잘 적응하는 상태는 자아와 유기체의 경험 간의 일치를 말하며 따라서 모든 경험에 개방적인 특성을 지니고 있으며 충분히 기능을 발휘할 수 있는 상태에 있는 것이라고 할 수 있다. 이를 설명해 주는 Rogers의 도식을 약간 간결화하여 표시·설명하면 다음 〈그림 7-1, 7-2〉와 같다(Rogers, 1951; 이형득 외, 1998 재인용).

① 경험을 표시하고 있는 원은 감각적 및 내장적 경험들을 포함하는 인간 유기체의 전체적인 경험적 혹은 현실적 경향을 말한다. 그것은 유동적이고 변화하는 장이다.

② 자아구조는 자아의 구조 혹은 자아의 개념으로 정의되어 온 개념의 틀을 말한다. 그것은 개인의 특성들과 관계성, 그리고 이들과 관련된 가치관들을 포함하는 정형화된 지각들을 포함하고 있다.

③ 영역 Ⅰ은 현상적 장에서 자아의 경험과 유기체적 경험들이

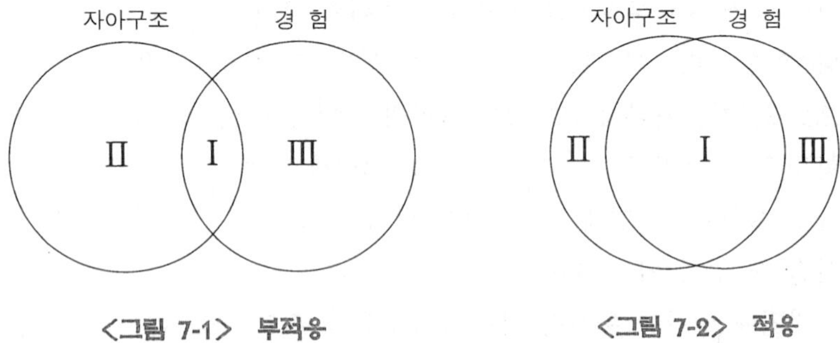

〈그림 7-1〉 부적응 **〈그림 7-2〉 적응**

일치되는 부분이다.

④ 영역 Ⅱ는 개인의 사회적 혹은 기타 경험으로서 그 개인 자신의 경험의 한 부분이며, 이것은 지각이나 상징화 과정에서 왜곡되어 온 현상적 장의 부분을 의미한다.

⑤ 영역 Ⅲ은 감각적 경험 및 내장의 경험들이 자아의 구조와 불일치하기 때문에 의식화가 거부되는 경험들을 의미한다.

3) 재활상담에서의 적용과 기법

(1) 재활상담에서의 적용

인간중심치료를 재활 장면에 적용하는 것과 관련하여 여러 가지 견해가 있다. 이 가운데서 핵심적인 사안은 지적 장애인이나 중증의 정신질환자처럼 지능이 제한되어 있거나 언어표현력이 부족한 내담자들에게 과연 이 치료가 적합한가 하는 것이다. 특히 그 중에서도 Rogers는 지적 장애인에게 인간중심상담을 사용하는 것을 반대하여 그의 당초 견해를 번복하였고 정신분열증 환자를 치료하는 쪽으로 폭넓은 연구를 수행하였다. 이 방법은 일반적인 심리치료훈련보다 인성적인 자질을 강조하기 때문에 많은 재활상담사가 사용하고 있다. 그러나 어떤 기관에서는 이러한 방법이 기관의 목적과 상충될 수 있고, 상담하는 데 너무 많은 시간이 든다고 비판받기도 하나 최초의 재활상담 장면과의 연구에서는 인간중심치료이론과 잘 부합된다고 보고 있다. 예를 들면 상담의 초점이 개인의 다른 점과 결점보다는 장점과 능력에 맞추는 무조건적인 긍정적 관심이 재활상담 논리와 부합한다는 것이다. 무조건적인 긍정적 관심은 장애인 내담자의 자존감과 자기수용을 추진시키는 데 상당한 가치가 있으며 일부 장애인의 경험들과도 일치할 수 있기 때문에 가치가 있다.

그러나 이러한 긍정적인 결과에도 대체적인 입장은 이 이론은 재활상담 영역의 적용에서는 한계를 지닌다는 것이다. 특히, 재활 서비스의 적격성을 고려하는 어떤 실질적인 결정을 해야 하는 재활상담사들에게는 잠재적인 역할갈등이 상존할 수 있고 또한 인간중심치료이론의 많은 상담시간을 요하는 것은 재활상담 적용에 있어 한계로 작용할 수 있다는 견해이다(Parker, Szymanski, & Patterson, 2005).

(2) 재활상담기법

□ 재활상담의 목표

인간중심치료의 목적은 내담자가 자아를 유지하고 발전시키는데 필요한 모든 능력을 개발함으로써 자아현실감을 높이고, 치료과정을 통해 얻을 수 있는 경험에 대한 개방성의 증진, 방어성의 감소, 지각의 객관성 증진, 자아수용의 증진 등의 긍정적인 성과를 얻도록 하는 데 있다. 성공적인 인간중심상담의 결과, 내담자는 문제에 보다 효과적으로 대처하게 되고, 보다 긍정적인 자아개념을 획득하며, 이상적 자아와 현실적 자아가 보다 일치되는 느낌을 얻게 되고, 다른 사람에게 보다 우호적이고 정확하며 수용적이 될 수 있다.

재활상담에 있어 인간중심치료는 특히, 장애를 가지기 때문에 자신 혹은 다른 사람들로부터 부정적인 피드백을 경험하는 경우 상담의 중요한 구조적 목표가 되어야 한다. 인간중심치료이론으로 성공적인 상담은 장애인이 가지게 되는 문제를 해결하는 데 있어 좀 더 효과적이게 되고 더 나은 자아상을 획득하게 되어 실제의 긍정적인 자아를 형성하게 되므로 장애인 내담자들은 자아의 실현성에 깊은 것만큼의 행동을 지각하게 된다(Prochaska & Norcross, 2003;

Raskin & Rogers, 1995, 2000; Sharf, 2000).

따라서 인간중심치료이론에서의 재활상담의 목표는 장애인 내담자가 안전한 기능을 발휘하는 사람이 되도록 환경을 제공하여 자신을 신뢰하며 자기실현화를 이룰 수 있도록 하는 것이라 정의할 수 있다.

□ 재활상담사의 역할

인간중심치료이론에서 재활상담사의 역할은 상담사의 개입방식과 태도에 있지 장애인 내담자에게 지시적이 되어서는 안 된다는 것이다. 기본적으로 재활상담사는 자신을 변화의 도구로 사용해야 하며 장애인 내담자와 인간 대 인간의 수준에서 만나게 될 때 그의 역할은 역할이 없는 중요한 그 무엇이 된다. 상담사의 기능은 치료의 연속적인 과정을 따라서 내담자의 성장을 촉진시키는 치료 분위기를 조성하는 것이다.

그래서 인간중심치료에서 재활상담사는 자각하기를 거부당했거나 왜곡된 내담자의 삶의 영역을 탐구하기에 필요한 자유를 내담자에게 허용하며 내담자가 이런 자유를 경험할 수 있도록 돕는 관계를 만들어 준다. 내담자는 자신과 주변세계에 대해 덜 방어적으로 되며 자신의 가능성에 대해 보다 개방적으로 된다.

가장 우선적이고 중요한 것은 재활상담사는 장애인 내담자와 진실한 관계를 맺고자 해야 한다는 것이다. 단편적인 진단으로 장애인 내담자를 이해하는 대신에 상담사는 순간순간의 경험에서 장애인 내담자를 만나 내담자의 세계로 들어감으로써 내담자를 돕는다. 재활상담사의 진지한 배려, 수용성 그리고 공감적인 태도를 통해 장애인 내담자는 그의 방어적 태도와 고정된 인식을 버리고 개인의 기능을 좀 더 높은 수준에서 발휘할 수 있게 된다.

따라서 인간중심치료이론에서는 장애인 내담자의 그동안의 경험과 상담사의 기본태도에 대한 내담자의 인식에 의해 크게 좌우된다고 볼 수 있다.

Rogers(1957)는 인간중심치료에서 상담의 필요충분조건은 ① 내담자와 상담사는 긴밀한 관계 속에 있어야 하며, ② 내담자는 자아부적응으로 인해 문제에 직면해 있어야 하며, ③ 상담사는 내담자와의 관계에서 협동적이고 진실성이 있어야 하며, ④ 상담사는 내담자를 위해 수용과 무조건적인 긍정적인 관계를 경험해야 하며, ⑤ 상담사는 내담자에 대해 깊고 정확한 공감적 이해를 해야 하며, ⑥ 내담자는 수용, 무조건적인 긍정적인 관계, 그리고 상담사에 대한 공감적인 이해를 인식해야 한다고 지적하면서 이러한 조건들은 필수적이고 내담자의 성장과 변화를 제공하기 위해 충분히 함께 제공되어져야 한다고 주장하였다.

따라서 재활상담사는 다음 장에서 다루게 되는 진실성, 무조건적인 긍정적 관심과 수용, 정확한 공감에 대해 경험하고 이해하는 것이 중요하다.

□ 상담기법

상담과정을 통해 내담자는 경험한 감정에 대해 보다 개방적으로 변하고, 경험과 자아간의 불일치를 보다 잘 인식하게 되며, 이전에 왜곡되거나 거부되었던 감정을 보다 잘 알게 된다. 이때 상담사는 일치감과 무조건적인 긍정적 존중(수용), 정확한 공감(이해)하에 상담과 의사소통을 해야 한다. 대안적인 해결책으로 충고나 지시적 제안(해석, 탐색, 역할놀이, 정보제공, 권고 또는 상담사의 가치관 부여 등)은 내담자의 성장에 해로운 것으로 간주된다. 따라서 심리검사 자료나 직업정보 또는 사례기록도 피해야 한다. 치료의 기대

성과는 변화의 기준이며 이는 내담자의 자기보고 기법(자아개념 및 현실적 자아와 이상적 자아의 일치도에 대한 측정)을 통해 파악할 수 있다. 따라서 재활장면에서 인간중심치료이론을 적용할 때 재활상담사가 인지해야 할 상담기법들은 진실성, 무조건적인 긍정적 관심과 수용, 정확한 공감에 대한 이해라고 볼 수 있다.

○진실성

진실성은 재활상담사가 진실해야 한다는 것으로 상담기관의 재활상담사는 장애인에게 완전히 신뢰할 수 있도록 진실해야 한다. 거짓된 태도가 없고 내적 경험과 외적 표현은 일치하며 장애인 내담자와의 관계에서 일어나는 감정이나 태도를 솔직히 표현해야 한다. 진실성을 갖춘 재활상담사는 자발적이며 긍정적이든 부정적이든 자신의 행동이나 감정에 솔직하다. 때로는 부정적인 감정을 표현함으로써 내담자와 정직한 대화를 촉진시킬 수 있다.

진실성을 통해 상담사는 좀 더 큰 진실성을 성취하기 위해 투쟁하는 인간의 본보기를 제시한다. 상담관계에서 상담사는 성내고, 실패하고, 좋아하고, 매력을 느끼고, 관심을 갖고, 싫증내고, 귀찮아하는 모든 것들을 표현한다. 그러나 이것은 상담사가 모든 느낌을 충동적으로 나누어 가져야 한다는 것을 의미하는 것은 아니다. 왜냐하면 자기노출은 적절해야 하기 때문이다. 그리고 상담사가 짜증을 내고 성을 내는 원인이 내담자에게 있어서는 안 된다. 상담사가 너무 완고해서 솔직해질 수 없다는 데 어려움이 있다. 하나의 인간으로서 무엇인가를 솔직하게 표현할 수 없다면 아무리 내담자를 위해 생각을 공유한다고 해도 불일치될 수 있다. 그러므로 상담사는 자신의 감정에 책임을 져야 하며 내담자와 충분히 만나는 능력을 방해하는 감정이 무엇인지 탐색해야 한다.

물론 상담의 목표는 상담사가 내담자와 자신의 감정을 계속 토론하는 것이 아니다. 그러나 인간중심치료이론은 비조작적이며 진실한 인간관계의 가치를 강조하고, 의미 있는 의사소통이 방해될 때 솔직하고 정직한 피드백의 잠재적 가치를 강조한다. 이 이론은 또한 상담사가 내담자에 대해 느낀 것과 다른 방향으로 행동하면 치료에 방해가 된다는 사실을 강조한다. 그러므로 만약 상담사가 내담자를 싫어하거나 인정하지 않으면서도 수용하는 것처럼 가장한다면 치료되지 않을 것이다.

이 이론의 진실성의 개념은 단지 완전히 자아실현한 상담사만이 상담에서 효율적일 수 있다는 것을 의미하는 것은 아니다. 상담사도 인간인 이상 그가 완전히 진실한 인간이기를 기대할 수는 없다. 인간중심치료이론은 상담사와 내담자의 관계가 일치될 때 상담과정이 진전된다고 가정한다. 진실성은 전부이거나 전부가 아닌 토대위가 아니라 연속선상에 존재한다(Corey, 1996).

○무조건적인 긍정적 관심과 수용

무조건적인 긍정적 관심은 내담자를 하나의 인격체로서 깊고 진실하게 내담자의 감정이나 생각, 행위의 판단에 영향을 받지 않고 무조건적으로 관심을 갖는 것이다. 이것은 상담사가 내담자를 있는 그대로 검증하겠다는 의사표현을 함으로써 상담사의 관심을 잃는다는 염려 없이 자유로이 자신의 강점과 경험을 갖도록 돕는다. 이에 비해 수용은 감정을 가진 내담자의 권리를 인정하고 보존하는 것이다. 그러나 모든 행동을 다 인정하는 것은 아니다. 모든 표출된 행동이 다 인정되거나 수용될 필요는 없기 때문이다.

상담사의 관심이 비소유적이어야 한다는 것도 역시 중요하다. 만약 긍정적인 관심이 상담사 자신이 인정받고 사랑받으려는 데에서 기인한다면 내담자와의 건설적 변화는 저해된다.

무조건적 긍정적 관심은 모두이거나 전혀 아닌 토대 위에 있는 것이 아니다. 진실성과 마찬가지로 그것은 연속선상에서의 정도의 문제이다.

Rogers(1977)는 비소유적 온정으로 내담자를 돌보고 칭찬하고 수용하며 가치를 인정해 줄수록 상담이 성공적으로 될 가능성이 크다고 한다. 또한 그는 상담사가 언제나 수용과 무조건적인 관심을 가질 수는 없다는 점도 분명히 하고 있다. 분명히 그는 상담사가 내담자에 대해 무조건적 긍정적 관심을 반드시 가져야 한다고 말한 것은 아니다. 그럼에도 불구하고 만약 관계 속에 이런 요소들이 상당히, 그리고 자주 존재하지 않으며 내담자의 건설적인 변화는 일어나기 어렵다고 말하고 있다.

내담자에 대한 수용을 강조하는 의미는 내담자를 존경하지 않거나 싫어하는 또는 혐오하는 상담사는 치료에서 좋은 결과를 얻을 수 없다는 것이다. 내담자는 상담사의 관심이 부족하다는 것을 느끼면 점점 방어적으로 될 것이다.

○정확한 공감적 이해

인간중심치료이론에서 상담사의 주요 상담기술 중에 하나는 치료기간 중에 상호작용을 통해 나타나는 내담자의 경험과 감정을 민감하고 정확하게 이해하는 것이다. 상담사는 내담자의 주관적인 경험, 특히 지금－여기의 경험을 이해하도록 노력한다. 공감적 이해의 목적은 내담자가 자신에게 더욱 밀접히 다가가게 하고 더욱 깊고 강한 감정을 경험하게 하여 내담자 내부에 존재하는 불일치성을 인식하여 해결하도록 격려하는 데 있다.

공감적 이해는 상담사가 이런 느낌들을 잃지 않으면서 마치 자신이 내담자인 것처럼 내담자의 감정을 느끼는 것을 의미한다. 내담자의 경험의 세계 속에서 자유로이 움직이므로 상담사는 내담자에 대해 알고 있는 것을 전달할 뿐만 아니라 단지 희미하게 알고 있는 것도 말할 수 있다. 정확한 공감적 이해의 단계에서는 명백한 감정의 인식을 넘어서 내담자가 경험 속에서 미처 느끼지 못했던 감정까지도 상담사가 인지할 수 있다. 상담사는 내담자가 부분적으로 인식했던 감정의 자각을 확산시킬 수 있도록 돕는다.

공감은 단순한 감정의 반영 그 이상의 것이다. 그것은 반영하는 이상의 것이며 상담사가 일률적으로 사용하는 인위적인 기법 그 이상이다. 단순한 객관적 지식이 아니며 나는 당신의 문제가 무엇인지 이해한다는 식의 깊고 공감적인 이해이다. 공감은 내담자를 깊이 있고 주관적으로 이해하는 것으로 내담자와의 일체감이다. 상담사는 자신의 감정을 내담자의 그것에 부합시킴으로써 내담자의 주관적 세계를 이해할 수 있게 된다. 그러나 상담사는 자신의 정체성이 분리되지 않도록 해야 한다. 상담사가 자신의 정체성의 분리 없이 내담자가 현재 보고 느끼는 주관적인 세계를 파악할 때 내담자의 건설적 변화가 일어난다고 믿고 있다.

다른 두 개념이 그렇듯이 정확한 공감적 이해는 일련의 연속선상에 존재하며 전부이거나 모두 아니거나의 문제가 아니다. 상담사의 공감의 정도가 클수록 내담자의 치료가 발전하는 기회는 더욱 커진다(Corey, 1996).

2. 게슈탈트이론

1) 개 념

게슈탈트치료(gestalt therapy)는 Perls(1969)가 시작한 것으로 정신분석과 실존주의 철학에 기초한다. 게슈탈트 심리학의 주요 개념은 한 개인이 지각하는 전체 맥락과 범위를 나타내는 지각장(知覺場)으로 인간은 자극을 전체로 조직화하려고 하며 조직화는 형태-배경(figure-ground) 관계의 맥락에서 이루어진다는 것이다. 여기에서 형태는 직접적인 욕구와 이러한 욕구를 충족하는 활동이며 배경은 신체적, 심리적 환경을 말하는데 자극에 변화(shift)가 생기면서 형태(gestic, 경험의 통일적 전체) 또는 유리한 이해가 형성된다는 것이다.

파슨스(Parsons, 1975)는 게슈탈트치료가 다음과 같은 가정에 기초하고 있다고 하였다.

① 인간은 상호작용하는 하나의 몸, 감정, 생각, 감각, 지각으로 구성된 전체(전인격체)이다.

② 인간은 환경의 일부로 환경 밖에서 이해될 수 없다.

③ 인간은 반응하기보다는 사전에 행동으로 대처한다. 즉 내·외적 자극에 대해 자신의 반응을 결정한다.

④ 인간은 자신의 감각, 생각, 감정, 지각을 인지하는 능력을 갖고 있다.

⑤ 인간은 자아인식을 통해 선택할 수 있고, 표면적, 내재적 행동에 책임질 수 있다.

⑥ 인간은 자신의 자산을 통해 효과적으로 생활하며 자신을 복구할 수 있는 능력을 지니고 있다.

⑦ 인간은 현재에서만 자기 스스로를 경험할 수 있다. 과거와 미래는 기억과 기대를 통해 현재에서 경험될 수 있다.

⑧ 인간은 본질적으로 선하지도 악하지도 않다.

게슈탈트치료에서 인간을 보는 관점은 인간은 원천적으로 선하지도 악하지도 않으며, 오로지 자신을 통제할 수 있는 능력을 가진 존재로 본다. 즉 인간을 총체적이고 현실 중심적이며 주변의 모든 상황을 충분히 자각할 수 있는 통합된 존재라는 것이다. 여기서 인간의 총체적, 통합적이라는 것은 인간이 환경 속에서 각 요인들이 상호 역동적으로 관련되어 하나의 전체로서 행동을 이해하고 접근한다는 의미이다. 따라서 게슈탈트치료는 인간이 자신과 무관하다고 여기던 자아의 모든 요소들을 이끌어 냄으로써 자아를 전체적으로 통합시켜 자기방향성을 찾게 하는 상담이론이라고 정의 할 수 있다.

2) 주요 이론

게슈탈트이론을 창시한 Perls(1969)는 정신분석이론, 형태심리학, 실존주의 이론 등 많은 이론들에 영향을 받았다. 이 여러 가지 이론에 근거하여 정신분석이론에 문제를 제기하는데, 즉 정신분석이론의 인간의 관점이 기계론적인 데 비해 Perls는 인간은 기계론적이 아니고 상황에 따른 각 요인들이 전체화, 통합화된다는 유동적이고 총체적 접근을 강조하면서 현재성(here and now), 미결과제(unfinished business), 접촉(contact)과 접촉의 과정(process of contact), 자각(awareness), 형상(figure)과 배경(ground)의 형성과 소멸, 자아(self)와 부적응 행동 등을 강조하고 있다.

□ 현재성(here-and-now focus)

게슈탈트이론에서 현재성은 현상론적 측면에서 이 이론의 모든 과정에 중심이 되는 이론이다. Perls(1969)는 인간에게 있어 현재성만이 존재한다고 주장하면서 과거나 미래도 역시 현재에서 시작된다고 주장한다. 그렇기 때문에 지금-여기에 있는 인간을 이해하지 못하면 근본적으로 인간문제에 접근할 수 없다고 믿었다. 만약, 인간이 지금—여기에 있는 자신을 적절하게 이해하지 못할 때 도피(escape)하려는 충동이 생기며 이 충동이 인간발달에 부정적으로 작용한다. 이 충동 중 전자에 해당하는 과거에 산다면 회고적 성격(retrospective character)으로 인생의 어느 기간에 대하여 지나치게 감상적이 되거나 모든 것의 책임을 부모에게 돌린다. 이것을 Perls는 사람들이 가장 많이 갖고 있는 미결과제라고 말했다. 이런 경우 사람들은 자신을 스스로 책임을 지는 성인으로서가 아니라 아직도 자신을 아동으로서 간주한다. 그러므로 형태를 완성하기 위해서는 그의 부모에 대한 의존을 없애고 실제로 나는 이제 성인이고 나 자신의 인생에 대해서는 내게 책임이 있다라고 말해야 한다. 인간은 그의 기억 속에 있는 모든 것이 지금의 현실이 아님을 알아야 한다. 이와 마찬가지로 후자에 해당하는 미래에 산다면 전망적 성격(prospective character)으로 이것도 과거와 마찬가지로 완전한 인간 성장의 측면에서 볼 때 바람직하지 않다. 왜냐하면, 앞으로 다가올 것에 대한 환상이 과거의 기억보다 더 현실적일 리는 없는 것이다. 우리는 과거를 재경험할 수 없는 것처럼 미래를 경험할 수도 없다. 단지 이 시점, 즉 현재의 영상만을 가질 수 있을 뿐이다. 미래에의 소망과 전망 등이 실현되지 않으면 낙담하고 불행을 느끼며 자기의 운명에 대하여 타인이나 환경 또는 불운을 탓할 것이다. 역시 자기 삶에 대한 책임을 자신보다는 다른 사람, 다른 것에다 전가하게 되는 것이다. 우리의 시야가 과거나 미래를 향하고 있다면 현재라는 시간과 함께 그 순간에 누릴 수 있는 즐거움과 만족감을 희생시키게 된다. 여기에 있는 지금이 우리가 갖고 있는 유일한 현실이므로 매순간 완전히 자신에게 몰두하고 그 경험에서 무엇인가 얻어 내야 할 책임이 있는 것이다.

Perls는 우리가 완전히 현재에 살아야 한다고 주장하지만 과거와 미래를 완전히 버리라고는 하지 않는다. 과거는 우리가 종결지어야 하는 미결과제와 회상하여 즐거운 경험들, 또는 현재에 적응하는 데 도움이 되는 경험들을 지니고 있다. 과거를 인식하되 그 속에서 살아서는 안 된다. 미래도 마찬가지로 미래의 계획을 세워도 현재의 대용으로 그 계획을 사용해서는 안 된다. 인간은 내적 불균형을 조정하려는 것이 인간의 동일정체성의 동기가 된다. 이것은 미결과제를 완성하려는 동기이다. 그렇게 하기 위해서 우리는 충동과 욕망을 받아들이고 그것들을 지금 그리고 여기에서, 다시 말하면 현재에서 다루어야 한다는 것이다. 이 현재의 초점은 바로 자아에 있고 또 자신만이 생을 조정할 책임을 갖고 있다. 그래서 인간은 그 책임을 현재에서 회피하지 않아야 한다는 것이다(Schultz, 1977; 이형득 외, 1998).

따라서 상담 영역에서 게슈탈트이론은 내담자가 슬픔, 고통, 혼란 등을 호소하면 치료자는 내담자가 호소하는 그 상황을 지금 경험하도록 해야 한다. 즉 자신의 경험을 단지 말하는 것이 아니라 현실성과 즉시성을 갖고 그들의 경험과 접촉하도록 함으로써 문제를 해결하는 것이다.

□ 미결과제

모든 유기체는 본능적으로 하나의 전체로서 완성된 형태를 이루려고 하는데 완성되지 못한 형태들이 발생한다. 이 미완성의 상태는 활발한 형태의 형성을 방해하게 되고 이것이 내담자의 현재 상황에 표현되는 것이다.

이런 미완성의 상태는 자각 속에서 충분히 경험되지 못했기 때문에 미결과제로 남아 자신이나 다른 사람과 효율적으로 접촉하는 것을 방해하게 된다. 이런 미결과제는 개인이 직접 직면해서 표현하지 못한 감정들을 다룰 때까지 계속된다.

미결과제가 얼마나 사람을 괴롭히고 현재 행동으로 나타나는가는 어머니의 사랑을 받지 못했거나 어머니에게 인정받지 못했던 사람에게서 볼 수 있다. 그는 어머니에 대한 적개심을 지속시켜 왔을 것이다. 왜냐하면 그녀의 인정을 받기 위해 아무리 노력한다 하더라도 자신이 적절치 못하다는 감정을 늘 가지게 되기 때문이다. 그래서 어머니의 인정을 받으려는 욕구의 방향이 빗나가서 남자로서 자신이 가치 있다는 확신을 다른 여인에게서 찾으려고 할 것이다. 남자로서 인정을 받으려고 여성을 찾는 다양한 게임을 하면서도 그는 여전히 만족하지 못한다고 말한다. 미결과제는 그가 여성과 친밀한 관계를 갖는 것을 방해한다. 왜냐하면 그런 욕구는 어른의 그것이라기보다 아동의 그것이기 때문이다. 그가 진실한 만족을 경험할 수 있게 되려면 먼저 이런 미결과제의 종결을 경험할 필요가 있다. 즉 지난 과제로 돌아가 인정받지 못했던 감정들을 표현하고 과거의 장애를 해결할 필요가 있다.

인정받지 못했던 감정들은 현재-중심의 자각을 흐트러뜨리는 불필요한 정서적 찌꺼기를 만든다. Perls(1969)에 의하면 적개심은 자주 일어나는 나쁜 미결과제라고 한다. 그의 관점에 의하면 적개심을 갖게 되면 정체된다고 한다. 왜냐하면 그 적개심을 표현할 때까지는 진실한 대화를 진행시킬 수가 없으며 진실한 대화에 참여할 수도 없게 되기 때문이다. 그래서 그는 적개심을 표현해야 한다고 주장한다. 표현되지 못한 적개심은 자주 죄의식으로 전환되기 때문이다(김충기 외, 1997).

□ 접촉과 접촉의 과정(contact and process of contact)

인간의 삶에 있어서 접촉은 가장 본질적인 것으로서 여러 가지 종류의 다른 것들과 만나게 되는 일차적인 과정이다. 모든 유기체는 성장하고 살아남기 위해 다른 것들과 접촉을 추구하고 이 모든 접촉은 창조적이며 역동적으로 움직인다. 접촉은 유기체가 하나의 전체로서 완성된 형태를 형성하도록 하며 유기체의 성장과 변화를 위한 본질적인 것이다.

바람직한 접촉은 자연스러운 상호작용을 의미하는 것으로서 자신의 독특성을 잃지 않고 다른 사람과 유기적으로 상호작용하는 것이다.

접촉의 과정을 Perls 등은 네 가지 단계로 구분하고 있는데 접촉전(fore-contact), 접촉(contact), 최종 접촉(final-contact), 그리고 접촉후(post-contact)로 상담사는 내담자의 접촉을 잘 이해하기 위해서는 접촉의 과정에 개입되어 분석해야 한다. 또한 유기체와 환경이 만나는 모든 접촉은 접촉저항(interruptions of contact)이 일어나는데 이것은 자아기능의 손실로 인해 자아방어의 형태로 발생되게 된다.

접촉저항의 주요한 방어기제는 융합(confluence), 주입(introjection), 투사(projection)이다. 융합은 접촉을 하지 않거나 거부하는 상태이다. 자신의 신념이나 경험이 없이 전체에 융화되어 나와 당신 대신에 우리 혹은 애매한 상황으로 대처하게 된다. 따라서 자신의 경험이나 신념이 명확하지 않다.

주입은 다른 사람의 신념이나 기준을 우리 자신에게 동화하지 않고 무비판적으로 수용하는 것이다. 즉 주입은 분석하거나 재구성할 수 없기 때문에 자신으로부터 소외시킨다. 따라서 일단 주입되면 우리는 수동적으로 환경이 제공하는 대로 움직이게 되며 무엇을 원하는지 명료화할 수 있는 시간을 가질 수 없게 된다.

투사는 우리 자신의 어떤 면들을 환경의 탓으로 돌림으로써 그것들을 부인한다. 투사를 할 때 우리는 내면세계와 외부세계를 구별할 수 없는 곤경에 빠진다. 우리의 자아상과 일치하지 않는 성격의 속성들은 부정되고 다른 사람에게 투사된다. 우리 스스로가 인식하기를 거부하는 그런 성질을 다른 사람에게서 봄으로써 우리는 우리의 감정과 존재에 대한 책임을 회피한다.

반전은 우리가 누군가에게 하고 싶었던 것을 우리 자신에게 돌리는 것이다. 예를 들면 스스로에게 욕을 하거나 상처를 입힌다면 이것은 다른 사람을 공격하지 않을까 하는 두려움 때문에 공격의 방향을 내면으로 바꾼 것이다. 전형적으로 기능상의 이런 부적절한 양식들은 자각하지 못하는 사이에 행해진다. 형태치료의 과정의 일부는 이 세상에 현실적으로 대처할 수 있도록 하기 위해 자기통제 체제를 발견하도록 돕는 것이다.

□ 자각

자각은 게슈탈트이론의 중심적인 도구로 실존과 현존 간의 관계를 자각하는 것으로서 지금의 현재에 무엇이 존재하느냐에 그 초점을 맞추는 능력이다.

이 접근에서 내담자는 가끔 그 순간에 무엇을 그들이 자각하느냐를 표현하도록 요구하고 있다. 이 주관적 자각, 즉 사고나 운동신경적인 인상이나 감정 등 모든 것이 내담자의 즉각적이며 주관적인 현실이다. 내담자가 알아야 하는 가장 중요한 것은 그의 자각이 자기 자신을 위해서 필요하다는 것이다. 거기에는 옳고 그른 것이 없다. 다만 있는 그대로 존재할 뿐이다.

Perls는 보편적 자각의 개념을 자신을 사물로써 취급하는 데에는 반대되는 유용한 가설로서 이 개념을 제안했었다. 다시 말해서 우리는 자각을 갖는 존재라기보다는 오히려 우리가 자각을 하는 존재라는 것이다. 자각과 의식 그리고 흥분은 비슷한 경험이다. 보편적 자각은 객관화해서 보는 마음과 자아와 초자아 등과 같은 것을 갖는 것이 아니고 오히려 삶의 양식 안에서 자기 자신들을 고려하는 것이다(Corsini, 1981).

우리는 심리적 건강을 위해서 꼭 자각을 해야 한다. 즉 미완성 상태인 충동과 욕망을 여기 그리고 지금에서 자각해야 한다. 자각에는 자아의 자각(awareness of the self), 세계의 자각(awareness of world), 그리고 자아와 세계 사이의 조정적 환상의 자각(awareness of intervening fantasy)이라는 세 단계가 있다. Perls는 이 중간 단계를 비무장지대라 불렀는데 이것은 완전히 자아와 세계가 접촉하지 못하도록 막는 기능을 한다. 이 비무장지대는 편견과 속단이므로 그러한 편견과 속단을 통해서 세계와 타인을 보게 된다. 세상을 자기 선입관으로 보면 결코 있는 그대로 볼 수 없고 단지 자기가 보고 싶은 대로만 보게 된다. 즉 자신이 가진 색안경을 통해서 모든 세상을 바라보며 판단하게 된다는 것이다.

건강한 사람은 자아에 대한 자각 및 세계에 대한 자각에 완전하게 잘 관계를 하는 사람이다. 그러나 건강하지 못하고 병적인 사람은 이러한 자각의 양쪽에 관계가 잘 이루어지지 않는 사람이다. 비무장지대인 조정적 환상의 자각단계는 그 환상에 너무 많은 기력을 소모해 버렸기 때문에 자아와 세계의 현실에 자각하는 기력이 거의 남아 있지 않다. 그러므로 먼저 자신의 성격이 환상적이고 비이성적인 이런 양상을 띠고 있는 것을 이해하고 나서 이 중간지대를 없앰으로써 현실세계와 자아의 사이에 장벽을 무너뜨려 현실을 있는 그대로 볼 수 있게 될 때 심리적으로 건강을 찾을 수가 있게 된다는 것이다.

이러한 자각이 성취될 수 있을 때 놀라운 전환이 일어난다. 갑자기 세계가 있는 그대로 거기에 있다. 어떤 상담의 목표와 개인성장의 목표는 점점 환상에서 사라지고 자각이 감각으로 서서히 와 닿게 된다.

이럴 때 우리는 환상, 공포, 편견 대신에 그 순간의 우리 세계와 자아를 경험하게 된다. 이러한 성취를 위해서 자각의 연속선(continuum of awareness)을 확보하여 우리가 삶의 미결과제를 계속하여 형태로 생성시켜 나가야 할 것이다. 이렇게 하기 위해서 주위에서 진행되는 것에 주의를 기울이므로 잠시라도 여기와 지금에 대한 자각을 잃지 않아야 한다는 것이다(Schultz, 1977).

□ 형상과 배경의 형성과 소멸

형상과 배경의 형성과 소멸과정은 대단히 역동적이다. 형상은 배경 전에 출현하는 것으로 배경과 함께 형태를 생성시키고 소멸시키는 역할을 하게 된다. 그러나 형태는 미결과제에서 언급한 바와 같이 하나의 전체로서 완성의 상태를 유지하려고 하기 때문에 이것을 유지할 수 없을 때 인간의 성격도 전체성이 파괴되고 전체를 구성하는 부분들이 의미를 잃게 된다. 인간의 유기체적 건강을 유지하기 위해서는 유기체 내의 형상과 배경의 형성과 소멸의 균형이 유지되어야 하며, 그 균형의 생성이 방해받으면 부적응 행동이 발생하며, 그 불균형을 경험할 때는 그것을 수정하려는 동기가 생기게 된다.

Perls는 인간이 미완성된 상황이나 불완전한 형태에 의하여 움직인다고 주장했다. 인간은 수백 가지의 미완성 상태를 내부에 갖고 있다. 그것으로 인해서 혼란상태가 생길 것 같으나 이것을 한 방향으로 나타나게 하는 중요성의 위계 때문에 질서를 유지한다. 이 중요성의 위계는 그 불완전한 형태를 배열하기 때문에, 인간은 중요성의 순서대로 주의를 차례로 기울이게 된다. 가장 긴박한 상태가 그것이 우선 만족될 때까지는 그것이 행동과 사고의 지배적 통제 혹은 관리를 하게 되는 것이다. 그 긴장이 해소되면 다음으로 중요한 것이 나타나고 그리고는 그 다음, 그 다음으로 나타난다(이형득 외, 1998).

형상과 배경의 관계는 사람의 관심의 초점이 모이는 것이 형성되고 그 이외 것은 모두 다 배경이 된다. 그러나 그 형성에서 자연스럽게 형태가 생성되고 그 이외 것은 모두 다 배경이 된다. 그러나 그 형성에서 자연스럽게 형태가 생성되고 또 소멸되는 것이다.

예를 들면, 한 장애청년이 취업을 하기 위해 직업전문학교에서 그래픽디자인을 위해 컴퓨터로 3D기술을 배우고 있을 때 이 청년의 컴퓨터는 이 학생의 형상이 되고 주변의 다른 환경들은 배경에 해당된다. 그런데 3D기술을 배우는 중에 급히 핸드폰 문자응답을 해야 된다고 하면 핸드폰이 형상이 되고 컴퓨터는 배경으로 물러나게 된다. 이 청년의 형상세계는 매순간 욕구에 따라 지각 및 동작수준에서 조직화되었고, 욕구만족을 위한 필요행동을 하는 과정에서 형상과 배경관계가 계속적으로 변화하였다. 이렇게 욕구들이 계속 형성되면서 위계에 따라 형상과 배경이 조직화되었다가 없어지는 과정을 형상과 배경의 형성과 소멸이라고 하며 성격형성에 중요한 역할을 하게 된다.

□ 자아와 부적응 행동

게슈탈트이론에서 자아는 구체화된 개념이 아니라 욕구나 환경자극에 의하여 끊임없이 변화되는 동적 개념으로서의 어떤 순간적인 접촉의 체계로서 정의된다(Perls et al., 1994). 자아나 자아경험은 절대적으로 관계에 의해 형성되며 독립적으로 구성되는 것은 아니다.

게슈탈트이론 내에 자아는 전체성을 추구하며 전체성을 이루어 가는 과정에서 중심적인 역할을 한다.

그러나 이에 비해 자아상(self-image)은 창조적 성장을 방해하는 역할하며 존재(being)는 환경의 세계와 끊임없이 접촉하면서 자아의 발달과 자아상의 출현을 이끌게 되며, 인간의 성격은 이 세 가지로 구성되어 있다. 정상적인 성장과 발달을 한 사람은 자아(원하는 것)와 자아상(해야 하는 것) 사이에 균형을 유지한다.

그러나 이 균형이 유지되지 못할 때 내적 갈등을 경험하게 되고 타인에게 도전하고, 불안을 경험하며 비효과적인 행동을 하게 된다. Passons(1975)는 부적응 행동의 발달 양상을 여섯 가지로 기술하고 있는데, ① 자각의 결여, ② 자기 책임의 결여, ③ 환경과의 접촉 상실, ④ 형태 완성의 무능력, ⑤ 욕구의 부인, 그리고 ⑥ 자아의 양극화 등이다. 이것을 구체적으로 살펴보면 다음과 같다(이형득 외 재인용, 1998).

자각의 결여는 엄격한 성격, 즉 융통성이 없는 성격을 가진 사람들의 특성이다. 이러한 사람의 성격은 그의 행동이 자아가 무엇을, 어떻게 할까를 통제하는 것이 아니라 오히려 환경의 기대에 맞도록 형성된 자아상에 의하여 자기도 모르게 지배되는 성격이다. 그리하여 자아와 자아상의 사이에 복잡한 가짜 균형이 지속되어 굳어진 성격이다. 그들은 환경을 다루는 데 있어서 창의적 능력을 잃어버린 사람들이다. 그들은 살아 있지만 매일매일 불만족하고 불안한 감정을 느끼면서 살아가고 있는 사람이다.

자기책임의 결여는 자각이 결여된 사람의 특성이다. 이들은 자아 대신에 환경을 교묘히 조정하려고 하는 형태를 취하므로 독립하려는 노력 대신에 의존상태를 그대로 유지하려는 사람들이다.

환경과의 접촉 상실은 자각의 결여라는 첫 번째 문제와 관련되어 있다. 이것은 두 가지 형태를 취할 수 있다. 하나는 개인이 너무 엄격하게 되어서 어떤 투입도 수용될 수 없거나 혹은 융합될 수 없는 경우이다. 사실상 이것은 타인을 포함하는 환경과의 접촉으로부터 후퇴를 의미하며, 또 개인의 욕구충족이나 성숙한 상태로의 발달을 방해한다. 다른 하나는 자신을 잃어버리고 환경으로부터 모든 것을 통합하려는 시도 때문에 모든 것을 그저 받아들이려는 사람에 의하여 나타난다. 자아가 거의 전적으로 자아상에 의하여 포섭된 상태를 말한다.

형태 완성의 무능력은 그 개인이 형태 생성을 하지 못함으로써 미완성의 상태에 머물게 한다. 그런데 이때 그 개인은 선입관, 충동적 행동, 근심, 중압감 기타 많은 자기 파괴적인 행동들로 괴로움을 당한다. 이와 같은 미완성된 혹은 미해결된 일들이 개인으로 하여금 계속적으로 그 일들을 마무리 짓도록 충동한다. 미완성된 일들로 사로잡혀 있는 개인은 현재 상황에 필요한 충분한 자각을 할 수 없다.

욕구의 부인은 인간이 사회적으로 용납될 수 없는 욕구들을 아예 인정하지 않고 없는 체하려 한다. 그 힘을 건설적인 행동으로 바꾸려고 하는 대신에 욕구의 존재 자체를 부인함으로써 그 욕구로부터 생성될 수 있는 힘을 상실한다.

자아의 양극화는 자신을 자각하는 모습이 강하거나 약하거나 또는 남성적이거나 여성적이거나, 강력하거나 혹은 무기력한 것 등과 같이 양극화되는 것을 말한다. Perls는 이것을 상사(topdog)와 부하(underdog)로 표현하였다. 상사의 특성은 도덕적이고 완벽주의 적이며 권위주의적이다. 상사는 다른 사람의 기대와 같은 행동을 추구하게 된다. 부하는 개인적 욕망에 의하여 나타나며 이것은 성격의 종속적인 부분과 억압에 의해서 조정한다. 상사의 소리를 계속적으로 듣는 동안 부하의 내적 갈등이 남게 되고, 개인적 욕구는 사라지지 않고 갈등을 일으킨다. 이와 같은 자아의 양극화는 실현 가능한 가치들을 충분히 발휘할 수 없게 만든다.

이상 여섯 개의 행동을 방해하는 과정의 범주는 개인적 자아 속의 갈등과 직접적인 관련이 있다. 이 갈등은 보통 개인적 욕구의 표현과 그 환경 간에 부조화의 결과를 초래하게 한다. 이러는 동안 자기 자신의 능력과 자기 조정이 불가능해지고 자기상을 유지시킬 수밖에 없게 된다. 정신적 에너지를 환경과 동화하는 상호작용에 활용하는 대신에 역할놀이를 하는 방향으로 사용한다. 그래서 역할은 점점 더 많은 에너지를 요구하고 개인은 점점 더 자아의 욕구를 만족시키는 데 전념할 수 없게 된다. 그리하여 개인의 욕구가 충족되지 않는 한, 불안은 계속된다. 결국은 부적절하고 불만족한 행동의 형태를 형성하게 되어 부적응 행동을 나타내게 되는 것이다.

3) 재활상담에서의 적용과 기법

(1) 재활상담에서의 적용

게슈탈트이론은 개별상담이나 집단상담이나 다양한 방법으로 활용할 수 있는 상담기법이다. 미완성게임과 내가 책임진다와 같은 상담기법은 여러 유형의 재활대상자에게 적합할 수 있으며 이 이론은 아동, 청소년, 성인은 물론 알코올중독, 정서장애, 지적 장애인에게로 적용되어져 왔다.

게슈탈트이론이 일반적으로 다룬 문제들은 일반화된 불안감, 정신장애, 일탈 등이다. 그러나 Sharf(2000)은 게슈탈트이론을 직면적으로 재연하는 기법은 정신질환자 집단을 대상으로는 사용하지 말아야 된다고 충고하고 있다. 중증정신장애인은 정신질환의 과정에 배경이 되는 심한 분노, 고통, 절망감을 재생시키는 심층적 경험을 하기 전에 우선 상당한 지지를 받을 필요가 있다고 기술하고 있다. 내담자로 하여금 강렬한 감정을 해방시키기 위해 역할연기를 하게 하는 대신에 내담자가 눈, 손, 귀, 몸을 자유로이 사용하는 데 도움이 되는 기법들을 사용하는 것이 좋으며 일반적으로 자기지원과 환경에 익숙하도록 돕는 감각적, 지각적, 운동기능적인 능력을 증가시키는 기법들을 사용하는 것이 좋다는 것이다.

그러나 이런 Sharf(2000)의 지적에도 불구하고 게슈탈트이론은 대인관계에 어려움을 겪고 있는 내담자만이 아니라 왜곡되거나 제한적인 자아상을 가진 사람들에게도 적합한 상담기법으로 추천된다.

따라서 재활상담사에게 요구되는 것은 인간중심이론만큼 구체적이지는 않지만 상담관계 형성에 역동적이고 능동적이어야 한다. 또한 장애인 내담자에게 수반되는 전형적인 위험 수준의 관점에서 게슈탈트이론의 인식을 위해 광범위한 훈련과 인성자료가 요구되어진다. 이런 상황으로 인해 미국에서는 재활상담사들에게 이 접근법은 임상적 이론으로 활용되고 있다.

(2) 재활상담기법

□ 재활상담의 목표

게슈탈트이론에 기반한 재활상담의 목표는 개인적인 경험과 행동의 자각들이다. 자각을 통해 변화는 자동적으로 일어나게 된다. 접촉, 감각, 자극, 형태의 형성들은 성장으로 특징지을 수 있다.

게슈탈트이론에서 주요한 중간목표는 인식의 개선인데 이를 통해서만 생애의 미완성 부분을 인식하고 직면할 수 있기 때문이다. 궁극적인 목적은 자신과 무관하다고 여기던 자아의 모든 요소들을 이끌어 냄으로써 장애를 가진 사람을 전체적으로 통합시키는 것이다. 통합은 내담자의 자기방향성을 찾게 한다.

게슈탈트이론에 의한 변화의 기준과 성과에 대한 평가는 찾기 어렵다. 목표달성 수준은 일반적으로 임상적인 판단을 통하여 우선적으로 평가되는데 변화의 적절한 목표측정 기준이 개발되어 있지 않기 때문이다.

결과적으로 게슈탈트이론은 연구에 의해 그 성과를 분명하게 증명하지 못했다. 그러나 Greenberg 등(1993)은 게슈탈트이론에 대한 분명한 개념적 구조를 제공하고 내담자에 의해 나타나는 다양한 정서적 문제들을 해결하기 위한 노력들을 함으로 게슈탈트이론의 효과성을 검증하는 데 긍정적인 결과를 보고하고 있다(Beutler et al., 1991; Pavio & Greenberg, 1995).

□ 재활상담사의 역할

게슈탈트이론을 재활상담 장면에 적용함에 있어 재활상담사의 역할은 내담자와의 역동적인 상호작용을 통해 내담자의 인식, 이해, 그리고 자각을 증가시키는 것을 돕고 연습과 실험을 계속함으로써 결정적인 상담의 중재자 역할을 해야 한다.

즉 재활상담사는 내담자와의 관계에 참여함으로써 내담자가 자신의 인식을 발달시켜서 현재 순간에 자신이 어떤 상태에 있는지를 경험하도록 돕는다. Perls 등(1951)에 따르면 상담사가 할 일은 내담자가 새로운 행동을 시도하여 무슨 일이 일어나는가를 알아낼 수 있는 실험적 태도를 취하게 함으로써 스스로에 대해 배울 수 있도록 돕는 적극적인 파트너가 되는 것이다.

게슈탈트상담의 재활상담사는 내담자의 형상과 배경을 이루고 있는 것에 대해 관심을 가지며 내담자가 현재 순간의 감각적 인식에 주목하도록 독려한다. Yeaton 등(1984)에 따르면, 상담사가 안내자 또는 촉진자로서 기능을 하며 실험을 제안하고 내담자와 함께 관찰하지만 심리상담의 기본작업은 내담자의 몫이다. 그는 내담자가 새로운 삶의 방식을 시도해 볼 수 있는 분위기를 조성하는 것이 재활상담사의 역할이라고 강조한다. 게슈탈트이론의 상담사는 내담자에게 직면을 통한 변화를 강요하지 않고 지금 여기의 틀 안에서 나/너의 대화로 하는 심리상담을 한다.

상담사는 내담자의 신체 언어에 주목하며 내담자의 비언어적 단서는 내담자가 인식하지 못하는 감정들을 드러내기 때문에 많은 정보를 주는 단서가 된다. 상담사는 이때 내담자의 인식과 주의에서의 차이와 내담자의 말과 신체언어 간 부조화를 잘 감지해야 한다.

내담자의 신체언어에 관심을 가지는 것에 덧붙여서, 재활상담사는 언어 유형과 성격의 관계도 중요시 여긴다. 내담자의 언어방식은 감정이나 생각, 태도 등을 반영한다.

게슈탈트이론에서는 외현적 언어습관을 중요시 여기며 특히 내담자가 자신의 말이 경험과 일치하는지 또는 감정과 거리가 있는지에 주목하게 하는 방식을 사용하여 내담자의 자기인식을 증진시킨다.

게슈탈트이론에서 재활상담사는 내담자에게 사용하는 언어 유형의 영향을 인식하도록 돕는 중재를 통해 내담자를 서서히 자극한다. 언어는 경험한 내용을 기술할 수도, 숨길 수도 있다. 언어가 강조됨으로써, 내담자는 지금 이 순간의 경험에 대한 인식과 지금-여기 경험과의 접촉을 회피하는 방식에 대한 인식을 증가시킬 수 있다. 게슈탈트이론에서 주목하는 언어의 측면들은 다음과 같다(조현춘 외, 2004).

○ 다들 그렇다

내담자가 "나는 그렇다"라고 하지 않고 "다들 그렇다"라고 할 때 내담자는 비인격화된 언어를 사용하고 있는 것이다. 상담사는 내담자가 책임감을 더 느끼도록 하기 위해 비인격화된 대명사를 인격대명사로 대체하도록 요구한다. 예를 들면, "친구를 사귀는 것은 어렵다고 하더라"고 말하는 내담자에게 자신에 대해 진술을 다시 하게 하여, "나는 친구를 사귀기가 어렵다"라고 말하게 한다.

○ 당신도 그럴 것이다

광범위하고 비인격화된 언어 뒤에 우리 자신을 숨길 수 있다. 내담자 자신의 경험을 표현하는 방식으로 자신 내부에서 일어나는 것을 말하도록 상담사가 만드는 것은 기술이 필요하다. 상담사는 '당신'의 일반화된 사용을 지적하여 '당신'이 의미하는 '나'로 대체하도록 내담자에게 요구한다. 내담자가 "사람들이 당신을 인정하지 않으면 당신도 기분이 상할 것이다"라고 말하면, 내담자에게 '당신'이라는 일반화된 명사를 사용하고 있음을 지적하는 방법을 통해 내담자가 자신과 자신의 강한 감정을 분리하고 있다는 사실을 깨닫도록 한다. 다시 말해서, 내담자에게 개인적이지 않는 '당신'을 '나'로 바꾸어서 "인정받지 못하면 나는 기분이 상한다"라는 진술을 하게 한다.

○ 질문

질문을 하면 질문자는 자신이 잘 드러나지 않는 상태인 안전한 상태에 숨을 수 있다. 상담사는 내담자의 질문을 진술문으로 바꾸어 내담자가 다시 말하게 한다. 화자를 분명히 한 진술문을 사용하게 하여 내담자가 자신이 말한 것에 대해 책임을 느끼게 만든다. 상담사는 내담자에게 질문 공세를 퍼부어 내담자가 스스로를 비밀스럽게 만들었던 방식과 이 방식 때문에 자신이 느꼈던 것을 솔직하게 표현하지 못했음을 인식할 수 있게 한다.

○ 힘을 부정하는 언어

자신의 진술에 수식어나 진술을 뒤엎는 말을 덧붙임으로써 스스로의 힘을 부정하려는 내담자도 있다. 예를 들면, 내담자가 다음과 같이 말할 수 있다. "내가 희생자라는 느낌을 이제는 가지고 싶지 않아, 그렇지만 나에게는 이것을 변화시킬 힘이 없어." '그렇지만' 뒤에 붙는 말은 앞의 말을 부정하는 경우가 대부분이다. 상담사는 내담자에게 수식어가 내담자의 효용성을 경감시키는 방법에 대해 지적한다. "아마도", "혹시나", "글쎄요", "추측건대", "그럴 수도", "내가 보기에" 등과 같은 수식어를 생략하는 실험에서 내담자는 이중적 메시지를 분명히 하고 직접적인 진술로 바꾸는 것을 학습할 수 있다. 내담자가 "나는 할 수 없어"라고 말을 할 때도 이것의 진정한 뜻은 "나는 하지 않겠어"라는 것이다. "할 수 없어"를 "하지 않겠어"로 바꾸게 하면 내담자는 결정에 대한 책임을 받아들여 자신의 힘을 받아들이게 된다. 힘을 부인하는 다른 용어들에는 사람들이 습관적으로 사용하는 "…해야 한다", "하지 않으면 안 된다" 등이 있다. "나는 …해야 한다"를 "내가 하기로 했다" 또는 "내가 하기를 원한다"로 바꿈으로써, 내담자는 억지로 끌려가고 있다거나 삶을 통제하지 못하고 있다는 감정을 감소시키기 위한 능동적 활동을 시작할 수 있다. 내담자가 자신의 모든 말이 재검토의 대상이라는 느낌을 갖지 않도록 상담사는 주의를 기울여야 한다. 상담사는 병적인 내성을 키우고자 하는 것이 아니라 언어를 통해서 실제로 표현되고 있는 것에 대한 인식을 촉진시키고자 하는 것이다.

○ 내담자의 은유를 경청하기

Polster(1995)는 상담사가 내담자의 은유를 경청하는 방식을 배우는 것이 중요하다고 했다. 상담사가 내담자가 사용하는 은유에 주의를 기울이면 내담자의 내적 갈등에 대한 풍부한 정보를 얻는다. 은유의 상세한 예로, "여기서 제 속을 드러내는 것이 힘듭니다", "때로 나는 의지할 다리조차 없는 것처럼 느낍니다", "때로는 누군가가 나를 비난할 것에 대해 준비를 해야 할 것 같습니다", "내 영혼에 구멍이 뻥 뚫린 것 같습니다", "지난주 당신이 나를 직면시킨 후에 내가 산산 조각나는 느낌이 들었습니다", "이 회기 후, 나는 고기 분쇄기를 통과할 것 같습니다" 등 은유의 기저에는 중요한 미결 감정이나 현재의 관계에 대한 반응을 드러내는 내적 대화가 억눌려 있을 수 있다. 예를 들면, 고기 분쇄기를 통과하는 것 같다고 느낀 내담자에게 상담사는 "고기가 분쇄되는 것에 대해 당신은 어떤 느낌이나 생각이 들었습니까?" 또는 "분쇄기를 누가 돌리고 있나요?" 등의 질문을 할 수 있다. 창의적인 상담과정에는 이런 은유의 의미를 명확한 내용으로 바꾸어서 다루는 것도 들어 있다.

○ 이야기에 있는 단서 언어를 경청하기

Polster(1995)는 또한 자신이 "의미를 확연히 밝힘"이라고 부르는 것의 중요성을 지적했다. 그에 의하면 내담자는 삶의 갈등을 나타내는 모호하지만 중요한 단서인 특정한 언어를 자주 사용한다. 유능한 상담사는 내담자가 하는 말의 작은 부분을 잡아내어 여기에 초점을 두어 발전시켜 나가는 방법을 안다. 내담자는 함축적인 말을 흘리듯 하는 경우가 많으나, 예민한 상담사는 그 이야기의 내용을 분명히 밝힐 수 있는 질문을 던질 수 있다. 자기 앞에 앉아 있는 사람의 주 관심사가 무엇인지에 대해 주의를 기울이면서 내담자가 이야기를 하게 만드는 것은 상담사에게 중요한 일이다.

○ 상담기법

Perls(1969), Kempler(1973), Polster & Polster(1973), Polser(1995), Zinker(1977, 1994) 등은 비록 몇 가지 적절성이라는 차이는 있지만 상담에서 활용될 수 있는 몇 가지 기법들을 제안하고 있다. 그리고 이 모든 기법들은 여러 자료에서의 경험과 인식을 강조하고 있다. 먼저 게슈탈트 상담기법을 논의하기 위해서는 연습과 실험과의 차이점을 이해하는 것이 필요하다(김충기 외, 1997).

연습(exercises)이란 내담자에게 어떤 정서를 환기시키는 데 사용되는 이미 만들어진 기법을 말한다. 실험(experiments)이란 이와 반대로 내담자와 상담사 사이에서 생긴다. 이것들은 실험학습의 초석으로 간주될 수 있다. Zinker(1978)는 치료기간을 내담자가 경험적으로 학습하는 일련의 실험으로 보았다. 실험으로부터 배우는 것은 내담자와 상담사 모두에게 놀라움 그것이다. 게슈탈트이론의 실험은 창조적 모험이고 크게 생각하는 길이며 내담자가 자신을 행동적으로 표현할 수 있는 길이다. 형태적 실험은 창조적 모험이며 내담자가 자신을 행동으로 표현할 수 있는 방법들 중 하나다. 실험은 어느 한 상황에 자연스럽게 발생하고 그 순간에 적절한 것이다. 실험은 삶의 갈등을 내담자가 현재에서 실험하게 함으로써 갈등을 생활 속으로 이동시키며 내담자 개개인에게 맞는 기법을 시기적절하게 사용하는 것은 아주 중요하다. 기법은 내담자가 보다 완벽하게 자신을 자각하고 내적 갈등을 경험하며 불일치와 양면적 감정을 해결하고 미결과제의 완성을 방해하는 저항을 이겨 내도록 돕는 유용한 수단이다. Levitsky & Perls(1970)는 몇 가지 기법을 간략하게 소개하고 있다.

○ **대화실험**

게슈탈트이론의 목표는 통합적인 기능을 갖게 하고 상실되고 부정된 개인의 성격의 여러 국면을 수용하게 하는 것이다. 상담사들은 성격의 기능이 분리되는 데에 특히 주의를 기울인다. 주된 구분은 '상사'(topdog)와 '부하'(underdog)의 구분이다. 때로는 이 둘 사이의 싸움에 상담의 초점을 두기도 한다.

상사는 올바르고 권위가 있고 도덕적이며, 요구를 하고 명령적이며 조작적이다. 이것은 "해야 한다", "의무다"라는 요구를 하고 만약 하지 않으면 재앙이 올 것이다라는 위협으로 조작하려는 "비판적인 부모"이다. 부하는 희생자의 역할을 하며 방어적이고 변명적이며 절망적이고 연약하고 무능력한 자로 조작된다. 이것은 수동적인 측면인데 책임감 없이 핑계만 찾는 측면이다. 상사와 부하는 서로 제압하려고 끊임없이 싸운다. 이런 싸움은 왜 개인의 결정과 약속이 때때로 실행되지 않는지, 왜 미루는 버릇이 계속되는지를 설명하는 데 도움을 준다. 부하가 반항적인 아이의 역할을 도전적으로 하는 데 비해 폭군적인 상사는 사람은 이러저러해야 한다고 요구한다. 상호제압을 위한 이런 싸움의 결과로 이 두 측면은 통제자와 통제받는 자로 구분된다. 양쪽이 모두 자기의 생존을 위해 싸우기 때문에 둘 사이의 내분은 결코 끝나지 않는다.

성격에서의 이들 서로 반대되는 두 개의 양극 사이의 갈등은 주입기제(mechanism of introjection)에 뿌리를 두고 있는데, 이것은 두 양극 간의 갈등을 통합하려는 기제이다. Perls(1969)는 가치관과 개인적 특성을 받아들이는 것은 불가피하고 바람직하다고 말하고 있다. 그는 다른 사람의 가치관을 무비판적으로 받아들이는 것은 위험하며 이것은 자율적인 인간이 되는 것을 방해하는 것이라고 명시하고 있다. 사람은 무비판적인 주입이나 또는 심리적 구조를 왜곡시키고 성격의 통합을 방해하는 주입에 대해 자각해야 한다.

빈의자기법은 내담자로 하여금 이러한 주입을 표면화하게 하는 하나의 방법이다. 이 기법에서는 두 개의 의자가 사용된다. 상담사는 내담자에게 한 의자에 앉아 상사가 되게 한 후 다른 의자로 옮겨 앉아 부하가 되어 보게 한다. 내담자 양측 사이에 대화가 계속된다. 본질적으로 이것은 역할놀이기법의 하나로 모든 배역은 내담자가 혼자서 하게 된다. 이런 방법으로 주입은 표면화되고 내담자는 자신의 갈등을 충분히 경험하게 된다. 갈등은 내담자가 양측을 모두 받아들이고 통합함으로써 해결된다. 내담자는 그것을 강렬하게 느끼고 충분히 경험한다. 나아가 이 기법은 내담자로 하여금 그 강점이 바로 자기의 실제적인 일부분임을 깨닫게 함으로써 내담자를 이러한 자신의 일부인 감정들에서 떨어져 나가지 않도록 해 준다. 이 기법은 또한 내담자는 "그것은 마치 내 안에 있는 아버지의 소리같이 들리는구나!"라고 말할는지도 모른다. 부모의 주입은 내담자가 부모의 명령 때문에 삼켜서 그것으로써 자신을 통제하고 처벌하는 자기고문게임으로 지속될 수 있다.

이런 대화기법은 개별과 집단상담에 모두 사용할 수 있다. 나는 어떤 내담자의 내면적 양분과 이런 양분에서 어느 편이 우세하게 될지를 더 강렬하게 자각하도록 도운 매개체가 되었다고 생각하는 이런 상사와 부하 사이의 갈등을 묘사한 평범한 한 예를 들고자 한다. 내담자는 여성인데 그녀는 약하고 힘이 없는 가엾은 나의 역할을 한다. 자신은 비참하고 남편을 미워하고 원망한다고 하면서도 남편이 자기를 떠나 버린다면 자신은 산산조각이 나게 될 것이라고 두려워한다. 그리고 남편을 자신의 무기력의 구실로 이용한다. 그녀는 자기 자신을 비하시키고 "할 수 없다", "어떻게 해야 할지 모르겠다", "능력이 없다"고 말하곤 한다. 만약 그녀가 자신이 너무 비참해서 자신의 의존적인 유형을 바꾸려고 한다면 나는 그녀에게 방 중앙에 있는 빈 의자에 앉게 하여 "불쌍한 나"에게 이야기를 하게 할 것이다. 그리고 나서 그녀에게 자신이 힘이 있고 독립적이며 희망을 가진 존재인 것처럼 행동할 것을 요구할 것이다. 만약 당신이 강하고 독립적이라면, 만약 당신이 지금과 같은 연약한 의존성을 포기한다면 어떻게 될까요?라는 질문을 던질 것이다. 이 기법은 자신이 하는 배역을 실감나게 경험할 수 있도록 내담자를 격려해 주기 때문에 그 결과 자아의 자율적인 면을 재창조할 수 있게 해 준다.

결국 대화실험은 내담자와 재활상담사가 대화하는 장면을 통해 자신이 가지고 있는 갈등을 충분히 경험하도록 하는 기법이라고 볼 수 있다.

○둘러보기

둘러보기란 집단의 한 사람이 다른 사람들을 둘러보고 집단의 개개인과 말을 하거나 무엇인가를 하도록 하는 게슈탈트의 기법 중 하나이다. 이 기법의 목표는 대면하고 모험하며 자아를 개방하고 새로운 행동을 실험하며 성장하고 변화하는 데 있다. 나는 한 사람이 어떤 주제를 갖고 그 집단의 개개인과 대면할 필요가 있다고 느꼈을 때 이 기법을 사용하였다. 예를 들면 집단의 어느 구성원이 난 이 집단에 참가하고 싶어서 여기 앉아 있어요. 그러나 여기 있는 사람들을 믿지 못하기 때문에 뒤로 물러서 있었어요. 그런데 이 집단원들과 시간을 보낼 가치가 없는 것 같아요라고 말한다면 나는 그에게 당신이 이 모임에 더 깊이 참여하도록 지금 당장 무엇인가 해 보시지요?, 이 집단에 대해 신뢰감과 자신감을 갖도록 노력해 보시겠어요?라고 권할 것이다. 만약 그 사람이 그렇게 해 보겠다고 확실히 대답한다면 나는 각 사람 사이를 두루 돌면서 이 문장을 모든 사람에게 전달해 보세요. "나는 당신을 믿을 수 없어요. 왜냐하면…"이라는 제안을 그에게 할 것이다. 그 외에 다른 여러 가지 훈련을 창안해서 그가 다른 사람들과 관계를 갖도록 도울 수 있으며, 내담자가 두려움으로 떠는 일들을 잘 해결해 나갈 수 있도록 도울 수 있다.

○나는 ~에 대해 책임을 지겠다

상담사는 내담자에게 어떤 진술을 하게 하고 그런 다음 "나는 그것에 대해 책임을 지겠다"라고 덧붙이도록 요구할 수 있다. 예로써 "난 싫증이 났어요. 그리고 나의 싫증에 대해 책임을 지겠어요"

라든가 "난 소외되고 외로운 기분이에요. 그리고 나의 소외감에 대해 책임을 지겠어요" 또는 "난 지금 무슨 말을 해야 할지 모르겠어요. 그리고 그것에 대해 책임을 지겠어요" 등을 들 수 있다. 이 기법은 자각의 연속선을 확장시켜 주며 자신의 감정을 다른 사람에게 투사시키는 대신에 그 감정을 인식하고 받아들이는 것을 돕도록 고안되었다. 비록 이 기법이 매우 기계적으로 보일지 모르지만 매우 의미 있는 기법일 수도 있다.

○ **투사놀이**

투사의 역동성은 개인이 자신에게서 보고 받아들이고 싶지 않은 바로 그것들을 다른 사람에게서 명확히 보는 것이다. 어떤 사람은 자신의 감정을 부정하고 동기를 다른 사람에게 돌리는 데 너무 많은 에너지를 투자한다. 특히 집단에서는 가끔 한 개인이 자신에게 또는 다른 사람에게 하는 말들이 실은 자신이 갖고 있는 어떤 속성의 투사인 경우가 있다.

투사 게임을 통해 상담사는 "난 당신을 믿을 수 없어요"라고 말하는 사람에게 믿을 수 없는 사람의 배역을 하도록, 즉 상대방이 되어 보도록 요구하여 불신감이 어느 정도로 내적 갈등을 일으키는가 알아보게 할 수 있다. 달리 표현하면 상담사는 어떤 사람에게 그가 집단의 다른 사람들에게 하는 말들을 시험적으로 해 보도록 요구할 수 있다.

○ **역전기법**

반동기법이라고도 하는데 어떤 증후와 행동은 종종 그 바탕이 되는 잠재적인 충동의 역전의 형태로 나타난다. 그래서 상담사는 심한 억제와 소심증으로 고통받는 사람에게 집단에서 노출증 환자의 배역을 맡도록 요구한다. 내가 상담했던 집단 중에 아주 지나칠 정도로 긍정하는 일밖에는 아무것도 못하는 여성이 있었는데 나는 그녀에게 자신의 전형적 유형에서 벗어나 할 수 있는 한 가장 부정적인 여자가 되어 보도록 요구하였다. 그 역전기법은 매우 효과가 있어서 곧 그녀는 열심히 자신의 배역을 해냈으며 결국 긍정적인 면뿐만 아니라 부정적인 면도 인식하고 수용할 수 있게 되었다.

이 역전기법을 뒷받침하는 이론은 내담자로 하여금 불안으로 가득 찬 바로 그것에 뛰어들게 함으로써 침전되고 부정된 자신의 부분들과 직면하게 하는 것이다. 그래서 이 기법은 내담자가 부정하려고 노력해 온 자신의 속성을 받아들이도록 도울 수 있다.

역전기법을 사용한 다른 예로 나는 집단 내의 한 여성을 악한 마녀가 되도록 한 적이 있다. 그녀로 하여금 집단의 다른 사람들을 찾아가 그들을 저주하고 그들에게 재앙이 내리기를 빌며 그들이 가장 두려워하는 것들을 말하도록 요구하였다. 연기의 하나로서 그녀는 아주 악랄한 강연을 하였다. 그녀는 자신의 악마적인 속성을 인식하지 않으려고 자신의 그런 면을 억압했던 여성이었다. 억압의 부산물로서 적개심과 원망이 누적되었다. 그녀가 자신의 악마들을 해방시키도록, 자신이 표출하지 않도록 눌렀던 악마가 되도록 요구받았을 때 그 결과는 매우 극적이었다. 그녀는 자신의 부정적인 면을 통렬하게 느꼈고 점차로 자심의 성격 속에 그런 면을 통합시킬 수 있게 되었으며 보다 자기주장과 표현을 할 수 있게 되었다.

○ 행동연습

행동연습은 우리 사회에서 기대한다고 생각되는 배역을 상상 속에서 연습한다. 그것은 실제로 연기하게 될 때 우리는 무대공포증이나 불안을 경험하는데 이것은 우리가 자신의 배역을 잘 연기하지 못할까봐 두려워하기 때문에 생기는 것이다. 내적인 연습은 너무 많은 에너지를 소모시키고 때로는 새로운 행동을 실험해 보려는 의욕과 자발성을 억제시킨다.

상담집단의 구성원들은 그들의 사회적 역할수행을 지원하는 데 효과가 있는 수단들을 좀 더 잘 자각하기 위해 서로가 이런 행동 연습실험에 참가한다. 그들은 점차로 다른 사람의 기대에 부응하는 것, 인정받고 수용되고 사랑받으려는 정도, 그리고 인정받으려고 스스로 노력하는 범위 등에 대해 자각하게 된다.

○ 과장연습

게슈탈트이론의 상담적용의 목표 중 하나는 내담자로 하여금 그가 신체언어를 통해 보내는 미묘한 신호와 단서를 보다 잘 깨닫게 하려는 것이다. 움직임, 자세, 몸짓은 중요한 의미를 전달하기도 하지만 이런 단서들은 불완전할지도 모른다. 그래서 상담사는 어떤 행동에 따르는 감정을 강렬하게 하고 내적 의미를 더 분명히 하도록 하기 위해 행동이나 몸짓을 과장하도록 요구한다.

과장기법으로 이끄는 행동의 예로서는 고통스럽거나 부정적인 것을 말하면서 습관적으로 미소를 짓는 행위, 벌벌 떠는 행동, 축 늘어진 몸짓과 구부러진 어깨, 꽉 쥔 주먹, 이맛살 찌푸리기, 찡그린 얼굴표정, 팔짱끼는 행동 등을 들 수 있다. 예를 들어 내담자가 다리가 떨린다고 말하면 상담사는 그에게 일어나서 더 크게 다리를 떨어보라고 요구한다. 그리고 나서 내담자에게 떨고 있는 다리에게 무슨 말이든지 건네 보라고 요구한다.

신체언어의 한 변형으로서 언어적 행동이 과장게임에 적합하다. 상담사는 내담자에게 그가 교묘하게 핑계 삼은 말들은 반복하여 말하게 한다. 반복하되 할 때마다 더 크게 반복하도록 요구한다. 이것은 내담자로 하여금 자신의 말에 지정으로 귀를 기울여 듣게 하는 효과를 가져다준다.

○감정의 지속

이 기법은 내담자가 불쾌한 감정이나 기분에 대해 이야기하고 거기서부터 도망치고 싶은 욕구를 강하게 느끼는 순간에 사용할 수 있는 것으로서 상담사는 내담자에게 자신의 감정을 지속하거나 갖고 있도록 요구한다.

대부분의 내담자는 두려운 자극에서 벗어나기를 원하고 불쾌한 감정에서 회피하고 싶어 한다. 상담사는 내담자가 현재 어떤 두려움이나 고통을 경험하든지 간에 그 감정들을 지속하도록 권장하며 피하고 싶어 하는 감정이나 행동으로 더 깊이 들어가도록 요구한다. 감정에 직면하고 대면하며 경험하는 것은 내담자의 용기만 나타내 주는 것이 아니라 장애물을 제거하고 성장의 새로운 단계에 이르는 데 필요한 고통을 견디려는 의욕을 나타내 주는 것이기도 하다.

○꿈의 검토

정신분석적 접근에서는 꿈을 해석하고 지적 통찰을 강조하며 자유연상법을 사용하여 꿈의 무의식적 의미를 탐색한다. 게슈탈트이론에서는 꿈을 해석하거나 분석하지 않는다. 그 대신에 꿈을 현실화하고 재현시켜서, 지금 일어나고 있는 것처럼 재생시키려고 한다. 꿈이 과거의 사건으로서 이야기되는 것이 아니라, 꿈을 꾼 사람에 의해 재연되므로 꿈을 꾼 사람은 그 꿈의 일부가 된다. 꿈을 다루는 데 있어 제시하는 방법은 꿈의 모든 세부내용의 목록을 작성하게 하는 방법, 꿈속에 나왔던 사람, 사건, 분위기를 기억하게 하는 방법, 그리고 가능한 한 충분히 연기하고 대화를 만들게 하여 자신을 변형시켜 꿈의 일부가 되어 보게 하는 방법 등이 포함된다. 꿈의 내용의 각 부분들은 내담자 자신의 투사로 간주되기 때문에 다양한 인물이나 배역들 사이에 만남을 위해 각본을 만들어 보아야 한다. 꿈의 여러 부분들은 모두 자신의 모순되고 불합리한 면이 나타난 것이다. 그래서 이 반대되는 면들 사이에 대화를 하게 함으로써 점차로 자신의 감정의 이질적인 범위를 자각하게 된다.

Perls(1969)는 꿈은 인간실존의 가장 자발적인 표현이라고 한다. 꿈은 미결과제를 나타내지만 미결된 상황이나 성취되지 못한 염원 그 이상이다. 모든 꿈은 자신의 실존적인 메시지와 현실투쟁을 내포하고 있다. 꿈의 모든 부분들이 이해되고 소화된다면 모든 것이 꿈을 통해 발견될 수 있다. 꿈에 대한 작업들은 그 하나하나가 꿈을 이해하도록 도와준다. 그는 꿈은 만약 적절히 해석된다면 그 실존적 의미가 더욱 명확해진다고 본다. 그에 의하면 꿈은 내담자의 성격의 결여된 부분과 그가 회피하는 방법을 나타내 주므로 성격의 결함을 발견하는 좋은 재료가 된다. 만약 어떤 사람이 자신의 꿈을 기억하지 못한다면 그는 자신의 생에서 잘못된 것에 직면하기를 거부하고 있다는 증거이다. 최소한 게슈탈트 상담사들은 내담자에게 자신의 꿈에 대해 이야기하도록 요구한다.

제 8 장

합리적 · 정서적 이론

1. 개　념
2. A-B-C이론
3. 재활상담에서의 적용과 기법

제 8 장 합리적 · 정서적 이론

1. 개 념

합리적 · 정서적 이론(rational-emotion)의 기원은 1955년 Ellis의 초기연구에서 비롯되었는데 엘리스는 인간은 비논리적으로 사고하고 비합리적 신념을 유지함으로써 심리적 불안을 만든다고 믿는다(Ellis, 1988; Ellis & Harper, 1997). 그는 우리 인간의 본성은 비논리적 신념을 갖고 있는 타인에 많은 영향을 받기 때문에 이러한 비논리적 사고와 비합리적 신념으로 스스로를 재교육한다고 말한다.

다시 말하면, 인간은 매우 감정적이며 상처받기 쉽고 속기 쉬운 존재이다. 그리고 인간은 혼자 말하고, 자기-교시, 자기-자극적인 존재이다. 물론 인간은 발전시키기 위해 외부적 자극이 필요할 뿐 아니라 자기-선교적 인간으로 발전시킬 어떤 환경적 영향을 필요로 한다.

Ellis(2000)의 치료는 다섯 가지 단계를 갖는다. 첫째, 상담사는 비합리적으로 생각하는 내담자에게 확인시킬 필요가 있다. 둘째, 상담사는 내담자에게 이 비논리적이고 비합리적인 사고를 유지하는지 내담자에게 보여 줄 필요가 있다. 셋째, 내담자는 자신의 비합리적 신념을 어떻게 변화시키는지 학습할 필요가 있다. 넷째, 내담자는 어떤 특정한 내재화된 비합리적 신념이 한 개 혹은 열한 개 이상의 일반화된 비합리적 신념에 근거되는지 고려할 필요가 있다. 다섯째, 내담자는 세상을 살아가는 좀 더 합리적 방법을 발달시킬 필요가 있다.

이 이론에서 중심이 되는 논리는 인간의 비논리적이고 비합리적인 생각은 자기－패배적인 태도와 신경증에 기초하여 형성되며 비합리적인 신념에 대한 생각이라는 것은 주로 다음과 같은 일들이다.

첫째, 내가 찾은 중요한 것이 사람들로부터 사랑받아야 하고 인정받아야 한다.

둘째, 나는 내가 하는 모든 것에서 완벽해야만 한다.

셋째, 사람들은 나의 기대 속에서 살아야 하거나 아니면 그것은 끔찍한 것이다.

넷째, 중요한 사건들이 나의 방식대로 가지 않을 때 나는 매우 두렵고 끔찍하다.

다섯째, 나는 직접적인 욕구충족을 요구하며 그것을 얻지 못할 때 비참함을 느낀다(Ellis, 1989).

따라서 기본적으로 합리적·정서적 이론의 인간은 결정론적인 입장이 아니라 비결정론적인 입장의 인간본성이며 인간은 늘 자기와 대화할 수 있고, 스스로 평가할 수도 있으며 자기를 스스로 유지·관리할 수 있는 존재라고 보고 있다.

2. A-B-C이론

인간의 비논리적 사고와 비합리적인 신념을 지원하기 위해 엘리스는 많은 이론들을 발전시키는데 그 중 핵심이 되는 이론은 성격의 A-B-C이론이다. 이 이론은 인간에 있어 불안이나 공포, 우울과 같은 정서적 결과(consequences: C)는 어떤 결과를 가져오게 한 활동적 사건(activation events: A)에 의해서라기보다는 그 사건에 대해 개인이 가지는 신념체계(belief systems: B)에 의해서라는 것이다.

예를 들어, 관계가 손실된 유사한 상황과 부딪혔을 때, 개인의 신념체계는 자살하고 싶은 우울한 감정을 느끼게 되고, 반면 다른 사람의 신념체계는 그 붕괴(break-up)에 대해 좋게 생각할 수도 있다. 어떤 사람은 관계의 손실을 대실패로 여길 수 있고 어떤 사람은 성공의 반전으로 여길 수도 있다. 따라서 합리적·정서적 접근의 역할은 새롭고 더 나은 감정(feeling: F)에 결과(effect: E)를 미치는 비합리적 신념에 대해 논박하게 되는 중재(disputing intervention: D)를 창조하는 것이다.

따라서 상담은 상담사가 내담자의 비합리적 사고를 확인하도록 돕는 활동적·직접적 과정이고 내담자가 비합리적 신념과 투쟁하고 도전적이도록 원조하고 돕는 것이다.

즉 내담자는 철저한 자가—비난의 부정적 사고와 투쟁하는 적극적 방법으로 "나는 가치 있는 존재이다", 또는 "나는 또 다른 관계를 찾을 것이다"라고 스스로 말하고 실행하는 것이다. 따라서 중재를 논박하는 것은 내담자가 자기—대화(D)를 실행하는 것이며 자아에 대한 새롭고 더 긍정적 신념(B)에 영향(E)을 미치는 것이고 자아에 대한 좋은 감정(F)을 가져오게 하는 것이다.

만약 이러한 신념이 합리적으로 도전받고 논박된다면 바람직하지 못한 정서적 결과는 해소될 것이다. 이 접근법의 주요 가정은 다음과 같다.

첫째, 인간은 선천적으로 합리적 사고를 할 수 있는 능력을 갖고 있다.

둘째, 비합리적 사고는 일반적으로 생애 초기 학습에 의해 획득된다.

셋째, 지각, 사고, 감정은 상호 의존적이며 동시에 일어난다.

넷째, 비합리적 신념은 기본적으로 잘못되고 부정적인 자아 진술로서 정서적 방해를 유발한다.

다섯째, 이러한 비합리적 신념은 대체될 수 있고 따라서 개인이 긍정적인 언어로 표현하도록 유도함으로써 극복될 가능성이 있다.

이 이론의 주요 초점은 다음과 같은 비논리적 생각이 자기 패배적 태도와 신경증의 기반이 된다는 것이다.

① 나는 뭐든지 매우 잘 해야 해

② 나는 나약하고 어리석게 행동하므로 나쁘고 가치 없는 사람이야

③ 나는 내가 중요하게 여기는 사람에게 인정받고 수용되어야 해

④ 나는 나에게 매우 중요한 사람의 사랑이 필요해

⑤ 내가 만약 거절당한다면 내가 나쁘고 사랑스럽지 못한 사람이기 때문이야

⑥ 사람들은 나를 공정하게 대해야 하고 내가 필요한 것을 주어야 해

⑦ 사람들은 나의 기대에 맞는 생활을 해야 하며 그렇지 않은 것은 끔찍해

⑧ 부도덕한 사람들은 가치가 없는 사람들이야. 썩은 놈들!

⑨ 나는 나쁜 짓이나 아주 어려운 사람들은 정말 참을 수가 없어

⑩ 나의 생애에는 아주 큰 혼란이나 곤란함이 거의 없어야 해

⑪ 중요한 일이 내가 마음먹은 대로 이루어지지 않을 땐 정말 두려워

⑫ 생이 정말 불공평해 참을 수가 없어

⑬ 나는 아주 많이 즉각적으로 행복감을 맛보아야지 그렇지 않으면 비천하게 느껴야 해

이상의 A-B-C이론을 도식화하면 〈그림 8-1〉과 같다.

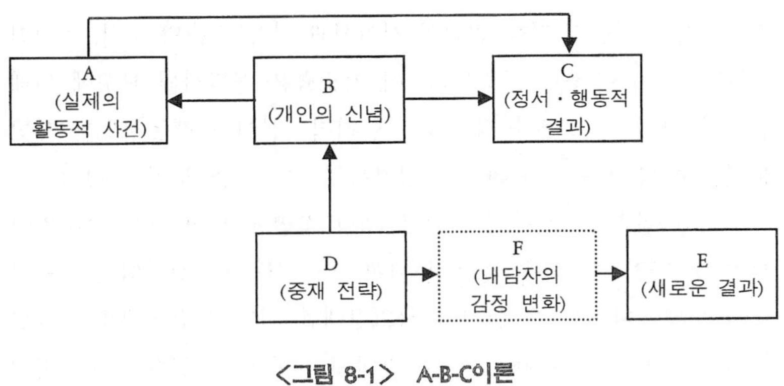

<그림 8-1> A-B-C이론

3. 재활상담에서의 적용과 기법

1) 재활상담에서의 적용

Ellis(2000)는 자유연상, 꿈의 해석, 역동적 해석, 확신과 같은 기법을 비효율적이고 부적절한 것으로 간주하였다. 일반적으로 상담사는 방해받는 행동의 원인이 되는 비합리적 생각의 핵심을 파악하고 내담자로 하여금 이러한 생각들을 확인하게 하고 그것이 얼마나 비논리적인지를 보여 주기 위하여 능동적이고 지시적인 접근법을 사용하도록 하였다. 합리적인 대안을 제시하고 내담자가 정확하게 그 대안을 정리하도록 가르친다. 내담자에게 과제를 부여하기도 한다. 예를 들어 내담자에게 이전 세션의 녹음을 들려주고 세션과 세션 사이에 비합리적 신념을 신랄하게 비난하는 보고서를 내도록 할 수도 있다.

이 접근법의 성공에 대한 기준은 일반적인 관점에서 서술되는데 감소된 불안과 방어성, 비합리적 신념을 공격하고 현실적 테스트를 증가시키는 기술의 향상 선택의 개인성과 자유 수준의 증가, 높아진 자신감과 자아수용이 포함된다. 이 기준들은 상담사의 보고에 의해 얻어진 것이다. 그러나 학자들은 합리적·정서적 행동척도를 개발하였는데 이 기법의 효과성을 평가하는 가능성을 보여 주었다.

그러나 합리적·정서적 접근은 재활 장면에서 활용하는 데 있어서는 몇 가지 측면에서 상당한 제한점이 있다. 이 접근법은 지능이 현저히 낮거나 심각한 인지나 사고장애를 지닌 사람들에게는 적합하지 않다(Parker et al., 2005). 반면에 교육적, 직업적 의사결정에 적합하지는 않는다 하더라도 재활을 저해하는 자긍심, 사회기술, 장애수용의 문제점을 개선할 때에는 이 접근법이 효과적일 수도 있다. 그러나 이 접근법을 활용하기 위해서는 이 기법에 대한 특별한 훈련을 받아야 하는데 재활상담사들은 이 기법에 대한 기술훈련의 접근이 제한적이기 때문에 포괄적으로 활용되어지지 못하고 있어 이들에게 다양한 훈련과정이 마련될 필요가 있다. 특히, 정신장애인이 재활 서비스 대상자로 급증하고 있는 상황에서 이 접근법에 대한 활용과 전문가를 상대로 교육하는 것은 대단히 필요한 조치라고 볼 수 있다.

2) 재활상담기법

□ 재활상담의 목표

합리적·정서적 접근법을 활용한 재활상담의 핵심목표는 비합리적인 것보다는 합리적으로 생각하고 믿는 것을 학습하는 것이다. 내담자의 긍정적인 자아상과 자기-강화에 대한 능력은 또한 이 접근법의 중요한 상담목표이다. 이 합리적·정서적 재활상담은 네 가지 과정으로 기술될 수 있는데 ① 역기능적인 감정과 행동을 확인하는 것, ② 역기능적인 사고와 행동을 비합리적인 신념과 깊게 연결하기, ③ 내담자의 현재의 삶에서 비합리적인 신념에 대한 영향을 줄이도록 독려하는 것, ④ 생활목표와 관련된 신념과 행동들을 좀 더 도움되게 발전시키는 것이다. 따라서 재활상담사들은 이 과정을 촉진시키기 위해 다양한 기법들을 사용하게 된다.

결국, 합리적·정서적 접근의 재활상담목적은 장애인 내담자의 자기 파괴적인 신념들을 줄이고 내담자가 보다 합리적이고 현실적이며 관대한 신념과 가치관을 갖게 하여 더욱 융통성 있고 생산적인 삶을 살아가도록 내담자를 지원하는 것이다. 이 접근의 상담목적을 보다 분명하게 이해하기 위해서는 다음 두 가지 측면에서 좀 더 구체적으로 살펴볼 필요가 있다.

먼저 생각할 수 있는 것은, 합리적 정서적 접근은 겉으로 드러난 어떤 증상을 제거하는 것이 원래의 목적이라고는 보지 않는다는 점이다. 이 접근에서는 겉으로 드러난 증상의 제거보다는 내담자가 가진 근본적인 신념 또는 가치체계를 다시 검토해 보도록 함으로써 내담자가 바라는 행동을 하게 하는데 그치지 않고 근본적인 성격의 변화 및 인생관의 변화를 꾀하려고 한다는 점이다.

다음으로 생각할 수 있는 것은 이 접근에서 정서가 차지하는 비중과 정서와 상담목적과의 관계이다. 합리적 정서적 접근은 합리성을 강조하기 때문에 이 접근에서의 상담가는 내담자를 보다 냉정해지도록 도우려고 애쓴다는 비난을 받는 경우가 있다. 이 비난은 아주 잘못된 것이다. 이 접근에서는 정서를 매우 중요시하면서 두 가지 형태로 정서를 분명히 구분한다. 그 중 하나는 적절한 정서이고 다른 하나는 부적절한 정서이다. 상담은 내담자로 하여금 부적절하고 자기 파괴적인 정서를 버리고 아주 강력하고 진지한 적절한 정서를 가지도록 내담자를 도우는 것이다. Ellis(2000)의 의견을 중심으로 이를 좀 더 구체적으로 설명하면 다음과 같다.

적절한 정서로는 욕망(desiring), 원망(wishing), 선호(preferring)와 같은 여러 가지와 이들이 차단되거나 좌절될 때 일어나는 느낌으로 이루어져 있다. 이렇게 볼 때 적절한 정서 중에도 긍정적인 것이 있고 부정적인 것이 있다. 욕망, 원망, 선호의 대상이 되는 적절한 긍정적인 정서로는 사랑, 행복, 쾌락, 그리고 호기심과 같은 것이 있다. 욕망, 원망, 선호가 차단되거나 좌절될 때 일어나는 적절한 부정적 정서로는 불쾌감이나 걱정과 같은 것이 있다. 부정적인 것도 적절한 정서가 될 수 있는 것은, 이것이 있음으로 말미암아 사람은 실직과 같은 바람직하지 못한 조건을 극복하게 되고, 자신이 바라는 바를 더 많이 성취할 수 있게 되며, 자신이 바라지 않는 것은 더 줄일 수 있기 때문이다.

부적절한 정서로는 대개 우울함, 불안, 절망감, 적개심, 그리고 무가치감과 같은 느낌이 해당된다. 이러한 것들을 부적절한 정서라고 하는 이유는, 이러한 것들은 사람들이 싫어하는 어떤 조건들을 바꾸도록 도와준다기보다도 흔히 보면, 그 조건들을 더욱 악화시키기 때문이다. 즉 길을 가다가 돌멩이에 걸려 넘어졌을 때, 화를 내고 욕을 하다가 보면, 다른 돌멩이에 걸려서 또 넘어지는 경우가 있기 때문이다.

합리적·정서적 접근에서 볼 때 부적절한 정서는 너무 강한 욕망, 원망, 그리고 선호 때문이 아니고, 절대적인 명령과 요구, 즉 "반드시 ~를(을) 해야만 한다" 또는 "반드시 ~이어야만 한다"와 같은 자기 언어화에서 벗어나지 못하는 데 기인하는 것이다. 이 접근에서는 부적절한 정서와 비능률적인 행동은 근본적으로 절대적인 "반드시 ~해야만(이어야만) 한다"라는 비합리적 신념에 그 원인이 있다고 가정하고 있다. 그래서 모든 것에 이 절대적인 원칙을 적용시켜서 지나치게 일반화하여 생각하지 않는다면, 소위 말하는 정서적 혼란은 좀처럼 일어나지 않을 것이라는 것이 이 접근의 입장이다. 따라서 이 접근에서는 내담자의 문제와 내담자의 내면화된 이러한 절대적 원칙의 관계를 자각시키는 것이 하나의 중요한 상담목적이 될 수 있겠다.

□ 재활상담사의 역할

합리적·정서적 재활상담에서 재활상담사와 내담자 관계는 교사와 학생의 관계와 유사한 측면이 있다. 이 관계에서는 합리적인 상담과 불합리한 상황을 분명하게 정립해 줌으로써 정서적 혼란을 제거하는 것이다. 상담의 성공적 결과로써 내담자는 다른 사람의 생각에 덜 의존하게 되고 그들의 행동에서 긍정적인 자기 강화를 가지게 된다. 이 접근법에서 상담가는 내담자의 바람직한 모델이 될 것을 강조하게 된다. 상담과정에서 재활상담사는 정서적으로 건강하며 합리적인 생각으로 살아가고 있다는 것을 보여 주고 내담자의 모델링이 되도록 해야 한다. 또한 재활상담사는 자신이 내담자로부터의 사랑과 인정을 받지 못할 수도 있고 위험이 있음에도 불구하고 내담자의 비합리적인 신념체계를 바로 이야기함으로써 내담자가 용기를 갖도록 모델링이 되어야 한다.

따라서 재활상담사는 내담자에게 아주 포용적이고 무조건적인 긍정적 표준이 강조된다.

□ 상담기법

합리적·정서적 재활상담은 내담자 개인의 특성에 맞추어 다양한 기법을 사용한다. 이 기법들은 때로는 장애인 내담자에게 적용하기에 좋은 기법들도 있으며 내담자가 포기하지 않고 적절한 결과로 이끄는 기법들이다.

○인지적 기법

내담자의 인지구조를 적극적으로 재조직화하는 방법으로 재활상담사는 강력하고 역동적인 인지적 방법을 상담 장면에 활용한다. 인지적 관점에서 재활상담사는 내담자에게 현실을 인지하도록 교육하며 내담자의 비합리적 신념을 논박함으로써 할 수 있고 해야만 하는 절대적 상황을 확인함으로써 내담자를 보다 합리적인 수준으로 끌어올리는 것이다.

○독서요법

엘리스의 기본적 가정을 지지하고 내담자의 문제와 관련된 내담자의 비합리적인 신념이 조절될 수 있는 특별한 책을 읽게 함으로써 내담자로 하여금 그들의 사고방식과 문제를 일으키는 비합리적인 신념을 합리적 신념으로 변화시키고 문제를 일으키는 행동을 변화시키도록 하는 것이다.

○수치심-공격연습

내담자는 타인이 자신을 어떻게 생각할까 하는 두려움 때문에 자유롭게 표현하거나 행동하는 것을 제한받는다. 따라서 이들에게 어떤 환경에서 어떤 행동을 과감하게 해 보는 과제를 주고 해 보게 하면 타인이 자신의 행동에 그리 큰 관심을 갖고 있지 않다는 사실을 발견하게 되고 수줍어하는 내담자도 자신의 생각과 행동을 표현하게 된다.

○역할놀이

내담자는 상담실이나 집, 혹은 다른 장면에서 어떤 행동을 연출한다. 이러한 활동의 경험은 내담자의 비합리적 신념을 변화시키는데 도움을 주고 변화를 위한 행동의 틀을 시작하도록 한다.

○심성연습

Ellis(2000)는 인간은 그들이 되고자 하는 행동과 사건을 상상하도록 격려하면 비합리적 신념체계들이 변화될 수 있다고 믿는다. 특히 행동연습에 의해 이루어진 상상은 내담자를 합리적 신념체계로 존재하도록 할 수 있다고 보고 긍정적인 심상을 갖도록 상담하는 것이다.

○정서적 기법

비록 너무 인지적이라고 비평할지라도, Ellis(2000)는 감정을 탐구하는 것을 배제하지 않는다. 감정의 정화(catharsis)와 자가 치유력이 있다고 믿지는 않지만, 그는 개인의 감정을 탐구하고 비합리적 사고의 결과를 가져오는 감정을 이해하는 것은 중요하다고 믿는다. 따라서 Ellis(2000)는 내담자가 그들의 신념 체계를 신중한 자기-분석을 하여 그들의 감정과 접촉할 수 있도록 격려함으로써 내담자의 신념체계를 합리적으로 변화시키도록 노력해야 한다고 주장한다.

○행동기법

Ellis(2000)는 내담자 변화를 촉진하기 위해서 다양한 행동기법을 사용하도록 강조하고 있는데 조작적 구조화, 체계적 둔감법, 모델링, 자기관리, 이완훈련 등이 사용될 수 있다. 이 행동기법들을 통해 내담자의 가치체계를 합리적으로 변화시키도록 활용된다.

제 9 장

행동주의적 이론

1. 개　념
2. 주요 이론
3. 재활상담에서의 적용과 기법

제 9 장 행동주의적 이론

1. 개 념

행동주의적 이론은 다른 이론과는 달리 학습이론이라는 이미 정립되어 있던 이론을 응용해서 체계화된 이론이기 때문에 어느 한 사람의 이론가에 의해서 정립되었다고는 보기 어려운 이론이다.

행동주의적 이론이라는 용어를 처음 사용했던 사람은 Krumboltz로 그는 1964년 미국 심리학회 연차대회에서 처음 사용했다.

그러나 행동주의적 이론은 Pavlov(1848-1936)의 고전적 조건화 이론에서부터 접근해야 하는데 Pavlov는 개를 대상으로 음식물을 보여 줄 때 침을 흘리는 배고픈 개는 소리가 반복적으로 음식물과 관계되어 함께 제공되면 소리를 지를 때마다 침을 흘리는 것을 학습한다는 것을 발견하였다. 다시 말하면, 개가 소리를 들었을 때, 음식이 제공되던 제공되지 않던 관계없이 연속해서 침을 흘린다는 것이다. Pavlov는 후에 이를 고전적 조건화라고 정의하였다. Wolpe (1958)는 이러한 개념을 활용하여 임상에서 적용하였다.

1930년대 심리학자인 Skinner(1904-1990)는 동물은 금방 보여 준 행동이 강화된다면 그 특정 행동을 학습할 것이라는 것을 보여 주었다(Nye, 1992, 2000; Skinner, 1938, 1971). 긍정적 강화, 증가하는 행동을 막으려는 자극 제공, 또는 부적 강화, 행동의 증가를 막으려는 자극의 제거 등을 설명한 그의 조작적 조건화의 절차는 성공적으로 행동을 변화시킬 수 있었다.

1940년대 Bandura는 성인이 보보 인형에 공격적 행동을 했던 영화를 보았던 아동은 한 방에 모두가 함께 있을 때 그 영화를 보지 않았던 아동보다 더 공격적인 행동을 할 것이라는 것을 발견했다(Bandura et al., 1963). 사회적 학습 또는 모델링으로 알려져 있는 이 세 번째 행동 접근은 비록 우리가 보았던 행동을 즉각적으로 나타내 보이지 않는다 하더라도, 우리는 나중에 그 행동을 하는 능력을 갖고 있다는 것을 보여 주었다(Bandura, 1977).

고전적 조건화, 조작적 조건화, 그리고 모델링의 이 세 가지 행동 접근은 인간 본성에 대한 공통점을 갖고 있으며, 상담 분야에 매우 널리 적용되고 있다. 일반적으로, 내담자를 다룰 때, 이 세 가지 접근은 가능한 최고의 상담을 위해 결합된다(Krumboltz, 1966; Lazarus, 1971).

행동주의는 무의식을 강조하지 않고 초기 아동기 경험에 대한 통찰을 얻는 데 강조점을 두지도 않는다. 대신, 이 이론은 우리가 우리의 현재 행동을 학습해 왔고 새로운 행동을 행동주의자들의 원칙을 적용함으로써 학습할 수 있다는 것을 가정한다. 따라서 경험적 방법으로 고전적 조건화, 조작적 조건화, 또는 모델링을 통해 우리는 내담자가 변화하기를 바라는 행동양식을 탐색할 수 있고 변화과정에서 내담자를 원조하기 위해 이러한 접근을 사용한다. 비록 과거가 우리의 현재 행동을 조건화하는 데 중요하다 할지라도 과거에 초점을 맞추는 것은 행동 변화의 중요성을 고려하지 않는 것이다. 즉 행동주의적 이론은 학습이론의 세 가지 원칙을 상담전략에 연관지음으로써 내담자의 감정이나 태도, 신념보다는 행동의 변화를 강조함으로써 상담의 목표를 달성하는 이론이다.

행동주의적 이론이 다른 이론과 달리 갖는 특성은 몇 사람의 의견을 종합해 보면 대체로 다음과 같은 다섯 가지로 요약된다(Kazdin, 1978; Lafleur, 1979; 이형득, 1998).

첫째, 과거나 미래보다 현재의 구체적인 행동을 강조한다. 내담자의 문제를 과거 경험이나 미래에의 지나친 기대에서 찾으려고 하지 않고, 현재 강화받고 있는 행동을 포함하여 주로 현재에서 찾으려고 한다.

둘째, 상담과정은 바로 교육과정이다. 상담가가 여러 학습 원리를 사용하여 내담자가 원하는 새로운 행동을 학습하도록 돕는 것이 상담과정이라고 본다.

셋째, 개개인에게 가장 적절한 기술을 사용한다. 구체적인 내담자의 문제에 맞게 상담기술을 적용한다. 엄격히 말하면 모든 내담자는 모두 다른 기술의 적용을 받는다.

넷째, 실험에 의해 상담기술을 개발한다. 행동주의적 접근에서는 실험을 통해서만 내담자에게 도움을 주는 기술을 개발한다. 즉 누구나 그 절차에 의해 실험하면 똑같은 결과가 나올 수 있는 기술 개발을 강조한다.

다섯째, 과학적인 방법을 사용한다. 상담기술의 개발뿐만 아니라 객관적인 목표의 설정, 그 결과에 대한 객관적인 평가를 강조한다.

이와 같은 학습이론에 기반을 두고 있기 때문에 행동주의적 이론에서 보는 인간에 대한 관점은 우리 사회의 자연현상과 마찬가지로 일정한 규칙을 가지고 있다고 믿고 이 행동에 영향을 줄 수 있는 변인들을 통제하고 행동수정을 한다면 인간의 행동도 예언하고 수정할 수 있다고 믿는다. 따라서 인간에 대한 기본적인 관점은 다음의 네 가지로 보고 있다(Parker et al., 2004).

첫째, 인간은 선하거나 악할 가능성을 동일하게 가지고 있다.

둘째, 인간은 변화의 능력을 갖고 있다.

셋째, 인간은 개인을 바탕으로 평가되어야 하는 독특성을 가지고 있다.

넷째, 행동은 개인의 인지과정을 통해 해석되는 외적 상태에 의해 유도된다.

2. 주요 이론

이 이론은 인간의 부적응 행동에 대한 인과관계와 분류에 대한 선입견은 거의 없다. 정신병리학적 과정에 관한 가정도 없다. 현재의 문제는 부적응 행동을 학습했거나 세부적인 적응행동을 학습하지 못한 것에 기인한다고 본다. 내담자의 현재 문제를 규명하고 이러한 문제를 해소할 구체적인 행동목표를 설정하며 목적달성을 위한 최적의 기법을 선택하는 것을 강조한다.

Krumboltz와 Thoresen(1969)은 네 가지 일반적 유형의 문제를 규명하였다. ① 의사결정 기술의 부족 ② 비효과적인 직업과 연관된 기술 ③ 부적절한 사회기술 ④ 자기 패배적 공포와 불안이다. 이 네 가지 유형에는 상담사가 내담자에게 융통성 있게 반응하고 원조 절차를 계속적으로 개선함으로써 새롭게 적응할 수 있도록 하는 네 가지 상호 연관된 특징들이 포함된다. 제일 먼저 고려할 것은 상담목적의 수립과정이다. 모든 주요 접근법 중 행동주의적 상담은 목적수립과정을 가장 중요시하는 접근법이다. 목적은 세 가지 필수 범주를 충족해야 한다.

첫째, 내담자가 희망하는 것이어야 한다.

둘째, 상담사는 기꺼이 내담자가 목적을 달성하도록 원조하여야 한다.

셋째, 내담자가 목적을 달성하는 데까지 도달하는 것이 가능하다.

두 번째 특징은 똑같은 설정의 기법은 보편적으로 적절하지 않다는 것이다. 내담자가 자신의 독특한 목적을 달성하도록 돕기 위하여 하나 또는 여러 가지 절차를 결합해서 사용해야 한다. 세 번째 특징은 윤리적으로 문제가 없다면 기법을 선택하는 데 제한은 없다. 추천되거나 승인된 기법은 없다. 각각의 상담사는 새로운 절차를 실험하고 체계적으로 탐색하여야 한다. 마지막으로 절차는 경험적 증거를 바탕으로 수정되어져야 한다.

행동주의적 이론에서 사용하는 이론들은 지속적이고 광범위하게 발전되고 있기 때문에 단적으로 제시하기는 어려우나 일반적으로 많이 사용되는 이론으로는 조작적 조건화 이론이다.

□ 조작적 조건화 이론

조작적 조건화 이론(operant conditioning)은 내담자의 행동을 수정하기 위하여 환경을 조작함으로써 인과적인 결과를 얻고자 하는 기법을 말한다. 인간의 행동이 일시에 갑자기 없어지는 경우는 없다. 따라서 이 행동을 수정하기 위해서는 새로운 행동을 측정하기 위한 환경이 설정되어 정적 변화를 통해 서서히 없애는 과정이 설정되어야 한다. 예를 들어, 발달장애아동을 위한 행동수정 프로그램은 아동의 공격 혹은 행동을 줄이기 위해 내담자를 강화하게 할 것이다. 공격적인 행동이 줄어들거나 변화가 있을 때 상담사는 아동이 좋아하는 보상을 한다든가, 아니면 아동의 부모가 그럴 때마다 스킨십이나 칭찬을 해 줌으로써 공격적 행동이 줄어들게 하는 것이다.

이 조작적 조건기법에서 활용될 수 있는 정적 강화수단은 일종의 토큰법이 활용될 수 있으며 중재 강화수단으로 활용될 수 있는 기법은 벌과 같은 형태이다.

□ 토큰법

조작적 조건기법을 활용할 때 사용하는 기법으로 직접적인 강화인자를 사용하는 대신에 장애인 내담자가 원하는 다양한 물건과 교환할 수 있는 토큰을 보상으로 제공하는 것이다. 이 기법은 개별적인 상담보다는 장애아동을 집단으로 접근할 때 주로 사용되며, 상대적으로 바람직하지 못한 행동을 할 때는 오히려 뺏음으로써 중재기법으로도 활용될 수 있다.

행동수정을 위해 토큰을 사용하는 방법은 다음과 같은 측면에서 장점이 있다(김충기 외, 1997).

① 토큰은 그 유인가를 잃지 않으며 특히 특수한 행동을 개선할 때 그 소득과 가치가 증가한다.

② 토큰은 적절한 행동과 보상 간의 지연을 감소시킬 수 있다.

③ 토큰은 어떤 행동을 변화시키는 강력한 동기인자로 작용될 수 있다.

④ 토큰은 긍정적 강화인자이다.

⑤ 토큰은 번 토큰을 어떻게 사용할까 하는 것을 생각할 기회를 준다.

⑥ 토큰은 상담사와 내담자의 도덕성을 증가시킬 수 있다.

⑦ 토큰법은 사회적 강화를 측정하는 데 사용할 수 있다.

⑧ 토큰은 제도와 제도 밖의 삶 사이의 틈에 다리를 놓아 준다.

□ 체벌

체벌은 행동수정 시 문제가 되는 행동을 줄이거나 없애기 위해 사용되는 조작적 구조기법의 중재전략에 포함된다. 체벌은 바람직하지 않는 공격적 행동의 결과에 대해 중재적인 자극을 제공하는 것이다. Skinner(1971)는 체벌은 궁극적으로 행동수정에 효과적인 방법은 아니라고 믿는다. 오로지 수정되어야 할 행동의 반응 경향을 감소시킬 뿐이지 체벌이 중단되면 행동은 다시 일어난다. 만약 체벌을 사용하려면 긍정적 강화와 결합해서 사용하기를 권고하며 체벌의 형태는 다음 세 가지 기법이 소개되고 있다.

○ 격리

이 체벌은 격리시킴으로써 동수정 효과를 얻는 방법이다. 예를 들면, 앞서 공격적인 자폐성 장애아동이 집단상담이나 교육 장면에서 공격적인 행동을 보일 때 잠시 다른 아동들과 격리시킴으로써 행동의 감소효과를 얻고자 하는데 이 방법은 잠시만 적용해도 극적 효과를 거둘 수 있다고 한다. 격리는 다른 체벌보다 혐오적이지는 않지만 주의 깊은 관심과 부모, 상담사 또는 관계자의 지속적인 관심이 필요하다.

○ 과잉교정

과잉교정은 앞선 공격적인 행동이 지나치게 일어날 때나 다른 대안기법이나 효과적인 방법이 없을 때 활용될 수 있는 방법이다. 이 방법은 공격적인 행동을 하는 아동에게 먼저 자신의 행동 후에 즉각적으로 정상적인 행동을 재구성하도록 요구하고 그 행동에 대해 집단이나 공격적 행동의 피해아동에게 사과를 하게 하는 것이다. 이 방법을 활용할 때는 다음과 같은 사항을 염두에 둘 것을 권고하고 있다(김충기 외, 1997).

① 과잉교정의 절차는 잘못된 행동이 일어난 직후 가능한 한 빨리 적용되어야 한다.

② 이 기법은 그 교육적 기능을 잘 소화하고 이해할 수 있는 사람에 의해 사용되어야 한다.

③ 회복시기에는 강화를 최소한으로 줄여야 한다.

④ 적절한 행동을 강화하는 다른 기법들과 연합하여 사용하는 것이 좋다.

⑤ 과잉교정의 간격은 가능한 한 짧아야 한다.

○반응비용

이 방법은 행동수정의 한 방법으로 공격적 행동에 대한 반응으로 내담자에게 상응하는 비용을 부담하게 하는 방법이다. 보통 이 체벌은 토큰법이 같이 사용되어 공격적인 행동을 하면 장애아동의 토큰을 빼앗게 된다. 따라서 토큰법과 함께 이 방법을 사용하면 혐오적이거나 자극적인 방법을 사용하는 것보다 효과가 크다고 한다.

3. 재활상담에서의 적용과 기법

1) 재활상담에서의 적용

다른 이론들과 달리 행동주의적 접근은 광범위하게 재활 장면과 장애아들에게 적용 가능한 것으로 여겨진다. 이 접근의 기본방향이 내담자의 바람직하지 못한 행동도 바람직한 행동과 마찬가지로 학습된 행동으로 보기 때문에 상담목적은 잘못 학습되었다고 생각되는 행동을 제거하고, 보다 효과적이고 바람직한 행동을 새로이 학습하도록 내담자를 도와주는 것이기 때문에 행동수정이 필요한 지적 장애, 자폐, 학습장애인까지 널리 활용될 수 있는 상담기법이다.

대부분의 장애인 내담자가 갖는 본질적인 문제, 예를 들어 직업탐색 및 유지 기능의 부족, 부적절한 사회적 행동, 직업변화에 따른 공포 등도 행동주의 상담으로 수정이 가능하다. 그러나 이 접근법을 장애인 내담자에게 적용하고 활용하기 위해서는 재활상담사는 학습이론 모델을 바탕으로 한 기법의 적용에 대해 특별한 훈련을 받아야 하며 아울러 문제규명 및 목적수립 기술들을 배워야 한다. 그러나 엄격한 강화 스케줄의 유지와 같이 타인의 협조를 요하는 기법들을 장애인 내담자에게 적용할 때 몇 가지 제한점이 있을 수 있다.

2) 재활상담기법

□ 재활상담의 목표

초기의 행동주의적 접근에서 상담의 목표는 사회적 활동을 저해하는 비현실적인 공포나 불안을 제거하는 것이 중요한 목적이었으나 점차적으로 상담의 목표는 잘못된 학습행동에 대치되는 새로운 행동의 학습을 통한 행동수정이 목적이 되어 가고 있다.

행동주의적 접근에서는 포괄적인 상담목적보다 구체적인 행동목표를 강조하며, 상담목표는 구체적인 내담자의 행동문제가 적시된다. 그러나 이렇게 구체적인 행동문제를 강조하는 행동주의적 상담목표는 다른 접근으로부터 비판의 대상이 되기도 하는데, 즉 이 접근을 통해 혼란을 일으키는 문제행동을 일시적으로 제거할 수는 있으나 혼란을 일으키는 행동의 요인을 제거하는 데 한계가 있고, 문제행동이 제거되더라도 곧 유사한 징후가 나타날 수 있다는 단점을 가지고 있다는 것이다. 행동주의적 접근에서는 상담목표가 상담을 진행해가는 데 중요한 역할을 하게 된다. 첫째, 상담목표의 설정은 장애인 내담자가 가지고 있는 문제 영역을 분명히 나타내 주고, 둘째, 상담목표가 상담전략이나 상담기법을 선택하는 데 충분한 기초자료로서 활용될 수 있으며, 셋째, 상담목표의 성취 정도를 측정할 수 있는 어떤 기준을 제공해 줄 수 있다.

따라서 행동주의적 접근에서는 상담목표의 설정은 대단히 중요한 핵심이 된다.

□ 재활상담사의 역할

행동주의적 이론에서 재활상담사의 역할은 장애인 내담자에게 능동적이고 지시적인 역할을 하게 되는데 장애인 내담자의 부적응 행동을 진단하고 이 문제행동을 수정하는 일종의 교사, 관리자로서 역할을 하게 된다.

또한 재활상담사의 주요한 기능은 장애인 내담자를 위한 역할모델로서의 기능이다. 학습의 대부분은 다른 사람의 행동을 관찰함으로써 얻어지는 것이기 때문에 장애인 내담자가 재활상담사의 행동을 모방함으로써 행동수정을 유도하게 된다. 그러나 행동주의적 이론을 비판하는 측면에서는 재활상담사의 이런 역할은 장애인 내담자에게 가치를 부여하며 지나치게 지시적이라고 비판하는 경우도 있지만 재활상담사는 자신의 가치가 지나치게 장애인 내담자에게 강조되지 않도록 접근하는 자세가 필요하다.

□ 상담기법

행동주의적 이론에서 널리 사용되는 기법들은 이론에서 소개한 조작적 조건화 이론과 함께 모델링, 이완훈련 및 체계적 둔감법, 주장훈련, 자기관리기법 등이 있다.

○ 모델링

모델링은 행동주의적 이론에서 내담자가 다른 사람이 하는 행동을 봄으로써 자신의 행동을 비슷하게 따라하는 형태를 행동수정에 적용하는 이론이다. 이 이론은 관찰학습, 모방, 사회학습, 대리학습과 같은 용어로 사용되기도 하는데 모델링은 인간행동의 발달과 수정에 있어 중요한 역할을 하고 있음이 많은 연구에서 강조되고 있다(Bandura, 1969, 1977). Bandura(1977)는 어떤 자극에 대해 대부분의 사람들이 두려움을 가지고 있는 것을 관찰하고서 자신도 그 자극을 혐오자극으로 판단하고 두려워하게 된다고 보고 있다.

모델링의 효과는 세 가지 정도로 요약되는데, 첫째, 새로운 반응이나 기술, 그리고 그것을 수행하는 방법을 획득한다. 예를 들면 자폐성 장애아동들이 통합교육을 통해 비장애아동의 행동을 보고 스스로 일상생활을 하는 것 등이다. 둘째, 두려운 반응이 제거된다. 예를 들면 물리지 않고 뱀을 만지는 사람을 보고 뱀에 대한 두려움이 줄어들거나 없어질 수 있다. 셋째, 반응을 촉진한다. 즉 모델링은 이전에 이미 배운 행동을 더 자주 하게 만든다.

모델링의 형태는 사람에 의한 직접적 모델링과 상징적 모델링이 있다. 사람에 의한 직접적 모델링은 적절한 행동이나 사회적 기술을 내담자에게 가르칠 수 있고, 태도나 가치에 영향을 미칠 수도 있다. 상담에서는 상담가가 내담자에게 모델링을 보일 수 있다. 사람 이외에 슬라이드, 녹음테이프, 녹화테이프 등을 사용하는 방법이 상징적 모델링인데 이 방법은 다양하게 배열하여 사용할 수도 있다.

Bandura(1969)는 시범이 여러 장면에서 성공적이었음을 보고하고 있는데 집단상담의 경우에 있어서는 집단원 각자가 서로 자기 이외의 다른 사람에게 모델링을 보이는 것이 되기 때문에 개인상담보다 효과가 더욱 크다. 효과적인 모델링의 특징에 대해서는 모델링을 보이는 사람과 이를 관찰하는 사람이 나이, 성, 인종, 태도 등에서 서로 유사할수록 더욱 효과가 있음을 지적하고 있다. 그리고 지위가 높은 사람, 여러 사람들로부터 신망을 받는 사람, 능력이 있고 온정적인 사람이 시범을 보일 때 더욱 효과적임을 밝히고 있다.

○ **이완훈련 및 체계적 둔감법**

인간은 불안과 안정감을 동시에 느낄 수 없기 때문에 이완훈련은 대개 불안과 공포를 경험하는 내담자에게 적용되었다. 이완훈련은 인간이 살아가면서 나타나게 되는 스트레스에 대처하는 방식의 하나로 이용되어 왔다. 많은 이완훈련들이 소개되고 있으나 일반적인 전통적 이완훈련은 Jacosson(1938)에 의해 소개되었는데 이 방법은 체계적 둔감법이나 주장훈련, 자기관리기법 등과 함께 사용된다.

이 이완훈련은 여러 가지 구성요소를 포함하는데 보통 4~8시간의 강의를 포함한다. 내담자는 이완을 요구하는 일련의 강의를 받는다. 그는 자의적으로 계약을 맺고 근육을 이완시키는 동안 조용한 환경에서 수동적이고 이완된 상황에 놓인다. 깊고 규칙적인 호흡과 함께 근육을 이완시킨다. 동시에 정신적으로는 즐거운 상상이나 생각에 초점을 맞춘다. 매일 20~25분 정도 훈련하면 습관적인 유형이 생길 수 있게 되어 이완이 잘 될 수 있다. 이런 연습기간 동안 내담자로 하여금 적극적으로 긴장을 느끼고 경험하게 하며 그의 근육이 점점 긴장되는 것에 주의를 집중시키게 하고 이 긴장을 충분히 경험하도록 하는 것이 도움이 된다. 또한 긴장과 이완간의 차이점을 경험하게 하는 것이 유용하다(김충기 외, 1997).

지난 수년 전까지는 이완훈련은 일차적으로는 체계적 둔감화 과정의 한 부분으로 사용되었다. 체계적 둔감법은 행동주의적 이론에서 가장 일반적으로 사용되는 기법으로 이 기법은 일차적으로 불안으로 인한 부적응 행동에 적용된다. 이 기법은 우선 불안을 야기하는 행동을 분석하고 불안을 야기하는 요인을 강도별로 작성한 후 이완절차를 학습시키고 상상적인 장면을 통해 접근해 가는 방법이다. 이때, 장면의 위협이 가장 적게 느껴지는 상황에서부터 가장 위협적인 상황으로 불안을 둔감해 가는 방식이다. 예를 들어 엘리베이터 사용에 공포를 가진 자폐성 장애인을 체계적 둔감법으로 접근한다면 ① 자폐성 장애아동으로 하여금 엘리베이터를 쳐다보게 한다. ② 열림 상태에서 열린 문을 통해 엘리베이터를 타게 한다. ③ 엘리베이터로 한층 올라가게 한다. ④ 엘리베이터로 5층 올라가게 한다. ⑤ 엘리베이터로 20층 올라가게 한다. ⑥ 엘리베이터로 50

층까지 올라가게 한다. ⑦ 엘리베이터로 두류타워 전망대까지 올라가게 한다. 사무실에서, 상담사는 첫 번째 단계를 시작할 수 있고, 눈을 감으라고 내담자에게 요구하고, 내담자에게 이완훈련을 시키고, 엘리베이터를 보며 상상하라고 한다. 내담자는 불안하다고 느낄 때 손을 들도록 한다. 불안을 느꼈을 때, 상담사는 이완감정을 재정립하고 다시 시작한다. 이런 기법은 시간이 걸리고, 때로는 내담자가 체계를 완성할 때까지 4, 5번의 회기로 끝이 난다. 사무실에서 이 체계를 완성한 후, 내담자는 실제 생활에 적용할 수 있다. 요즘은 상담사가 이러한 행동을 위해 노력하는 동안 내담자를 참여시키는 것이 보기 드문 것은 아니다.

이와 같은 체계적 둔감법의 과정을 체계적으로 정리하면 다음과 같다(김충기 외, 1997).

첫째, 배척, 질투, 비탄, 무시 또는 공포증과 같은 특수한 영역에서 불안을 야기하는 자극을 분석한다. 상담사는 불안이나 회피의 정도를 증가시키는 상황의 목록을 작성하고 내담자가 상상할 수 있는 가장 나쁜 상황에서부터 가장 적은 불안을 야기하는 상황까지 질서정연한 불안 위계표를 작성한다. 예를 들면, 만약 내담자가 배척당하지 않을까 하는 불안을 갖고 있다고 판단되면 가장 불안을 크게 가져다주는 상황은 배우자로부터 거부당하는 것이고 다음은 친한 친구 그리고 다음은 동료에게 거부당하는 것이 될 것이다. 그리고 가장 조금 장애받는 상황은 파티에서 낯선 사람에게 무시당하는 상황이 될 것이다.

둘째, 처음 얼마 동안은 내담자는 Jacosson(1938)에 의해서 만들어진 이완훈련을 받는다. 호숫가에 앉아 있거나 아름다운 들을 거니는 것 같은 편안한 상황을 생각하도록 암시를 받을 것이다. 내담자가 조용하고 평화스런 상태에 들어가는 것은 매우 중요한 일이다. 내담자는 모든 근육을 이완시키고 특히 안면근육에 강조를 두고 몸 전체를 통해 자신을 이완하는 방법을 배운다. 맨 처음 팔을 이완시키고 그 다음으로는 머리, 목, 어깨, 등, 뼈, 가슴 그리고 하체의 다리 부분 순으로 이완시킨다. 내담자는 매일 30분 정도 치료 이외의 이완의 연습을 해야 한다. 내담자가 신속히 이완을 학습하면 둔감화 절차가 시작된다.

셋째, 둔감화 과정은 눈을 감고 완전히 이완된 상태에서 시작한다. 상담사는 일련의 장면을 기술해 주고 내담자에게 각 장면에서 상상하도록 요구한다. 중심적 장면을 제시하고 상상하도록 한다. 만약 내담자가 이완되었으면 그에게 아주 작은 불안을 유발시키는 장면을 상상하도록 요구한다. 상담사는 내담자가 불안을 느낀다는 신호를 보내 올 때까지 위계에 따라 점진적으로 시행하는데 내담자가 불안신호를 보내오는 그 지점에서 일단 멈추어야 한다. 다시 이완을 유도하고 그런 다음 불안위계에 있는 장면들을 통해 둔감화가 진행된다. 내담자가 가장 장애가 되는, 불안야기 장면을 상상하면서도 이완상태로 있을 수 있을 때에 치료는 끝난다.

체계적 둔감법은 공포증을 치료하는 데는 효과적이지만 불안을 치료하는 데는 잘못 적용될 수도 있다. 이 기법은 인간관계에 대한 불안이나 예기적인 두려움, 일반화된 두려움, 신경증적 불안 그리고 성기능장애와 같은 불안을 야기하는 광범위한 상황에 효과적으로 적용될 수 있다. 체계적 둔감법은 동물이나, 죽음, 상처 그리고 성관계 등에 대한 두려움을 없애는 데 아주 효과적이며, 이것은 또 백일몽, 신경성 식욕부진, 강박증, 충동증, 떨림 그리고 우울증에도 효과적이다.

○ 주장훈련

주장훈련은 분노나 적개심을 표현하지 못하거나 거절하기를 어려워하거나 지나치게 겸손하여 다른 사람에게 이용당하거나, 애정

등을 표현하는 데 어려움을 느끼거나 자신의 생각이나 신념, 느낌을 표현하기를 두려워하는 사람, 즉 대인관계에서 불안을 느끼는 사람들을 위해 활용되는 기법이다.

주장훈련의 기본가정은 대인관계에서 불안을 느끼는 사람들도 자신의 느낌, 생각, 신념 그리고 태도를 표현할 권리가 있다는 것으로 주장훈련의 목표는 내담자가 대인관계 상황에서 자기의 주관적으로 행동할지를 선택할 수 있도록 그의 행동목록을 증가시키는 것이며, 자신을 표현하도록 교육하는 것이다.

내담자가 일반적으로 상담과정에서 사용하는 주장훈련의 여섯 가지 임상적 전략이 있는데 지시, 피드백, 모델링, 행동연습, 사회적 강화, 그리고 과제부여이다(김충기, 1977).

① 지시: 상담사는 내담자에게 그의 특수한 행동을 말해 준다. 명확한 지시는 내담자가 눈을 맞추고 소리를 높일 수 있게 도와준다.

② 피드백: 이것은 지시가 끝나고 일련의 행동을 실행하는 내담자에게 주어지는 상담사의 논평을 말한다. 긍정적 또는 부정적 피드백은 뚜렷한 행동변화가 일어나는 것을 보여 준다.

③ 모델링: 때때로 상담사는 내담자가 흉내 내도록 하기 위해 바람직한 행동을 적극적으로 보여 주기도 한다. 살아 있는 모델이나 비디오테이프로 된 모델이 쓰인다.

④ 행동연습: 이것은 치료기간 동안의 역할놀이이다. 인간관계 상황에 대한 효율적인 또는 비효율적인 행동들이 비판되며 여러 상황에서 실행된다.

⑤ 사회적 강화: 이것은 내담자가 바람직한 반응을 했을 때 내담자를 칭찬하는 것이다. 칭찬을 통해 목표반응이 점진적으로 조형된다.

⑥ 과제 부여: 주장훈련의 통합된 면은 행동적 본질에 대해 특수한 과제를 부과하는 것이다. 이런 과제를 통해 내담자는 치료기간에 배운 것을 실제 생활로 옮겨 간다. 그리고 새로운 학습을 실제

의 인간관계 상황에 적용시킬 수 있다. 내담자는 요구를 받아들이기도 하고 거절하기도 하며 적절한 때에 자신의 감정과 생각을 표현할 수 있다. 내담자는 자신의 과제를 이행하는 데 직면하는 어려움을 겪으면서 보다 주장적일 수 있다.

○ 자기관리기법

이 기법은 내담자가 스스로 자신의 삶이나 공격적인 행동을 조율하고 관리해 나가는 방법이다. 자기관리기법은 비교적 1980년 이후 등장하여 활발하게 논의되고 있는 기법으로 개인은 스스로 통제하거나 변화시키고 싶은 특별한 행동들을 스스로 결정해서 관리할 수 있다.

자기관리기법의 과정은 대체로 다음의 과정의 이해를 통해 실현된다.

① 정확하고 도달 가능한 목표와 전략 선택

이 과정은 내담자 스스로가 수정하고자 하는 행동이 무엇인지 먼저, 구체화하는 것이며 이때 구체화는 한 개의 목표를 설정하는 것이 바람직하다. 이때 목표는 측정될 수 있고 긍정적이며 내담자에게 의미 있는 것이어야 하고 전략적으로 실현 가능성이 있어야 한다.

② 일어날 수 있는 위험요인의 이해

이 과정은 자기관리기법과 함께 다른 기법을 동시에 활용할 때 이에 따른 위험요인과 성공요인을 명확히 하고 특히, 가능한 위험요인을 이해하는 것이 중요하다. 자기관리기법은 특별한 전략을 사용하게 되는데 이 전략의 적용과 이에 따른 의미 있는 변화와 위험 요인을 분석하는 것은 중요하다.

③ 전략이행 및 자기관리

1, 2단계에서의 선택된 목표와 전술, 위험요인 등을 고려하여 이행을 하고 이 과정의 자신의 행동을 정확하게 관찰하고 기록하는 것이다. 이때는 행동의 단순한 결과나 느낌을 기록하기보다는 구체적으로 수정된 목표에 초점을 맞추어 기록하는 행동일기를 쓰는 것이 필요하다. 행동일기에는 목표가 되는 행동, 예를 들면 과식행동의 변화를 목표로 하였다면 식사장소, 식사횟수, 음식종류, 양, 칼로리 등을 기록해 자기문제를 정확하게 진단하고 활용할 수 있도록 해야 한다.

④ 평가

1, 2, 3단계의 과정들에 대한 자기평가이다. 만약 이 평가에서 1, 2단계의 목표와 전략이 성공하지 못했다면 성공하지 못한 이유와 분석이 이루어져야 하며 이 분석은 3단계의 자기관리 자원을 기초로 해야 한다.

⑤ 변화를 위한 계획 이행

이 과정에서는 변화를 위한 행동은 점차로 바람직하지 않은 행동을 바람직한 행동으로 대치시키도록 요구할 것이다. 이런 행동계획은 자기강화체계와 작업계약의 체결을 수반한다(김충기 외, 1997).

자기강화(self-reinforcement)는 이 계획의 기본 요소이다. 강화인자는 영향을 주는 사건이나 대상물인데 그것을 진행시키는 반응가능성이 제시되거나 철회될 때이다. 행동을 변화시키기 위해 강화를 사용하는 것은 현대 행동주의 치료의 초석이다. 개인적으로 동기화시키는 적절한 자기강화를 선택하는 것이 중요하다.

자기계약(self-contracting)은 변화를 위한 또 다른 계획의 하나이다. 이것은 바람직한 또는 바람직하지 않은 행동에 따르는 내적·

외적 결과를 추진시키는 결정을 포함하는 자기관리전략이다. 이 방법은 내담자로 하여금 어떤 일관성을 갖고 자신의 행동계획을 실행하는 데 있어 책임지도록 해 준다.

행동계획이 추진된 후에는 어떤 것이 목표를 달성하는 데 보다 적절한가 또는 어떤 부분이 잘 실행되지 않고 있는가를 점검하여 재조정하거나 수정해야 한다.

제 10 장

절충주의적 이론

1. 개　념
2. 주요 이론
3. 재활상담에서의 적용과 기법

제 10 장 절충주의적 이론

1. 개 념

행동치료가 기법과 전략에 제한점이 있다고 느껴, Lazarus는 중다치료라고 불리는 것을 개발하였다(Lazarus, 1976; Wolph & Lazarus, 1966). 오늘날, 중다치료는 다양한 기법들을 채택하고 많은 사람들에 의해 절충주의적 접근으로 정의된다(Lazarus, 1976; Lazarus & Beutler, 1993; Mahalik, 1990).

이 이론은 기본적으로 상담을 위해 내담자에게 상담접근이론을 미리 결정하거나 일률적으로 사용하는 것에 대해 이의를 제기하며 내담자에게 적절하고도 개방적인 면에서 절충할 수 있음을 강조하고 있는 이론이다.

한때 상담이론가들은 두 가지 이상의 상담이론을 사용하는 데 대하여 상당한 의문을 가진 적이 있으며 절충주의적 이론을 사용하는 데 있어서도 비판을 제기하였다. 절충주의적 이론을 사용하는 데 대한 논쟁은 상담사가 인간발달과 행동에 대해 다른 견해를 가진 기법들을 선택할 때 상당한 불일치와 혼란을 야기할 수 있다는 논쟁에서 출발하였다. 서로 다른 이론들은 매우 다양한 기법들을 사용하기 때문에 상담사는 자신의 참조 체계로서 한 가지 이론을 선택하여야 했다. 그렇게 하지 않을 경우에 상담사는 상담과정을 방해하는 불일치한 기법을 사용하게 된다. 이러한 이유로 어떤 사람들은 절충주의보다는 통합이라는 용어를 선호한다.

비록 절충주의에 대한 반대가 상담사로 하여금 실무에서의 목적과 전략 사이에서의 갈등을 피할 수 있게 할지는 몰라도 모든 유형의 행동문제를 중재할 수 있는 이론은 존재하지 않는다는 사실을 간과한 것이다. 또한 유사한 문제를 가진 내담자라도 항상 똑같은 치료방법에 잘 반응하지는 않는다는 사실을 간과하는 것이다.

결론적으로 절충적 또는 통합적 접근법은 Lazarus(1995), Beutler (1983), Norcross(1986)의 작업에 의해 예증되었고 상당한 지위를 획득하였다. 절충주의적 접근은 인간행동에 대한 모든 두드러진 과학적 자료와 철학적 논문들을 바탕으로 상담의 체계를 개발하려는 시도를 의미한다. 본질적으로 통합주의적 상담사들은 논리적으로 통합되어질 수 있고 철학적으로 일치되는 기법들을 다양한 이론적 체계에서 도입하여 사용한다.

이와 같은 경향은 재활 장면에서도 마찬가지인데 Lambert 등 (2004)과 Ryder(2003)는 재활상담사들이 상담업무에서 평균 4.4개의 이론들을 활용하고 있음을 지적하면서 내담자에게 꼭 맞는 이론은 존재하지 않기 때문에 절충주의적 접근을 광범위하게 활용하고 있는 것으로 분석되고 있다.

2. 주요 이론

Lazarus(1995)는 다양한 이론과 접근법에서 빌려 온 상담기법들을 선택하여 체계화함으로써 절충주의적 이론을 개발하였다. 그는 기법의 이론적 우수성에 관계없이 내담자의 욕구에 기초하여 기법들을 선택하는 기술적 절충주의를 신봉하였다. 반면에 이론적 절충주의는 철학적으로 상반된 두 가지 이상의 상담이론을 통합하는 것을 의미한다.

Lazarus(1995)의 절충주의적 이론의 전제는 인간은 움직이고 느끼고 지각하고 상상하며 생각하고 관계하는 복합적인 존재라는 것이다. Lazarus(1995)는 인간의 성격 기능을 7가지 범주로 조직화함으로써 개념화하였는데 첫 글자로 표시하면 BASIC-ID이다. B=행동(behavior), A=정의적 과정(affective processes), S=감각(sensations), I=이미지(image), C=인지(cognitions), I=대인관계(interpersonal relationships), D=약물(drugs), 생물학적 기능, 영양, 운동이다. 그는 이 모델로부터 7가지 범주에 적합한 36가지의 기법들을 규명하였다. BASIC-ID 페러다임은 상담사가 자신의 절충주의적 접근법을 수립할 때 조직화된 틀을 제공한다.

이 BASIC-ID는 내담자의 성격 인지적 지도로서 내담자는 다음과 같은 질문에 반응함으로써 내담자 자신만의 행동양식을 개발하는 것이다.

① 행동(behavior): 자신이 강화시키고 싶거나 제거시키고 싶은 행동, 습관, 제스처, 반응 그리고 응답과 같은 자신의 전체적인 행동 리스트를 만들라. 그리고 그런 행동을 시작할 것인지 그만둘 것인지를 결정하라.

② 정서(affect): 불필요한 감정 기분, 그리고 강한 느낌(예를 들어, 불안, 죄의식, 분노, 우울)을 기록하라.

③ 감각(sensation): 촉각, 미각, 후각, 시각, 청각과 관련한 모든 부정적 감각의 목록을 작성하라.

④ 상상(imagery): 성가시게 되풀이되는 꿈과 생생한 기억, 그리고 자신의 자아상에 대한 부정적 형상에 대해 기록하라. 당신을 곤란하게 하는 모든 정신적 이미지나 청각적 이미지의 목록을 작성하라.

⑤ 인지(cognition): 당신이 행복해지는 방법의 모든 태도, 가치,

의견, 생각의 목록을 작성하라. 자신에게 종종 말하는 부정적인 것(예를 들어, 나는 실패자다)을 포함하라.

⑥ 대인관계(interpersonal relationships): 타인(친구, 연인, 고용주, 아는 사람)과의 성가신 상호작용에 대해 기록하라. 다른 사람이 당신을 다루는 방식에 대해 당신이 갖고 있는 관심이 여기에서 드러나야 한다.

⑦ 약물 / 생리(drug/biology): 당신이 복용하는 의사에 의해 처방된 것이든 아니든 모든 약의 목록을 작성하라. 건강 문제, 의료적 관심, 그리고 당신이 갖고 있거나 경험했던 질병에 대한 모든 것을 포함하라.

이와 같은 내담자의 행동양식을 통해 내담자가 가지고 있는 내담자의 중심적이고 의미 있는 주제들이 노출되면 다음 단계는 다른 양식과의 상호작용을 검토해야 한다. Lazarus(1995)의 절충주의적 이론은 내담자 개인은 독특하고 다양한 욕구와 기대를 갖고 있으며 그렇기 때문에 다양하고 폭넓은 양식을 적용해야 한다는 가정을 가지고 있다.

이 접근법은 많은 내담자들이 기술을 습득하려는 욕구를 갖고 있으므로 상담가는 언제든지 내담자를 가르치고 안내하고, 훈련시키고, 모델링이 되도록 정보와 교육 그리고 피드백을 제공해야 한다.

Lazarus(1995)의 BASIC-ID이론 외에 또 다른 이론은 기술적 절충주의와 다른 연구와 실제에서 이론적 체계를 제안한 Beutler(1983)에 의한 것이다. 그의 모델은 체계적 절충주의의 한 예로서 다양한 치료학교의 기본원칙들을 체계적으로 통합한 것이다. Beutler(1983)의 접근법은 상담사의 특성, 내담자의 특성, 치료변인에 바탕을 둔 상담사－내담자의 조화를 강조한다.

Frank(1961)와 Strong(1968)과 같이 Beutler(1983)는 상담을 상담사가 내담자로 하여금 자신의 삶을 변화시킬 수 있도록 영향을 주는 설득과정으로 보았다.

이 외에도 Howard 등(2003)의 이론이 있는데 앞의 두 가지 이론과 유사하며 Howard는 상담실무에 Hersey와 Blanchard(1977)가 개발한 상황리더십이론을 바로 적용하였다. 그의 이론은 응용상담치료(ACT: adaptive counselor and therapy)라고 일컬어지는데 상담사의 준비 네 가지와 리더십의 네 가지 유형을 가정하였다. 준비도의 네 가지 수준은 ① 낮은 준비도, ② 보통보다 약간 낮은 준비도, ③ 보통보다 약간 높은 준비도, ④ 높은 준비도를 말한다. 지시와 지원(리더십)의 네 가지 유형은 ① 말하기－많은 지시, 적은 지원, ② 교육하기－많은 지시, 많은 지원, ③ 지원하기－적은 지시, 많은 지원, ④ 대표하기－많은 지시, 적은 지원이다.

Howard는 지시의 네 가지 수준과 지원의 네 가지 수준을 16개의 셀로 구성된 4×4모형의 형태로 병렬하였다. 각각의 셀은 지시와 지원의 수준을 결합하여 표현하였다. 각각의 셀에 Howard는 상담의 주요 이론 한 가지와 그 이론의 주장들을 배치하였다.

3. 재활상담에서의 적용과 기법

1) 재활상담에서의 적용

Norcross(1986)는 상담 및 심리치료 분야에서의 절충주의적 이론을 종합적으로 요약하면서 절충주의와 연관된 이슈와 관심에 대해 개략적으로 서술하였고 절충적 해결책, 즉 절충주의가 혼란스러운 상담이론과 접근법들을 다루는 해결책이라는 점을 제안하였다. Norcross(1986)는 체계간의 갈등이 서로 화해하는 쪽으로 변화하고 있다는 점을 주목하였다. 절충주의(통합)는 상담 및 심리치료학파의 협소한 범위를 초월하면서 통합되고 경험적인 체계에 바탕을 둔 종합적인 상담 접근법의 개발을 가능하게 하고 있다. 마지막으로 Norcross는 이론적 순수성을 강조하는 것은 중요한 변인들을 부당하게 배제하기 때문에 너무 많은 대가를 지불하게 된다는 점을 경고하였다.

장애인 내담자를 대상으로 하는 재활상담은 장애인의 개인적, 직업적, 사회적 잠재능력을 개발해 최고의 역량을 발휘할 수 있도록 하는 것이다. 따라서 이러한 재활상담목표는 아마도 절충적이고 통합적인 상담이론을 활용하는 것이 가장 효과적이라는 것에 대해 재활상담학자들은 동의하고 있다.

이 절충주의적 이론은 상호 보완성과 복잡성을 갖는 장애인 내담자들의 특성에 효과적으로 접근할 수 있기 때문에 장애인 내담자가 가지는 상담문제 해결에 접근이 용이하다. 이 이론은 장애인 내담자의 내적인 특성, 경향, 동조지지, 그리고 가족, 학교, 직업, 사회정치체계, 그리고 건강체계를 포함한다. 절충적 혹은 통합적 접근은 또한 재활상담의 활동적이고 단기간적인 특성에 적합하다. 이 특성은 절충적 혹은 통합적이고, 인간중심적이고, 병리학적이지 않고, 활동적이고, 평등하고, 목표 지시적인 지도를 통해 접근을 가장 최상으로 성취하도록 한다. 게다가, 통합적인 접근은 재활상담사에게 긍정적인 경험과 잠재적이거나 잃어버린 특성의 회복에 대한 증가를 용이하게 할 수 있는 것이다(예를 들어, 예기치 않은 신체적, 태도적, 가치적 자원들). 또한 절충적 혹은 통합적 접근은 재활상담사에게 인지, 행동, 정서의 서로 작용하는 3요소에 초점을 맞추는 수단을 제공한다. 재활상담사는 처음에 특정한 재활문제에 초점을 맞추고, 즉시 문제에 개입하고, 다음에 소비자의 상황에 관련된 인접한 주제들을 제시한다. 이 방법은 상담사가 소비자에게 좀 더 적응할 수 있는 행동을 지시하는 것과, 소비자의 특정한 문제에 관련된 인접한 주제들에 대해 그들이 통찰력을 가질 수 있도록 돕는 것이 가능하다.

2) 재활상담기법

□ 재활상담의 목표

절충주의적 이론은 개인관점의 상담에도 활용되지만 집단상담에도 널리 활용되고 있다. 따라서 이 이론에서 재활상담의 목표는 장애인 내담자가 가지고 있는 문제 영역과 상담의 목표를 일치시키는 것이다. 예를 들어, 보다 주장적인 행동을 하고 싶어 하는 사람들이라든지, 체중을 줄이고 싶어 하는 사람들, 인간관계에서 대화기술을 향상시키고 싶어 하는 사람들, 그리고 다른 사람들이 자신이 학습하는 것, 학습하지 못하는 것, 재학습하는 것을 중재시켜줄 것이라고 기대할 때 이것을 문제 영역화하고 학습이나 여러 가지 기법들을 통해 상담목표를 성취하도록 하는 것이다.

결론적으로 절충주의적 이론에서 재활상담의 목표는 내담자의 욕구에 기초하여 다양한 기법들을 선택하는 기술적 절충주의를 통해 문제해결을 하는 것이라 요약할 수 있다.

□ 재활상담사의 역할

절충주의적 이론은 여러 가지 과학적 자료와 인간행동의 심리학적 연구에 기초한 상담기술 시스템을 발전시키는 이론이다. 특별히, 재활상담사는 다양한 이론체계들로부터 유래한 기술들을 사용해야 한다. 이 기술들은 치료계획에 논리적으로 통합될 수 있으며 조심스럽게 기존 이론으로부터 새로운 메타이론에 두 가지 이상의 이론들을 결합하는 기술을 가져야 한다. 상담이론과 기술들은 긍정적인 심리사회적인 적응을 얻는 것을 촉진하는 데 사용될 수 있다. 이러한 상담이론과 기술들은 그 방법이 다르고 광범위하다. 예를 들면, 부정적인 자아개념 때문에 새로운 관계를 만들거나 오래 유지하기 어렵다는 것을 발견한 내담자의 관계를 촉진시키기 위한 인간중심이론을 이용한다. 이 이론은 다루기 힘들고 적대적인 내담자의 적응을 위한 행동적이고 자발적인 강화인자 기술들을 가지고 있다. 추가적으로, 게슈탈트 집단치료(대면집단을 통한 집단치료)의 원리는 인지기술과 특성－요인 기술들을 혼합할 수 있다. 이 기술들은 엄격한 자기평가와 환경적 평가가 필요한 직업선택의 어려움에 직면한 내담자를 원조한다.

재활상담사는 서로 다른 이론들의 철학과 가치충돌을 조심스럽게 탐색하고 분석하는 만큼 가능성은 거의 무한하다. 재활실제에서의 상담의 절충적이고 통합적인 접근의 영향은 실제적인 모델을 제공한다. 이러한 모델은 이론적 결백보다는 내담자 욕구에 기초한 기술들을 선택하므로 재활상담사는 상담이론에서 다루는 기법과 다양한 상담경험을 가져야 하고 이에 대한 충분한 교육과 훈련이 이루어져야 한다.

□ 상담기법

내담자의 긍정적 적응 성취를 확대하는 것을 촉진하기 위하여 절충주의적 이론에서는 여러 가지 상담이론과 기법들을 사용할 수 있다. 예를 들면, 재활상담사는 인간중심 행동치료를 사용하여 행동의 상호작용을 촉진하고, 조작적 강화기법을 통하여 부정적인 자아개념으로 인해 옛 우정을 유지하고 새로운 우정을 키워나가는데 어려움을 겪는 반항적이고 적대적인 내담자의 적응을 개선할 수 있다. 아울러 내담자가 엄정한 자아평가와 환경평가를 요구하는 어려운 직업적 선택상황에 처한 내담자를 원조하기 위하여 게슈탈트치료의 직면 원칙을 인지주의적 기법과 결합시켜 사용할 수 있다. 상담사가 상이한 이론들 사이에서 신중하게 탐색하고 철학적, 가치관적 갈등을 해결한다면 절충주의의 가능성은 거의 무한하다고 할 수 있다. 재활상담 분야에서 절충주의는 이론적 순수성보다는 내담자의 욕구에 기초하여 상담기법을 선택하는 경험적 모델을 제공하는 데 영향을 주었다.

따라서 절충주의적 이론에서 상담기법은 앞 장에서 다루어진 여러 가지 상담이론과 이 이론들에서 활용된 상담기법들이 내담자의 욕구와 문제에 맞게 선택해 활용될 수 있을 것이다.

제 11 장

재활상담단계와 기술

1. 재활상담단계
2. 상담기술
3. 상담기록

제 11 장 재활상담단계와 기술

재활상담은 상담기술이나 재활상담사의 자질, 상담과정 등 여러 가지 요인에 따라 달라질 수 있다. 이러한 차이에도 불구하고 상담관계 내에서는 다수의 공통점들이 존재하고 있는데 예를 들면, 상담에서 모든 상담사들은 독특한 기술적인 문제들에 봉착하게 되고 신뢰문제에 직면하게 된다는 것이다. 그렇기 때문에 상담은 일련의 과정에 의해 접근하게 된다. 즉 상담이라는 것은 내담자가 가지고 있는 문제들을 기술과 직면을 통해 일련의 과정을 통해 해결될 수 있으며, 이 과정에서 상담이론이나 기본적인 상담기술들이 개입되게 된다.

따라서 이 장은 재활상담과정을 단계적으로 정리하고 이 과정에서 상담가들이 사용하게 되는 상담기술에 대해 살펴보고자 한다.

1. 재활상담단계

재활상담은 일련의 시스템이며 과정이라고 볼 수 있다. 상담은 초기상담에서 1회의 상담으로 문제가 해결되는 경우도 있지만 많은 경우는 내담자의 문제를 해결하기 위한 여러 가지 단계가 필요한 경우가 있다. 모든 상담사들은 내담자의 문제를 확인하고, 목표를 설정하며, 확인된 목표를 해결하기 위하여 여러 가지 상담기술

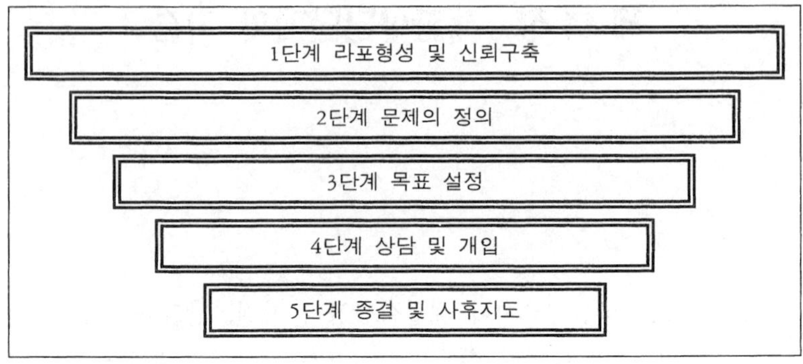

<그림 11-1> 상담의 단계

을 적용해야 하며, 종결에 대해 논해야 한다. 이러한 단계는 〈그림 11-1〉과 같이 라포형성 및 신뢰구축, 문제의 정의, 목표설정, 문제개입, 종결 및 사후지도 등으로 설명될 수 있다.

1) 라포형성 및 신뢰구축단계

상담의 첫 번째 단계는 라포형성단계이다. 라포(Rapport)는 상담 장면에서 상담사와 내담자의 대인관계적인 접촉으로 만들어지는 일종의 심리적인 신뢰단계로서 긍정적인 라포는 상담의 후단계로 진전되는 데 있어 플러스적인 시너지 효과를 발휘하게 하는데 부정적인 라포는 바람직하지 않거나 마이너스적인 시너지 효과를 발휘하게 한다.

내담자들은 초기상담 장면에서 "나는 나의 상담사에게 내가 필요로 하는 것이 무엇인지 논의하는 것에 대해 안심하고 맡길 수 있을까?"라는 하나의 주요 이슈를 가지고 상담을 시작하게 된다. 한편 상담사들은 효과적인 관계의 발전에 결정적인 많은 문제들을 다루고 있다. 예를 들면, 상담사는 관계에 대한 신뢰를 형성하기 위하여 기본적인 기술을 활용하고, 물리적인 환경이 안전하다라고 느끼도록 확인하며, 상담과정을 내담자에게 전달하며, 예컨대 상담 기간, 자격증 보유, 잠재적인 법적 관심사, 기관의 규칙, 보상 문제, 비밀성에 대한 제한과 같은 기술적 문제들을 논의하는 데 관여하게 된다(Brammer & MacDonald, 1999; Scissons, 1993; Neukrug, 2003).

또한 상담가의 인간적이고 전문적인 자질, 내담자의 대인관계, 심리적 안정감 등을 포함해서 수많은 요인이 이러한 라포형성에 영향을 미치게 될 것이다. 즉 아무리 잘 훈련되고 적응된 상담가라도 새로운 내담자를 만날 때는 여전히 또 다른 다양한 상황에 직면할 수밖에 없게 된다.

이외에도 초기상담 장면에서 내담자가 지니고 있는 또 다른 심리적 상황인식들은 사적인 정보를 주고받았던 내담자의 이전 경험, 그리고 권위적 인물과의 관계, 자신보다 나이가 많은 사람과의 관계, 이성과의 관계, 또는 다른 문화적 배경을 지닌 사람과의 관계 등에 있어서도 차이를 나타내게 된다. 나아가 민감한 내담자는 상담가의 언어적 메시지뿐만 아니라 비언어적 메시지를 읽어 내어 상담가의 특성들을 추리하게 된다. 이런 첫인상은 라포형성에 영향을 미치게 되는데, 나중에 상담가와 내담자가 각자 서로 편안하게 느끼게 되었을 때 재점검해 볼 필요가 있다. 초기상담 장면에서 일어나는 이러한 상황인식들은 초기상담에 아주 중요한 영향을 미치는 상담과정 전체를 통제하기도 한다.

따라서 이 단계에서 내담자가 편안하고 신뢰할 수 있고 라포를 형성할 수 있도록 하기 위해서는 상담사는 적절한 경청기술의 사용, 감정이입의 이해, 문화적 민감성, 유익한 사회적 기술의 적절한 개입을 활용해야 한다.

라포형성은 상담과정에서 결정적인 단계라 할 수 있지만, 라포가 형성되었다고 해서 계속 그 단계가 고정되게 유지되는 것은 아니고 지속적으로 진화해 가는 과정이라 할 수 있다. 상담의 초기단계에서 형성된 인상은 두 사람이 함께 상담과정을 거쳐나가면서 변화하기도 하고 더 성숙되어지기도 한다. 이러한 상호이해의 성장과정에서 결정적으로 영향을 미치는 요인은 두 사람 사이의 관계에 내재하는 심리적인 역동, 대인관계의 기본가정, 기저감정을 인식하는 상담가의 능력이다.

능숙한 상담가는 내담자를 만날 때 상담가의 개인적 특성과 상담경험을 반영하는 자기 나름대로의 상담기술을 활용한다. 그러므로 모두에게 적용될 수 있는 라포형성을 위한 공식은 있을 수 없으나 이 단계에 적용될 수 있는 몇몇 일반적인 지침과 기술은 있을 수 있다.

라포형성은 적절한 사회적 기술로 시작한다. 먼저 상담가를 소개한다. 내담자의 이름을 듣고 기억한다. 내담자를 자리에 앉도록 권하고 내담자가 편안해 하는지를 살핀다. 내담자의 호칭으로 이름을 사용한다. 내담자가 많이 불안해하면 가벼운 사회적 대화로 이야기를 나누며 불안이 덜해지는지를 살펴본다. 내담자의 비언어적 행동을 주시해서 내담자의 정서상태를 이해하도록 노력한다. 상담받으러 온 이유를 말하도록 한다. 내담자가 대답할 수 있도록 충분히 기다려 주고, 가능한 내담자의 말을 끊지 않으며 생각의 흐름을 방해하지 않는다. 이러한 행동을 관심 기울이기(attending) 혹은 적극적 경청(active listening)이라 한다. 이것을 통해 내담자는 상담가가 한 인간으로서의 내담자와 내담자가 말하고자 하는 것에 관심이 있으며, 의사소통에 있어서 말로 표현된 것이나 표현되지 않은 것 둘 다를 이해하려 애쓰고 있음을 알게 된다(임성문 외 역, 2004).

라포형성은 단 한번의 만남으로 확립되지 않는다. 2단계 이후까지도 라포형성은 진전될 수 있다. 라포형성단계가 지속됨에 따라서, 상담사는 내담자에 의해 제시되는 문제들을 마음속으로 확인하고 결국에는 윤곽을 그리기 시작할 것이다. 만약 윤곽이 정확하다면, 이 단계 동안에 강조된 내담자의 문제들을 다시 한번 숙고해 보거나 직접 내담자에게 질문하는 것을 통하여 상담사는 내담자와 함께 윤곽의 정확성을 검토하고 평가해야 한다.

그리고 상담가나 내담자가 검토하고 평가하는 과정에서 문제의 윤곽들이 일치하고 서로간의 공감이 이루어진다면 초기상담과정에서 어느 정도 라포가 형성되어 신뢰관계가 구축된 것으로 보고 두 번째 단계인 구체화 단계로 진전되게 된다.

2) 문제정의단계

신뢰관계 형성과 내담자에 대한 평가 능력은 재활상담사와 내담자가 문제에 대한 초기 식별을 확인하게 되는데 이때부터 서서히 두 번째 단계, 즉 문제의 정의(problem identification)로 이동하게 된다.

이 단계는 문제의 평가단계라고 정의할 수 있는데 대체로 다음과 같은 세 가지 차원에서 문제의 정의가 이루어진다.

첫째는 인간 문제를 바라보는 상담가의 이론적 철학적 관점에 입각해, 둘째는 내담자가 겪는 문제상황 속에 내재하는 문제를 유발하고 지속시키는 조건들과 이것을 이해하는 상담가의 관점에 따라, 셋째는 내담자의 문화적 참조체계에 대한 상담가의 이해와 내담자가 속해 있는 사회 및 집단의 참조체계가 내담자의 세계관에 강요하고 있는 조건들에 대한 상담가의 이해에 따라 문제의 정의가 이루어진다.

실제 재활상담 장면에서는 상담가의 개인적인 선입견이나 이론을 추종함으로써 생길 수 있는 문제의 편향된 정의를 극복하기 위해 여러 가지 요소를 생태학적으로 평가하는 것이 중요하다. 내담자의 행동적, 인지적, 체계적, 생태학적인 바탕에서 문제를 개념화하는 것이 필요하다.

문제의 정의단계는 무엇보다도 자료를 수집하는 데 많은 시간을 할애하게 된다. 상담가로서는 내담자가 전달을 하고 있는 정보를 받아들이고자 자신의 모든 의사소통 채널을 열어 놓게 될 것이다. 처음에는 아무런 행동패턴을 감지하지 못하거나 정보가 의미하는 것을 알아채지 못할 수도 있다. 그러나 내담자와 꾸준히 작업을 하다 보면 그의 행동패턴이 보일 것이고, 그가 현실을 어떻게 지각하고 그 현실에 어떻게 영향을 끼치고 싶어 하는지를 이해하게 될 것이다. 또한 내담자의 환경, 사회적 상황, 혹은 관계의 세계 같은 보다 큰 맥락 안에 있는 내담자를 보게 될 것이다. 그리하여 막연한 것들이 점차 반복성과 비일관성에 의해 명백하게 드러나게 될 때 상담가는 내담자의 무엇을 도울 수 있는지를 인식하게 된다.

문제의 정의가 어떻게 이루어져야 하는가에 대해 여러 견해가 있다. 학자들의 견해는 상담가가 후속해서 수행하게 될 문제해결 노력을 위한 일종의 청사진을 제작함으로써 이루어져야 한다는 것이다 그렇게 하지 않을 때 다량의 세부적인 사항들이 문제정의 과정을 압도하게 될 것이고, 이렇게 되면 주의가 분산되어 정작 중요하게 고려해야 하거나 더 자세하게 다루어야 할 정보들을 간과하기 쉽게 되어, 해결을 제공하기에 앞서 문제를 정의하고자 하는 이 단계의 목적은 그 달성이 어렵게 된다.

임상적 문제정의 과정에는 몇 가지 특정한 기술들이 필요한데, 관찰하기, 질문하기, 사실들 간의 연관성 맺기, 정보 기록하기, 가설 설정하기 혹은 임상적 "예감"을 갖기 등이 이에 해당된다. 관찰하기는 다음과 같은 사항들을 포함한다(임성문 외, 2004; Neukrug, 2003).

① 내담자의 일반적인 불안상태나 불편함을 인식하고 이해하기

② 내담자의 문화적 맥락에 대해 감지하고 이해하기

③ 정서적 혹은 신체적 역기능을 암시하는 몸짓이나 동작을 인식하고 이해하기

④ 내담자가 그의 문제를 제시하거나 암시하는 방식에 주의를 기울이기(예를 들면, 문제를 확대 제시하는 사람이 있는가 하면 문제를 축소 제시하는 사람이 있다.)

⑤ 언어적 비언어적 패턴을 인식하고 이해하기

어떤 순간에는 중요하지 않은 사소한 것으로 보이던 것이 시간이 경과하면서 중요한 행동패턴의 일부로 확인될 수도 있다. 그래서 관찰하기, 즉 겉으로 드러나는 내담자의 인격적 측면을 심리적인 차원으로 주목하는 것은 문제평가 과정에서 중요한 부분이다.

질문하기 역시 관찰하기 못지않게 중요하다. 초보 상담가는 한 번으로 그치는 수많은 단편적인 질문들을 할 뿐 연결되는 후속질문을 하지 않는 경향이 있다. 반면에 경험이 많은 상담가는 중요하다고 보는 어떤 주제에 대해서 그 세부가 밝혀지도록 후속질문을 만들어 간다. 건강, 약물복용, 우울이나 절망감, 자기 파괴적 사고, 대인관계의 갈등과 관련된 문제들이 그러한 중요한 주제의 예이다. 질문하기는 더 명료한 이해, 사건 이면의 세부사항, 사건이나 상황이 어떤 의미가 있는가에 대한 정보를 얻기 위한 기술이다. 개방형 질문은 심리적 과정을 탐색하고, 폐쇄형 질문은 특정한 정보를 제공해 준다. 둘 다 아주 중요한 질문도구이다.

수집된 정보들은 어떤 방식으로든 구조화되고 기록되어야 한다. 어떤 상담가는 정보를 얻을 때 노트에 기록한다. 다른 상담가들은 오디오나 비디오로 상담내용을 녹화하기도 한다. 이와 같은 즉시적인 기록을 선호하지 않는 재활상담사들은 상담을 마친 후 곧바로 대기하고 있는 다음 내담자를 받지 않고 상담 중에 얻은 관찰과 인

상들을 기록할 시간을 갖는다. 정보 기록하기는 훈련되어야 할 한 과정이다. 만약 정보가 체계적이고 신속하게 기록되지 않는다면, 애써 얻은 정보는 상실되어 소용없게 될 것이다. 간혹 신속하게 기록하지 않아서 전에 주어졌던 정보를 이용할 수 없게 되는 경우야말로 재활상담사들이 공통적으로 경험하는 애통한 일이다(Neukrug, 2003; 임성문 외, 2004).

내담자가 제시한 문제와 관련된 정보를 수집하기 위해 관찰하기와 질문하기를 사용할 때, 상당히 많은 자료들이 그 대상이 될 수 있을 것이다. 상담가의 관찰과 질문이 많으면 많을수록 얻어지는 데이터의 양도 더욱더 많아질 것이다. 어떻게든 이 정보들은 이용할 수 있도록 만들기 위해 종합되고 분석되어야 한다. 따라서 문제의 정의단계에서 재활상담사는 상담동안에 내담자의 문제들을 종합적으로 확인하고 필요하다면 분석적 사고를 통해 변화를 조성할 수 있어야 한다.

3) 목표설정단계

보다 심도 깊고 광범위한 방법에서 재활상담사가 내담자를 이해하기 시작하면서 내담자의 근원적 문제에 대해 재활상담사의 종합적이고 분석적 추론을 하는 목표설정(goal setting)단계로 이동하게 된다.

이 단계는 재활상담사의 종합적이고 분석적인 근거에 기초하여 내담자의 삶에 영향을 미치는 특정한 근원적 주제들을 확인하게 될 것이며 이에 적절하게 대응하는 목표를 설정하게 된다. 목표를 설정하는 행위는 내담자로 하여금 문제와 관련된 상황이나 행동과정을 탐색하고 조정하게 하고 상담성과에 관여하게 돕는다. 때때로 심한 스트레스를 받은 내담자나 혹은 삶의 방향감각을 잃어버린 내담자는 목표를 설정하기가 어려울 수도 있다. 이때 내담자로 하여금 목표를 갖게 하는 자체가 목표설정단계에서 설정되는 목표 중 하나가 된다.

목표를 설정하는 과정은 상담가와 내담자가 함께 참여하게 된다. 상담가는 상대적으로 더 많은 객관성을 소유하고 있고, 정상, 비정상 행동에 대해 보다 체계적인 훈련을 받았고, 변화와 성장을 위해 목표를 설정하는 과정에 경험을 소유하고 있다는 장점이 있다. 한편 내담자는 문제의 역사를 소유하고 있고 지금 누구보다도 집중적으로 자신의 문제를 경험하고 있으며, 잠재적인 통찰을 소유하고 있고 변화에 투자하고 있는 자기를 인식하는 장점이 있다. 그래서 내담자는 이 상담에서 무슨 일이 일어나야 되는가에 대해 생각해 보는 것뿐만 아니라 구체적으로 목표를 결정하는 과정에서도 꼭 포함되어야만 한다.

목표설정에 관련된 재활상담기술은 세 가지로 나누어 볼 수 있다(임성문 외, 2004). 첫째는 상담가의 추론기술인데 내담자가 진술하는 메시지의 핵심을 읽는 기술이다. 이를 통해 모호하게 진술되는 내담자의 현안문제 및 되고 싶은 상태를 잘 헤아려 들을 수 있어야 한다. 상담을 통해 얻고 싶은 것이 무엇인지를 정확하고 분명하게 표현할 수 있는 내담자는 드물다. 오히려 대부분의 내담자들은 상담하러 온 이유를 일반론적인 이야기로 진술한다. 내담자들은 "나는 …식으로 감정을 느끼게 되고 싶어요"라고 표현하기보다는 오히려 "나는 더 이상 …식으로 느끼고 싶지 않아요"라고 그들의 관심사를 말하는 편이다. 이런 경우 상담가는 내담자가 이야기하는 관심사를 들으면서 대안적 행동이나 태도를 생각해 볼 수 있어야 한다.

두 번째 기술은 궁극적인 목표, 중간목표, 당면목표로 구분하여 상담의 목표를 세우는 것이다. 대부분의 사람들은 궁극적인 목표의 견지에서 생각한다. 예컨대 내가 성장했을 때, 대학을 졸업하게 되면, 승진을 하면, 돈을 벌게 되면 …? 하는 식으로 생각한다. 그러나 궁극적인 목표를 달성하려면 중간목표(6개월 안에 …을 할 거야)와 당면목표(내일 …을 할 거야)의 견지에서 생각할 수 있어야 한다. 중간목표와 당면목표는 궁극적인 목표를 달성하는 데 필요한 전략들을 제공해 주고 상담과정에서 변화를 가져오게 하는 실제적인 매개물이다.

세 번째 기술은 내담자에게 중간목표와 당면목표의 견지에서 어떻게 하면 현실적으로 생각해 볼 수 있는지를 가르치는 것이다. 즉 내담자가 어떻게 하면 현실적으로 실현 가능한 상담목표를 세울 수 있는지를 가르치는 기술이다.

마지막으로 설정된 상담목표를 한번 정했으면 바꿀 수 없는 불변의 것으로 고정시켜서는 안 된다는 점을 강조하고자 한다. 변화가 요구되는 새로운 정보나 통찰이 생기면 목표는 변경될 수 있는 것이다. 때로 목표가 적절하지 않음이 확인될 수도 있고 그러면 그 목표는 포기되어야 한다. 상담목표의 주요 기능은 상담가와 내담자에게 나아가야 할 방향을 제시해 주는 것임을 기억하는 것이 중요하다.

4) 상담 및 개입단계

네 번째 단계로 상담 및 개입단계에서는 세 번째 단계에서 확인되고 재활상담사와 내담자 사이에서 합의된 문제들을 실행한다. 재활상담사는 내담자의 문제해결을 위해서 여러 가지 상담이론과 기술들을 활용하게 된다. 이 과정에서 만약 필요하다면 재활상담사와 내담자는 설정된 목표의 일부분을 재검토하고 재평가할 수도 있다.

이 단계에서 내담자는 책임성을 가져야 하며, 확인된 문제 및 주제에 대하여 적극적으로 리뷰해야 한다. 예를 들어, 만약 재활상담사가 인본주의적이라면, 내담자는 확인된 실존주의적－인본주의적 주제(예, 자존감과 관련된 문제)에 대해 적극적인 관심을 가져야 하며 만약 재활상담사가 인지적이라면, 내담자는 변화하는 인지능력 및 행동(예, "나는 가치가 없다"와 같은 자기 설명이나, 자기 단언적인 행동들이 실행)에 적극적으로 관심을 가지게 될 것이다. 만약 상담가가 정신역학적이라면, 내담자는 상담기간 동안 확인된 분석적 주제를 탐색하게 될 것이다(예, 그의 어머니에 대한 과거의 과잉의존 경향이 현재 관계에 어떠한 영향을 미치는가).

따라서 모든 재활상담사들은 그들의 이론적 지향이 무엇이든 인간본성과 변화과정에 대해 식견을 가져야 하며 문제의 정의 및 상담성과에 관련된 그들 나름의 어떤 계획을 가지고 있어야 한다. 결과적으로 문제정의와 목표 설정 후 재활상담사가 해야 할 첫 번째 사항은 내담자가 이미 시도해 본 문제해결책이나 처방이 무엇이었는지를 물어보는 것이다. 대개 내담자는 문제를 완화시키는 데 전혀 쓸모가 없었거나 최소한도로 성공적이었던 한두 가지 방법을 말할 것이다. 이 정보를 알아보는 것은 내담자에게 거부당하게 될 대안을 상담가가 제안하는 것을 피하게 해 줄 뿐만 아니라, 어려움을 극복하고자 하는 내담자의 과거 노력과 문제 해결자로서의 내담자의 자원을 이해하게 해 준다. 때로 내담자는 시도는 했었으나 어떤 이유로 그 처방법을 계속할 수 없었던 것을 얘기해 주기도 할 것이다. 일시적으로 효과가 있었던 내담자의 이러한 처방법은 때때로 조금 수정되기만 하면 상당히 효과적인 개입이 되기도 한다. 또 그러한 경우 성공할 때까지 끈기 있게 해결책에 머물러 있지 못하는 내담자의 무능력은 상담가가 내담자의 문제를 정의하는 범위에 포함될 수 있을 것이다.

내담자의 모든 자기 처방적 개입이 비효과적이었다면, 상담가가 취할 그 다음 절차는 문제의 특성에 따라 문제와 개입을 연계하는 것이다. 즉 내담자가 자신의 생활 사건을 어떻게 보는가로 인해 야기된 것으로 보이는 문제들은 인지적인 요인에 의해 비롯된 문제라 할 수 있다. 이 경우는 인지적 변화를 일으키는 방향으로 개입을 고려해야 한다. 만약 문제가 내담자의 사회환경(가족, 일, 친구, 지역사회)과 관련된 것으로 보이면, 내담자의 상호의존적 사회체계를 바꾸도록 고안된 개입을 고려해야 한다. 만약 문제가 "상처", "슬픔", "분노" 같은 말로 표현되어 나타나면 감정적인 것이 기저에 깔려 있으므로, 이런 경우 감정개방과 감정탐색이 촉진될 수 있는 개입이 포함되어야 한다. 또 문제의 특징이 다른 사람에게 영향을 끼치는 내담자의 행동이나 시도와 관련된 것으로 보이면 그 문제는 행동적 요인에서 비롯된 것이라 할 수 있다. 이 경우 가장 효과적인 개입은 내담자가 보다 바람직한 행동을 성취하도록 돕기 위해 고안된 개입일 것이다.

올바른 개입을 선택하기는 종종 하나의 적응과정이다. 모든 개입이 어떤 내담자에게나 잘 들어맞는 것도 아니며, 선택한 한 개입이 언제나 예측한 대로 꼭 들어맞게 되는 것도 아니다. 때때로 완벽한 개입이라 여겼던 것이 완전히 터무니없는 것으로 드러나기도 한다. 상담가는 애당초 사려 깊게 개입을 선택해야 하지만, 그 개입이 잘 들어맞지 않을 때는 바꿀 수도 있다는 융통성 있는 자세를 갖는 것이 무엇보다도 중요하다. 이러한 과정은 의학적 문제의 치료과정과 유사하다. 한 가지 처치가 기대한 효과를 나타내지 못할 때 상담사는 염두에 두었던 다른 처치 방법을 시행하거나 문제의 재평가를 통해 새롭게 문제를 정의하여야 한다.

개입하기에 관련된 기술들은, ① 특정한 개입의 적절한 사용을 위한 지식, ② 특정한 개입을 능숙하게 사용하는 기술, ③ 개입 유형에 따르는 전형적인 내담자 반응들에 대한 지식, ④ 개입에 따른 내담자의 반응을 잘 관찰하는 기술이다. 상담사가 개입하기에 필요한 이러한 기술들을 개발하기 위해서는 전문가 지도하의 안전한 환경에서 실습해 볼 수 있어야 한다. 전형적으로 이러한 종류의 실습은 상담실습 강좌나 현장실습 장면에서 이루어진다. 지도·감독하의 실습 없이 내담자에게 개입을 하는 상담가는 그들의 개입이 내담자에게 끼칠 해로운 영향의 가능성에 대해, 또한 파괴적 상황을 극복하려는 자신의 능력개발에 해를 끼칠 가능성에 대해서 눈 감고 있는 우를 범하고 있는 것이다(임성문 외, 2004).

5) 종결 및 사후지도단계

종결단계에서 중요한 과제는 상담문제와 관련된 결과와 실패이다. 내담자가 그의 문제 일부분을 지속적인 상담과 개입으로 노력함에 따라 문제를 해결해 나가게 되면 상담을 지속하는 데 대한 이유가 없어지게 된다.

재활상담사들이 언제 상담관계를 종료할 것인가는 ① 증상의 감소나 제거, ② 미래의 회귀하는 증상을 다루는 데 충분한 통찰력의 획득, ③ 전이문제에 대한 해결책, ④ 효과적으로 일하고, 인생을 즐기며, 활동하는 능력 및 ⑤ 치료에 복귀하는 감소된 문제점들을 가지고 있는 것(잔존 문제들은 노력과 시간의 가치를 가지고 있지 않을 수 있다)을 포함하여 결과를 고려하는 데 대한 다수의 원인들이 고려되어야 한다(Kleinke, 1994).

종결은 내담자와 상담사가 관련된 실패를 다룰 시간을 가지고, 규정된 목표가 달성되었는지에 대하여 논의하는 점진적인 과정이어야 한다. 힘겨운 정서적 부담을 가지는 많은 문제들과 같이, 대다수의 내담자들은 종결 과정을 방어하거나 저항하려고 할 것이다. 이는 다양한 방법에서 일어날 수 있는데, 다음과 같다.

첫째, 내담자는 그가 문제에 대하여 연구할 더 많은 시간을 필요로 한다라고 주장할 수 있다.

둘째, 새로운 문제가 갑자기 발생할 수 있다.

셋째, 내담자는 종결에 대한 논의를 회피하기 위하여 상담에 참여하지 않거나 심지어는 갑작스럽게 치료를 중단할 수 있다.

넷째, 내담자는 그와 허물없이 지내려고 노력하는 상담사에게 갑작스럽게 화를 낼 수 있다.

다섯째, 내담자는 조급하게 치료를 종결할 수 있다.

재활상담사들은 또한 그들 스스로 종결에 저항하고 있다는 것을 깨달을 수 있기 때문에(Goodyear, 1981), 내담자들의 실패 문제에 민감하게 반응하면서 동시에 그들의 실패 문제들에 끊임없이 경계를 게을리 하지 않아야 한다는 사실이 중요하다.

마지막으로, 성공적인 종결은 만약 ① 내담자가 종결을 초기에 논의한다면, ② 상담이 언제 완성에 근접하였는지를 내담자가 알 수 있을 정도로 목표가 명확하다면, ③ 상담사가 종결에 대한 내담자의 욕망을 존중하지만, 종결이 너무 이르다라는 견해에 대하여 자유롭게 논의한다면, ④ 전문적인 관계로 남아 있다면, ⑤ 내담자가 그들이 되돌아올 수 있다는 것을 알고 있다면, ⑥ 내담자가 그들이 상담에서 가졌던 성공을 검토할 수 있다면, ⑦ 내담자가 종결을 둘러싼 실패에 대한 감정을 논의할 수 있다면, 발생할 수 있을 것이다(Kleinke, 1994).

또한 상담의 끝은 끝이 아닐 수 있다. 내담자들은 새로운 문제로 복귀할 수 있으며, 오래된 문제들로 다시 방문하고 싶어 할 수 있으며, 혹은 그들 스스로 심도 깊은 연구를 원할 수 있다. 실제로, 내담자들이 동일한 상담사에게 복귀하거나 다른 상담사들을 찾는 것은 이상한 일이 아니다(Neukrug, Milliken, & Shoemaker, 2001; Neukrug & Williams, 1993).

내담자에 대한 사후지도는 만약 내담자가 상담에 복귀하기를 원한다거나 다른 상담사에게 의뢰하기를 원하는 경우, 이를 발견하는 기능을 할 수 있다. 사후지도는 또한 변화가 유지되는 경우에 이를 상담사가 평가할 수 있도록 허락한다. 일반적으로 상담이 종결된 6개월 후까지, 몇 주 동안 사후지도가 실시되며, 상담사가 어떠한 기술을 가장 성공적으로 실시되었는지를 검토하는 것을 가능하게 하며, 내담자에게 과거의 변화를 강화할 기회를 제공하며, 상담사가 제공된 서비스를 평가할 수 있는 한 방법이 된다(Hutchins & Cole, 1997; Kleinke, 1994; Neukrug, 2000, 2002). 일부 상담사들은 전화, 서신을 통해 사후지도를 실시하며, 여전히 그 밖의 상담사들은 내담자에 대한 보다 정교한 설문조사를 실시한다.

2. 상담기술

상담이 성공적으로 진행되기 위해서는 여러 가지 요소들이 충족되어야 한다. 그 중에서도 상담사의 상담기술은 상담의 성과를 위한 핵심 요소가 되며 상담사들은 상담기술을 적용하는 방법을 학습해야 한다. 따라서 이 절에서는 상담의 기술적 측면인 상담환경과 대화기법 그리고 일반적인 상담기술에 대해 살펴보고자 한다.

1) 상담환경

재활 장면에서 상담실에 처음 들어선 장애인들은 상담실의 환경에 반응함으로써 상담 장면의 참여시기가 결정된다. 즉 상담기간 동안 장애인의 자아방어기제를 통제하지 못한다 하더라도 상담환경에 대한 신중한 평가를 통하여 방어기제를 증감시키는 자극의 정도를 감소시키거나 제거할 수 있다. 따라서 상담사의 환경에 대한 최초의 경험은 효과적인 상담 관계를 형성하는 데 결정적이다.

상담환경을 크게 보면 상담실의 물리적 환경, 상담사의 대화기술, 일반적인 상담기술들을 포괄하지만 우선적으로 상담실의 물리적 환경이 상담관계의 성공 여부에 있어 어떠한 역할을 하게 되는지에 대해 살펴보고자 한다.

일반적으로 상담은 내담자가 상담사와의 관계를 확립할 수 있는 장소에 배치될 것을 필요로 한다. 상담관계(counseling relationship)는 상담실에서 제공하는 평온함, 안락함, 안정성 및 비밀성을 필요로 한다. 비록 재활상담사 및 그 밖의 사람들이, 그들의 직무가 사무실 밖의 관계의 형성을 필요로 한다는 것을 알고 있다 하더라도, 궁극적으로는 상담실은 보다 깊은 관계를 맺도록 한다.

상담실 배열은 사람들로부터 긍정적인 태도를 이끌어내는 데 결정적일 수 있다(Pressly & Heesacker, 2001). 상담실은 어떻게 정리되어야 하는가? 방음장치가 되어 있어야 하고, 부드러운 조명을 가지고 있어야 하며, 비교적 잘 정리되어 있어야 한다. 또한 내담자 기록을 파일로 정리해야 하고, 전화벨소리나 노크소리와 같은 혼란에 제약받지 말아야 하며, 안락한 좌석을 가지고 있어야 한다. 또한 상담실을 구성할 때 내담자의 기호를 반영하는 환경과 대다수의 내담자들의 흥미를 자아내는 환경 사이의 밸런스를 이해하려고 노력해야 할 것이다.

물론 상담실을 어떻게 배열한다 하더라도, 무엇인가에 의해 감정을 상하게 되는 몇몇 내담자들이 존재하게 될 것이다. 따라서 Scissons (1993)는 적어도 상담실 배열이 상담과정이나 결과에 불리한 영향을 미쳐서는 안 될 것을 제안하였다. 물론 이것은 특별한 환경(ambiance)에 편안함을 느끼게 되는 일부 내담자들의 마음을 사로

잡기 위해서이다. 예를 들면, 주로 동성연애 문제를 다루는 상담사들은 상담실에 동성연애에 관한 논문들을 가지고 있는 반면, 기독교신자인 상담사는 그(녀)의 사무실에 종교적 특성을 지닌 물건들을 가지고 있을 수 있다.

내담자에게 사용하는 언어와 복장은 사무실 환경의 두 가지 구성요소가 된다. 당신은 근무 중에 진을 입을 것인가? 값비싼 정장은 어떤가? 당신의 옷은 깊게 노출되어 있는가? 당신의 보석이나 헤어스타일은 당신에 관하여 무엇을 말하는가? 당신은 그의 성으로 당신의 내담자를 부르는가? 교육을 거의 받지 못한 내담자들을 위해 보다 덜 복잡한 언어를 사용하는 것과 같이, 당신은 내담자를 위하여 당신의 언어 모드를 바꿔야 하는가? 궁극적으로, 각각의 상담사는 이러한 요인들의 중요성과 이들이 다루게 될 방법들을 결정해야 한다.

2) 대화기법

재활상담사가 상담의 목표를 달성하고자 한다면 내담자와의 효과적인 의사소통이 이루어져야 하며 재활상담사의 언어적, 비언어적 기법은 상담을 위한 라포형성이나 상담의 결과에 많은 영향을 미치게 된다.

□ 언어적 대화기법

재활상담 장면에서 재활상담사와 장애인 내담자가 만나게 되면 가장 먼저 언어를 매개로 한 상담을 진행하게 된다. 이때 언어적 기법은 비언어적 행동과 함께 재활상담사와 내담자 간의 라포 수준에 영향을 미치게 된다. 따라서 언어적 대화를 할 때 초기의 어떤 대화 기법이 좋은지에 대해서는 많은 연구가 있었다.

그러나 Nugent(2000)는 재활상담센터에 어떻게 오시게 되었나요?와 같은 비교적 가벼운 질문으로 상담을 시작할 것을 제안하면서 내담자의 문화적 수준에 따라 초기대화의 기법을 선택하는 것이 바람직하다.

많은 학자들(Capuzzi & Gross, 1998; Evans, Hearn, Uhlemann, & Ivey, 1998; Miller, 1972)은 상담사의 언어적 면접반응을 다양한 영역으로 분류했다. 많은 똑같은 언어적 반응을 내포하지만 분류 시스템이 다른 영역의 명칭을 사용하기 때문에 그 모든 연구를 소개하기보다는 대표적으로 Miller(1972)의 분류체계를 소개하였다. Miller는 5가지 형태의 언어적 반응을 구체화했다. 그 반응 중에 3가지는 내담자로부터 정보를 수집하기 위해 상담가에 의해 사용될 수 있다. 이것들은 지속반응(continue response), 핵심반응(focus response), 체크반응(check response) 등으로 구체화되었다.

지속반응(예를 들면 "으흠", "예", "알았어요", "음")은 언급된 특정한 주제 또는 형식 없이 내담자에게 더 많은 말을 하도록 격려하는 말이다. 그것은 내담자에게 그가 상담사의 완전한 주의를 받고 있음을 나타낸다. 지속반응은 내담자가 말을 계속하도록 하는 "녹색 신호등"이다(Rubin & Farley, 1980). 또한 지속반응은 상담사가 경청하고 있을 뿐만 아니라 흥미, 관련, 수용, 따뜻함, 그리고 긍정적 관심을 전달할 수 있음을 나타낸다. 내담자에게 자기표현을 격려함으로써 지속적인 반응은 또한 방해 없이 상담을 유지하는데 도움이 된다.

핵심반응은 내담자에게 벌써 제시된 주제에 관해 더 많은 말을 하게 자극하는 것이다. Miller(1972)는 이들 반응을 이원핵심과 일원핵심으로 분류했다. 이원핵심반응은 예나 아니오의 대답을 요구하는 폐쇄형 질문이다. 그것은 내담자에게 상담사가 특정한 정보를 찾고 있다는 것을 나타내고 제한된 형식에서 내담자의 언어적 행동을 이끄는 경향이 있다. 일원핵심반응은 개방형 질문이고 서술적인 대답을 요구한다. 그것은 내담자에게 더 많은 표현의 자유를 허용함으로써 내담자의 언어적 행동에 있어서 이원핵심반응보다 더 많은 유연성을 고려한다. 초기 유사-상담 면접에서 내담자의 정서적 자기참조 진술의 빈도에서 상담사의 개방형 질문에 관한 연구(Highlen & Baccus, 1977; Hill & Gormally, 1977)는 상담사의 일원핵심반응이 재활상담의 초기 면접에서 내담자의 느낌에 대한 논의를 촉진시키는 것으로 나타났다.

상담사의 정보수집반응의 세 번째 유형인 체크반응은 의사소통에 대한 "체크"가 수행되고 있다는 것을 나타내는 기능을 한다. 종종 반영으로 언급되는 체크반응은 내담자에게 상담사가 무슨 말을 하고 있는가, 그리고 내담자가 계속 정보를 주어야 한다는 것을 전하게 된다. 초기 유사-상담 면접에서 내담자의 정서적 자기 관련 진술의 빈도에 대한 체크반응의 영향에 관한 연구(Highlen & Baccus, 1977)에 따르면 반응을 느끼는 상담사가 반영은 또한 재활상담의 초기 면접에서 내담자의 느낌에 관한 논의를 촉진시키는 것으로 나타났다.

내담자의 관심에 초점을 집중시키고 내담자에게 가장 큰 표현의 자유를 허용하는 재활상담의 언어적 반응은 라포개발을 촉진시킨다. 개방형 질문과 "저에게 …에 대해 좀 더 말씀해 주십시오"와 같은 진술들, "…에 대해 어떻게 생각하십니까"와 같은 질문들, 그리고 "… 때문에 그 직업을 좋아하지 않았다고 말씀하시고 계신 것처럼 보입니다"와 같은 반영은 내담자에게 자신의 사고와 느낌을 말하고 탐색하게 한다. 이런 질문들은 내담자로부터 서술적인 진술(짧은 대답에 반대되는)을 요구하며 더 많은 표현의 자유를 허용한다. 따라서 그 질문들은 내담자의 자기탐색을 촉진시킨다.

개방형 진술과 질문들은 또한 상담을 시작하는 데 도움이 된다. "당신이 이곳에 오신 이유가 무엇인지 저에게 이야기하는 것으로 시작합시다" 같은 진술은 즉시 상담의 초점을 내담자의 관심에 집중시킨다. 상담사의 내담자에 관한 이해를 반영하는 진술들은 또한 상담을 내담자 중심으로 유지하게 하는 데 유용한 언어적 반응이다. 빈번히 전달되는 이해는 라포를 구축하고, 강화하며, 유지시킨다.

상담사는 폐쇄형 질문의 과도한 사용(즉 짧고, 즉각적인 내담자의 응답을 요구하는 반응)을 피해야 한다. 폐쇄형 질문들은 이름, 나이, 주소, 주민번호, 장애등록번호 등의 사실적 정보를 모으는 가장 직접적인 수단이다. 그러나 폐쇄형 질문들은 내담자에게 정보를 수집하기 위해 사용되는 주된 또는 가장 빈번한 반응이 되어서는 안 된다. 이런 반응 유형의 광범위한 사용은 내담자가 상담사를 단지 사실만을 찾고, 그들이 어떻게 생각하고 느끼며 행동하는지에 대해서는 그다지 흥미가 없다고 인식하게 만들 수도 있다. 그 결과, 내담자들은 재빨리 깊이 있는 정보를 제공하지 않는 것을 배우고, 따라서 많은 관련 있고 적절한 정보가 공유되지 않을지도 모른다.

Miller(1972)는 내담자에게 외부 정보를 제공하는 기능을 하는 상담사의 반응을 평상반응(declaration response)으로 생각한다. 상담사가 내담자에게 정보를 퍼뜨릴 필요가 있을 때 이러한 유형의 반응이 사용된다.

Miller(1972)에 의해 제공된 다섯 번째 영역은 대화를 한 주제에서 다른 주제로 향하게 하는 반응인 변경반응(switch response)이다. 변경된 주제는 새로이 소개된 주제나 이전 주제의 재소개일 수 도 있다. 이러한 유형의 반응은 내담자를 고갈된 주제 밖으로 이동시키는 데 적절하며 때때로 상담사가 면접의 목표를 획득하려면 필요하다.

재활상담 장면에서 상기의 모든 반응의 사용이 반드시 라포를 촉진시키지는 않을 것이다. 그러나 다양한 반응의 적절한 사용은 적절한 라포의 개발에 긍정적으로 영향을 끼칠 것이다. 적절한 사용은 "적절한 균형"과 같은 뜻일지도 모른다. 그리고 그것은 아마도 언제나 상황과 내담자에 따라 결정될 것이다. 따라서 그것은 훌륭한 재활상담사의 결정에 의해 결정된다.

앞서 논의에서 나타내는 것처럼 상담사의 언어적 반응의 사용은 적절한 라포의 개발에 중요하다. 상담을 계속해서 내담자의 관심에 집중시키기, 자기표현의 가장 큰 자유를 허용하는 반응을 사용하기, 폐쇄적 질문의 과도한 사용 피하기, 반사적 반응과 경청이 관심과 포함, 흥미, 존경, 따뜻함, 진실함을 전하는 데 도움이 된다는 것을 나타내는 짧고 즉각적인 언어적 반응의 사용, 그리고 라포의 개발, 향상, 유지를 촉진시킨다는 점들을 재활상담사들도 의식해야 한다.

□ 비언어적 기법

인간이 의사소통하는 경우 메시지의 80% 정도는 비언어적 기법에서 유래된다고 할 정도로 중요한 대화기법이다.

내담자가 상담실에 들어오면 상담사의 관심을 전적으로 받아야 한다. 또한 상담사는 내담자가 편안함을 느낄 수 있도록 해야 한다. 예를 들어, 상담사와 내담자 사이에는 적당한 거리가 있어야 한다. 적당한 거리란 상담사와 내담자 모두에게 편안한 거리이다. Carkhuff와 Anthony(1979)는 도움을 주는 사람과 도움을 받는 사람 사이의 최적의 거리는 "둘이 마주 보고 있을 때 3에서 4피트"라고 제안한다. 육체적 근접거리와 개인적인 편안함 정도 사이의 관계에 대한 연구에서는 미국인들의 경우에 다른 사람과 2피트 내의 거리에 있을 때 불편해 하는 경향이 있다고 설명한다(Argyle & Dean,

1965).

상체를 약간 기울여 정면으로 내담자를 대면하고 적절한 눈 마주침을 유지함으로써 상담사가 내담자에게 집중하고 있다는 것을 느끼게 할 수 있다. 연구에 의하면, 도움을 받는 사람을 향해 몸을 기울이는 것은 내담자로 하여금 상담사가 자신에게 주의를 기울이고 있다고 느끼게 하는 것과 긍정적인 관계가 있다고 한다(Genther & Moughan, 1977). 눈맞춤은 좀 더 복잡한 문제인데 서구 문화에서 눈맞춤은 상담사가 주의를 기울이고 있다는 표시이다. 사람들은 누군가에게 긍정적으로 느끼고 있을 때 눈맞춤을 더 많이 하는 경향이 있다. 그러나 10초 이상의 지속적인 응시와 같은 끊임없는 눈맞춤은 내담자를 불안하게 만들 수 있고, 적개심의 표현으로 보일 수도 있다. 당신은 상담사로서 노려보지 않고 내담자를 눈맞춤을 유지하도록 해야 한다.

상담사가 내담자를 정면으로 대면하고 내담자를 향해 몸을 기울이며, 적당한 눈맞춤을 하는 등 적절한 거리를 취하면, 내담자는 개방적이고 편안한 자세를 유지한다. McGinley 등(1975)의 연구는 개방적인 자세의 중요성(팔짱을 끼거나 다리를 꼬는 자세 등은 피하라)과 "열린 몸에 열린 마음"과 같은 비언어적 기법을 중요시한다. 사람들은 개방적인 자세를 가진 사람을 좋아할 뿐만 아니라, 폐쇄적인 자세를 가진 사람보다 자신의 의견을 변화시키는 데 더 많은 영향을 미칠 수 있다는 사실을 알고 있다.

또한 상담사는 산만한 움직임을 자제해야 한다. 산만한 몸짓은 손가락질하며 손을 흔드는 것, 하품하는 것, 눈을 깜빡거리는 것, 눈살을 찌푸리는 것, 재채기하는 것, 안절부절 못하는 것, 팔을 크게 흔드는 것, 손가락을 두드리는 것과 다리를 흔드는 것 등을 포함한다(Okun, 1976). 이와 같은 움직임 중 상당수는 관심 부족, 불만 또는 조바심을 나타낼 수 있다. 반면에 적당한 움직임은 라포

형성에 중요할 수 있다. Okun(1976)은 긍정적인 의사소통 행동으로 때때로 고개를 끄덕거리는 것과 손의 움직임을 말하고 있다. Bayes(1972)는 미소뿐만 아니라 신체, 머리, 손의 움직임을 통해 높은 온정을 표현할 수 있다고 하였다. LaCrosse(1975)는 상담사의 긍정적인 끄덕임, 몸짓, 미소는 상담사가 매력 있고 설득력이 있다고 평가받는 것과 긍정적인 관계가 있다고 하였다.

앞서 언급한 내용은 상담 장면 동안 내담자와 적절한 라포를 발전시키고자 하는 상담사의 목표에 있어서 비언어적 행동의 중요성을 분명하게 설명한다. 상담사의 적당한 거리 유지, 몸의 자세, 움직임, 미소와 눈맞춤은 라포를 발전시키고 유지하는 데 중요한 요소인 존경, 연관, 관심, 온정, 이해심 등을 표현하는 데 도움이 된다.

그럼에도 내담자와의 비언어적 상호작용의 중요성은 상당히 과소 평가받고 있는 경우가 많다. 실제로, 비언어적인 행동은 주로 개인의 의식적인 통제 밖에 있는 것으로 여겨진다. 또한 평가하기 어려운 것으로 여겨지며, 언어적 행동과 비교하여 종종 내담자와 상담사가 어떻게 느끼는지에 대한 보다 정확한 표현이 된다. "왜 나에게 열린 마음을 갖지 않아?"라고 이야기할 때의 자세나 목소리 톤은, "나는 당신이 무슨 말을 하는지 들을 수 있어"라고 비언어적으로 의사소통하는 상담사보다 매우 다른 방법으로 내담자에게 분명한 영향을 미칠 것이다. 우리는 우리의 신체 자세, 시선 접촉을 통하여 그리고 우리의 언어적 반응 유형으로 내담자들에게 이야기한다.

개인적 영역(personal space)은 상담관계에 영향을 미치는 부가적인 비언어적 요인이다(Germain, 1981; Sommer, 1959). 문화, 연령 및 성별에 의한 최소한의 중재는, 개인이 개인적 영역과 더불어 안락함을 느끼는 정도에서 상당히 변화한다(Evans & Howard, 1973). 따라서 상담사는 내담자가 안락하지만 상담사로부터 멀리 떨어진 느낌을 받지 않을 정도의 충분한 개인적 영역을 고려해야 한다. 비록 필요한 경우 이러한 것이 일반적으로 매우 이해하기 어려운 방법에서 발생한다 하더라도, 상담사는 개인적 영역에 대한 내담자의 요구를 존중하는 데 솔선수범해야 한다.

접촉(touch)은 상담관계에 있어서 중요한 비언어적 행동의 결정적인 측면이 된다. 중요한 시기에 접촉하는 것은 아주 자연스러운 일이다. 예를 들면, 누군가가 마음속으로부터의 고통을 표현할 때에는, 그가 흐느껴 우는 동안 손을 잡아 주거나 포옹하는 행동은 이상한 일이 아니다. 혹은 개인이 상담을 받으러 오거나 떠날 때, 우리 대부분은 손을 어깨에 대거나 포옹을 하는 것이 자연스러운 일이라고 이해할 수 있다. 그러나 오늘날과 같은 소송을 선호하는 사회에서는 접촉은 특히 민감한 주제가 되었으며, 전문윤리강령에서 제안된 것에 따라서 우리는 내담자의 경계 범위 및 우리 자신들의 경계 범위, 한계선에 민감하게 대처하는 것이 중요하다(Gabbard, 1995). 일부 사람들은 포옹치료사(the hugging therapist)라는 낙인이 씌어진 매사추세츠의 치료학자가 그의 내담자들을 너무 자주 포옹하였기 때문에 정신건강기관에서 해고당하게 된 문제에 대하여 매우 과민하게 반응하였다. Brammer와 MacDonald(1999)는 누군가가 내담자와의 신체적 접촉을 가지든 그렇지 않든 간에, ① 내담자에 대한 조력자의 사정, ② 그의 욕구에 대한 조력자의 인식, ③ 상담관계 내에서 가장 도움이 될 가능성이 있는 것, ④ 기관정책, 습관, 개인적 윤리 및 법의 기능으로서 포함될 수 있는 위험에 근거해야만 할 것을 제안하였다.

전통적으로 상담사는 마음을 기울이고, 유익한 시선접촉을 하며, 내담자의 감정과 부합하는 목소리로 말을 하거나, 쉽게 내담자와 접촉하지 않도록 가르쳐졌다. 그러나 연구에서는 내담자가 상담사의 비언어적 행동에 반응하는 방법에 문화적 차이점이 있을 것이라고 제안되어 있다(Morse & Ivey, 1996; Sue & Sue, 1999). 따라서 최근에는 상담사가 문화의 역할을 하는 내담자의 차이점에 예민하게 반응할 것을 제안하고 있다. 상담사는 몇몇 내담자들은 시선접촉에 감정이 상하게 될 수 있는 반면, 그 밖의 내담자들은 이를 바라볼 수 있다는 것을 이해해야 한다. 몇몇 내담자들은 당신이 마음을 기울이는 것을 기대하는 반면, 그 밖의 내담자들은 사생활 침해로서 이를 경험할 수 있을 것이며, 또한 몇몇 내담자들은 그들과의 접촉을 기대하는 반면에 그 밖의 내담자들은 이를 불쾌하게 받아들일 것이다. 비언어적 행동에 관하여, 효과적인 상담사들은 많은 사람들을 위하여 무엇을 해야 하는지를 명심하고 있으며, 소수의 사람들을 위하여 해야 하는 것에 예민하게 반응한다.

3) 상담기술

상담관계의 구조는 상담 장면에서 관여하는 상담가와 내담자들이 취하는 역할들과 그들이 상호작용할 때의 기술들에 의해 좌우된다. 그러나 상담관계 내에서 사용하는 기술들은 단정적으로 기술할 수 없고 복잡하고 다양하게 구조화된다.

상담 장면에서 반드시 사용되어야 하는 본질적인 기술에서 일반적으로 사용될 수 있는 기술(commonly used skill), 진보된 기술(commonly used advanced skill), 신중히 사용되어야 하는 기술(skill to use cautiously), 특화된 기술(advanced and specialized skill)이다. 따라서 상담 장면에서 재활상담사들은 적절한 기술을 활용하여야 하며, 특히 어떤 기술을 활용하든지에 관계없이 상담기술의 오용이나 남용은 상담성과에 유해한 영향을 미칠 수 있음을 유의해야 한다(Neukrug, 2003).

□ 본질적인 기술

본질적인 기술은 상담이론과 관계없이 내담자와의 관계확립이나 라포 및 신뢰구축, 내담자와의 긍정적인 상담분위기 구축, 내담자의 자기진단과정을 위해 필수적으로 사용되는 기술들이다. 이런 기술들은 일반적으로 상담 장면에서 상담관계가 시작될 무렵 가장 중요하게 사용되며 지속적으로 활용된다. 이 기술에는 경청(listening), 감정이입(empathy), 침묵(silence)과 같은 기술들이다.

○ 경청기술

경청이라는 의미는 사전에 의하면 "귀로 듣기 위하여 정밀한 주의를 기울이는 것, 듣고 주의를 기울이는 것"이라고 정의하고 있다. 비록 정의하기는 쉽지만, 이 기술은 아마도 다른 사람들에게 듣는 방법을 배우지 못했다면, 실행에 있어서 가장 어려운 것이라 할 수 있다. 실제로, 훈련되어 있지 않은 성인에게 다른 사람들의 말을 듣도록 요청한다면, 일반적으로 그는 결국 중간에서 말을 가로막고 충고를 하게 된다. 효과적인 경청자가 되는 것이 상담 장면에서 중요한 이유를 요약하면, Scissons(1993)는 경청에 대해서 신뢰를 형성하는 것을 돕고, 당신이 내담자를 이해하고 있다는 것을 내담자가 믿게 하고, 내담자가 방금 말한 것을 내담자가 생각할 수 있도록 격려하며, 내담자에 대한 이해를 확실하게 하며, 질문의 활용에 잠재적으로 부정적인 부작용 없이 내담자로부터 정보를 획득하는 효과적인 방법이 된다라고 강조하였다. 또한 유익한 경청은 내담자의 결과와 밀접한 관련을 맺고 있다. 훌륭한 경청자는 ① 최소한으로 이야기하고, ② 이야기하는 것에 집중하며, ③ 중간에 가로막지 않으며, ④ 충고를 하지 않으며, ⑤ 예상하지 말아야 하며, ⑥ 내담자가 말하는 것에 대한 내용을 정확하게 들어야 하며, ⑦ 내담자가 말하는 것에 대한 감정을 정확하게 들어야 하며, ⑧상담자가 듣고 있다는 것을 내담자와 의사소통할 수 있어야 하며("으흠"이라는 말을 하며 고개를 끄덕인다거나 내담자가 들었던 것을 내담자에게 다시 반영하는 것을 통하여), ⑨"나는 모든 것을 듣지 못했다. 당신은 내가 당신을 충분히 이해할 수 있도록 또 다른 방법에서 설명할 수 있는가?"와 같은 명확한 질문을 요청하며, ⑩그 밖의 질문 유형으로 가급적 묻지 않는다.

경청하는 기술과 방법을 상담가가 알고 있다고 해도, 많은 요인들이 효과적으로 경청하는 재활상담사의 능력을 방해할 수 있다. 경청에 대한 잠재적인 방해물에는, ①내담자의 이야기를 듣는 상담사의 능력을 방해하는 내담자에 관한 선입견을 갖는 것, ②내담자의 이야기를 정확하게 듣지 못하고 내담자가 말하는 것을 미리 예견하는 것, ③당신이 말하고자 하는 것을 생각하여 내담자가 말하는 것을 저지하는 것, ④당신의 경청하는 능력을 방해하는 잠재적인 문제점을 가지고 있는 것, ⑤내담자의 이야기 내용에 대한 강한 감정적 반응을 가지고 있어서 정확하게 내담자의 이야기를 듣지 못하는 것, ⑥소음, 사무실의 온도 혹은 배고픔과 같은 것들로 인하여 주의가 산만해지는 것 등이 포함되어진다.

이와 반대로 재활상담사가 경청을 잘하기 위해서는 경청을 위한 준비를 할 필요가 있으며 재활상담사가 효과적으로 경청하기 위한 다음과 같은 몇 가지 고려사항들을 유념할 필요가 있다.

첫째, 내담자를 만나기 전에 재활상담사 자신이 안정되어야 한다. 이를 위해 재활상담사 스스로가 명상과 기도, 기억의 환기 및 호흡조절, 내면의 자아안정 시도 등의 준비를 할 필요가 있다.

둘째, 내담자와의 적절한 시선접촉을 유지하기 위한 훈련이 필요하다.

셋째, 내담자에게 이야기할 것을 권하는 개방적인 자세를 취해야 한다.

넷째, 상담사와 내담자 사이의 개인적 공간에 대한 사전준비를 해야 한다.

다섯째, 상담사의 마음에서 내담자의 이야기를 듣는 것과 관련 없는 이질적인 생각들을 없애야 한다. 예를 들어, 개인적인 문제나 내담자 행동에 관한 지나친 해석을 하는 것은 상담에 도움이 되지 않는다.

여섯째, 내담자에게 집중하며, 이는 내담자가 이야기하는 것에 대한 의미와 감정에 집중할 준비를 하도록 하는 것이다.

일곱째, 부드럽게 내담자에게 이야기할 것을 격려하는 것 외에는 이야기하지 말아야 한다.

여덟째, 듣기에 충실해야 한다.

○ 감정이입과 공감적 이해

감정이입(empathy)은 또한 상담기술을 발전시키는 데 있어서 가장 중요한 것 중 하나라 할 수 있다. 깊은 내면의 견해로부터 사람의 이야기를 경청하는 것의 중요성은, 초기의 그리스 철학자들에 의해 찬양받았으며, 한 세기 동안 질을 치유하는 것으로 인식되었다(Gompertz, 1960). 20세기 동안, Lipps(1935)는 독일어인 Einfuhlung("내면으로 느끼기 위한")으로부터 감정이입이란 단어를 만들어 내어 신뢰를 얻게 되었으며, 아마도 감정이입에 대한 현대적 시각에서의 이해와 활용에 가장 큰 영향을 준 사람은 Rogers일 것이다. 그는 감정이입의 상태 혹은 감정이입을 하는 것은 정확성과 정서적 구성요소 및 의미와 더불어 다른 사람들의 내면구조를 인식하는 것이다라고 주장한다.

1950년대와 1960년대의 Rogers의 연구는 감정이입의 많은 조작적 정의에 자연스럽게 기여하였다. 예를 들면, Truax와 Mitchell

(1961)은 감정이입을 측정하는 9점 척도를 개발하였으며, 이는 후에 Carkhuff(1969)에 의해 5점 척도로 수정되었다. 감정이입을 측정하는 척도는 중요한 함의점을 가지고 있다. 먼저, 연구자는 상담사의 감정이입 능력을 측정할 수 있으며, 충분한 감정이입 반응 및 치료에서의 내담자의 결과 사이의 관계를 판단할 수 있다. 실제로, 다수의 연구에서는 충분한 감정이입의 능력이 치료의 향상과 관련이 있다라고 언급하고 있다(Carkhuff & Berenson, 1977; Lambert et al., 1986; Matarazzo & Patterson, 1986; Neukrug, 1980).

Carkhuff 척도는 1970년대와 1980년대 동안 상담사 훈련의 주축이 되었으며, 비록 더 이상 광범위하게 활용되지는 않지만, 이 척도는 상담사 교육에서 협의적 상담기술 훈련방법의 단계가 되었다(Egan, 1998; Gazda, Asbury, Balzer, Childers, & Walters, 1977; Ivey & Ivey, 1999). 척도는 0.5씩 증가하는 것으로, 최하 1.0에서 최고 5.0까지 분포되어 있다. 3.0 아래의 응답들은 마이너스의 응답이거나 비감정이입적 응답이라고 고려되는 반면, 3.0 혹은 그 이상의 응답들은 감정이입이 된 것으로 판단하며 이를 "부가적 응답"(additive responses)이라고 부른다. 최초의 Carkhuff 척도는 〈표 11-1〉에 전체적으로 제시되어 있다. 이 척도는 최근 들어와 교수, 학생 및 상담사들이 감정이입의 반응을 형성하는 그 사람의 능력을 사정함으로써, 상담사 교육을 변화시켰다.

〈표 11-1〉에서 살펴본 바와 같이, 사람이 어떠한 것에 대하여 부정적으로 응답하는 '제1수준' 혹은 '제2수준'은, '제1수준'의 응답(예, 조언, 정확하게 감정을 반영하지 않음, 내용을 포함하지 않음)으로 표시하며, '제2수준'의 응답에서는 가볍게 나타난다. 예를 들면, "나는 아버지가 있지만, 결코 나와 아무것도 하지 않는다. 그는 항상 일을 하고 있거나 술을 마시고 있거나 나의 여동생과 놀고 있다"라고 이야기하는 내담자를 가정해 보자 '제1수준'의 응답은

<표 11-1> Carkhuff의 감정이입 척도

제1수준	첫 번째 상담관계에서의 언어적·비언어적 표현은 두 번째 상담 장면에 별 영향을 주지 못하고 두 번째 상담 장면을 중요하게 생각한다.
제2수준	두 번째 상담 장면에서 내담자의 감정에 반응하는 동안 첫 번째 상담은 전혀 연결시키지 못하고 두 번째 상담의 주요한 내용들도 놓친다.
제3수준	두 번째 상담 장면 시 첫 번째 상담과 반응하면서 본질적으로 두 번째 상담의 주요 핵심사항을 동의하며 상호교류한다.
제4수준	첫 번째 상담은 두 번째 상담에 주목할 만한 내용을 암시하며 두 번째 상담에서 내담자가 표현하는 것보다 깊이 있는 수준에서 감정을 표현한다.
제5수준	첫 번째 상담은 두 번째 상담에서 ① 내담자가 스스로 표현하는 것보다 더 정확하게 감정을 표현하며 ② 지속적인 상담에서의 더 깊이 있는 자기탐험이 이루어지도록 중요한 시사점을 제공한다.

"왜 그가 어리석다라고 말하지 않는 것처럼 당신은 상황을 변화시키려 하지 않는가?"라고 조언을 제공하거나 비난하게 된다. '제2수준'에서의 응답은 "당신은 당신의 아버지가 당신의 여동생과 너무 많은 시간을 보낸다라고 생각하는 것처럼 보인다"라는, 감정을 반영하지 않거나 내용을 놓쳐 버리는 반응을 보이게 된다. 한편 "그런데 마치 당신이 당신의 아버지에게 당신과 시간을 보내지 않아 매우 화가 나 있는 것과 같다"라는 '제3수준'의 응답은 정확하게 내담자의 감정과 의미를 반영하고 있다.

'제4수준'과 '제5수준'의 응답은 개인이 외관상 말하는 것 이상으로 그리고 개인의 외관상의 표현의 의미에 덧붙여, 감정과 의미를 반영한다. 예를 들면, 위의 예에서, '제4수준'의 응답은, "마치 그가 당신에게 조금도 주의를 기울이지 않기 때문에 당신의 아버지에게 화가 나 있는 것으로 생각된다"와 같으며, 이는 내담자가 외관상 표현하지 않는 새로운 감정, 분노를 나타낸 것이다. '제5수준'의 응답은 일반적으로 숙련된 치료사와의 장기간의 치료관계를 형성하게 된다. 그들은 상황의 복잡성에 대한 인식뿐만 아니라 내담자가 느끼는 고통에 대한 깊은 이해를 표현한다.

일반적으로, 이와 같은 응답은 내담자가 이러한 응답을 듣는 경우 비교적 단기간에 내담자에게 유익할 수 있어야 한다라고 제안한 바와 같이, 조력자에 대한 훈련에서 그들이 '제3수준'의 응답을 하기 위하여 노력하도록 권고된다(Carkhuff, 1983; Neukrug, 1980, 1987). 효과적인 감정이입반응은 내용과 감정을 정확하게 반영해야 할 뿐만 아니라 내담자가 이러한 반응을 들을 수 있을 때 제공되어야 한다. 예를 들면, 당신은 내담자의 마음속으로부터의 슬픔이나 분노를 감지할 수 있으며, 내담자에 대한 지원을 반영할 수 있다. 그러나 만약 내담자가 이러한 감정들을 받아들일 준비가 되어 있지 않다면 적절한 시간을 맞춰야 하며 응답은 마이너스적인 결과를 고려해야 한다.

종종, 상담사가 상투적인 반응으로 감정이입의 반응을 처음 나타낼 때, 일반적으로 내용을 역으로 말함으로써 감정을 반영하도록 해야 한다. 아래의 예시를 보아라.

내담자: 나는 어찌할 바를 모르겠다. 나는 여전히 우울하다. 나는 나의 인생과 직업을 변화시키기 위하여 노력하였고, 나는 보다 원활한 의사소통을 위하여 노력하며, 직업을 바꾸었고, 나의 사고를 변화시켰고, 심지어 항우울제를 복용하였지만, 전혀 도움이 되지 않았다.

상담사: 당신은 이러한 변화들이 당신이 노력하여 만든 것이고 조금도 나아지지 않았기 때문에 실망감을 느끼는 것이다.

상담사는 상투적인 응답에 보다 익숙하기 때문에, 그들은 감정이입의 응답을 형성하지 못하고 있다. 이보다는 보다 자연스러운 회화체의 톤을 활용하여 시작할 수도 있다. 예를 들어, 위의 내담자에게 상담사는 이렇게 이야기할 수 있다.

상담사: 당신의 좌절이 정말로 느껴진다. 당신은 매우 많은 일들을 노력하였지만, 아무것도 하지 않은 것으로 여겨진다. 나는 당신의 눈에서 좌절과 슬픔을 볼 수 있다.

그러나 숙련된 상담사는 내담자가 정확하게 듣고 있다는 것을 전달하기 위하여 은유법(metaphors), 유추법(analogies) 및 자기노출(self-disclosure)을 활용할 것이며, 감정이입 응답에 매우 독창성을 띠게 될 것이다(Neukrug, 1997).

상담사: 이는 당신이 타이타닉호의 갑판 의자를 다시 놓는 것과 같다.

(혹은)

상담사: 당신이 단지 무엇을 경험했는지를 나에게 말했을 때, 나는 나의 위가 꼬이고 뒤집어지는 듯하게 느껴졌다. 나는 이것이 당신이 느꼈을 감정이라고 생각한다.

오랫동안 감정이입의 반응은 때때로 "적극적인 경청" 혹은 "감정에 대한 반응"과 혼동되었다. 비록 Rogers가 감정이입의 사용을 촉진하는 데는 도움이 되었지만, 그는 조력자가 감정의 반영을 실행하는 경우 때때로 발견되는 내담자에 대한 기계적이고 과장되며 어색한 반응을 경고하였다. 그러나 일반적으로 실행하는 데 있어서는, 내담자에 대한 조력자의 반응은 위에서 주어진 보다 진보적인 일부 예와 같이 좀 더 자연스럽게 감정이입이 되도록 해야 한다.

결론적으로 재활상담사는 장애인 내담자와 감정이입을 효율적으로 하기 위해서는 다음과 같은 상황을 고려해야 한다.

첫째, 내담자는 재활상담사가 자신의 사적인 세계로 들어오는 것을 기꺼이 허용하고 자신의 지각과 감정을 상담사에게 표현하면 재활상담사는 이 의사소통에 공감적인 주의를 기울여야 한다.

둘째, 재활상담사는 내담자가 표현 · 전달하는 것을 내담자의 내적 준거체계를 가지고 왜곡 없이 정확하게 이해하도록 훈련되어야 한다.

셋째, 상담사는 내담자의 감정과 지각을 있는 그대로 이해하였다는 것을 내담자에게 의사소통을 통해 전달할 수 있어야 한다.

○ 침묵

침묵(silence)은 내담자의 성장을 위하여 상담사에 의해 유리하게 사용될 수 있는 강력한 도구이다(Hutchins & Cole, 1997; Kleinke, 1994). 이는 내담자에게 말한 것을 반성하게 하며, 상담을 진행하고 다음 반응을 공식화하는 데 대한 시간을 상담사에게 부여하게 된다. 의사소통이 항상 단어로 가득 차 있을 필요가 없다는 것을 내담자에게 보여 주게 되며, 또한 단어는 때때로 감정으로부터 전환되어 사용될 수 있다. 침묵은 강력하다. 이는 때때로 내담자에게 불안을 야기할 것이며, 한편으로 불안은 특별한 화제에 대하여 그 이상 말하도록 내담자를 강요할 수 있으며, 또 한편으로는 치료에서 낙오될 것이라고 내담자가 염려하게 만들 것이다.

어떤 학자들은 반응을 하기 전 30초 동안을 기다릴 것을 제안하였다. 상담기간 동안, 30초는 매우 긴 시간이다. 내가 학생들에게 역할극을 통해 내담자를 실제로 연기해 보도록 하였을 때, 나는 응답하기 전 30초를 기다렸다. 이는 매우 긴 시간이라고 믿는다. 나는 상담기간 동안 많은 시간을 기다리는 데 어려움을 가지고 있다. 그러나 그 밖의 사람들은 이러한 침묵의 양에 편안함을 느낄지도 모른다. 예를 들면, 이 30초 동안 당신은 내담자의 마지막 진술에 대하여 그의 사고를 이해할 수 있을 것이며, 그의 의자가 움직이는 것을 볼 수 있을 것이며, 그가 다음에 말할 것에 대하여 생각할 수 있을 것이다. 이는 그를 위한 것들이다.

마지막으로, 침묵은 조금은 문화적으로 결정될 수 있다. 예를 들면, 몇몇 연구에서는 다른 문화에서의 "침묵"이 다양한 의미를 가짐을 발견하였다. 그러므로 말을 하는 그 사람의 고유한 경향은 문화의 기능에 따라 변화할 것이다(Tafoya, 1996). 재활상담사로서, 당신은 침묵과 함께 당신의 안락함 수준을 발견하게 되는 당신의 "침묵"을 고려하는 것을 원할 수 있으며, 내담자와 함께 일하는 경우 당신은 내담자의 "침묵"을 고려해야만 한다. 실제로, Tafoya(1996)는 미국 원주민들은 그들이 장시간의 "침묵"을 거의 가지지 않는 경우 상담에 있어서 때때로 과묵하고 반항적이다라고 분류된다라는 점에 주목하였다. 미국 원주민 상담사에 의해 상담이 되었다면, 그들은 이러한 유형으로 분류되지 않을 것이다.

□ 일반적으로 사용되는 기술

상담기술에서 상담사들이 일반적으로 활용하는 기술들은 질문(question), 상담사의 자기노출(self-disclosure), 모델링(modeling) 등이다.

○질문

질문은 상담 장면에서 과거 행동의 재현을 발견하고 근원적인 내담자의 문제를 밝혀내며, 때로는 내담자의 변화를 유도하며, 내담자가 심도 깊은 자기 탐색을 하도록 격려하는 것 등의 많은 목적을 가지고 활용되는 기술이나 질문의 형태는 형식에 따라 여러 가지로 구분될 수 있는데 개방형 질문과 폐쇄형 질문, 직접적 질문과 간접적 질문 등으로 구분된다.

개방형 질문(open questions)은 내담자가 반응할 수 있는 유형에서 보다 탁월한 선택을 내담자에게 제공하며, 일반적으로 내담자의 반응을 제한하는 폐쇄형 질문(closed questions)보다 용이한 것으로 간주된다. 예를 들면, 누군가는 “당신은 좋은 유년기를 보냈다라고 느끼는가, 나쁜 유년기를 보냈다라고 느끼는가?”와 같은 선택형 질문을 할 수 있다. 훨씬 제한적인 질문은 “무엇이 당신의 유년기를 나쁘게 했는가?”라는 것이 있을 수 있다. 대신에, “당신의 유년기는 무엇과 같았는가?”라는 개방형 질문을 해 보라. 비록 개방형 질문이 일반적으로 폐쇄형 질문보다 효과적인 것으로 간주되더라도, 당신이 광범위한 개방형 질문을 하는 것보다. 오히려 두 가지의 응답에 주의를 기울이기를 원하는 경우도 때로는 있다.

Benjamin(1987)은 만약 간접적으로 질문을 한다면, 질문은 보다 개방적이 될 수 있다는 점에 주목하였다. 예를 들면, 다음과 같이 개방형 질문을 할 수 있다. “당신의 아내가 당신을 떠난 것에 대하여 당신은 어떻게 느끼는가?” 그러나 문제를 보다 적합하도록 하기 위하여, 다음의 방법으로 질문을 할 수 있다. “나는 당신이 당신의 아내가 떠난 것에 대하여 많은 감정을 가질 것임에 틀림없다라고 생각한다.” 실제로, 이러한 간접 질문은 감정이입의 반응을 만드는 것과 유사하다.

간접적인 개방형 질문은 내담자에게 보다 적합한 경향이 있다. 그들은 보다 듣기 쉽고, 상담이 진행되는 것을 도우며, 비판적이지 않은 개방형 상황을 만들며, 내담자에 의해 보다 쉽게 반응하도록 한다.

또한 질문기술에서 왜라는 질문이 많이 활용된다.

당신은 왜 그러한 방법으로 느끼는가? 도대체 질문은 무엇인가? 방어적으로 느끼는가? 실제로, 만약 한 사람이 “왜”라고 정직하게 묻는다면, “왜” 질문은 상담에서 사용하는 가장 강력한 질문이 될 것이다. 그러나 내담자들은 상담에서 “왜” 질문을, 만약 그들이 알고 있다면, 그들은 당신의 사무실에 존재하지 않는다라는 사실을 이해하게 된다. “왜” 질문은 사람들이 방어적으로 느끼도록 하는 경향이 있기 때문에, 일반적으로 상담사들은 그 밖의 유형의 질문이나 감정이입의 반응을 활용하도록 권고된다. 그러나 만약 상담사가 모든 기간 동안 이러한 유형의 질문을 사용한다면 상담진행이 제한적으로 이루어질 수밖에 없으므로 상담가는 이러한 질문을 드물게 사용해야 한다.

한편 비록 질문이 자기탐색을 포함한 노출된 패턴에서 그리고 내담자의 변화에 대한 도전에서 도움이 될 수 있지만, 그에 대한 과도한 사용은 내담자가 굴욕감을 느끼고 상담사가 내담자의 문제해결을 위한 해결책을 제안하기를 기대하는 의존적인 경향을 나타낼 수 있는 권위주의적인 상황을 만들 수 있다(Benjamin, 1987; Byrne, 1995; Cormier & Cormier, 1998). 또한 질문은 일반적으로 내담자 자신의 질문을 발견하도록 내담자에게 권한을 부여하는 감정이입의 반응만큼 용이하지 못하다(Neukrug, 2002; Rogers, 1942). 실제로, 종종 감정이입의 응답을 질문 대신에 할 수 있다. 예를 들면, 내담자가 다음과 같이 말했다라고 가정해 보자.

내담자: 당신이 알다시피, 나는 더 이상 나와 나의 형제에 대한 부모님의 파괴적인 태도에 대하여 이야기하는 것을 견딜 수 없다.

예컨대 상담사는 개방형 질문으로 반응할 수 있다.

상담사: 당신을 매우 불안하게 만드는 부모님의 파괴적인 태도는 무엇인가?

그러나 아마도 보다 효과적인 응답을 얻기 위해서는 다음과 같은 감정이입적인 질문이 용이하다.

상담사: 나는 당신이 당신과 당신의 형제에 대한 부모님의 파괴적인 행동을 이야기하기 시작할 때, 당신이 당황했던 것들에 대하여 듣게 될 것이다.

질문은 나쁜 반응이 아니기 때문에, 이는 상담의 범위에서 최소한도로 변화할 수 있다. 감정이입의 반응은 내담자의 감정을 확인하는 것임에도 불구하고, 여전히 내담자가 좋아하는 상담기간을 내담자가 선택하는 것을 허용한다. 비지시적이기보다 지시적으로 내담자 자신을 관찰하는 상담사는 감정이입의 반응에 대한 질문을 선택할 수 있다. 일반적으로, 신입 상담사는 질문보다는 사려 깊은 감정이입의 반응을 만들기 위하여 시도하는 것이 좋다.

보다 많이 질문의 사용에 대하여 논의를 하더라도, 질문이 사용될 때마다 이를 신중이 다루어야 한다라고 말하는 것은 당연한 일이다. 이를 유의하면서, Benjamin(1987)은 질문을 할 경우에 다음에 대하여 고려할 것을 제안하였다.

첫째, 당신은 당신이 질문하는 것에 대하여 알고 있는가?

둘째, 당신은 특정 질문의 바람직성에 대하여 주의 깊게 고찰하고, 이를 사용하였는가?

셋째, 당신은 당신이 이용할 수 있는 질문의 유형과 당신이 개인적으로 사용하는 경향이 있는 질문의 유형에 대하여 검토하였는가?

넷째, 당신은 질문에 대한 대안을 고려하였는가?

다섯째, 내담자가 철저하게 상담사에게 질문을 하든지 간에, 당신은 내담자에 대한 질문에 민감한가?

여섯째, 당신이 질문하려는 문제는 상담의 흐름을 방해하지 않는가?

○상담사의 자기 노출

이전에 나의 학생은 오랫동안 그녀로부터 그의 문제점을 밝히기 시작한 정신과 의사에게 치료를 받고 있었다. 어느 날 그녀는 그가 자살했다는 것을 듣게 되었다. 그의 죽음 후, 그녀는 그녀가 그의 인생을 구하지 못한 것에 강한 양심의 가책을 느끼게 되었다라고 나에게 말하였다. 이 학생이 남긴 것은 무엇인가! 분명히 정신과 의사의 자기노출(self-disclose)은 불건전한 것이며 비윤리적인 것이다. 그러나 일부 상황에서는, 어느 정도의 자기노출은 마음을 여는 내담자의 능력을 촉진시킬 수 있으며 또한 긍정적인 행동의 모델로서 역할을 할 수 있다.

비록 자기노출이 중요할 수 있으며 내담자를 위해 도움이 될 수는 있지만(Kleinke, 1994; Pennebaker et al., 1990; Pennebaker & Susman, 1988), 상담기술로서 이는 기껏해야 잡다한 것에 불과하다(Donley, Horan, & DeShong, 1990; Doster & Nesbitt, 1979).

누군가가 자신에 관한 정보를 밝히는 경우, Kleinke(1994)는 자기노출의 과정과 내용에 관하여 제시하였다. 자기노출은 내담자에게 현실이라고 보여 주므로 보다 강한 친밀감을 맺을 수 있게 되기도 하고 또한 보다 심도 깊은 내담자의 자기노출을 촉진시킬 수 있는 관계를 원조하는 친밀감을 개발하며, 당신의 내담자가 모델이 될 수 있는 행동을 제공하는 것들을 포함하여 많은 긍정적인 결과를 가져올 수 있다. 때때로 내담자는 자기노출의 내용에 상담사를 서서히 강요할 수도 있다.

즉시성(immediacy)으로 불리는 자기노출의 과정은, 내담자와 관련하여 자신의 경험을 순식간에 공유하는 상담사들을 필요로 한다(George & Cristiani, 1995). 그러한 과정에 대한 설명은 내담자가 상담사를 만나게 되고 결국에는 그의 인생에서 또 다른 상담사들을 만나게 되는 데 대하여 미치게 되는 영향의 유형을 관찰하며, 내담자가 순간적 의사소통 관계를 어떻게 강화할 수 있는지에 대하여 이해하는 것을 원조한다. 그리고 새로운 의사소통의 유형이 내담자의 인생에서 중요한 관계를 일반화할 수 있는 모델로서 역할을 할 수 있는 것을 도울 수 있다. 진실성(genuineness)에 대한 Rogers(1975)의 개념과 유사하게, 자기노출의 과정은 상담사가 내담자에게 그의 감정과 더불어 진실되어야 한다는 것을 제안한다.

상담사는 내담자에게 일시적인 감정을 공유하지 말라고 경고하면서, Rogers(1957)는 그들이 그들 자신의 심도 깊은 부분을 공유함에 따라서 내담자들이 빠르게 변화하고 있다는 사실을 지적하였다. 그리고 그들이 변화함에 따라서 아마도 그들을 향한 상담사의 감정 또한 변화하게 될 것이다. 순간적인 감정을 공유하는 대신에, 그는 이러한 감정 관계에 보다 의미가 있기 때문에 감정을 끊임없이 공유할 것을 제안하였다(Rogers, 1970).

자기노출의 유형과는 상관없이, 이에 대한 효과성은 내담자가 자기노출의 사용에 관하여 가지는 기대의 유형과 밀접하게 관련된다는 사실을 발견하였다(Derlega et al., 1976; Neimeyer et al., 1979; Neimeyer & Fong, 1983). 따라서 상담사의 자기노출은 얼마나 많은 내담자들이 자기노출이 치료과정의 한 부분이라고 예상하는지에 직접적으로 비례해야만 한다.

자기노출은 오직 내담자의 성장을 위한 수단으로서 우리의 요구를 만족시키기 위하여 절제하여 사용하여야 할 필요가 있다(Evans et al., 1998). 일반적인 경험에 의한 법칙이 있다. 자기노출이 유익하다라고 느낄 수도, 그렇지 않을 수도 있다. 만약 유익하다라고 느꼈다면, 당신은 아마도 당신의 내담자의 욕구보다는 당신의 욕구에 직면하고 있는 것이다. 마지막으로, 나는 다음과 같이 주장한 Kahn(1997)에 동의한다.

나는 스스로에 관하여 이야기하지 않는 것에 어리석게 맹신하지 않으려고 노력한다. 만약 문 밖의 내담자가 "당신은 어디에서 당신의 휴가를 보내고 싶습니까?"라고 우호적이고 가볍게 질문을 한다고 가정해 보자. 나는 내가 가는 곳에 대하여 이야기한다. 그러나 만약 내담자가 딱딱하게 질문한다면("당신은 누구와 가는가? 당신은 결혼했는가?"), 나는 아마도 "아, 아마도 우리는 다음번에 이에 관하여 이야기하는 편이 좋겠다"라고 반응할 수 있다.

○ 모델링

이론적 배경과 관계없이 상담사들은 내담자를 위한 모델로서 역할하게 될 것이다(Brammer & MacDonald, 1999). 우리는 우리의 내담자를 위하여 끊임없이 모델링되고 있다. 만약 우리가 감정이입적이라면, 그들은 보다 효과적으로 사랑하는 사람에게 귀 기울이는 방법을 배울 수 있다. 만약 우리가 독단적이라면, 그들은 그들의 인생에서 누군가에게 단호하게 직면하는 방법을 배울 수 있다. 그리고 우리가 만약 분쟁을 해결하는 방법을 내담자에게 제시할 수 있다면, 내담자의 인생에서 분쟁을 다루는 새로운 방법을 배우게 될 것이다.

내담자에 의해 학습된 행동이 상담관계의 결과물이 될 경우, 간접적인 모델링이 나타나게 된다. 이 경우, 상담사는 내담자의 행동을 변화하기 위하여 의도적으로 준비하지 않는다. 그러나 행동의 변화는 상담사의 "존재"(being)를 내담자가 알게 되면서 발생하게 된다. 이는 심지어 내담자를 이상적으로 생각하더라도 상담사를 존경하는 내담자에게 일반적이기 때문에 모델이 힘, 상태, 능력 및 지식을 지각하는 경우 상담사의 행동은 종종 내담자에 의해 매우 강하게 지각될 수 있다(Brammer & MacDonald, 1999).

간접적인 모델인 상담사는 정신역동적 혹은 실존주의적 / 인본주의적 구조로부터 실행하는 경향이 있으며, 상담 장면에서 사용하는 기술들은 내담자가 삶에서 적용하게 될 기술이 된다. 예를 들면, 감정이입, 절대적인 실존주의 및 진실성을 사용하는 개인 중심적

상담사는 이에 대한 질적 모델이 되며, 궁극적으로 내담자는 상담관계에서 이러한 기술들을 적용하기 시작할 것이다. 마찬가지로, 감정이입, 판단 및 호기심을 사용하는 정신역동적 상담사들은 내담자들을 위하여 이러한 행동들을 모델화할 것이다.

또한 많은 상담사들, 특히 인지적 및 행동적 오리엔테이션을 사용하는 상담사들은 그들이 축적해 놓은 변화 방법에서의 중요한 도구로서 모델링을 사용한다. 모델링은 내담자가 목표로 하는 행동을 변화시키도록 하는 많은 방법들을 우리에게 제공한다. 상담사가 의도적으로 모델링을 사용할 수 있는 세 가지 주요 방법들에는, ① 조력자에 대한 특정 행동의 계획적인 표현을 통하여(예, 감정이입을 표현하며, 무비판적이며, 독단적이며), ②(상담)기간 동안의 역할극의 사용을 통하여(예, 상담사는 내담자를 위한 구직인터뷰기술에 대하여 역할극을 할 수 있다), ③기간 동안 모방하기 위한 모델을 발견하기 위하여 내담자에게 그를 모델링하고 격려하는 것을 가르치는 것(예, 대규모 집단에서 연설하는 데 대한 공포를 가지고 있는 사람은 연설방법의 특성을 동경하고 관찰하는 그를 연설자로 선택할 수 있다)으로 제시할 수 있다.

의도적인 모델링에 있어서, 내담자가 획득하기를 원하는 목표 행동은 성공에 대한 높은 가능성을 가질 필요가 있다. 또한 그러한 모델링이 목표행동을 관찰하고 이를 실행하는 것을 포함한 두 부분으로 된 과정을 포함하기 때문에, 내담자들은 단지 적합한 모델을 발견하지 못할 뿐 아니라 상담기간 동안 혹은 그 후에 바라는 행동을 실행할 필요가 있다. 예를 들면, 연설에 대한 공포를 가지고 있는 개인은 첫 번째로 모방하기 위한 모델을 필요로 할 것이다. 이 모델을 관찰하고 난 후에, 내담자는 상담사에게 첫 번째로 이야기하게 되고 그런 다음 신뢰할 수 있는 친구에게, 그리고 소규모 집단 등에게 이야기함으로써 계층이 전개될 수 있으며, 아마도 그의 수행을 활발히 하기 위한 방법에서 피드백에 대한 질문을 하게 될 것이다.

□ 진보된 상담기술

일반적으로 사용하지만 상담사들이 일반적으로 활용하는 진보된 상담기술은 직면(confrontation)과 해석(interpretation)이다.

○ 직면

사람들은 일반적으로 장애물을 극복하기 위하여 시도하는 경우, 적대적인 도전의 유형으로서 직면을 정의한다. 그러나 상담관계의 상황에서, 직면은 일반적으로 세상에 대한 내담자의 이해에 보다 부드러운 도전으로 간주된다(Byrne, 1995). 효과적이기 위하여, 이러한 차분한 도전은 신뢰할 수 있고 사려 깊은 관계의 형성에 선행되어야 하며, 따라서 내담자에게 어떤 해로움이라도 발생할 수 있는 가능성을 감소시키게 된다(Egan, 1998; Kleinke, 1994; Young, 1992). 훌륭한 경청기술과 감정이입의 사용은 일반적으로 도전을 성공적으로 다룰 수 있으며, 잠재적으로 내담자의 현실에 대한 인식을 변화시킬 수 있는 관계를 발전시키는 데 있어서 가장 효과적인 방법으로 간주된다(McAuliffe et al., 2000). 요컨대 직면은 상담사의 정확한 타이밍, 재치 및 침착함을 필요로 한다.

Hackney와 Cormier(2001)는 직면이 내담자가 단어, 감정 및 행동 사이에서 차이를 이해하는 것을 지원할 수 있다고 강조한다. 그들이 강조하는 세 가지 유형의 차이에는 다음의 것들이 포함된다. ① 내담자의 가치와 행동 사이의 차이, 예를 들면, 그녀는 그가 그녀를 떠날지도 모른다라고 걱정하기 때문에 그녀는 관계에 있어서 정직함을 믿는다라고 말하지만 그녀의 분노를 표현하지 않을 내담자, ② 내담자의 감정과 행동 사이의 차이, 예를 들면, 그가 그의 아내를 매우 사랑하며, 그의 상황에 대하여 상담사에게 이야기하는 사람, ③ 내담자의 자신을 기술하는 언어적 진술 사이의 차이, 예를 들면, 그녀가 보다 효과적으로 의사소통하기를 원하지만 그렇게 하지 않은 데 대한 변명을 늘어놓는 내담자—"만약 나에게 나의 의사소통 문제를 다룰 시간이 좀 더 있었다면", ④ 내담자의 감정에 대한 언어적 표현과 내담자가 인정하지 못하거나 그가 현재 인식하지 못하는 근원적인 감정 사이의 모순이라 할 수 있다. 예를 들면, 그녀가 그녀의 결혼에 관해 좋은 감정을 가지고 있다라고 말하지만, 눈물을 억누르고 있는 것으로 보이는 사람, 당신이 이를 알아차리게 되면, 그녀는 흐느껴 울기 시작한다.

신뢰하고 사려 깊은 관계를 형성하는 것 다음으로 모순을 직면할 수 있는 방법에는 많은 것들이 포함된다.

① 당신 / 반대진술(you/but statements)

이와 같은 진술은 당신 / 반대 장면에 있어서 그들에게 반대로 반응함으로써 내담자와의 부조화를 지적한다(Hackney & Cormier, 2001). 예를 들면, 정직을 믿지만 두려움을 가지고 있는 내담자에게 상담사는 다음과 같이 말할 수 있다.

상담사: 한편으로 당신은 당신이 정직을 믿는다라고 말하지만, 당신은 당신의 아내로부터 심각한 문제를 숨기고 있는 것처럼 보인다.

② 내담자가 모순을 정당화할 수 있도록 질문하기

이러한 반응의 유형은 상담사가 내담자가 모순을 정당화하는 방법을 상담사에게 설명하도록 내담자에게 부드럽게 질문하는 것이다. 예를 들면, 위의 예에서는 상담사는 다음과 같이 말할 수 있다.

상담사: 당신의 지식을 근거로, 당신이 정직하다라고 말하지만 당신의 아내에게 숨기는 일이 있다는 사실에 대하여 내가 이해할 수 있도록 나에게 말해 보아라.

③ 재구성(reframing)

모순을 강조하는 이 방법은, 대안적 사실을 제공함으로써 그가 상황을 다르게 인식할 수 있도록 내담자를 자극하는 것이다.

상담사: 이 경우 정직이 항상 최선의 방법이 아니라고 당신은 나에게 말할 수 있는가?

④ 반어 사용(using irony)

반어법의 사용은 모순의 불합리를 강조하며, 그 밖의 기술들보다는 조금 모순적이다. 이 기술은 신중하게 사용되어져야 한다. 예를 들어, 위의 예에서 당신은 다음과 같이 말할 수 있다.

상담사: 글쎄, 나는 이 경우 정직하지 못한 것도 괜찮다라고 했을 때, 결국에는 당신은 고통스러운 감정을 당신의 아내로부터 모면하기 위한 것으로 추측할 수 있다. 그렇지 않은가?

⑤ 높은 수준의 감정이입(higher-level empathy)

내담자의 모순에 도전하는 마지막 방법인 높은 수준의 감정이입은, 내담자의 근원적이고 인식하지 못하는 감정과 모순을 반영하며, 내담자의 내면을 드러내도록 내담자를 자극하는 것이다. 예를 들면, 위의 예에서는 다음과 같이 말할 수 있다.

상담사: 당신은 매우 모순된 감정을 가지고 있다. 한편으로, 당신은 정

직을 믿는다라고 하면서, 다른 한편으로는 당신의 상황을 숨기고 있다. 나는 당신을 위하여 이 이야기를 보다 이해해야 한다라고 생각한다.

○해석

내담자는 그의 현재 연인에 관하여 상세하게 표현한다. 후에 그는 그의 부모와의 관계에 관하여 상세하게 나타낸다. 당신은 이러한 관계를 통해 연속적인 유사한 주제와 감정을 듣게 되며, 내담자에 대한 당신의 분석을 나타내게 된다. 내담자는 계약에 의해 그가 듣는 것을 승낙하였다. 이는 해석인가 혹은 감정이입인가? 비록 일부는 이를 해석으로 간주한다 하더라도(Benjamin, 1987; Cormier et al., 1998), 나는 많은 이유로 높은 수준의 감정이입의 반응이라고 간주한다. 첫 번째, 이는 상담사의 집중력과 주의 깊은 경청의 결과이다. 두 번째, 이는 내담자의 현실 구조에 대한 주의 깊은 이해를 근거로 한다. 세 번째, 당신은 당신의 내담자에 관한 확실한 결론을 제안할 수 있는 상담이론과 같은 외부 자원으로부터의 획득되는 도구 없이 내담자의 상태에 대한 당신의 이해를 반영한다. 마지막으로, 내담자는 당신의 평가를 동의한다. 당신은 당신의 반응을 목표로 한다. 감정이입의 정의는 내담자의 영혼에 도달할 수 있고 내담자를 촉진시키고 안내하는 것에 대한 상상의 경계선을 말할 수 있는 내담자에 대한 충분한 반응이라 할 수 있다(Benjamin, 1987).

또 한편으로는, 진실된 해석은 일반적으로 개인이 어떤 상황 아래서 반응하는 방법에 관하여 가정하는 상담과 심리요법을 위한 미리 조절된 모델과 더불어, 내담자의 행동에 대한 분석이며 상담사의 견해로부터 의미 있는 체계가 된다. 정신분석가들은 주요한 치료적 중재로서 해석을 사용한다. 이러한 특성에서, 정신분석가들은 그들의 꿈이 우리의 성 심리의 개발로부터 미해결된 모순을 상징한다라고 믿고 있으며, 내담자의 발달에 대한 이해를 내담자에게 제공할 수 있다라고 믿고 있다(Brill, 1960). 예를 들면, 매우 깨끗한 아파트에서 당신의 애완동물이 놀림거리가 되는 꿈은 억압된 교육에 대하여 반대하는 근원적인 욕구를 나타낸 것이며, 근본적으로 동물을 싫어하는 것을 나타낸 것이다. 이와 유사하게, 몇몇 인지치료사들은 특정한 진단을 받은 개인은 내담자를 설명할 수 있는 근원적인 인지적 구조의 유형을 가지고 있다라고 예상한다라고 가정한다(Lynn & Garske, 1985). 예를 들면, 이는 불안장애를 가진 사람들은 세상이 두렵고 위험한 곳이라는 근원적인 인지적 믿음을 가지고 있다라고 가정한 것이다. 우리가 정신역학주의이든, 인지주의이든, 혹은 그 밖의 이론적 접근법을 신뢰하든지 간에, 해석의 타이밍은 그가 수행하는 방법에서 내담자가 반응하는 이유에 대한 이해와 내담자의 변화를 이끌어 낼 수 있는 이해를 초래하는 데 있어서 중요하다.

목표를 정하는 경우, 해석은 치료에서 위대한 도약을 이끌어 내도록 내담자를 지원할 수 있다. 그러나 이러한 기술들을 사용하는 데는 위험이 수반된다. 예를 들면, 해석은 전문가로서 상담사들을 설정하고, 실제적인 관계를 경시하게 된다(Kleinke, 1994). 또한 상담사와 내담자가 해석적 도구를 논의함에 따라서 나타나는 지적화가 증대하는 한편, 치료적 관계의 "here-and-now" 질을 경시한다(Safran & Segal, 1990). 마지막으로, 연구는 해석이 성공적인 내담자 성과와 관련한다라는 강한 증명을 제시하지 않는다(Orlinsky & Howard, 1986). 이러한 이유로 Rogers와 그 밖의 연구자들(예, Benjamin, 1987; Kahn, 1997)은 해석의 사용을 강력하게 반대하였다.

□ 신중하게 사용되어야 하는 기술

비록 우리가 보았던 이러한 기술들이 내담자에게 빈번하게 사용된다 하더라도, 대다수의 사람들은 내담자 성과의 효과성에 의문을 제기한다. 보다 전통적인 상담기술의 사용은 내담자의 자기발견을 낳는 관계를 촉진시키게 되는 데 반하여, 이러한 기술들은 내담자를 이끌거나 명령하기 때문에, 최소한도로 사용되어야 한다. 사실상, 대다수의 사람들은 우리가 이미 보았던 지시와 상담사 중심의 기술들에 대하여 고려해야 한다. 해석, 직면 및 일부 자기노출의 유형과 같은 기술들은 상담사가 내담자의 지시에 따르는 것을 반대함으로써 언급된 내담자의 구조로부터 반응하여 형성되기 때문에 이러한 방법에서 분류할 수 있다. 그러나 우리가 살펴본 기술들(격려, 단언, 자존감 형성, 대안의 제공, 정보의 제공, 조언의 제공)이 매우 인정받지 못하기 때문에, 이러한 기술들이 장시간 수용되는 것을 최소로 하여야 한다. 만약 결국 사용하였다면, 이런 기술들은 분명히 시험적이고 주의 깊게 사용해야 한다.

ㅇ격려, 단언 및 자존감 구축(encouragement, affirmation, and self-esteem)

자존감을 지원하는 데 대한 욕구는 유년기에 끝나지 않는다. 성인이 되어서도 여전히 가족, 친구, 삶의 파트너, 동물, 아마도 모든 관대한 신들에게까지 "무조건적인" 사랑을 필요로 한다. 사랑이란 "당신은 판단하는 수단이 아니다. 나는 당신 스스로를 사랑한다"라는 것이다(Steinem, 1992).

비록 이러한 것들은 일반적으로 기술로 간주되는 것은 아니지만, 내담자를 격려하고 지지하지 않는 상담사들을 평가하게 된다. "좋은 직장" 혹은 "나는 당신 때문에 행복하다"와 같은 무상한 진술이나 강한 악수, 따뜻한 포옹, 만족스러운 미소는 우리가 상담사로서 우리의 내담자들을 격려하고 지지하는 방법이 된다. 내담자들의 힘든 노력을 강화 혹은 진실된 반응이라고 부르는 것과 관계없이, 비교적 중요하지 않은 상담사의 반응은 우리의 내담자들에게 깊은 영향을 미칠 것이며, 아마도 항상 긍정적인 방법에서는 이뤄지지 않을 것이다. 실제로, 일부 사람들은 그러한 반응의 사용이 외적 타당도에 근거한 치료적 관계를 형성할 수 있다라고 생각한다(Benjamin, 1987). 상담사들은 내담자 과정에 대한 단언과 치밀한 격려가 높은 수준의 자기가치를 형성하는 것을 원조하는 것과는 상관없이 혹은 만약 실제로 높은 수준의 외면적 특성을 지속시키고 의존성을 발생시킨다 하더라도, 반영해야 한다.

○ **대안, 정보 및 조언의 제공**(offering alternatives, information giving, and advice giving)

단언, 격려, 자존감 형성과 같이, 대안, 조언 및 정보 제공의 기술들은 내담자를 지시하는 그들의 경향 때문에 상담사로부터 제공되는 전형적인 반응이 아니다(Benjamin, 1987; Kleinke, 1994). 실제로, 이전에 언급한 것과 같이, 이러한 기술들은 전문가로서 상담사들이 담당할 수 있으며, 외형적 성질을 장려하고 의존성을 기르게 할 수 있다. 따라서 일부 연구에서 이러한 유형의 반응들이 특히 효과적이지 않다라고 제시한 것은 놀랄 만한 일이 아니다(Kleinke, 1994; Orlinsky & Howard, 1986). 그럼에도 불구하고, 내담자와 상담사가 행동의 특정한 과정에 관하여 동의하는 경우, 그리고 내담자가 지시에 따르는 방법을 제안받기를 원하고 있는 경우와 같이 반응이 도움이 되는 경우(예, 그녀의 사회적 기술에 대한 연구에 전념하는 내담자는 지역사회 집단과 연결된 상담사에 의해 조언받게 된다), 혹은 내담자의 행동이 내담자나 타인에게 해가 될 수 있다라고 명백하게 드러나는 경우가 자주 나타난다(Kleinke, 1994).

비록 대안, 정보, 조언의 제공이 내담자에서 상담사로 상담(기간)의 초점이 모두 이동한다는 점에서 유사한 것으로 보이지만, 각각은 상담관계에서 잠재적으로 서로 다른 해를 끼치게 된다.

명확하게, 이러한 세 가지의 지시반응에서, 대안의 제공은 상담관계에 해로운 영향을 미칠 것으로 보인다. 우리가 조언을 제공하는 방향으로 이동함에 따라, 상담사의 반응은 충분한 가치를 지니게 되며 보다 상담사 중심이 되어진다(Doyle, 1992). 이러한 사용된 반응들은 당신의 내담자의 욕구에 대한 주의 깊은 이해를 기초로 하거나, 대안반응들은 내담자에게 보다 효과적일 수 있다.

마지막으로, 우리는 상담사들이 신입이든 숙련된 상담사이든 관계없이 모든 상담사들이 사용할 수 있는 다수의 기초적인 기술들을 이 장에서 설명하였다. 비록 이 단락에서는 설명되지 않는다 해도 흥미를 가지고 있으며 눈치 빠른 상담사들에 의한 부가적인 훈련을 통하여 달성할 수 있는 그 밖의 많은 기술들이 존재한다. 이러한 기술들은 특정한 상담 접근법에서 적용될 수 있다. 조금 더 언급하자면, 그러한 것들에는 은유법, 최면술, 전략적 기술, 인지적 재구조화 기법, 설화법, 치료적 접촉, 역설적 개념 및 시각화 기술과 같은 것들이 포함된다(Rosenthal, 1997, 2001). 이러한 기술들의 사용은 종종 심도 깊은 단계를 훈련함으로써 획득할 수 있다라고 설명할 수 있다. 오늘날, 이러한 진보된 훈련을 제공하는 전국적이고 국제적인 기관들이 많이 설립되고 있기 때문에 지속적인 교육과 훈련을 통해 재활상담사들이 획득할 수 있을 것이다.

3. 상담기록

1) 상담기록의 의미

상담이란 접근하는 관점에 따라 조금씩 달리 정의되지만 재활상담이라는 측면에서는 재활상담사와 내담자가 일정한 관계를 통하여 문제해결을 돕거나 능력개발을 지원하거나 혹은 보다 효과적으로 활용하도록 하는 상호작용으로 정의될 수 있다. 따라서 재활상담은 내담자의 개인적, 사회적, 환경적 장애에 초점을 맞추면서 내담자 개인과 사회환경을 개선시키는 방향에서 접근되고 있다. 또한 이 과정에서 재활상담의 목표는 상담과정의 지원을 통해 가능한 내담자들이 자연스러운 통합된 환경에서 그들의 개인, 진로, 그리고 독립생활을 위한 목표들을 성취하는 것이다.

그러나 이런 재활상담의 목표를 성취하기 위해서는 다양한 상담이론과 기술들의 개입도 필요하지만 상담 장면을 체계적으로 검토할 수 있도록 하는 체계도 중요하다. 상담기록이란 내담자에 대한 정보와 관련된 사항들을 기록하고, 보관하고 관리하는 과정을 총칭하는 의미로 내담자의 문제, 진단, 개입계획, 재활과정, 의뢰절차, 종결과정 등을 상세히 명시하여 내담자의 상담과정의 추적이나 재활계획 수립, 사후지도 등의 과정이 체계적으로 이루어질 수 있도록 지원하는 재활상담의 한 과정이다. 재활상담에서 사례관리가 필요한 이유는 여러 가지가 있겠지만 대체로 다음과 같이 요약할 수 있다.

첫째, 상담기록은 내담자에 대한 모든 상황들이 집약되어 있기 때문에 재활상황과 관련된 과거, 현재의 상황을 탐색하고 그 영향과 재활계획을 수립하는 데 기초단서를 제공할 수 있으며 나아가서는 재활실행 이후 내담자이 예후를 예측하는 데 있어서도 도움을 줄 수 있다.

둘째, 내담자의 현재의 문제 상황을 해결하는 데 효과적인 상담 방법이나 치료개입에 대한 결정적인 정보를 제공할 수 있다.

셋째, 상담의 실패율을 최소화하고 성공적인 상담이 이루어질 수 있도록 한다.

마지막으로 상담기록은 재활상담사들의 인격적 성장과 전문적 능력향상에도 기여할 수 있다.

상담기록의 의미는 상담기록이 갖는 목적을 체계적으로 요약하면 더욱 확실히 이해할 수 있다. 상담기록의 목적은 단적으로 표현하기에는 많은 제한점과 어려움이 있지만 대체로 다음과 같이 요약할 수 있다.

□ 재활상담 및 활동의 증거자료

지식정보사회와 함께 인간 서비스에 대한 각종 정보에 있어 상담가와 내담자 간의 공유가 확대되고 정보 접근이나 전달속도도 빠르게 변화하고 있기 때문에 상담가와 내담자는 상호의존이라는 측면에서 책임성과 윤리성을 공유할 필요가 증대되고 있다. 이런 변화와 함께 내담자들은 재활상담에 대한 인식이 국민의 기본권적인 측면에서 이해되고 접근되면서 재활상담사나 재활기관들은 많은 소송이나 민원에 봉착하게 된다. 따라서 이 과정에서 재활상담사와 재활기관들은 인간 서비스기관으로서 확실한 책임성과 윤리성을 담보하지 않으면 안 되고 이 과정에서 재활상담사의 상담기록은 책임성과 윤리성 확보를 위한 주요 증거자료가 되고 있으며 실제적으로 법정에서도 이 기록에 대해서는 증거자료로 채택되고 있다.

□ 서비스의 연속성을 유지

재활상담의 질과 상담성과의 극대화를 위해서는 재활상담사와 내담자의 관계는 연속적이어야 한다. 그러나 우리나라 재활상담의 여러 가지 제한적인 여건이 많기 때문에 재활상담 장면에서 재활상담사와 내담자는 빈번히 상담관계 장면이 변화하면서 상담 장면의 연속성을 유지하기가 쉽지 않다. 이 상황에서 상담기록은 재활상담사의 잦은 교체나 이직 혹은 공석시의 상담 장면의 연속성을 유지하게 하고 정기적인 사후지도를 가능하게 하여 궁극적으로는 상담의 질과 성공률을 높이는 데 기여한다.

□ 예산지원의 근거자료

우리나라도 1998년 사회복지사업법이 개정되고 재활상담기관들도 정기적인 평가가 의무적으로 실시되도록 규정하고 있다. 또한 공공분야의 기획예산 시스템이 비용/효과나 비용/편익에 근거한 성과 중심의 사업을 중시하면서 재활상담도 종래의 시혜나 동정이라는 측면에서 예산지원이 이루어지기보다는 철저한 계획예산이 일어지고 있다. 따라서 이 과정에서 상담기록은 재활기관의 사업실적으로서, 중요한 근거자료로서 활용이 가능하며 재활기관들의 이용/효과나 비용/편익을 증면할 수 있는 중요한 자료로서 활용이 되고 있다.

□ 재활상담과 관련된 서비스의 질 유지·통제

재활상담은 재활상담사와 내담자 간의 일대일의 관계이기 때문에 슈퍼바이저나 기관의 개입이 상당 부분 제한되어 있는 것이 현실이다. 또한 상담과정 중에 있는 내담자의 상황을 리뷰하거나 재사정하는 것도 현실적으로 어렵기 때문에 상담기록은 상담 장면이나 이를 근거로 한 재활 프로그램의 질을 유지하고 자연적인 통제 기능을 갖도록 한다.

□ 통계유지

재활상담의 연구와 발전, 상담의 질을 유지하기 위해서는 정기적, 비정기적으로 재활상담 관련 통계들이 유지되고 이 통계들이 가공 혹은 재생산되어 재활계획에 투입되는 것은 재활상담 연구발전에 중요한 기반이 된다. 따라서 상담기록은 별도의 연구 없이 재활상담과 관련된 기초자료로서 활용이 가능하도록 통계유지의 기능을 갖고 있다.

□ 관리자 리뷰기능

재활상담 장면은 다른 인간 서비스 직무와 달리 관리자가 상담 장면에 개입하거나 상담 장면의 객관적 평가는 현실적으로 제한된다. 따라서 관리자는 상담기록의 정기적 혹은 지정기적 슈퍼비전을 통해 상담 장면의 개입을 할 수 있다. 따라서 상담기록은 관리자가 상담 장면을 리뷰하도록 하여 궁극적으로 상담의 효과를 극대화하는 데 기여할 수 있다.

□ 재활상담사의 사고 조직화

실제로 상담 장면을 주도해 가는 상담가 입장에서는 항상 독선이나 편향성에 빠질 위험성이 있다. 그러나 상담 장면이 진행 중일 때는 상담가 스스로가 이런 장면들을 스크린하거나 이해는 어려움이 따르게 되는데 상담기록은 재활상담사가 이런 잘못된 상담 장면을 리뷰하도록 해 주고 사고를 재조직화하도록 함으로써 상담 장면이 정상적으로 진행되도록 감독하는 기능을 갖는다.

□ 다영역 간의 통합이나 교류

재활은 의료적, 교육적, 직업적, 심리적, 사회적, 환경적 등 생태학적인 측면의 다영역 접근 분야이다. 따라서 재활상담사만이 아니라 다영역의 전문가들과 팀 접근이 이루어져야 하는 분야인데 상담기록은 이들 영역들 간의 통합적 접근이나 교류가 가능하도록 해 준다.

□ 적격성 결정요인

재활상담 장면은 여러 분야가 접근되기 때문에 분야별 적격성 기준이 마련되어 있고 이 적격성 기준에 따른 윤리적인 판단이 이루어져야 한다. 그러나 적격성 기준들이 다른 분야처럼 관련 지침에서 명확하게 지시될 수 없는 부분들이 많기 때문에 적격성 판정 위원회나 사례회의에서 결정되어야 하는 경우들이 많이 발생된다. 이때 상담기록은 적격성을 판단하는 데 주요한 자료로서 활용이 가능하다.

□ 교육자료로서 활용

상담기록은 재활상담사의 역량을 판단하는 주요한 수단이나 임상적인 과정이기 때문에 교실에서 학습하기에 제한점이 따른다. 그러나 잘 요약되어 있는 상담기록은 초보 상담사나 상담기록을 위한 훈련의 도구로서 유용하게 활용될 수 있다.

□ 필요한 기초자료 생산 및 전문적인 연구 지원

잘 요약된 상담기록은 재활상담 장면의 가장 역동적인 기초자료이다. 그러나 재활상담의 연구를 위해 우리는 막대한 비용을 투자하여 설문조사나 실험연구를 진행하는 데 이에 비해 상담기록을 체계화하고 정보화한다면 적은 비용으로 필요한 재활상담 영역의 기초자료를 생산할 수 있고 학자나 임상 장면에서 심도 있는 연구를 진행하도록 연구과제의 개발이나 방법을 제공해 주는 역할을 한다.

□ 치료도구로서 활용

상담기록은 재활상담사로 하여금 상담 접근방법이 내담자의 문제해결에 도움이 되고 있는지, 내담자를 바로 이해하고 있는지 재활상담사 자신의 내면에서의 정신과정이나 치료과정에 대한 철저한 이해를 검토할 수 있도록 해 준다. 따라서 재활상담사는 상담기록을 통해 내담자에게 가장 적절한 치료도구를 선택할 수 있도록 하기 때문에 가장 강력한 재활방법으로서 활용될 수 있다.

2) 상담기록의 유형

상담기록은 기록형식이나 내용, 그리고 상담기록의 목적에 따라 다를 수 있다. 상담기록을 상세하게 기록해야 되고 모든 장면을 유지, 보관하거나 학생들이나 실습생들을 리뷰하기 위한 목적으로 한다면 과정기록(process recording)의 유형을 선택하는 것이 좋을 것이다. 그러나 재활상담사들이 실제 상담 장면에서 가장 많이 활용이 되는 상담기록은 요약기록(summary recording)으로 초기면접이나 전이, 종결이나 상담기록의 주요 장면을 기록하여 재활계획이나 재활과정에 활용할 목적으로 사용된다. 그러나 재활상담 장면에서 내담자의 진단이나 평가와 같은 특별한 목적을 위해 상담이 진행될 때는 이를 위해 이정하게 정해져 있는 양식을 활용하는 기록을 하게 되는데 이것은 진단(평가)기록(diagnostic recording)이다. 마지막으로 재활상담 장면에서 활용되는 상담기록은 내담자들의 예상치 못한 문제를 해결하기 위해 문제 중심의 상담기록을 하는 경우도 있는데 이런 유형의 상담기록은 문제중심기록(problem-oriented recording)이라고 한다. 여기서는 재활상담 장면에서 재활상담사들이 가장 많이 활용하는 요약기록과 과정기록을 중심으로 살펴보았다.

□ 요약기록

요약기록(summary recording)은 재활상담의 임상 장면에서 가장 선호되는 형태의 상담기록이다. 이 상담기록은 많은 재활기관에서 적절한 계획을 수립하지 못하거나 서비스를 제공하지 못할 때 재활상담사들에게 논리적인 방법으로 자료를 조직하고 제시할 수 있도록 돕는다. 요약레코딩은 목적에 상관없이 일정한 기본원리가 고려되어야 한다.

먼저, 레코딩의 빈도는 상황에 따라 다양하다. 재활기관은 일주일에 한번, 한 달에 한번 혹은 일정하지 않은 간격을 두고 기록할 것을 요구할 수도 있다. 특정한 내담자에게 아무런 재활활동이 없는 잠복기간이 있다면, 때때로 간단한 기록을 해야 한다. 그렇지 않으면 다른 관리자나 상담사가 기록이 없는 것을 아무 일도 일어나지 않았거나 행해진 것이 아직 서류화되지 않은 것으로 생각할 수 있다.

미국의 경우 많은 재활기관들은 연방이나 주 혹은 다른 민간기관으로부터 상당한 기금을 받아 운영된다. 예를 들어 이런 재정지원을 받는 프로그램은 정기적으로 인증을 받아야 하며 이에 따른 결과가 기록되어야만 한다. 만일 기록이 이러한 상황에서 요구되는 빈도만큼 되어 있지 않다면, 그 기관은 제공되는 서비스의 프로그램을 전개하거나 운영되는 데 필요한 기금을 받을 수 없을 수도 있다. 이런 상황과 아울러 레코딩은 일반적으로 다음의 사건 중의 하나가 일어날 때마다 기록을 해야 한다.

첫째, 새로운 내담자가 방문하거나 서비스를 시작할 때

둘째, 내담자가 한 재활상담사로부터 다른 재활상담사로 옮겨질 때 혹은 다른 재활기관으로 전이될 때

셋째, 기록할 필요가 있는 새로운 정보가 있을 때

넷째, 수정된 치료계획에서 상황 및 결과의 진단적 평가를 바꾸어야 할 때

다섯째, 보고서를 다른 전문가나 기관에 보내고자 할 때, 그러나 이때는 내담자의 비밀보장이라는 윤리원칙에 대한 충분한 공감대가 형성되어야 한다. 또한 내담자의 정보가 때때로 다른 재활기관에게 과도하거나 부적절한 정보를 제공하게 할 수도 있다는 것을 명심해야 한다.

여섯째, 내담자가 종결될 때, 특히, 내담자 종결시는 종결을 결정하게 된 정보자료, 정보생산기관, 종결목적과 이유, 재활기관에서 내담자를 위해 줄 수 있는 서비스 내용과 줄 수 없는 서비스 내용, 종결시기 등을 기록해야 한다.

○ 요약 및 과정레코딩의 비교

요약레코딩은 과정레코딩보다 훨씬 짧을 뿐만 아니라 기록의 형

식이나 방법도 약간의 차이가 있다.

첫째, "내가 말하기를", "그가 말하기를"과 같은 대화식은 제외하고 상담 동안 재활상담사와 내담자가 말한 단어를 반복하지 않고 대신에 면담내용을 요약한다.

둘째, 재활상담사의 말과 행동에 대한 언급이 적다. 상담기록의 주요한 초점은 내담자에게 있고 재활상담사는 "인상", "평가" 혹은 "진단요약"이라는 제목으로 관찰, 느낌, 분석적 사고를 기록한다.

셋째, 관계없는 상세한 사항을 생략하고 타당한 자료를 간결체로 기록한다. 그러나 기록의 선택된 부분은 상당히 자세하게 남긴다.

넷째, 요약레코딩은 결과를 서술할 뿐만 아니라 대개는 결과를 수행하기까지의 모든 단계를 적는다.

다섯째, 요약기록된 면담은 시간적 순서로 나타내지 않는다. 대신에 면담의 내용이나 일련의 면담이 여러 가지 주제의 제목하에 기술된다. 만일 개요가 기관에 의해 제공되지 않으면 재활상담사는 주제 영역에 따라서 생각을 조직하거나 필요할 경우 적절한 제목을 만든다.

이러한 요약레코딩은 과정레코딩보다 훨씬 간결하여 쓰고 읽는데 시간이 적게 소요되므로, 재활상담 장면에서 선호되는 방법이다. 그러나 요약레코딩은 기록할 것과 생략할 것을 결정해야 하므로 더 많은 사고와 계획성이 필요하다. 재활상담사는 적절한 제목하에 요약형식으로 자료를 조직해야만 한다. 간결체는 내담자기록이 더 짧기 때문에 보관이나 활용에 있어서 유용하다.

○ 요약레코딩 시 기록내용

재활상담 장면에 따라 기록내용이 달라져야 하겠지만 요약레코딩 시 일반적으로 반드시 기록되어야 할 내용들이 있는데 기 내용들을 요약해 보면 다음과 같다.

①내담자의 전체 이름이나 가명, 혹은 별명이나 아호를 기록하여 내담자의 특성을 재활상담사가 이해하도록 기록되어야 한다.

②주민번호, 기초수급 관련 정보, 장애등록과 관련된 정보 등과 같은 내담자의 신원을 확인할 수 있는 내용들이 기록되어야 한다.

③내담자 상담일자가 기록되어 상활을 재활상담사가 이해하도록 기록되어야 한다.

④기록일자가 기록되어 필요할 시 추적할 수 있도록 기록되어야 한다.

⑤상담을 진행하고 레코딩한 재활상담사의 이름이 기록되어 필요할 시 확인할 수 있도록 해야 한다.

⑥상담의 목적이 기록되어야 한다.

⑦상담내용에 요약되어 기록되어야 한다.

⑧재활상담사 혹은 내담자에 의해 규명된 문제 영역에 대해 기술되어야 한다.

⑨재활상담사에 의해 제공된 서비스의 기술이 기록되어 내담자의 사후지도 및 계획의 변경 시 활용될 수 있도록 기록되어야 한다.

⑩재활상담사의 상담의 전체적인 인상이나 진단적 요약과 같은 제목하에 상담내용 전반에 대한 재활상담사의 전문적, 분석적 평가가 기록되어 계획수립 시 활용될 수 있도록 해야 한다.

⑪다음 상담이나 서비스, 사후지도 계획 등이 기록되어야 한다.

그러나 이와 같은 요약레코딩 시 기록내용들은 상담 장면이나 재활기관의 특성에 따라 달라진다. 또한 누가 레코딩을 읽을 것인지 그리고 기록이 어떻게 사용될 것인지, 비밀보장은 어떻게 이루어지는지 등에 따라 요약레코딩의 방법이나 내용도 달라질 것이다.

○요약레코딩의 일반적 기술

재활상담사들이 가장 많이 사용하는 요약레코딩은 훈련과정이나 개인적 능력에 따라 다르겠지만 다음과 같은 방법의 일반적인 기술들이 활용될 필요가 있다.

—모든 기록되는 상담의 목적을 재활상담사들이 분명히 해야 한다. 어떤 상담기록들은 상담 장면의 핵심적인 사항은 제외해 놓고 배경정보에 너무 초점을 맞춤으로 인해 진단이나 계획수립 자체가 어려워지는 경우가 있다.

"내가 왜 이 기록을 해야 하는지, 누가 이 기록을 읽을 것인지"를 고려해야 한다. 또한 기록해야 하는 상담내용의 핵심을 접근해서 요약기록 되어야 한다.

—특별히 연필을 쓰도록 지시된 것 외에 모든 기록은 잉크를 사용해야 하며, 만일 기록이 자주 복사될 경우는 검은색만을 사용하는 것이 편리할 것이다.

—상담 기록자의 이름을 적어야 한다. 그렇지 않을 경우 이름이 인쇄된 부분에 본인 사인이 있어야 한다. 이것은 추후 재활상담 장면의 사고가 발생하는 경우 재활상담사들의 책임성 확보라는 측면에서도 중요하게 된다.

—기록 기간보다는 정확한 날짜를 기록하도록 해야 한다. 예를 들어, "홍길동 씨는 10일 후 자기의 장애등록증을 가져갈 것이다"라고 적는 것보다 "2007년 1월 27일 등록증을 찾아갈 것"이라고 기록하는 것이 더욱 명확하다.

—가능한 한 짧게 기록해야 한다. 레코딩이 재활상담 장면에서 중요하더라도 A4용지에 가득 찬 20페이지 분량의 기록을 읽는 데는 한계가 있다. 또한 어떤 레코딩은 사용된 단어가 필수적인 사실을 알리는 데 정확지 않아서 의도를 알기 어려운 경우도 있고 반대로 기입내용이 기록의 주요 목표를 성취하기 위해서 필요한 모든 것을 길게 적어야 하는 경우도 있다. 따라서 재활상담사는 상담 장면에 따라 핵심적인 내용을 중심으로 짧게 요약하는 훈련이 되어 있

어야 한다.

—기록형식에 이미 진술된 것은 반복하지 않도록 한다. 이전에 말한 것을 언급할 필요가 있을 때는 내용의 핵심만 간단히 진술하도록 한다.

—다음에 상담기록을 필요로 하는 상담사가 정보를 빨리 쉽게 얻도록 하기 위해서 가능하면 문단에 작은 제목을 만든다. 한 페이지 전체나 그 이상 되는 긴 문단은 피한다. 이것은 다른 재활상담사를 지치게 한다. 내용에 적합한 적절한 제목을 붙인다. 전형적인 예는 "고용상황", "학교심리학자와의 만남", "기초수급 선정에 관한 회의", "욕구의 변화" 등이다.

—흔하지 않은 약자, 상징, 재활이나 복지 관련 특수용어를 사용하지 않도록 한다. 다음 상담사들이 기록을 이해할 수 있는지를 고려해야 한다.

—다른 분야의 구성원에 의해 적용된 진단적 명칭 같은 자료를 기록할 때는 정보의 출처를 댄다. 재활상담사의 인상, 다른 전문가의 평가와 내담자나 중요한 다른 사람에게서 얻어진 정보는 구별해야 한다.

—사람이나 상황을 기술할 때 "크고 뚱뚱한 남자" 혹은 "가난한 집안" 등으로 주관적인 단어를 사용하지 말아야 한다. 다른 재활상담사들은 상담기록을 완전히 이해하도록 해야 한다. 때때로 키가 160cm, 몸무게가 80kg인 재활상담사는 170이 넘으면 큰 사람으로 생각하기 쉬우며, 180cm에 80kg인 남자 재활상담사는 정말 큰 사람이 아니면 "크다"든가 "몸무게가 많이 나가는 것"으로 기술하지 않을 것이다.

상담기록은 일반적 진술을 하는 것이 좋으며, 그것이 무엇을 의미하는지 특정 형용사가 왜 쓰였는지 서술하는 것이 좋다. 내담자의 체중을 측정하고, "신경질적으로 보임"이라고 서술하기보다는 상담 동안 어떻게 일어나고 방을 돌아다녔는지 기술한다. 지나치게 자세한 사항은 피하지만 재활상담사들의 형용사적 의미를 제시하여 진술되는 것이 좋다. 예를 들어 "대구 씨의 외모는 가난해 보인다. 그는 면도를 하지 않았고 담뱃진이 셔츠에 묻었고 바지는 낡고 잘 맞지 않았다." 이와는 대조적으로 "대구 씨 부인의 특징은 말을 잘 못한다고"라고 기록할 수도 있다. 재활상담에서 "말을 잘 못한다"는 것은 여러 가지 다른 것을 뜻할 수 있다. 따라서 그러한 진술을 지지하기 위해서는 짧게 상술할 필요가 있다.

—장애명을 사용하는 데 매우 주의 깊게 해야 한다. "자폐성 장애", "지적 장애" 등의 용어는 진단이 명백하지 않을 경우 기록되어져서는 안 된다. "내담자는 글을 잘 읽지 못하고 나누기를 잘 하지 못한다"가 "지적 장애"라고 적는 것보다 좋다.

그러한 명칭은 때때로 잘못 해석되어지며 형식적인 기록에 남겨질 수도 있게 된다. 반면에, 전문적으로 훈련받은 재활상담사들은 자기 자신의 직접적인 진단적 평가를 할 수 있는 자격이 있다. 행동패턴의 분석과 직·간접적인 감성 및 욕구 등으로 진단적 평가를 할 수 있다. "내담자는 매우 의존적인 것 같아 보이며…"라는 것은 "내담자가 정신분열이다" 혹은 "대구 씨가 동성연애자다"라고 말하는 것과 아주 다르다. 확신이 없는 학생이나 초심 재활상담사들은 진단적 평가를 쓸 때 안내서를 찾아보아야만 한다.

—"모른다"라고 쓰기를 주저하지 말아야 한다. 많은 재활상담사들은 말한 것과 관찰된 것에 대해 불확실하다고 느낄 때 기록에서 언급하기를 피하려고 한다. 재활상담사는 진단명을 붙이거나 진술하기 전에 확신을 가져야만 한다. 그러나 이것을 제대로 언급하지 못했을 때 독자는 일어난 것을 인식하지 못할 것이다. 따라서 불확실할 때, 재활상담사는 그 의미가 불명확하다는 표시를 하고 정보를 적어야 한다. 예를 들어, "대구 씨 부인의 극단적인 분노는 예상하지

못했으며 왜 화가 났는지 정확히 모르겠다." 이러한 모르는 것은 때때로 더 알아보아야 할 처치계획 건의사항으로 되기도 한다.

—후속해서 기록하는 상담기록은 모든 기록된 계획이나 목표의 결과를 설명해 놓는다. 불완전한 기록으로 재활상담사가 한동안 매달리지 않게 한다. 또한 만일 계획이 중간에 바뀌면, 기록은 무엇이 일어났으며 왜 계획을 바꾸었는지 기술해야만 한다.

—요약기록은 내담자와 한 번 이상 접촉한 것을 기록한다. 만날 때마다 기록을 할 필요는 없다. 대신에 일정 기간을 총괄하는 작은 제목을 적는다. 예를 들어, "2006년 11월 17일부터 2007년 1월 10일 까지" 기록의 첫째 문장은 다음과 같이 할 수도 있다. "이번 기간 동안 나는 대구초등학교에서 대구 씨 부인과 광주의 선생님과 아주 많이 만났다." 그러고 나서 재활상담사는 각 만남에서 일어난 것을 각각 기술하지 않고도 이러한 만남의 결과를 요약할 수 있다.

—너무 많은 "과정"을 기록하지 않는다. 재활상담활동의 산출 혹은 결과는 어떤 것을 달성하기 위한 상세한 단계보다 더 중요하다. 재활상담가가 문제 해결하는 데 완전히 몰두하게 되면 성공사례를 상세히 기록하도록 한다. 이것은 요약기록이라기보다는 과정이며 이것을 읽는 사람은 따분하게 생각할 것이다. 그러니 요약된 문체로 짧게 나타내야 한다.

—기록은 기록자가 없을 때 다른 재활상담사나 다른 전문요원들이 보았을 때 충분히 알 수 있을 만큼 일반적이고 완성된 것이어야 한다. "내가 이것에 대해 걱정할 필요가 없군. 나한테 이런 일은 없을 거야"라고 생각하기 쉽다. 그러나 예기치 않은 위기의 가능성이 항상 있다. 많은 초심 재활상담사들은 계획된 휴가를 떠날 수 있도록 기록을 잘 해야 한다.

□ 과정기록

재활상담에서 과정기록은 아주 세밀하고 구체화된 상담기록의 형태로 재활상담사는 상담 장면의 언어적, 비언어적 대화를 사실 그대로 "I said, He said" 방식으로 기록하는 것이다. 이때 재활상담사는 비언어적 기록이나 언어적 기록의 사실을 제대로 묘사하기 위해 사전에 내담자의 동의를 얻은 후 녹음이나 카메라로 촬영하여 관찰하고 들은 모든 것을 기록할 수 있다. 과정기록은 상담 장면 전체가 기록되어야 하기 때문에 기록되어야 할 내용이 특별히 전제될 수 없지만 과정기록에서 반드시 기록되어야 할 내용은 다음과 같다.

○과정기록 시 반드시 기록되어야 할 내용

과정기록은 상담 장면 전체가 기록되어야 한다. 그러나 이 과정에서 반드시 기록되어야 할 부분은 몇 가지 영역으로 구분해 볼 수 있는데 다음과 같다.

① 내담자의 인적사항(identifying information)

내담자의 인적사항이 기록되어야 한다. 성명, 별명, 아호, 생년월일과 같은 사항도 기록되어야 하겠지만 장애와 관련된 인적사항이 반드시 기록되어야 한다. 장애 유형과 등급, 발생시기, 원인, 장애등록 여부 등 장애와 관련된 정보들이 인적사항에 반드시 포함되어야 한다.

② 상담 장면의 언어적 사실 묘사

상담 장면에서 언어적으로 일어난 모든 사항에 대해 대화체 형식으로 사실 그대로 기록되어야 한다. 이 과정에서 재활상담사가 판단할 때 상담목표와 관련 없다고 판단되더라도 기록할 필요가 있다.

③ 비언어적 장면의 기록

상담 장면에서 일어난 비언어적 사실도 재활상담에서 중요한 장면이기 때문에 이런 장면들이 사실 그대로 묘사되어야 한다. 이 과정에서 재활상담사가 기록해야 할 장면을 판단하기가 대단히 어려운 경우가 있다. 예를 들어 일상적인 행동인지 의미 있는 행동인지를 순간적으로 판단하기가 어렵기 때문에 재활상담사는 가능한 모든 비언어적 행동을 사실 그대로 기록할 필요가 있음을 유의해야 한다.

④ 상담과정 중의 재활상담사의 반응이나 느낌

상담과정 중에 내담자와의 관계에서 반응한 재활상담사의 행동 반응이나 내담자에 대한 느낌들을 기록해야 한다. 이 과정에서도 반응이나 느낌을 재활상담사가 가공해서 기록해서는 안 되며 상담 장면의 상황에서 발생한 방응과 느낌을 여과 없이 기록할 필요가 있다. 혹시 가공해서 후에 수정한 반응이나 느낌이라도 상담기록에서는 사실 그대로 기록해야만이 과정기록의 의미가 있다.

⑤ 상담 장면에서의 재활상담사의 관찰내용과 분석적 사고

상담과정 전반에서 재활상담사가 관찰한 내용에 대한 총체적인 분석적인 사고가 기록될 필요가 있다. 예를 들어 상담 전반부에는 내담자의 행위가 공격적이고 반사회적인 상황으로 관찰되었는데 상담 후반부로 가면서 내담자의 상황을 종합해서 분석하니 내담자의 행동특성은 과도한 방어기제에서 나온 행위였다는 등의 재활상담사의 분석적 사고가 기록되어야 한다.

⑥ 상담의 진단요약과 상담사의 인상

이 부분은 상담 전체에 대한 재활상담사의 결과적인 진단과 이

에 대한 재활상담사의 느낌을 기록하는 부분이다. 상담 장면을 부분적으로 평가해서는 안 되고 종합적으로 접근한 결과에 대한 진단요약과 이에 대한 재활상담사의 느낌을 기록해야 한다.

⑦ 재활계획

상담의 전체적인 진단요약에 근거한 재활계획이 제시되어야 한다. 이때 재활계획은 반드시 상담기록에 기반해서 제시되어야 하며 총체적 입장에서의 계획이 수립되고 제시되어야 한다.

제 3 부

직업상담이론

〈핵심 내용〉

직업상담은 장애인들의 직업선택을 위하여 여러 직업의 특징을 이해하고 자신의 재능과 장점을 적절히 연결하는 전문적인 활동이다.

직업상담의 발전은 상담의 역사와 같이 할 정도로 상담활동과 불가분의 관계에 있으며, 상담이론은 직업문제를 인간의 생애 전체에 초점을 두는 발달론적 관점과 개인의 진로행동 성숙성에 초점을 두는 분류학적 관점에서 살펴보았다. 직업문제에 효과적으로 접근하기 위해서는 직업정보 관리가 중요하며 이를 위한 산업분류표와, 직업분류 기준, 그리고 직업사전과 직업전망서를 체계적으로 살펴보았다.

제 12 장

직업상담의 개관

1. 직업상담이란
2. 직업상담의 역사적 변천

제 12 장 직업상담의 개관

1. 직업상담이란

인간에게서 직업은 삶에 있어서 중심되는 역할이다. 직업은 인간이 살아가는 데 있어서 필요한 자원을 얻게 하고 사회적 지위와 자아상을 반영하는 역할을 하기 때문에 삶에 있어서는 불가분의 관계에 놓이게 된다.

그러나 이런 중요한 직업을 선택하고 결정하는 과정은 당연히 중요하고 보다 과학적인 과정으로 이루어져야 하지만 때로는 개인이 거의 의식하지 못하고 통제할 수도 없는 수단과 과정에 의해 이루어지는 경우가 많다. 특히, 장애를 지닌 사람들은 장애와 장애에 대한 잘못된 사회적 역할인식(social role perception) 때문에 직업선택과 결정과정이 개인보다는 외부적 요인에 의해 통제받고 이로 인해 비장애인보다는 훨씬 높은 실업상태에 놓이게 되는 것이다.

재활상담에서 직업상담은 장애를 가진 사람들에게 직업상담에서 적용되는 일반적인 이론들을 적용하여 실업요인을 최소화하는 과정이라고 볼 수 있다. 일반적으로 직업상담은 직업선택을 위해 여러 직업의 특징을 이해하고 자신의 재능과 장점을 적절히 연결하는 전문적인 과정(Parsons, 1909), 내담자가 본인에게 맞는 직업적 의사결정을 도와주는 과정(Patterson, 1960) 이라고 정의된다.

직업상담은 3세 아이가 자아를 발달시키도록 도와주고, 13세 아동이 자신이 무엇을 잘 하는지, 자신이 무엇을 좋아하는지를 이해하도록 하며, 18세 청소년이 대학이나 직업을 선택하도록 도와주고, 성인이 부모가 되는 것과 어떤 직업에 종사하는 것과의 상대적 중요성을 비교·검토하도록 하고, 때로는 취직준비와 퇴직 후의 인생을 설계하도록 하는 과정이다.

수많은 연구에서 직업상담은 직업만족도와 긍정적 정신건강과 관계가 있다고 구명되어졌으며, 적절한 직업상담은 인간의 생활에 대해 전보다 나은 의식을 갖게 하는데 도움이 된다고 밝혀졌다(강위영 외, 2001).

결국, 직업을 가짐으로써 인간이 얻을 수 있는 목적은 〈그림 12-1〉과 같이 경제적, 사회적, 심리적으로 구분해 볼 수 있다.

따라서 직업상담의 의미를 구체적으로 정리해 본다면 직업상담은 생애에 걸친 직업발달에 관심을 갖고, 개인의 적성과 흥미를 탐색하여 발달할 수 있도록 촉구하며, 개인이 가진 직업문제를 개입하여 보다 효과적인 사람이 되도록 필요한 지식과 기능을 습득하도록 자극하고, 개인의 위기나 훈련기회, 직업정보의 결여, 배우자나 자녀 등의 인간관계의 불협화음 등의 문제에 대해 대처할 수 있도록 도와주며, 자신의 결함보다 재능과 소질을 개발하는 것이

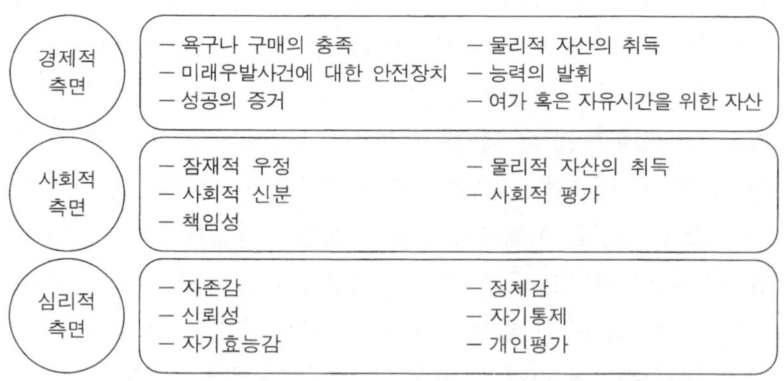

〈그림 12-1〉 직업을 가짐으로써 얻을 수 있는 의미들

더 중요하다는 것을 깨닫게 하는 과정이라고 할 수 있다.

인간이 어떤 직업을 선택하는가는 그 사람의 생활양식, 가치관, 태도 등 모든 것을 결정하므로 개인의 생애에서 가장 중요한 결정 가운데 하나이다. 따라서 직업상담을 진행하기 위해서는 적어도 다음의 기본전제가 보장되어야 한다(강위영 외, 2001).

첫째, 모든 인간은 가치와 존엄성을 가진다.

둘째, 모든 인간은 자신의 잠재력을 극대화하기 위해 동등한 기회를 가질 권리가 있으며 그렇게 되도록 필요한 사회적 지원을 해야 한다.

셋째, 개인에 대한 지원은 종합적인 측면에서 내담자에게 긍정적인 방향으로 이루어져야 하고, 삶의 주기에 따라 변화하고 성장해야 한다.

넷째, 개인은 직업선택에 대한 자기결정권이 보장되고 보호되어야 한다.

또한 직업상담이 효율적으로 이루어지려면 상담가의 자아발견이나 일과 직업세계 그리고 인간에 대한 이해, 진로계획에 대한 이해가 따라야 하고, 때로는 직업문제를 벗어난 개인문제까지 상담해야 되는 경우도 있다.

특히, 장애인은 비장애인에 비해 고용률이 현저히 떨어지고 있다. 2005년 한국보건사회연구원의 장애인 실태조사에 따르면 15세 이상 재가장애인 중 23.06%의 장애인이 실업상태에 있어 2005년 6월 우리나라 전체 실업률 3.3%에 비해 7배나 높은 수준이다. 중증 장애를 가진 장애인들의 경우 더욱 실업률은 높고 고용이 되더라도 임금은 비장애인에 비해 현저히 낮다.

또한 직업세계나 노동시장은 급격히 변화하고 있고 변화의 주기는 지식·정보사회의 영향으로 빨라지고 있다. 이러한 변화추세는 세계화·국제경쟁력의 증대, 과학기술의 복합화, 조직구조 및 업무의 상호의존성 등으로 나타나고 있고, 실제 직업세계에서는 전통적인 제2차 산업인 제조업 분야는 감소하고 서비스 분야, 특히 기술과 서비스의 복합 직종이 확대되고 있다(나운환, 2007).

이러한 직업세계 변화는 일부 직무는 실업, 일부 직무는 새로운 고용을 창출하여 인간은 더 실제적인 정보, 적응성, 업무기술, 작업능력 향상 등을 위한 평생교육을 필요로 하게 하였다.

작업환경에서의 새로운 변화는 장애를 유발시키는 원인이 되기도 한다. 예를 들어 지나친 업무통제와 관리는 근로자들에게 높은 수준의 직업스트레스와 산업재해의 원인을 만들기도 하며, 또한 어떤 작업환경은 장애를 지닌 사람들에게는 장벽이 될 수도 있다.

따라서 직업상담의 목표는 인간과 직업시장의 변화만큼이나 가변성을 가지며 상황에 따라 변화할 수밖에 없다.

이런 상황들을 고려하면서 직업상담의 목표는 최근의 인간과 노동시장 변화라는 추세에서 정리하면 다음과 같다.

첫째, 내담자가 일, 직업과 삶, 직업의 종류와 변화, 직업탐색, 작업활동, 작업상황, 작업환경 등을 이해함으로써 직업문제를 인식하게 한다.

둘째, 내담자가 자아의 탐색, 가치, 흥미, 적성 등 포괄적인 정보수집을 통해 자아개념을 구체화함으로써 자신의 이미지를 현실적으로 형성하게 한다.

셋째, 서적이나 매체, 협회, 기관, 회사 등을 포함하여 여러 곳에서 일어나는 직업정보를 통해 내담자가 일의 세계를 이해하고 탐구하게 한다.

넷째, 내담자가 진로인식, 진로계획, 의사결정, 진로와 경제적인 문제 등 자신의 직업선택에서 스스로 결정하고 이에 대한 책임을 지도록 한다.

다섯째, 내담자가 협동적인 사회행동을 추구하도록 한다. 즉 직업은 조직(group)에서 이루어지고 조직은 집단역학(group dynamic)이 이루어질 때만 시너지 효과를 나타내므로 내담자가 조직의 구성원으로 활동할 수 있도록 한다.

여섯째, 내담자가 실업 등의 기타 직업에 대한 위기관리능력을 배양하도록 한다.

일곱째, 내담자가 좌절되고 위축된 직업계획 문제를 생애직업 설계로 재시도하게 한다.

여덟째, 내담자가 은퇴 후의 생애를 설계할 수 있도록 한다.

2. 직업상담의 역사적 변천

직업상담은 상담의 역사와 같이 한다고 할 정도로 상담의 변천과정을 주도하고 있다. 19세기 말 산업사회의 발달로 대규모의 농촌인구가 도시로 집중하고 이 영향으로 많은 도시인들은 복잡한 생활환경과 노동시장에서 자신의 진로에 대한 고민을 하게 되고 도시에 밀집된 학교는 학생들의 체계적인 진로지도를 위한 상담이 필요하게 되었다.

직업상담에 대한 체계적인 접근을 한 사람은 Parsons(1909)이다(McDaniels & Watts, 1994). 그는 진로지도운동을 비롯한 체계적인 직업상담의 중요성을 강조한 학자로 1908년 진로지도운동에 중대한 영향을 미친 대중강연활동과 1909년 『직업선택』이라는 저서를 통해 인간이 직업을 선택할 경우, 자기이해, 직업세계의 이해, 합리적인 추론과정을 통해 이루어진다는 이론을 주장하였다. 즉 한 개인이 직업을 선택할 경우, 먼저 자신의 적성, 능력, 흥미, 자산 등의 특성에 대한 이해를 하고, 둘째, 직업세계의 각기 다른 장단점과 기회, 보상, 전망, 성공조건 및 요구되는 지식들의 이해를 하고, 셋째, 이 두 가지 이해를 토대로 합리적인 직업선택의 대안을 찾아야 한다고 주장하였다.

Parsons의 이러한 이론은 직업상담의 초기 연구에 중요한 역할을 하게 되고 이 영향으로 1910년 직업상담에 관한 최초의 회의가 미국 보스턴에서 개최되고 1912년 뉴욕에서의 제2차 회의, 1913년 미시간에서 열린 제3차회의 때 전미직업상담협회(National Vocational Guidance Association: NVGA)가 창립되었다.

그 이후는 직업상담에 있어 자신을 이해하는 데 필요한 여러 가지 검사도구의 개발 등의 검사운동이 일어난다. 1930년대 세계적인 대공황으로 많은 실업자들에게 직업상담이 필요하게 되자 고용청이 설립되고 이들에게 효과적인 직업상담을 하기 위해 다양한 검사도구의 개발 및 검사가 확산되었다. 이렇게 검사가 확산된 이유는 검사에서 개인의 특성을 결정하는 비교적 신속하고 신빙성 있는 자료가 도출될 수 있었기 때문이다.

1939년에는 직업사전(Dictionary of Occupational Titles: DOT)을 출판하는데 이것은 직업정보를 정리한 최초의 자료이고 이것은 개인의 특성을 평가해서 결과에 적합한 직무에 배치할 수 있도록 설계되었다.

1950년대에는 직업상담이 진로지도라는 개념에서 진로발달로 진화되는데, 종래의 직업선택 중심의 직업상담에서 매우 광범위한 개념으로 직업상담이 확대된다는 의미를 가지고 있다. 즉 평생진로 개념으로 이제는 여가활동, 부업, 퇴직 후 직업설계 등 모든 유형의 개인 중심의 진로설계를 포함한다.

이 당시 미국 교육법은 학교에서 진로지도를 중요한 교과과정으로 다루어야 한다고 강조하면서, 상담 분야도 인간 중심의 상담이론이 각광을 받게 된다. 이런 영향으로 1960년대와 1970년대는 새로운 직업상담 모형이 정립된다. 이 새롭게 정립된 직업상담 모형의 특징은 첫째, 평생진로발달 모형을 강조한다. 둘째, 개인이 자아감을 반영할 수 있는 선택을 하도록 지원한다. 셋째, 내담자의 직무 선택 시 여가활동, 부업, 은퇴 후의 직업설계까지를 고려한다. 넷째, 진로발달을 이전시대의 유연성이 없는 과정에서 유연성 있는 가변적인 과정으로 본다. 다섯째, 직업상담자를 진로상담원이 아닌 진로의사결정자라는 측면에서 접근한다(Herr & Cramer, 1996).

1980년대와 1990년 이후의 직업상담은 평생상담과정이라는 개념으로 확대되었다. 더욱이 지식 · 정보사회는 직업의 세계를 빠르게 변화시키고 구직자에게는 신속하게 직업정보를 탐색할 수 있도록 하였다. 따라서 오늘날 직업상담은 특정한 내담자를 중심으로 하는 진로상담이 아니라 모든 사람들을 대상으로 하는 평생진로발달로서 이해되고 있다(나운환, 1999).

한국에 있어 직업상담의 중요성이 인식되기 시작한 것은 1960년대부터라고 볼 수 있다. 1960년 이후 한국사회는 급격한 산업화로 인해 산업구조가 1차 산업에서 2, 3차 산업으로 변화하면서 노동시장의 흐름을 변화시켰다. 이에 따라 종래의 진로지도나 직업상담 접근으로는 적절한 직무연결이 어렵게 되자 정부는 체계적인 방법으로 직무를 분류하는 사업을 시도하게 되었다.

이 결과 1963년 한국표준직업분류가 제정되고 그 이후 1970년, 1974년 2, 3차 개정과 1988년 국제노동기구의 국제표준직업분류의 영향으로 4차 개정이 이루어지면서 검사도구의 활용과 진로발달이라는 측면에서 직업상담이 이루어지기 시작하였다.

이후, 1992년 UNICEF의 지원을 받아 한국교육개발원(KDI)이 진로지도에 관한 연구를 시작하고 연구결과인 진로지도 프로그램을 주무학교에 보급하면서 학교에서의 직업상담이 이루어지게 되었다.

특히, 1997년 외환위기로 인해 한꺼번에 대량으로 실직자들이 발생하자 노동부는 인력은행을 중심으로 적극적인 직업상담사업을 실시하게 되었고 실업률이 안정추세인 2000년 이후에는 생애전반의 진로발달이라는 측면에서 직업상담이 이루어지고 있는 추세이다.

장애인 직업상담과 관련하여서는 1981년 심신장애자복지법 제정 당시 장애인의 직업지도를 규정하고 1982년부터 (사)한국장애인재활협회가 직업상담사업을 체계적으로 접근하였으며 이때는 주로 직업선택이라는 측면에서 접근하였다. 이후 1988년 대구대학교에 직업재활학과가 설치되고 1991년 한국직업재활학회를 창립하면서 재활상담사라는 민간자격을 발급하면서 보다 체계적인 직업상담 접근과 전문가 양성이 이루어지기 시작하여 오늘에 이르고 있다(강위영 외, 2001).

제 13 장

직업상담이론

1. 분류학적 관점의 직업상담이론
2. 발달론적 관점의 직업상담이론

제 13 장 직업상담이론

제12장에서 살펴본 바와 같이 직업상담은 인간과 직업세계의 변화에 따라 목표는 상당한 가변성을 가진다. 따라서 직업상담이론은 인간의 직업문제에 접근하고 적절히 해결하기 위한 방안들을 제시하는 데 많은 근거를 제공해 준다.

이런 관점에서 지금까지 소개되고 있는 직업상담이론은 크게 직업문제를 인간의 생애 전체에 초점을 두어야 한다는 발달론적 관점과 내담자의 특성, 즉 능력과 흥미, 인성 등과 같은 개인차에 의해 결정되므로 개인의 진로행동의 성숙성에 초점을 두어야 한다는 분류학적 관점에서 접근해 볼 수 있다. 분류학적 관점에서는 특성－요인(trait and factor)이론, Minnesota 직업적응이론, Holland 직업인성이론 등이 있고, 발달론적 관점에서는 Super의 발달이론, Roe의 성격발달과 진로선택이론, Ginzberg의 직업이론, Tiedeman & O'Hara의 진로발달이론, Krumboltz의 사회학습이론 등이 있다.

1. 분류학적 관점의 직업상담이론

1) 특성 – 요인이론

Parsons에 의해 제안된 이 이론은 1950년대까지 직업상담에서 가장 보편적으로 활용되어 온 이론이다. 이 이론은 기본적으로 직무

요구에 성공하고 효과적으로 적응하기 위해서는 개인적 특성을 조화시켜야 한다는 것이다. 그래서 이론은 사람-환경 맞춤으로 언급되는 이론이다.

이 이론에서 특성-요인(trait-factor)은 일반적인 지능이나 특별한 적성, 학업성취도, 작업능력을 포함한 제 능력들과 직업적인 관심이나 성격, 특성들을 말한다(김충기, 1999). 특성-요인 직업상담은 개인차 심리학에서 연유된 변별진단으로 개인이 지닌 독특성(uniqueness)을 이해하고, 개인의 직업과 관련된 것을 조사하여 개인과 직업을 연결시켜 주는 것이다. 즉 개인은 그가 가진 독특한 잠재력과 능력들의 경향성과 관련하여 성장하고, 이러한 특성들은 주어진 특정 직업유목 속에서 일련의 명확한 요인들과 관련지을 수 있으며, 이러한 특성들을 객관적으로 측정한 검사는 한 개인의 직업적 성공을 직접적으로 예측할 수 있다는 것이다.

또한 이 이론의 중심요소이자 기본적인 전제는 다음의 네 가지를 제시하고 있다.

첫째, 개인은 독특한 범위에서 특정한 직업특성들을 가지고 있으며 그 일례는 적성, 흥미, 욕구, 가치관, 관념과 기대, 성향, 욕망 등이다.

둘째, 성공적인 직업성취를 위해 개인은 필요한 직업특성들을 가질 필요가 있다.

셋째, 개인의 직업선택은 직선적인 과정이고 직업적인 접합이 가능하다. 즉 개인은 자신의 특성을 직업에 적합시킬 수 있는 능력이 있을수록 그 직업에 성공해서 만족감을 느낄 수 있는 가능성이 더욱 크다.

넷째, 개인의 직업특성과 직업적 필요조건이 일치할수록 개인의 직업성공률은 높아지고, 개인의 생산성과 만족도도 높아진다.

이 이론의 목표는 내담자가 의사결정과 문제해결과정을 합리적으로 수행하여 학문적·직업적 능력과 일치하는 직업을 선택하도록 하는 것이다. 즉 내담자 스스로 자신의 문제를 해결하고 결정하게 하여 그러한 결정을 하는 방법과 과정을 배우도록 하는 데 있다.

특성-요인 관점에서의 직업상담은 합리적이고 인지적인 접근법을 사용하고 있는데 이것은 진로결정과정에서 개인의 가치발달이 중요한 요소로 작용하며 이후 차별심리학으로 불리는 계기가 되었다.

이 이론의 특징은 ① 개인은 한 가지 또는 소수의 직업들에 적합하고, ② 개인은 스스로 올바른 직업선택에 이를 수 있으며, ③ 전문적인 도움이 없으면 시간과 노력을 낭비할 뿐만 아니라 그릇된 직업선택을 할 수 있고, ④ 각 개인의 직업적합성은 청년기 동안 학습되거나 학습될 수 있으며, ⑤ 적절하거나 올바른 직업은 교육적 의사결정에 크게 영향을 미치고, ⑥ 직업선택과 보충적 의사결정은 장기간 계속되어야 하며, ⑦ 최종적인 직업목적은 초기에 선택될 수 있고, 이 목적에 이르기 위해 초기 의사결정이 필요하다는 것이다.

특성-요인이론을 적용하기 위해 개발된 도구로 미네소타 사무적성검사, 미네소타 종이양식판 검사, 미네소타 공간관계검사 등이 있다.

□ 재활상담에 적용

특성-요인이론을 재활 분야에 적용하는 데 있어서는 많은 학자들에 의해 비판되어 왔다. 즉 특성-요인이론의 기본적인 전제가 개인의 특성과 직무환경을 적절히 조화시키는 것인데 장애인들은 직업선택과 직무수행에 있어서 보조공학 등을 활용한 적절한 배려나 직무수정이나 기기의 개조 등으로 직무환경이 의도적으로 변화될 수 있고 또한 인지적 장애를 가진 사람들의 초기 경험의 제한으로 개인적 특성이 제한되고 측정하는 데 한계가 있다는 것이다. 최근, 장애인 직업재활 분야에서 널리 활용되는 지원고용 시스템은 생태학적인 측면에서 사정이 이루어져 내담자의 특성, 직무분석에 따른 생태학적인 평가결과에 따라 개인의 직무특성과 직무환경의 모순을 최소화시키는 상황에서는 더욱 이 이론의 적용은 비판을 받고 있다(나운환 외, 2000).

그럼에도 불구하고 장애를 둘러싸고 있는 여러 관점이 변화하고 있고 장애인과 노동시장 사이의 괴리가 좁혀지고 있기 때문에 이 이론은 재활 분야에서도 내담자를 적절한 직업선택을 하도록 돕는 역동적인 이론으로 활용되고 있다.

2) 미네소타 직업적응이론

특성-요인이론을 비롯한 많은 직업상담이론이 비장애인의 직업문제에 초점을 맞추고 있다면 이 이론은 처음부터 장애인들의 직업적응이나 직업문제에 관심을 가지고 출발하였다.

미네소타 직업적응이론은 Lofquist & Dawis(1969)가 개발한 이론으로 개인의 직업적응과 성공은 직업능력과 직업욕구로 구성되어 있는 작업인성(work personality)과 직업요구 조건과 직업강화제로 구성되어 있는 작업환경(work environment)의 일치 정도에 따라 이루어진다는 것이다.

여기서 직업인성의 정의는 조금 폭넓게 정의될 수 있지만 이 이론에서 핵심구조이다. 직업인성은 일과 상호 관련된 동기나 스타일, 방어적 행동 등과 관련이 있으며 반자율적인 영역으로 구성되어 있다. 따라서 인간은 어떤 일에 있어서 매우 잘 적응될 수도 있지만 다른 측면으로 잘 적응되지 않을 수도 있다는 것이다.

이 이론은 기본적으로 학습이론, 성격이론, 개별심리학에서 유래된 강화구조라는 심리학의 기본적인 양상과 개인과 환경 간의 조화와 일치라는 개념에 기초하여 만들어졌다. 기본가정은 개인이 환경과의 조화와 일치를 이루고 유지하기 위해 노력하며 이렇게 환경과 조화를 이루고 유지하고자 하는 게 인간행동의 기본동기라는 것이다.

여기에서 말하는 조화란 개인이 작업환경에 구체적인 기술을 제공하고, 작업환경은 그 개인에게 임금, 특권, 대인관계 등의 특정한 보상을 제공하는 것이다. 즉 개인의 기술이 작업환경에 필요할 때 활용하고, 작업환경은 개인의 요구에 반응함으로써 작업환경과 개인간의 최소한의 요구조건들이 충족될 때 조화를 이루게 된다는 것이다. 그리고 일치는 개인과 환경 간의 조화로운 관계, 즉 개인이 환경에 대해, 환경이 개인에 대해 얼마나 적합하고 일치하는가, 그리고 개인과 환경 사이에 얼마나 상호 호혜적이고 보충적인 관계가 있는가를 말하는 것이다.

이처럼 개인이 그의 환경과 조화를 이루고 유지하려는 연속적이고 역동적인 과정을 직업적응이라 하는데 환경과 최소한의 조화를 이루어야 하는 개인은 어떤 작업환경에 머무르는가와 얼마나 안정적인가에 따라 직업을 가질 수도 있고 가지지 못할 수도 있다. 즉 조화를 이룰수록 직업보유와 예상 직업보유 기간은 증가하고, 조화를 이루지 못할수록 직업보유와 예상 직업보유 기간은 감소한다. 여기에서 말하는 "직업보유"(tenure)란 조화의 가장 기본적인 지표로 개인과 그의 직업환경 사이의 조화에 대한 기능을 의미한다.

이 이론은 개인의 성공적인 직업적응이 그들의 작업인성과 작업환경 사이의 일치에 따른다는 입장이다. 개인의 직업능력이 어떤 특정 직업에서 요구하는 것과 일치하면 고용주는 근로자에게 만족하게 되고 개인의 직업적 욕구가 특정 직업의 강화제에 일치되며 그들이 하고 있는 일에 대한 행복감을 느낀다면 근로자가 직업에 만족하게 된다는 것이다. 즉 개인은 특정한 직업환경과 조화를 이루고 유지하기 위해 노력한다는 것이다.

따라서 Lofquist와 Dawis(1969)는 이 이론을 주창하면서 다음과 같은 기본 전제를 제시하였다.

첫째, 때에 맞춘 시점에서 개개인의 직업조정은 동시에 나타나는 만족감과 만족의 수준으로 나타난다.

둘째, 만족감은 개인의 요구가 직업(일) 환경의 강화 시스템과 일치(대응)하도록 제공된, 개인능력과 직업(일) 환경의 능력요구들 사이에서의 대응적인 기능이다.

셋째, 만족은 개인의 능력이 직업(일) 환경의 능력요구에 대응하도록 제공된 직업환경의 강화 시스템과 개인의 욕구 사이의 대응적인 기능이다.

넷째, 만족은 만족감과 능력-요구 대응 사이의 기능적 관계를 조절한다.

다섯째, 만족은 만족감과 만족과 요구-강화 대응 사이의 기능적 관계를 조절한다.

여섯째, 개개인이 직업(일) 환경으로 강요될 개연성은 반대로 그의 만족감과 관련된다.

일곱째, 개개인이 직업(일) 환경을 자발적으로 떠날 개연성은 반대로 만족과 관련된다.

여덟째, 재직기간은 만족감과 만족의 공동 기능이다.

아홉째, 직업 인성-직업 환경 대응은 재직기간을 증가시키는 기능과 일치한다.

이 이론의 특징은 개인의 직업능력과 욕구, 직업의 요구조건과 직업 보상체계들 간의 일치 정도를 통해 개인의 직업적응과 고용안정을 예측할 수 있다는 것이다. 따라서 내담자의 직업적응을 극대화하려면 내담자의 잠재적인 욕구와 능력에 가장 적합한 직업요구조건들과 강화제를 구비한 일자리를 발견해야 한다(이달엽, 2000).

이 이론에 따라 근로자의 능력 정도를 측정할 수 있는 도구로 일반직업적성검사(General Aptitude Test Battery: GATB)가 있고, 근로자의 욕구 정도를 측정하는 도구로 미네소타 중요도 질문지(Minnesota Importance Questionnaire: MIQ)가 있으며, 고용주의 만족도를 측정하는 도구로 미네소타 만족척도(Minnesota Satisfactoriness Scale: MSS)가 있고, 근로자의 만족도를 측정하는 도구로 미네소타 만족도 질문지(Minnesota Satisfaction Questionnaire: MSQ) 등이 있다.

□ 재활상담에 적용

미네소타 직업적응이론은 처음에 미국 연방재활기금으로 지원되어 개발되었기 때문에 장애인에 초점을 맞추어 개발되었으며, Lofquist 등(1964)도 이 이론이 지금까지 개발되었던 어떤 이론보다 재활 분야의 내담자에 초점을 맞추고 있는 직업적응이론이라고 지적했다.

그러나 Conte(1983)는 이 이론이 대상이 일부 장애인으로 너무 제한되어 있기 때문에 모든 장애인들에게 적용되기에는 한계가 있다고 비판하였다.

3) 홀랜드의 인성이론

Holland(1989)의 직업인성이론은 개인의 직업적응이나 직업 적합성이 개인의 초기경험의 산물인 인성에 따라 이루어진다는 것이다. 즉 사람들은 자신의 인성을 표현할 수 있는 적합한 환경을 추구하고, 사람의 행동은 그들의 성격에 적절한 직업환경 간의 상호작용에 의해 결정되며, 개인의 인성은 그들의 직업선택을 통해 표현되고, 개인의 직업만족, 안정, 성취, 적응 등은 그들의 인성과 직업환경 간의 적절한 연결에 달려 있다는 것이다.

이 이론은 기본적으로 다음과 같은 5가지 사항을 전제로 하고 있다.

첫째, 대부분의 인간은 〈그림 13-1〉과 같이 6가지 유형, 즉 현실형(realistic), 탐구형(investigative), 예술형(artistic), 사교형(social), 기업형(enterprise), 관습형(conventional)의 성격을 가진다.

둘째, 사회의 작업환경 역시 6가지 유형, 즉 현실적인 분야, 탐구적인 분야, 예술적인 분야, 사회적인 분야, 기업적인 분야, 관습적인 분야로 분류할 수 있다.

셋째, 인간은 그들의 능력을 발휘하고 그들의 성격과 흥미를 표현하는 데 적당한 환경을 찾는다.

넷째, 인간의 행동은 그들의 성격과 환경 간의 상호작용으로 결정된다.

다섯째, 인간은 그들의 성격(흥미, 능력, 가치) 유형과 그들에게 주어진 작업환경이 맞는다면 행복하고 만족스러워 한다.

상기 6가지 성격 유형별로 직업환경도 분류되는데 일단 〈그림

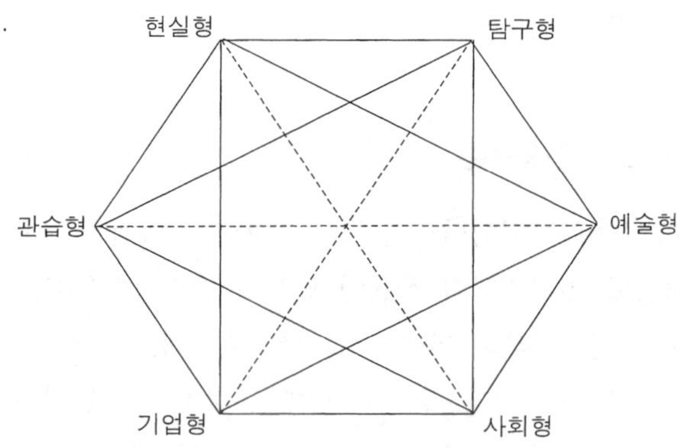

〈그림 13-1〉 Holland의 육각형 모형

13-1〉에서 제시된 성격 유형은 각각 다른 관계성을 지닌다. 그러나 각각은 맞은편에 있는 유형보다는 근접해 있는 유형들이 좀 더 유사성을 지니며 구체적인 관계성은 다음과 같다.

첫째, 현실적인 성격의 사람은 추상적인 것보다 구체적인 분야나 현재에 더 치중하고 관여한다. 이들은 자신들이 체력적인 면과 기술적인 능력을 갖고 있다고 믿고 실제로도 그러하다. 그리고 다른 사람들과 함께 실내에서 일하기보다는 동물이나 식물, 기계, 도구를 갖고 야외에서 일하기를 더 좋아한다. 이들은 알려지지 않고 예측할 수 없는 일보다는 정직하고 측정할 수 있는 진실된 일을 더 좋아하고 가끔은 아주 끈기 있는 면이나 성숙된 면을 보여 주기도 한다.

따라서 현실적인 성격의 소유자는 기술직, 손도구, 기계·기구를 이용하여 업무를 수행하는 직업, 예를 들면, 비행기 수리공이나 전기기사, 컴퓨터 조립 및 수리, 사진식자 등이 적성직종으로 분류될 수 있다.

둘째, 탐구적인 성격의 사람은 이론적이고 문제를 해결하려는 경향이 있으며 생각이 필요한 문제, 즉 과학적, 기술적, 수학적인 문제를 풀기 좋아하고, 사회적으로 접근하기보다는 학구적이고 과학적인 성공을 더 좋아하며 지성을 소중히 여겨 그것이 세상 사람들과 상대하는 데 필요한 도구라고 믿는다.

따라서 탐구적인 성격의 소유자는 과학적인 근거를 바탕으로 하는 직업, 또는 사물이나 사람에 대한 호기심을 바탕으로 하는 직업, 예를 들면, 인류학자, 항공기 설계사, 식물학자, 의사 등이 적성직종으로 분류될 수 있다.

셋째, 예술적인 성격의 사람은 상상력이 풍부하고 창조적이며 무엇이 옳은지를 판단할 때 느낌을 사용한다. 이들은 자신이 예술적, 혁신적, 직관적인 능력을 갖고 있다고 믿으며 실제로도 그러하다.

조직적인 일을 꺼려하고 복종을 싫어하며 미적인 점을 중시하고 그림 그리기, 운동경기, 음악 등의 분야에서 세상과 화합하려 한다.

따라서 예술적인 성격의 소유자는 자기표현과 예술적 방법을 활용할 수 있는 직업, 즉 창조적인 직업이나 자기를 표현할 수 있는 직업, 예를 들면, 소설가, 극작가, 드라마코치, 뮤지컬 대본작가 등이 적성직종으로 분류될 수 있다.

넷째, 사회적인 성격의 사람은 사람들의 성장과 인간 상호 간의 문제에 관심이 많다. 이들은 사람들과 직접 일하거나 대화하기를 좋아하고 학구적이며 충동적이고 직관적이다.

따라서 사회적인 성격의 소유자는 토론을 하거나 대인관계를 요하는 사회봉사직, 또는 사람들에게 도움을 줄 수 있는 직업, 예를 들면, 사회복지사, 직업재활 상담사, 교사, 언어치료사 등이 적성직종으로 분류될 수 있다.

다섯째, 모험심이 강한 기업형 성격의 사람은 정치적, 경제적인 분야에 흥미를 가지며, 자신이 설득하거나 영향력이 있는 말을 잘하고, 조직적이거나 경제적인 분야의 일을 잘 한다고 믿는다. 그들은 다른 성격 유형보다 더 독단적이고 지배적이며 가끔 새로운 분야를 찾으려 하고 자신만만해 하기도 한다.

따라서 기업형 성격의 소유자는 야망이 있고 사교적이며 사람들과 접촉하거나 타인들을 설득하는 직업, 예를 들면, 스포츠 흥행가, 영업사원, 집행하는 업무 등이 적성직종으로 분류될 수 있다.

여섯째, 관습적인 성격의 사람은 확실하고 관습적이며 구체적이고, 예측할 수 있는 통계자료를 가지고 일하기를 좋아한다. 경리나 숫자계산능력을 가지고 있다고 믿으며 실제로도 그러하다. 이들은 다른 사람의 지시에 따르기를 좋아하고 그대로 행동에 옮기며 깨끗하고 정돈된 것을 가치 있게 생각하고 불확실하고 예언할 수 없는 것을 믿지 않으려 한다.

따라서 관습적인 성격의 소유자는 주로 잘 조직된 직장에서 능력을 발휘하며 세부적인 업무, 조직하고 기획하는 업무, 감독하는 업무, 예를 들면, 은행감독원, 회사의 기획·조정업무, 속기사, 세무사 등이 적성직종으로 분류될 수 있다.

또한 Holland는 직업을 유형별로 분류할 수 있다고 주장했다. 따라서 그는 어떤 사람의 코드를 그 코드를 갖고 있는 직업에 정확히 배합하는 경우 그 직업에 궁극적으로 만족하는 사람을 가질 가능성이 증가된다는 가설을 세웠다. 따라서 SAE(사회, 예술, 기업형) 코드가 있는 사람은 동일 해당 코드가 있는 "상담원"이라는 직업에 배합될 수 있다.

Holland는 다양한 직업에 가장 적절한 코드를 확인하려고 연구를 하였다. 예를 들어 Gottfredson, Holland, Ogawa(1996)는 12,000개 이상의 직업에 대한 직업코드를 확인해서 『홀랜드 직업코드 사전』(*The Dictionary of Holland Occupational Codes*)을 발표했다. 1개 이상의 흥미를 조사하는(예, 1994년, 미국 Consulting Psychologists Press) SII(Strong Interest Inventory)검사, 1994년 Holland의 자기탐색검사(Self-Directed Search: SDS) 등을 통해 Holland 코드를 결정해서 직업코드와 배합할 수 있다. 당신의 Holland 코드를 얻는 투박하지만 신속한 방법을 원할 경우 〈표 13-1〉을 참고할 수 있다.

□ 재활상담에 적용

Holland(1989)의 이론은 다른 분류학적 관점의 이론들과 마찬가지로 장애인들에게 제한적으로 활용될 수 있다. 특히, 이 이론은 지적 장애와 중증 정신장애인들에게 적용 시 한계를 가질 수 있다(Hagner & Salomone, 1989). 게다가, 이 이론은 개개인의 특성들을 중요시한다는 것과, 사회적 요인들, 기회 요인들 그리고 작업형태

〈표 13-1〉 홀랜드 코드

현실형(R): 실제적이고 강건하며, 옥외생활을 즐겨하며 신체적으로 건강한 사람. 사회적 상황이나 지적인 연구, 예술적 노력을 회피하려 한다.	탐구형(I): 연구, 추상적 사고, 문제해결적 성향을 가지지만 사회적 주류를 회피하고 내성적인 스타일이다.
관습형(C): 구체적인 스타일로 자료작업을 좋아하며, 일상적인 문제해결을 좋아하는 사람으로 사무를 좋아하고 지시에 순응하고 사회적 주류를 따르는 경향이 있다.	예술형(A): 예술을 통해 표현하고 창의적이며 상상력이 풍부하고 비구조화 활동을 좋아하며 민감하며 독립적인 경향이 있다.
기업형(E): 설득력이 있고 매사에 자신 있으며 타인을 설득하기를 좋아하고 자신은 안정적이고 사교적이며 모험적이고 대담한 경향이 있다.	사회형(S): 다른 사람에게 관심 있고 다른 사람을 양육하며 외향적이고 책임 있는 스타일이며 사회적 주류에 순응하고 언어기술이 있다.

에서 나타나는 것들과는 다른 환경에 다양성을 고려하는 항목에 대한 상대적 결핍으로 인해 장애인들에게 즉시 적용할 수 없음이 비판되어져 왔다(Conte, 1983). 환경적 요인들은 장애인들의 진로발달에 있어서 중요한 덕목으로 알려져 왔으며(Szymanski et al., 1988), 특히 기회는 장애인들에게 중요한 역할을 할 것이다(Cabral & Salomone, 1990). 그러나 흥미롭게도 최근 연구에서는 Holland의 이론은 다양한 소수민들에게 적용함에 있어 매우 확고해졌다(Arbona, 1995; Brown, 1995). 게다가 연구는 장애를 지닌 각양각색의 사람들에 대한 적용 가능성을 밝힐 필요가 있다. 몇 가지 사정도구의 한계는 개인의 적응기간과 직무 수정으로 개념화될 수 있다. 예를 들어, 자기-지시에서 반응하는 개개인은 그들이 신체적이거나 정신적 제한들 때문에 요구된 과업들을 수행할 수 있다고 믿지 않기 때문에 흥미 있는 직업을 규정할 것이다. 적응할 수

있는 장치나 직무 수정의 가능성은 전형적으로 사정과정, 그리고 개인이 표현하는 관심을 제한하는 것에 넣지 않는다. 홀랜드의 이론의 적용에 있어 다른 문제들은 인지적 장애를 지닌 사람들의 초기경험에서의 제한에 있다. 경험적 제한들은 도구에서 항목들 사이에서 정보화된 선택을 만들기 위해 이러한 개인들의 능력을 제한한다. 홀랜드의 이론과 관계된 도구 사용의 용이성은 진로발달에서 그들을 가치 있게 한다. 그러나 장애를 지닌 사람들에게 이러한 도구들의 사용은 적절한 주의 진로성숙에 관한 보충적인 사정, 그리고 가능한 적응할 수 있는 장치와 직무 수정의 고려사항에 의해 성취되어질 수 있다.

2. 발달론적 관점의 직업상담이론

1) Super의 발달이론

Super(1957, 1990)에 의해 주창된 이 이론은 인간은 이성적인 동시에 정서적인 존재이므로 최상의 직업상담은 특성-요인이론과 내담자중심이론의 양극단을 적절하게 조화시키는 것이라고 하였다. 그는 직업상담을 자아탐색·의사결정·현실분석에 대한 이성적이고 정서적인 양상들을 다루는 것이라 하였고 직업상담기술로 비지시적인 방법에 의한 문제탐색과 자아개념 표출하기, 심층적 탐색을 위한 지시적인 주제 설정하기, 자아수용과 통찰을 위한 비지시적인 숙고와 느낌 명료화하기, 현실검증을 위해 검사·직업정보·과외활동을 통한 사실에 입각한 자료를 직접 개발하기, 현실검증으로 발생한 태도와 느낌을 통해 비지시적으로 탐색하기, 의사결정을 돕기 위해 가능한 행동의 윤곽에 대해 비지시적으로 고찰하기 등을 들었다.

이 이론은 집중검사와 정밀검사방식을 강조하고 있는데 집중검사는 짧은 준비단계의 면접 후에 내담자에게 종합검사를 실시하는 것이고, 정밀검사는 진로상담의 전 과정에 걸쳐 개별검사를 실시하는 것이다. 이것은 개인으로 하여금 일의 세계에서 자신과 그의 역할을 통합하고, 적절한 모습으로 개발하여 수용하도록 하며, 현실에서 이런 개념들을 검토하고 실현시킬 수 있도록 돕는다.

이 이론의 주된 핵심은 개인이 자신의 능력과 흥미, 그리고 성격과 관련하여 자시의 진로를 결정하고, 직업발달은 개인의 생애를 걸쳐 계속되며 그 과정은 4가지 요인(부모의 사회경제적 지원, 성격, 정신능력, 기회)에 의해 결정되고, 이러한 직업발달은 아래에 제시되어 있는 5가지 생애발달단계를 따른다는 것이다.

□ 성장기(growth stage: ~14세)

이 시기는 직업에 대해 가정과 학교, 사회에서 주요 인물과 동일시하는 단계로 능력, 태도, 통제, 그리고 자아개념과 관련 있는 욕구 발달에 의해 특징지어지며 매우 어린 아동이 직업세계를 인식하며, 자기의 능력과 관심사를 동료와 비교한다. 이 시기는 환상기(fantasy substage: 4~10), 흥미기(interest substage: 11~12), 능력기(capacity substage: 13~14) 등으로 분류된다.

□ 탐색기(exploration stage: 15~24세)

이 시기는 학교생활, 여가활동, 시간제 일을 통한 자아검증, 역할시행 등을 통해 직업을 탐색하는 단계로 임시기(tentative substage: 15~17). 전환기(transition substage: 18~21), 시행기(trial substage:

22~24) 등으로 분류된다.

□ 확립기(establish stage: 25~44세)

이 시기는 자신에게 적합해 보이는 직업을 선택하여 최초로 직업을 가지며 자신의 직무로 확립해 보는 단계로 수정기(trial substage: 25~30), 안정기(stabilization substage: 31~44) 등으로 분류된다.

□ 유지기(maintenance stage: 45~64세)

이 시기는 확립기에서 자신의 직무로 확립한 직업에 정착하여 유지·발전시키기 위해 노력하는 단계로 계속적인 적응과정으로 볼 수 있다.

□ 은퇴기(decline stage: 65세~)

정신적·신체적으로 역동성이 약해져 직업전선에서 은퇴하는 시기로 은퇴 후 여가·부업활동에 점점 초점을 맞추기 시작한다.

Super의 다섯 유형 발달단계들과 이들 단계 특성들을 도식화하면 〈그림 13-2〉와 같다.

Super(1990)는 진로발달단계를 뒷받침하는 몇 가지 기본 가정을 제시하고 있다.

① 사람은 그들의 능력과 개성, 욕구, 가치, 흥미, 특징 및 자아개념이 각기 다르다.

② 사람은 그들의 성격의 장점이 각 직업활동을 적합하게 한다.

③ 각 직업은 직업 속에서 개인의 다양성과 각 개인을 위한 직업의 다양성 사이에서의 오차 허용을 충분히 폭넓게 고려하는 개인

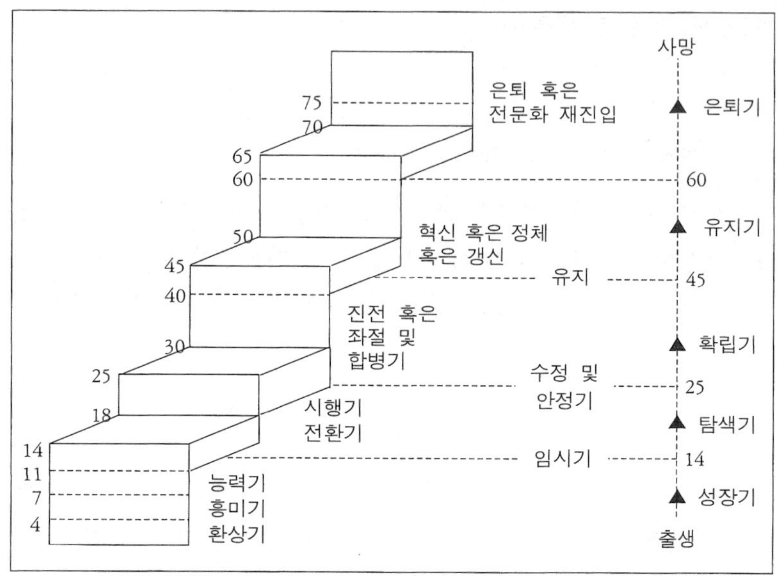

<그림 13-2> Super의 발달단계 특성

적 특징과 능력의 특징적 패턴을 요구한다.

④ 사회 학습의 결과인 자아 개념이라 할지라도 인간의 생활과 작업, 사람들이 살고 일하는 상황들. 그리고 여기서 이들의 자아상들은 시간과 경험 속에 변화할 수 있다.

⑤ 이러한 변화의 과정은 성장, 탐색, 확립, 유지 그리고 은퇴의 순차로서 특징지어지는 일련의 생활단계(최고 주기)로 요약될 수도 있고, 이러한 단계들은 ⓐ 환상 및 시험적인 탐색단계, ⓑ 시험적이고 안정된 확립단계로 세분화된다. 최소주기는 개개인은 어떤 단계에서 다음단계 혹은 각각의 시간들로의 과도기(힘의 감소, 노동력의 변화, 욕구, 질병이나 손상, 혹은 다른 사회경제적인 혹은 개인적인 사건들로 동요하게 됨)에 놓이게 된다. 그렇게 불안정하거나 복잡 다양한 진로들은 새로운 성장, 재탐색, 그리고 재설계(재순환)

를 포함한다.

⑥ 도달된 직업수준과 심리의 지속, 빈번성, 그리고 내구성과 안정적인 직무라는 진로패턴의 본질은 개인의 부모의 사회경제적 수준, 정신력, 교육, 기술, 개성(욕구, 가치, 흥미, 특성, 그리고 자아상), 그리고 진로성숙에 의해 그들이 밝히는 기회들에 의해 결정지어진다.

⑦ 주어진 어떤 생활진로단계에서 보여 주는 환경과 유기체의 요구에 대응하는 성공은 이러한 요구(그들의 진로성숙에 있음)에 적응하는 개인의 신속성에 달려 있다. 진로 완성(성숙)은 신체적, 심리적, 그리고 사회적 특성을 배려한다.

⑧ 진로 완성(성숙)은 가설적인 구조이다. 조작적 정의는 지적인 것과 같이 형상화되기는 어렵지만 성취된다는 것이다.

⑨ 삶의 단계를 통한 발달은 주로, 능력과 흥미의 성숙성을 용이하게 하고, 현실적 테스트와 발달의 자아상에서 도움되도록 지도할 수 있다.

⑩ 진로발달의 과정은 발달과 직업적 자기 개념을 충족시키는 것이 본질적인 것이다. 자기 개념을 합성하거나 타협하는 과정은 물려받은 소질, 신체적 체격, 주목받는 기회, 다양한 역할 담당, 그리고 상관들과 동료들의 인정과 함께 대면하게 되는 역할 담당의 결과에 대한 한계를 짓는 평가들의 상호작용에 의한 결과이다.

⑪ 개인과 사회적 요인들 사이, 자아 개념과 현실 사이에서 통합 혹은 타협하는 과정을 그 역할이 환상 속에서 상담 안에서, 혹은 학급, 클럽, 시간제 근무 및 정규 직업과 같은 실제 삶의 활동들 속에서든지 간에 피드백을 통해 학습되고 담당하는 역할 중의 하나가 된다.

⑫ 작업 만족과 삶의 만족들은 능력, 욕구, 가치, 흥미, 개인적 특징 그리고 자아개념을 위한 적당한 출구를 개인이 발견하게 되

는 범위 안에서 의존한다. 그들은 작업유형, 작업상황, 그리고 성장과 탐구, 적합하고 적절하게 고려되어지는 경험 등의 역할 종류를 담당할 수 있는 삶의 방법을 확립하므로 의존한다.

⑬ 직무의 만족에 대한 정도는 자아 개념을 성취할 수 있는 정도에 비례한다.

⑭ 비록 이 초점은 일부 사람들을 위한 것이긴 하지만 일과 사명은 남성과 여성을 구분하지 않고 대부분의 사람들에게 맞추어져 있다.

진로 유형의 개념은 Super(1957)와 그의 동료들의 초기 관심사였다. 그는 Davidson과 Anderson(1937), Miller와 Form(1951)의 연구에 의해 알려진 진로 유형의 결정에 부분적으로 관심을 가졌었다. 그는 남성에 대한 진로 유형의 연구에서 Miller와 Form(1951)에 의해 사용된 여섯 가지 분류를 네 가지 분류로 수정하였는데 네 가지 분류가 〈표 13-2〉에 나타나 있다. Super는 또한 여성에 대한 진로유형을 일곱 가지로 분류하여 〈표 13-3〉으로 나타냈다(Miller, 1974).

이런 이론적인 기초 위에서 1951년에 시작된 종단면적인 연구계획은 전형적인 중류도시인 뉴욕에서 중학생의 직업발달을 알아 보기 위해 고안되었다(Super & Overstreet, 1960).

〈표 13-2〉 Super의 남성 진로 유형

진로 유형 분류	전형적인 진로 분류	특 징
안정된 진로 유형	전문직, 관리직, 숙련직 근로자	초기에 직업시험기가 거의 없는 진로에 참여
전통적인 진로 유형	관리직, 숙련된 근로자, 사무직 종사자	직업시험기는 안정된 유형에 참가함으로써 나타난다.
불안전한 진로 유형	반숙련 근로자, 사무직과 가사 종사자	잠정적인 안정직업을 유도하는 수많은 시험적인 직업은 많은 시험적인 직업에 의해 나타난다.
다양한 시험적 진로 유형	가사 종사자와 반숙련 근로자	고용의 계속적인 변화로 나타나는 진로의 불안정성

<표 13-3> Super의 여성 진로 유형

진로 유형 분류	일반적 특징
안정된 가정 진로 유형	중요한 직업 경험 전 결혼
전통적인 진로 유형	고등학교나 대학교에서 훈련을 받은 후 취업을 하고 결혼으로 이것이 중단되면 공백이 생긴다. 차후에는 전적으로 가정생활
안정된 직업 진로 유형	훈련 후에 일생 동안의 진로라고 생각되는 직업에 참여
중복 진로 유형	결혼 후에 훈련을 받고 직업을 갖는 것과 동시에 가사노동을 제2의 진로라고 생각
중단된 진로 유형	결혼 후에 직업을 갖는 것과 전일제 가사노동을 위해 진로를 포기하는 것. 가정사정에 따라 참여하게 됨
불안전한 진로 유형	전형적으로 낮은 사회경제적 수준의 사람들은 전일제 가사노동을 반복하기 때문에 생산력이 저하된다.
다양한 시험적 진로 유형	계속적인 고용의 변화에 의해 나타나는 진로의 불안정성

이 연구의 주요 관심사 중 하나는 각 발달단계에 적절한 직업발달과제를 확인하는 것이다. Super(1957)는 각 단계에 적절한 과제의 완성은 그 사람의 직업성숙도를 나타낸다고 생각하였다. 이 연구의 결과는 중학생이 직업세계를 이해하고 적당한 진로선택을 할 수 있는 수준에 도달하지 못한다는 것이었다. 직업적 성숙도는 나이보다 지능과 더 많은 관련이 있다고 보았다. 직업 성숙도에 대한 다양한 특성들은, 즉 계획, 책임수용, 그리고 선호하는 직업의 다양한 측면인식과 같은 것이 고등학교 3년 동안에 불규칙적이고 불안정하게 나타난다. 그러나 중학생 중에서 직업적으로 성숙한 것처럼 보이는 학생들은 초기성인들처럼 성숙도가 아주 높았다.

이것은 진로성숙도와 청소년기에 중요한 단계인 자기인식의 성취도, 직업에 대한 지식, 그리고 계획수립할 수 있는 능력 사이의 관계를 나타내고 있다. 따라서 중학교 때의 직업행동은 장래를 예측하는 데 대해 타당성을 제공해 준다. 바꾸어 말하면 각 단계의 발달과제를 성공적으로 수행하는 소년들은 생애 후기에 직업 성숙도가 아주 높은 경향이 있다는 것이다. 진로성숙도의 개념은 진로교육과 진로상담 프로그램에 대해 많은 연구를 한 Super(1974)에 의해 발달되었다. 효과적인 진로성장에서 요구되는 태도와 능력에 대해 언급하고 있는 진로－성숙도 발달의 중요한 점은 증명될 수 있고 후에 평가될 수 있다는 것이다. 게다가 각 단계에서 요구되는 태도와 능력에 대한 설명은 진로 성숙도의 발달을 촉진하도록 고안된 교육적, 상담적인 계획안의 목적을 구체화할 수 있다. Super(1974)는 청소년기에 적절하다고 생각하는 여섯 가지 범주를 제시하였다.

① 직업선택지도: 만약 개인이 직업선택을 해야 할 경우 태도의 범위 결정

② 정보와 계획: 만약 개인이 장래의 진로결정과 과거에 수행된 계획에 대해 가지고 있는 정보를 구체화하는 데 있어서 능력의 범위 결정

③ 직업선호에 대한 일관성: 개인선호의 일관성

④ 특성의 구체화: 자아개념 형성을 위한 개인의 발달과업

⑤ 직업적 독립: 직업경험의 독립

⑥ 직업선호의 예지: 자신의 업무수행 능력과 일치하도록 현실적으로 직업을 선호하는 능력에 관한 차원

직업용어에서 이들 범위에 대한 전환은 프로그램 고려에 대한 명료함을 제공한다. 예를 들면 직업선택을 위한 지도의 태도범위는 "나는 네가 무엇을 해야 하는지 모르며 그것에 대해 생각하지 않았다"라고 개인에게 설명해 줄 수도 있다. 다르게는 실제로 나는 결정하기를 원하지만 어떻게 해야 하는지 모른다는 것이다.

진로성숙 발달의 각 수준에서 차이점은 관찰에 의해 명백해지며 개인의 성장을 도와주는 상담사에게 단서를 제공해 주기도 한다. 진로성숙의 범위는 교육과 상담이 진로발달을 도와줄 수 있다는

개념을 지지하는 Super(1974)에 의해 개발되었다. 진로성숙의 지표는 표준목록에 의해 평가되며 논의되고 있다. 진로성숙은 개인적으로 완수한 발달과제뿐만 아니라 발달기에 주어지는 과제에 대처하는 행동에 관계한다. 어떤 진로와 관련된 활동에 참가하기 위한 개인의 준비는 진로상담과정에서 귀중한 가치로 필요하다.

결정과 진로발달에 대한 현상학은 Super에 따르면 이상심리학의 복잡성과 변수, 자아개념이론, 발달과제, 그리고 생활단계의 사회학이 결합되어 있으며 Super는 진로발달과정에 복합적인 측면에서의 접근을 취하고 있다. 직업발달에 관한 그의 이론은 모든 발달이론 중 가장 포괄적으로 고려되어지며(Bailey et al., 1989) 일반적으로 대다수 연구계획에 의해 지지받아 온 발달개념에 대해 타당한 설명을 하고 있다(Ossipow, 1996). 이 이론은 매우 체계적이며 진로상담과 진로교육 프로그램을 위한 발달목적과 계획에 있어서 아주 유용하다. Super(1974) 이론의 발달적 측면은 진로선택과정에 영향을 미치는 여러 요인에 대한 설명을 해 준다. 그의 이론 중 다음 두 가지 주요 내용은 일반적으로 발달이론을 근거로 하였다. 진로발달은 발달시기를 통해 나타나는 일련의 과정이다. 그리고 자아개념은 인간행동에 영향을 미치는 생애의 각 단계에 따라서 구체화되고 있다. 좀 더 최근에 Super(1984)는 본질적으로 개인을 그들 자신의 속성과 직업에서 요구되고 있는 속성을 고려하여 연결시킨다는 이론으로써 자아개념에 대한 그의 견해를 명백히 하였다. Super(1984)는 자아개념을 개인적 또는 심리적으로 개인이 어떻게 선택하고 그들의 선택에 어떻게 적응하는가에 초점을 두는 것과 사회적으로는 그들의 사회경제적 상황과 그들이 일하고 생활하는 현재의 사회구조를 평가하는 데 초점을 두는 것 두 가지 구성요소로 나누어 보았다. 진로발달에 자아개념을 관련시킨 것은 Super 이론의 주요 공헌 중 하나이다.

직업성숙에 관한 Super(1984)의 개념은 진로발달이론에 중요한 공헌을 했다고 보인다. 개념상으로 진로성숙은 일생을 통한 일련의 계속적인 단계에서 발달과제를 성공적으로 수행함으로써 이루어진다. 이런 연속적인 진로성숙은 태도와 능력 관점에서 설명되고 있다. 이런 연속성은 진로상담과 진로교육 목적 그리고 계획에 대한 적절한 정보를 제공해 준다. 이 이차원적인 그래픽 도식은 "maxicycle"로 일컬어지는 일생의 종단면적 차원과 이에 일치하는 "minicycle"로 명명된 주요한 삶의 단계들을 나타낸다. 두 번째 차원은 생활공간으로서 개인의 역할을 나타내는데 이 역할들은 아동, 학생, 시민 근로자, 배우자, 주부, 부모 등 같은 발달단계를 통해 진보한다. 이들 역할은 가정, 지역사회, 학교(단과대학과 종합대학), 그리고 직장 등 현장에서 경험되고 있다.

이러한 개념상의 모델은 인간이 여러 현장에서 동시에 몇 가지의 역할을 수행해야 하기 때문에 한 역할의 성공이 다른 역할에 영향을 미친다는 흥미로운 사실을 제시한다.

발달단계와 생애활동의 통합은 충만한 생애의 한 부분으로 지각된 진로발달의 첫 번째 예이다. 발달적 개념을 구체화하는 진로지도 프로그램은 상담기법과 계획의 범위를 정해야 하는데 이것은 Super가 수십 년 동안 촉진시켜 온 메시지로 보인다(강위영 외, 1993).

□ 재활상담에 적용

Super의 이론은 특히 인지적인 장애를 지닌 사람들의 진로발달 욕구를 언급하는 틀을 제공한다. 그리고 그의 진로발달은 인지적 장애를 지닌 사람들이 놀이, 일-역할 상상, 그리고 진로와 관련된 역할극을 위한 기회를 포함하는, 초기경험들에 있어서 한계가 있을 수 있다. 그러한 초기경험은 장애를 지니지 않은 사람과 인지적 장애를 지닌 사람들의 정상적인 진로발달에 지극히 중요한 것으로 여겨진다. 사실 생활단계를 통한 진로발달의 제안을 논의하면서, Super는 정상적인 주기에서의 단계를 뛰어넘는 것은 늦은 단계에서 오는 어려움으로 인한 결과일 수 있다는 것을 제의했다(예를 들어, 탐색의 실패가 직업이나 직무에 대한 서투른 선택을 초래한다). Super의 진로성숙 구조는 인지적 장애를 지닌 사람들이나, 진로발달에서 초기에 장애를 획득한 이들에게 상당한 유용성을 가진다. 이 구조는 재활상담사가 경험부족과 이러한 결점을 수정하기 위한 재활계획을 개발하고, 진로계획에서 내담자의 충분한 그리고 지식화된 참여를 용이하게 하는 범위를 인식하게 도와줄 수 있다. 비록 Super의 모델이 준-진로장애를 지닌 사람들의 진로발달에 중심적인 초점을 제안할지라도, 어떤 위기 요소는 중도 장애들은 제한의 상호작용이 개개인 안에서보다는 오히려 환경에 대한 개인적 상호작용에 의해 영향을 받고 있는 것으로 보이기 때문이다. Super 이론이 초기 경험에서의 제한(제약)의 영향에 의한 인지적 장애에서 이러한 문제들이 언급될지라도, Super 이론의 많은 양상들은 장애를 지닌 개개인들에게 적용될 수 있다. 그러나 그러한 적용은 개인의 능력과 장애, 초기 경험, 직업력, 또 기능제한이라는 고려사항으로 각각 계획되어야 한다.

2) Ginzberg 이론

Ginzberg 등(1951)은 발달견지에서 직업선택이론을 주창한 대표적인 학자이다. 그는 직업선택을 능력과 흥미를 최대한 만족시키기 위해 개인과 직업사이에 이루어지는 하나의 절충물로 보았다. 그는 개인의 직업 선택이 우연히 일어나며, 보통 6~10년이 걸리고, 그 과정은 바뀌지 않는다는 전제하에 개인의 직업발달은 다음의 3가지 단계에 따라 이루어진다고 하였다.

□ 환상적 단계(fantasy choice stage: 6~11세)

아동의 환상적 영향이 반영된 비합리적이고 비현실적인 직업선택 단계로 이 시기의 아동들은 현실적인 상황을 제대로 인식하지 못하고 자기가 원하는 것은 무엇이든 할 수 있다고 믿기 때문에 추상적인 직업에 대해 상상하는 시기이다. 즉 초기단계에서는 다양한 작업활동들이 놀이로 표현되어지는데 이것은 직업세계에 대한 최초의 가치판단이며, 이 단계의 마지막에서는 놀이가 직업내용의 중심이 된다.

□ 시험적 단계(tentative choice stage: 12~17세)

아동이 자신의 흥미를 인식하기 시작하고, 이상이나 흥미, 능력, 가치관 등을 조합하면서 직업선택에 관심을 기울여 외적 요인들을 의식하고, 장래 직업을 결정해야 된다고 믿으며 여러 가지 방법으로 가능성을 시험해 보는 시기이다. 이 시험기는 과정에 따라 네 가지 단계로 구분되어지는데, 첫째는 개인이 좋아하고 싫어하는 것들을 좀 더 명확하게 결정하는 흥미단계, 둘째, 직업적인 갈망과 관련 있는 자신의 능력을 깨닫게 되는 능력단계, 셋째, 직업 유형에 대한 지각이 보다 분명히 나타나는 때인 가치단계, 마지막으로 과도기 동안 개인들은 직업선택에 대한 결정과 다음의 진로선택을 수행하기 위한 책임에 대해 깨닫게 된다.

□ 현실적 단계(18세 이상)

이 시기는 직업탐구와 구체화, 그리고 결정이 이루어지는 시기로 본인에게 적합하다고 생각되는 현실적인 직업을 선택하게 된다.

현실기는 세 가지 단계로 구분되는데, 첫 번째 단계는 탐색단계로 Ginzberg 등(1951)은 대학진학에 중점을 둔 집단을 연구하였다. 이 단계 동안 개인의 진로선택은 두 가지 내지 세 가지 가능성으로 제한되었으나 일반적으로 불안정하고 우유부단한 상태에 있었다. 그러나 진로의 초점은 훨씬 더 좁은 범위 내에 있다. 두 번째 단계인 구체화는 특정한 진로 분야에 전념하는 단계이다. 이 단계에서 어떤 방향의 변화는 위조-구체화라 불린다. 마지막으로 상술 전문화단계는 개인이 직무나 특정한 진로를 위한 전문적인 훈련을 선택하는 단계이다.

Ginzberg 집단은 진로결정과정에서 개인의 다양성을 인정하였다. 그러므로 개인의 진로발달 유형들은 비정상자로 확인된 연령 또래에게는 일반화시킬 수 없다. 진로발달에서 개인적 다양성은 초기 진로 유형에서 자주 나타나는 기본적인 직업기술들을 정상발달로 일탈되므로 해서 잘 습득할 수 없고 또 현실단계에서는 정서적 불안정, 각종 개인의 문제들, 그리고 경제적 여건과 같은 다양한 이유들 때문에 지연될 수 있다는 두 가지 주요 요인 때문이라고 제시하였다.

이러한 연구에서 독특하게 나타나는 체계적인 과정은 개인을 직업선택으로 이끄는 청년기 적응 유형에 우선적으로 기초를 두고 있다. 좀 더 상술하면, 직업선택과정은 아동기에서 성인 초기까지 사회문화적 환경에서 개인에 의해 주관적으로 나타나는 직업원칙이 발달된 것이었다. 이런 연구에 의해 설명된 단계들을 통해 발전함에 따라 직업선택은 공식화되고 있다. 시험적인 직업결정을 하게 될 때 다른 잠재적인 선택은 제외된다.

최초의 연구에서 Ginzberg 등(1951)은 직업결정의 발달과정이 변경될 수 없다고 진술하였는데, 즉 초기결정이 변경될 수 있다 하더라도 생활연령으로나 심리적으로 개인이 처음으로 되돌아갈 수는 없다는 것이다. 이러한 결론은 초기의 직업결정이 변경될 수 없는 과정이라는 주장을 반박하기 위해 후에 수정되어졌다. 그러나 Ginzberg(1972)는 진로결정과정에서 초기 선택의 중요성을 계속 강조하였다. Ginzberg와 그의 동료들의 연구는 특히, 진로발달과 관련 있는 발달과업을 다루는 직업연구에 지대한 영향을 미치고 있다. 그의 이론에 대한 최근의 재검토에서 Ginzberg(1984)는 직업선택이 생애와 개인의 직업생활과 동일한 시간에 중복된다고 재강조하였다. 즉 "직업선택은 그들의 직업에서 큰 만족을 추구하는 사람들에게는 전 생애에 걸친 결정과정이다. 이것은 그들의 변화하는 진로목적과 직업세계와의 현실 사이에 적응할 수 있는 방법을 재평가하도록 이끌어 준다."

□ 재활상담에 적용

이 이론은 직업선택이 사춘기에서 20대 초에 이루어지고 대개의 직업선택은 불변하며, 직업선택과정은 항상 절충형태로 마무리된다는 것이다. 그러나 장애를 지닌 사람들은 진로발달에서 장애가 위험요소로 작용할 수도 있기 때문에 이 이론이 적용 가능성은 제한받을 수도 있다. 장애를 지닌 사람들의 진로발달을 다루고자 할 때는 특히, 인지장애를 지닌 사람들과 중도장애를 얻은 사람들에 대하여 고려하여야 한다. 이들은 다른 사람들과 매우 다른 생활 경험과 진로상담욕구를 지니기 때문에 고려할 필요가 있다. 그러나 이러한 장애를 지닌 사람들에게 적합한 별도의 이론을 개발하기란 쉽지 않다. 따라서 이 이론은 장애인들에게 사실 그대로 적용하는 데는 제한이 있을지라도 장애와 특수한 경험을 충분히 고려한다면 장애인들의 능력을 이해하고 진로지도 및 직업결정을 하는 데 있어 적절히 사용될 수 있을 것이다.

3) Roe의 정신역동과 진로선택이론

Roe(1956)에 의해 주창된 이론으로 직업적 선택은 유아기의 환경, 요구발달, 인성, 그리고 궁극적인 직업선택 사이의 관계로 가정하면서 유아기나 아동기의 부모와의 초기 상호작용은 진로발달에 있어 중요한 영향요인으로 규정한다. Roe는 부모의 양육방식이 욕구분류단계와 성인기의 생활방식에 필요한 상호관계에 어떤 영향을 미치는지 연구하였다. 그의 발달이론은 Maslow의 욕구분류단계로부터 많은 영향을 받았다. Roe에 따르면 개인의 욕구체계는 초기 아동기의 좌절감과 만족에 의해 많은 영향을 받는다고 하였다. 예를 들면 사람들과 친하게 지내면서 작업하기를 원하는 개인은 애정과 소속의 욕구가 강하기 때문에 이에 우선적인 영향을 받는다. 비인간형 직무를 선택한 사람들은 안전에 대한 낮은 욕구수준에 부딪히게 될 것이다. Roe는 다른 사람과 함께 작업하는 것을 즐기는 사람은 온화하고 수용적인 부모에 의해 양육되어졌고 다른 사람과의 접촉을 회피하는 사람들은 냉정하고 거부하는 부모에 의해 양육되어졌다고 가정하였다. Roe는 대체로 진로선택은 조기에 받은 부모의 교육 유형에 따라 달라질 수 있다는 이론을 전개하였다.

Roe는 〈그림 13-3〉과 같이 부모는 크게 온화(다정스러움)한 유형과 냉정한 부모로 분류할 수 있고 이 두 유형의 부모는 다시 감정적으로 자녀집착, 자녀수용 혹은 자녀회피라는 세 유형의 감정적 분위기를 조성한다는 가설을 세웠다. 가정에서 부모의 감정적 분위기는 여섯 유형의 부모-자녀 관계를 형성하게 되고 이것이 자녀의 최종직업선택에 영향을 미치는 한 관계를 맺게 된다.

Roe(1952)는 직업을 〈그림 13-3〉과 같이 크게 인간적인 것과 비인간적인 것 두 개의 주요 범주에서 분류하였다. 인간적인 직업의 예는 (Ⅰ) 서비스(다른 사람에게 서비스를 제공), (Ⅱ) 사업(개인 대 개인 간의 교섭), (Ⅲ) 관리직(기업, 공장 그리고 정부에서의 경영), (Ⅶ) 보편적인 문화(교육, 봉사 그리고 언론), 그리고 (Ⅷ) 예술(창조적인 예술 수행) 및 엔터테인먼트 등이다. 비인간적인 직업의 예는 (Ⅳ) 기술직(생산, 경영 그리고 운송), (Ⅴ) 옥외의 직업(농업, 임업, 채굴, 기타), (Ⅵ) 과학(과학적 이론과 적용) 등이다(Neukrug, 2003).

각 직업분류는 단계적으로 높은 기능 수준을 가지는데 Roe는 직업범주의 선택이 개인 욕구의 일차적인 기능이지만 범주 내에서의 성취 수준은 개인의 능력 수준과 사회경제적 배경에 많이 의존한다

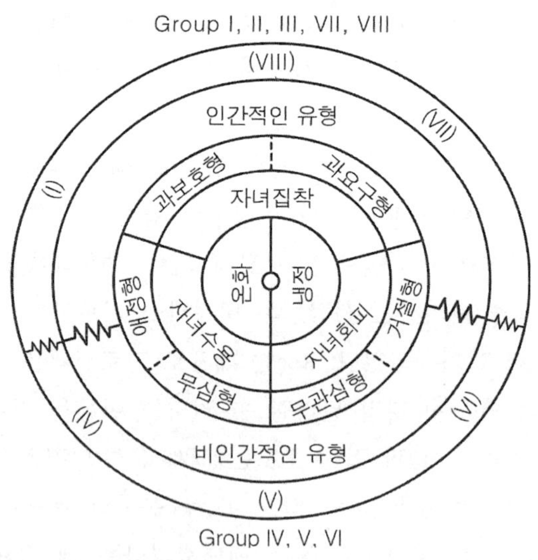

〈그림 13-3〉 Roe의 순환 모델

고 주장하였다. 아동과 부모 사이의 관계는 후에 직업선택에 영향을 미치는 욕구, 흥미 그리고 태도의 주된 원동력이 된다고 한다.

또한 Peterson, Sampson, & Reardon(1991)은 Roe의 여섯 가지 부모 유형은 다음과 같이 직업선택에 가능한 영향을 준다고 주장하였다(Neukrug, 2003).

① 과부모형 부모: 이런 부모는 관대하고 애정을 표현하며 자녀에게 일상적인 특권을 준다. 이런 가정은 자녀 중심적 가정이라고 할 수 있다. 이런 가정에서 성장한 자녀는 서비스 분야, 예술 분야 혹은 엔터테인먼트 분야를 선호하는 경향이 있다.

② 과요구형 부모: 이런 부모는 자녀에게 높은 기대를 걸고 엄격한 규정을 세워서 순종하라고 한다. 이런 환경에서 성장하는 자녀는 보편적 문화직업(변호사, 교사, 학자, 도서관 사서)나 예술 및 엔터테인먼트 분야를 지향하는 경향이 있다.

③ 거절형 부모: 이런 부모는 자녀를 자녀로 받아들이지 않고 심지어 사람으로도 받아들이지 않는다. 종종 냉정하고 적대적이며 경멸적인 모습을 보여 자녀가 열등감을 느껴서 부모의 수용을 받지 않는다고 느낀다. 부모에게 거절당한 자녀는 과학직업을 선호하는 경향이 있다.

④ 무관심형 부모: 이런 부모는 자녀를 단지 무관심해서 긍정적 관심도 부정적 관심도 갖지 않는다. 자녀의 신체와 감정을 보호하지 않는다. 부모에게 무시당한 자녀는 과학과 옥외의 활동형 관심사를 발전시키는 경향이 있다.

⑤ 무심형 부모: 이런 부모는 자녀에게 감정적, 신체적 관심을 기울이지만 자기생활에서 우선순위가 보다 높은 문제를 처리한 후에만 관심을 기울인다. 부모에게 무심한 대우를 받은 자녀는 과학기술직업(엔지니어, 비행사, 응용과학자) 혹은 관리직(은행가, 회계사, 사무원)을 선호하는 경향이 있다.

⑥ 애정형 부모: 이런 부모는 다정스럽고 애정이 있으며 자녀를 지원한다. 합리적 문제해결을 통하여 한계를 정하고 행동을 지도한다. 자녀가 주제넘지 않는 활동을 하도록 도와준다. 부모의 애정을 받은 자녀는 서비스직업이나 사업과 같은 사람들과 접촉하는 직업(판매촉진자, 판매원)을 선호한다.

비록 Roe는 직업선택에서 조기부모교육 유형이 유익하다고 믿고 있었지만 또한 성, 절약, 신체적 외모, 기회요인, 가족배경, 기질, 유전적 성질 및 이 성질이 관심사와 능력에 어떤 영향을 미치는지 등의 요인들이 직업선택에 영향을 미칠 수 있다고 믿고 있었다. 또한 이 요인들이 서로 복잡하게 상호작용한다고 믿고 있었다.

Roe가 최근에 제시한 개인의 초기지도는 후에 중요한 직업선택을 결정하는 데 영향을 미치지만 이 이론에서 설명되지 않은 다른 부분들도 이론에서 중요한 요소이다. Roe 등(1990)에 의한 다음 진술은 진로발달에 관한 견해를 나타낸다.

첫째, 직업경력을 중심으로 쓰인 많은 남녀의 생활사는 어떤 다른 접근법이 할 수 있는 것보다 더 풍부하게 개인의 특성에 영향을 미칠 것이다.

둘째, 이들 생활사에 관련된 상황은 특정한 장소와 때에 특정한 가정에서 개인의 출생으로 시작되며 그들의 생애 동안 지속된다.

셋째, 생활사는 다른 요소들에 의해 전달되는 상대적인 중요성으로 구별될 수도 있지만 직업결정과 행동의 과정은 다른 것들과 본질적으로 같다.

넷째, 개인의 자발적인 통제하에 있는 직업결정과 행동의 범위는 다양하지만 때때로 보이는 양상보다 더 다양할 수도 있는데 수반된 요소에 대한 신중한 고려는 보기 드문 것 같다.

다섯째, 직업생활은 생애 유형의 모든 측면에 영향을 미친다.

여섯째, 적절하고 만족스런 직업은 신경질적인 질병을 막거나 그것들로부터 보호할 수 있지만 부적당하거나 만족스럽지 못한 직업은 아주 해로울 수 있다.

일곱째, 어떤 사회적인 집단에서 생활의 미덕이 타협을 가능하게 하고 개별구성원, 안정성을 유지하기 위한 사회적 노력을 결정하며 동시에 요구되는 지노의 방법으로 지적될 수 있을 것이다. 그러나 직업이 전체적인 생활 유형에 적절하게 통합되지 않았다면 그것은 많은 도움이 될 수 없다.

여덟째, 특정한 직업적 기회가 한 번일 수 없다는 것은 개인에게 완벽한 직업은 오직 하나라는 것이다.

어떤 직업에서의 필수조건을 설명하는 Roe의 이론은 보통 진로 선택의 욕구이론 접근법으로서 언급된다(Zaccaria, 1970; Bailey & Stadt, 1973). Roe에 의하면 초기 부모-아동관계의 결합, 환경적 경험 그리고 유전적 특징들은 욕구체계의 발달을 결정한다. 그리고 나서 일차적으로 사람들과 상호작용하거나 사람을 포함하지 않는 활동을 통해 이들 발달된 요구를 만족시키는 방법을 배운다. 따라서 Roe는 직업선택이 우선적으로 서비스 직업과 같은 인간적이고 과학적인 직업과 같은 비인간적인 직업선택을 포함한다고 주장하였다. 욕구의 정도는 직업체계 내에서 분류단계 수준을 개인에게 자극시키는 주요 결정요소이다(Zaccaria, 1970). Roe의 분류체계는 실제적으로 여러 분야에 적용되어 왔다(Lunneborg, 1984). 예를 들면 체계의 범위는 직업 선호도조사(Knapp & Knapp, 1977), 직업 흥미조사(Lunneberg, 1981)를 작성하기 위해 사용되었다. 그리고 흥미조사는 직업항목사전의 4판에 사용되었다.

Roe의 이론은 신중히 연구되었으나 그녀의 이론적 모델은 거의 지지받지 못했다(Ossipow, 1996). 부모-아동의 상호관계가 직업선택에 영향을 미친다는 주장은 확인하기가 어려웠으며, 가정 내에서 부모의 차별적 태도와 상호관계는 변수가 많이 일어나기 때문에 연구가 실제적인 일들로 충분히 통제될 수 있는 것은 아니다. 종단적인 연구는 또 다른 장애요소를 제시하는 이론을 확인하는 데 필요하다. 결국 Roe는 진로상담이 초기 아동발달기에 관심을 가지게 하는 데 크게 기여하였다고 볼 수 있다.

☐ 재활상담에 적용

Roe(1952)의 이론은 고유의 인성요소(유전적 특성, 가족 상호작용)와 후천적 장애의 표출에 의해 직업선택에 있어 많은 영향을 받기 때문에 장애를 지닌 사람들에게는 제한적으로 적용될 수밖에 없다. 그러나 Roe 이론의 하나인 유형과 수준에 의한 직업분류는 재활상담에 도움을 줄 수 있다. 장애가 통상적인 직업선택을 결정하도록 하는 데 영향을 미친다고 한다면 개념적 관점에서 이론의 몇 가지 다른 양상들이 이용될 수 있다. 예를 들어, 선천적 장애는 초기 부모-아동 상호작용, 동료 상호작용, 그리고 많은 다른 요소들이 중요한 영향을 미친다. 그리고 후천적 장애는 현재 직업선택으로 과거의 경험관계를 대신할 수도 있다. 따라서 Roe 이론이 장애에 대한 가능한 모든 양상들을 충분히 인식하는 다른 이론들처럼 제한적으로 적용될 수 있을 것이다.

4) Tiedeman과 O'Hara의 진로발달이론

Tiedeman & O'Hara(1963)는 진로발달을 개인의 성격과 사회의 상호작용을 통해 이루어지는 과정으로 보았다. 이 이론은 개인의 생애를 통해 진로발달이 이루어지며 개인의 가치, 인간관계, 사회와의 통합을 통해 이루어지는 생물학적, 심리학적, 사회학적 특성의 집합체를 자아 정체감(ego identify)으로 표현하고 직업발달단계가 중복적으로 이루어질 수 있다고 하였다.

Tiedeman이 제시하고 있는 진로발달의 경로는 Erikson(1950)의 여덟 개 심리사회적 위기, 즉 이론적인 방향제시에서 영향을 받은 발달단계에 필적한다. 즉 ① 신뢰, ② 자율성, ③ 솔선, ④ 근면, ⑤ 정체감, ⑥ 친밀, ⑦ 출산, ⑧ 자아유지의 상황 속과 자아세계 속의 자아, 그리고 직업지도는 생의 심리사회적 위기를 해결함으로써 발달한다. 자아정체감이 발달할 때 적절한 진로결정 가능성 또한 발달하며, 모든 상황에서 고려될 수 있는 폭넓은 진로 분야와 특정한 직업을 예측할 수 있다. 결국 진로결정은 Tiedeman이 언급한 차별과 통합이라는 견해에 도달한다. 차별은 동일시와 직업의 여러 측면의 연구를 통한 자아나 세계 속의 자아를 평가하는 과정이다.

이 과정은 생물학적 잠재력과 사회구조적인 환경에 의존하는 각 개인에게 복잡하고 독특하다. 영향력은 내·외부적으로 야기되는 내적 자극과 정규교육에 포함되는 환경 내에서의 활동에 의한 외적 자극을 제공한다.

차별의 주요 목적 중 하나는 직업의 세계와 관련 있는 신뢰 대 불신감의 위기를 해결하는 것이다. Tiedeman과 O'Hara(1963)는 일반적인 목적을 향해 지속적으로 노력하는 개인과 사회를 요구하였다. 본질적으로 개인은 사회 내 진로에 통합되기 위해 노력하고 개성을 살리는 진로 분야의 일원에 의해 수용되기를 원하고 있다. 만약 개인의 독특성이 직업세계의 독특성과 일치된다면 통합, 종합, 성공, 그리고 만족을 느끼게 될 것이다. Tiedeman에 의하면 직업선택과 직업발달에 관한 이론들은 차별과 통합의 발달과정이 어떻게 진로발달에 적용될 수 있는가에 대해서는 조사하지 않았다고 하였다. 따라서 그는 진로선택의 기제로서 문제를 해결하는 유형이나 활용 실례를 개념화하였다. 그의 실례에서 직업 선택 시기를 기대 또는 선입관의 시기(탐색, 구체화, 선택, 그리고 명료화)와 수행이나 적응의 시기(유도, 교정, 그리고 통합)를 구분하였으며 〈표 13-4〉에 요약되어 있다(강위영 외, 1993).

Tiedeman은 개인이 특정한 상황이나 환경을 벗어나서 진로활동의 코스를 바꾸는 계속적인 과정으로서의 진로결정을 검토하였다. 특정한 상황으로부터의 일탈은 외적인 힘, 즉 서비스의 요구, 경제적 위기, 작업환경 등에 의해 야기된다. 새로운 결정은 탐색으로 시작해서 통합에 도달하는 규정된 경로에 따라 행해져야 한다. 통합에 도달하지 못하면 개인은 진로환경이나 약간의 위기상황에 적응해야 하고 또 통합을 위한 새로운 노력을 해야 한다.

Tiedeman에 의하면 발달단계의 지속기간과 시기는 진로발달에서 매우 중요한 것이다. 개인의 자아인식과 종합적으로 결합된 활동들은 진로결정을 위해 보내야 하는 시간의 한 부분을 구성한다. 그러나 개인의 시간, 인식, 그리고 활동들은 직업세계에 대한 관심과 얼마만큼 관련이 있는지, 개별발달 유형에는 직업에 관련되는 시간점유체계가 있는지 이에 대한 지속적인 문제는 제기되고 있다.

Tiedeman은 시간점유가 생물학적 요구(수면, 식사), 독립에 대한 기대(직업, 지역사회, 기타), 주체성에 대한 탐색(시민, 부모, 근로자, 그리고 그 외의 역할)에 의해 획득된다고 주장하였다. 인류시대 의무에 대한 관점은 인류발달의 종합적인 유형 속에 시기적 단계를 할당하고 있다. 개인은 그들의 진로가 생활계획에 적합할 때 부분적인 시기뿐만 아니라 활동에 투자된 시대의 연구는 개별발달 유형은 물론 진로발달 유형의 연구에 대한 귀중한 가치정보를 나타낼 것이다.

Tiedeman과 그 외 학자들은(Dudley & Tiedeman, 1977; Peatling & Tiedeman, 1977; Tiedeman & Miller-Tiedeman, 1977, 1984) 최근 진로결정과정의 주요 구성요소로서 자아발달에 초점을 두고 있

<표 13-4> 문제해결 유형과 활용 실례

기대나 선입관의 시기	특 징
탐 색	① 사고는 본질적으로 일시적이고 차차 소멸해 가는 것이다. ② 활동이 가능한 진로를 고려하고 재검토한다. ③ 상상력을 통해 개인은 어떤 조직이나 전제하에서 자아와 관련 있는 느낌에 의해 수많은 활동을 경험한다. ④ 계획을 통해서 임시목적을 탐구한다. ⑤ 선택적인 활동방향으로 미래 행동에 초점을 둔다. ⑥ 진로선택과 관련 있는 포부, 능력, 흥미, 미래의 사회적 위치 등을 반영한다
구체화	① 선택적인 평가를 계속한다. ② 극소수의 선택을 고려한다. ③ 일시적인 선택에서 벗어난다. ④ 일시적인 선택은 유용성과 타당성의 과정에서 재평가된다. ⑤ 목적은 좀 더 명확하고 구체화되지만 변경되지는 않는다. ⑥ 사고의 확립을 명확하게 한다.
선 택	① 명확한 목적이 선택된다. ② 선택된 목적에 도달하는 데 필요한 부분적인 행동에 초점을 둔다.
명료화	① 이 기간은 선택된 상황에서 자신에 대해 좀 더 명확하게 나타낸다. ② 잠정적인 상황의 고려는 진로결정의 의문점을 감소시킨다. ③ 진로결정에 대한 강한 신념이 발달한다. ④ 여기에서 기대나 선입관단계가 마무리된다.
유 도	① 이 시기는 진로 동일시로 사회적인 상호작용의 경험을 시작한다. ② 사회적인 진로체계 속에서 자신을 확인하고 방어한다. ③ 개인의 진로에서 수용을 경험할 때 자신의 수용집단과 동화된다. ④ 사회적인 목표에 관계하는 전체적인 진로체계 내에서만이 개별화된 목적이 향상된다.
교 정	① 진로집단은 집단의 구성원으로서 수용되는 것을 승인한다. ② 새로운 상황에서 일어나는 진로집단과 진로집단 외부에서 개인의 일부에 대한 단정적인 행동이다. ③ 단정적인 행동은 수정된 목적을 수용하려는 개인이 가지고 있는 관점과 타인의 관점을 일치하게 한다.
통 합	① 목적의 의미에 대한 절충은 진로집단과 상호작용하는 개인에 의해 성취된다. ② 자신과 진로집단의 목적이 달성된다. ③ 진로 분야의 종합적인 체제 속에서 구성원들의 동일시가 이루어진다. ④ 부여된 목적이나 활동의 만족이 적어도 일시적으로 이루어진다.

다. 자아는 자신의 진보를 위한 힘과 잠재력을 가진 각 개인에게 있다. 분명한 자신의 현재 상황과 계획된 진로에 참여하는 것은 자기발달의 한 예이다. 자기신념체계에 대한 이해는 결정과정의 결과이며 자신이 결정한 삶을 살도록 한다. 또한 진로와 같이 인생을 검토하는 데 있어서 개인은 자신의 방향을 결정할 수 있게 된다.

Miller-Tiedeman(1988)은 개인은 본질적으로 자신의 내적 통제의 변화를 적용하고 관찰하는 과학자이다라고 진술하였다. 이론가들이 일반적으로 결정과정 자체에 초점을 두는 동안 Tiedeman과 Miller-Tiedeman은 개인이 결정하는 동안의 과정을 연구하였다. 개인의 경험과 결정 과정의 이해는 진로발달과 선택에 있어서 중요한 결과이다.

요약해 보면 진로발달은 시기단계의 체계를 다룬 Tiedeman에 의해 개념화되었다. 이러한 과정은 자아정체감, 진행 중인 발달과제의 처리, 그리고 심리사회적 위기의 해결을 계속적으로 행하는 과정 중의 하나이다. 진로결정은 개인의 종합적인 인지능력을 요구하고 개인의 독특성과 직업세계의 독특성을 결합하는 체계적인 문제해결 유형을 통해 이루어진다.

Tiedeman과 Miller-Tiedeman(1987, 1988)은 최근 생애진로이론을 주장하였다. 자기조직 체계에 기초를 두고 있는 과정결정이론, 생애진로이론은 개인의 내적 구조의 변화에 초점을 둠으로써 진로선택을 검토하였다. 이러한 논리에 따르면 진로방향을 찾기 위해 탐색하고 진로결정을 위한 진로발달의 전략을 적용한다. 그러나 진로방향을 찾기 위해서는 학습과정으로서 생애를 검토해야 하며 삶에서 나타나는 자신의 욕구를 만족시키고 문제를 해결하는 여러 가지 방법을 사용하는 데 있어서 유연성을 가져야 할 것이다.

Tiedeman과 O'Hara 이론의 주요 기여도는 결정과정에서 중요하고 필수적인 것으로서 자기 인식에 초점을 두었다. 주의점은 사회적 체계에서 실제의 진로를 통해 성장하고 변화한다는 것을 지적하였으며, 의미 있는 집단의 소속과 직업성취를 위한 작업환경에의 적응을 강조하였다. 진로결정과정에 중요한 영향을 미친 이 이론은 실험에 근거한 자료가 부족하다는 제한점을 갖고 있다. 이 이론은 직업적으로 적절한 경험을 한 백인 남성에 근거를 둔 Erikson의 다섯 단계설에 기초해서 이론적으로 체계화되었다.

□ 재활상담에 적용

이 이론은 장애를 지닌 사람들에게 적용 가능한 것으로 인식되어진다. Tiedeman과 O'Hara에 의해 드러난 최근 평가 이후, 이론은 많은 적용하기 어려운 것에서 똑같은 시간으로 더 많이 적용될 수 있었다. 최근 이 이론에서 특징지어지는 기대나 선입관, 수행과 적응의 고려는 장애를 지닌 사람들, 특히 ① 장애가 없는 사람들보다 차별적이고 조심스러운 경험들을 소유한, ② 현재, 과거 그리고 미래에 대한 주의 깊은 고려를 요구하는, ③ 변화에 영향을 주는 진로발달 패턴을 소유하는 이들에게 특히 적절하다. 이 이론의 발전된 모델은 재활상담사를 위한 도구나 단계를 사용하기 쉽게 마련해 두지는 않았지만 이들에게 적용될 수 있는 유용한 철학적 토대와 진로결정을 이해하는 데 사용될 수 있는 개념을 제공한다.

5) Krumboltz의 사회학습이론

사회학습이론은 정신분석에서 발달된 인간행동의 사회학습이론을 토대로 내담자의 직업행동을 추진하는 데 적용될 수 있다. 이 이론의 대표적인 학자로 Bandura Krumboltz가 있다.

이 이론은 진로선택의 과정을 단순화시키기 위한 시도이며 주로 진로선택을 결정하는 데 있어 영향력 있는 삶의 사건들에 근거한다. 이 이론에서 진로발달과정은 유전적인 재능과 특별한 능력들, 환경적인 조건들과 사건학습경험들, 과제 접근기술 등 네 가지 요인을 포함한다.

유전적 재능과 특별한 능력들은 개인의 진로 기회에 제약을 가할 수 있는 유전적인 특질들을 포함한다. 연구자들은 유전적인 특징들이나 특별한 능력들의 상호작용을 설명하려고 하는 것이 아니라 이러한 요인들이 진로 의사결정과정에 영향력을 미친다는 것을 강조한다.

환경적인 조건들과 사건들은 흔히 개인의 통제 범위를 벗어난 영향의 요인들로 고려된다. 여기서 강조되는 것은 개인이 환경 속에 있는 어떤 사건들이나 상황 등이 기술 발달 행동, 그리고 진로 선호에 영향을 미친다는 것이다. 예를 들어 어떤 직업들을 규제하는 정부 정책들과 개인이 환경 속에 있는 어떤 자연적 자원의 이용 가능성들이 주로 이용할 수 있는 기회들과 경험들을 결정할 수 있다. 경제적인 조건들에 영향을 미치는 가뭄이나 홍수 같은 자연적 재해들이 개인의 통제를 벗어난 영향들 중의 구체적인 예이다.

학습경험들은 도구적 학습 경험들과 연관적인 학습 경험들을 포함한다. 도구적 학습 경험들은 개인이 결과에 대한 반응을 직접 관찰할 수 있는 행동 결과, 다른 사람들의 반응을 통하여 배우는 것들이다.

학습행동의 결과들과 진로계획이나 발전에 관한 그 결과들의 후속 영향들은 주로 행동의 강화와 비강화, 개인의 유전적인 재능, 특별한 능력과 기술, 그리고 과제 그 자체에 의해 결정된다. 연관적인 학습경험들은 앞의 중점적인 상황들에 대한 부정적, 긍정적 반응을 포함한다. 예를 들어 모든 정치가들은 정직하지 않다. 그리고 은행가들은 모두 부유하다라는 말은 이런 직업들에 대한 개인의 인식에 영향을 미친다.

과제 접근기술은 개인이 발전시킨 기술들, 즉 문제해결기술, 작업습관, 정신상태, 정서적 반응, 그리고 인식적 반응 등을 포함한다. 이러한 발전된 기술들의 집합이 주로 문제들의 결과나 개인이 직면하는 직무를 결정한다.

과제 접근기술은 흔히 바람직하거나 바람직하지 못한 경험들의 결과들에 의해 수정된다. 예를 들어 고등학교 상급생인 영희는 때때로 수업노트를 가지고 공부한다. 그녀가 학교에서 좋은 점수를 받을 수 있다 하더라도 그녀는 대학에서 이러한 공부는 실패할 것이라는 것을 앎으로써 필기 방법이나 공부 습관을 수정한다.

Krumboltz는 일생을 통한 각 개인의 독특한 학습경험들은 진로 선택을 초래하는 영향력을 발전시킨다는 것을 강조한다. 이러한 영향력들은 학습기준들에 관한 경험, 성과들로부터 스스로 유도된 일반화, 환경을 다루는 데 사용된 발달된 기술들의 집합, 어떤 직업에 참가하고 교육적 훈련 기관을 선택하는 것과 같은 직업 기초행동들을 포함한다.

사회학습 모델은 학습경험의 중요성과 직업선택에 대한 그들의 효과를 강조한다. 유전적인 재능은 주로 학습경험과 후의 직업선택에 제약을 줄 수 있는 요인으로 고려된다. 진로결정은 일생의 과정이며 교육과 진로상담 프로그램에서 배워야 할 중요한 기술이다. 의사결정기술을 가르치는 데 있어 진로 선택에 영향을 주는 입증된 요인들이 강조되어야 한다.

사회학습 모델에서 직업 선호에 영향을 미치는 요소들은 수많은 인식과정, 환경에 있어서의 상호작용, 본질적인 개인적 특징과 특질들로 구성되어 있다. 예를 들어 교육적, 직업적 선호는 행동과 직업의 업무들과 관련된 학습, 경험들의 직접적이고 관찰할 수 있는 결과이다. 만약 한 개인이 연구나 직업활동에 참여하는 동안 긍정적으로 강화되었다면 그는 학습과정이나 작업 분야에 대한 선호를 보다 더 많이 표현할 것 같다. 이렇게 학교에서, 직장에서의 학습경험들의 결과는 개인이 미래에도 비슷한 학습경험들을 가질 것이다는 가능성을 증가시킨다. 그러나 개인은 기술을 발전시킴으로써 직업 분야에 능숙해질 수는 있지만 이 사실이 개인이 일생을 통해 그 분야에 남아 있을 것이라는 것을 보장할 수는 없다. 경제적 위기나 부정적인 환류가 직업방향의 변화를 일으킬 수도 있다.

사회학습 모델에서 직업 선호에 영향을 미치는 요소들은 수많은 인식 과정, 환경에 있어서의 상호작용, 본질적인 개인적 특징과 특질들로 구성되어 있다. 예를 들어 교육적, 직업적 선호는 행동과 직업의 업무들과 관련된 학습, 경험들의 직접적이고 관찰할 수 있는 결과이다. 만약 한 개인이 연구나 직업활동에 참여하는 동안 긍정적으로 강화되었다면 그는 학습과정이나 작업 분야에 대한 선호를 보다 더 많이 표현할 것 같다. 이렇게 학교에서, 직장에서의 학습 경험들의 결과는 개인이 미래에도 비슷한 학습 경험들을 가질 것이다는 가능성을 증가시킨다. 그러나 개인은 기술을 발전시킴으로써 직업 분야에 능숙해질 수는 있지만 이 사실이 개인이 일생을 통해 그 분야에 남아 있을 것이라는 것을 보장할 수는 없다. 경제적 위기나 부정적인 환류가 직업방향의 변화를 일으킬 수도 있다.

유전적 그리고 환경적 요인들은 또한 선호의 발달에 포함되어진다. 선호에 영향을 미치는 다른 긍정적인 요인들은 직업 분야나 교육과정에 관계를 지지하거나 그렇게 하는 것을 관찰할 수 있는 가치 있는 모델들이다.

마지막으로, 긍정적인 말이나 이미지, 즉 세련된 용어로 직업을 묘사하는 소책자 같은 것은 그 작업에 대한 긍정적인 반응을 초래할 것이다. 사회학습이론에서, 학습은 직접 경험을 통해서뿐만 아니라 관찰을 통해서도 일어난다.

개인 문제의 신념과 일반화의 결정은 사회학습 모델에서 가장 중요하다. 예를 들어 어떤 신념들이나 일반성들이 만족감으로부터 발전해 왔다는 것은 진로 문제들을 가진 개인들을 위한 상담전략을 발전시키는 데 핵심적인 요인이다. 상담가의 역할은 가정과 표현된 신념들의 전제 조건들을 조사하고 대안적인 신념과 행동과정들을 탐구하는 것이다. 개인으로 하여금 그들의 신념의 타당성을 완전히 이해하도록 도와주는 것은 사회학습 모델의 중요한 요소이다. 특히 상담가는 다음과 같은 문제들을 주의해야 한다(Krumboltz, 1983).

첫째, 개인들은 치료적인 문제가 존재한다는 것을 인식하지 못하는 경우가 있다. 즉 개인들은 대부분의 문제들이 삶의 정상적인 부분이며 변화하지 않는다고 가정한다.

둘째, 개인들은 결정이나 문제해결에 필요한 노력을 기울이지 않는다. 즉 개인들은 대안을 탐구하기 위해 노력을 하지 않는다. 그들은 익숙한 방법을 취한다.

셋째, 개인들은 부적절한 이유로 잠재적으로 만족한 대안을 제거해 버릴 수 있다. 즉 개인들은 잘못된 가정으로부터 과장된 일반화를 하며 잠재적으로 가치 있는 대안을 무시한다.

넷째, 개인들은 부적절한 이유로 잘못된 대안을 선택할 수 있다. 즉 개인들은 거짓 신념과 비현실적 기대 때문에 잠재적인 직업을 현실적으로 평가할 수 없다.

다섯째, 개인들은 목표를 성취하는 데 대한 인식된 무능력으로 고통과 두려움을 겪을 수 있다. 즉 개인의 목표는 다른 목표들에 비해 비현실적이고 대립될 수도 있다.

이 이론은 진로선택과정이 묘사되고 선택에 영향을 미치는 요인들의 예가 주어져 있기 때문에 기술적이고 설명적이다. 저자들이 진로발달과정이나 진로선택을 단순화하려고 시도했지만 이 이론에 소개된 많은 변수들은 입증의 과정을 너무 복잡하게 만들어 버렸다.

당분간 많은 사람들은 이 이론에 근거한 상담목표들을 세분화하고 이 목표들을 달성하기 위한 전략들을 제공해야 한다. 그들은 또한 진로상담에 대한 다음과 같은 몇 가지 관찰들을 제안하였다(Krumboltz 등, 1975).

첫째, 진로결정은 학습된 기술이다.

둘째, 진로선택을 주장하는 사람들은 또한 도움이 필요하다. 즉 진로선택은 부정확한 정보와 거짓 대안들에 의해 이루어질 수도 있다.

셋째, 성공은 의사결정에서 학생들의 증명된 기술에 의해 측정된다. 즉 의사결정기술의 평가가 필요하다.

넷째, 내담자는 보다 광범위한 집단으로부터 도출된다.

다섯째, 내담자는 그들이 들어갈 직업에 확신을 갖지 못하더라도 죄의식을 느낄 필요가 없다.

여섯째, 어떤 직종이 한 개인에게 최상으로 보일 수는 없다.

□ 재활상담에 적용

Krumboltz 이론이 비록 Holland의 인성이론이나 Super 이론과 같이 보편적으로 사용된 도구로 긴 역사를 가지지는 않을지라도, 진로상담과정에 직접적으로 적용할 수 있다. "이 이론은 행동주의와의 관계로 인해 진로 의사결정과정에서 확인하는 어려움을 제공하고, 재조정하는 변별기술은 가치가 있다." 또한 Krumboltz 이론은 산업에서 적용할 수 있다. 개인과 환경의 상호작용의 초점은 재활에서 생태학적 적용으로 확대된다.

Krumboltz 이론은 이와 같이 생태학적 본질과 그것을 학습하는 측면을 강조함으로 장애를 지닌 사람들의 진로상담에 적용할 수 있다. 예를 들어, 진로발달에서 다양한 개발에 직면하는 제한된 초기 경험과 미발달된 의사결정기술, 그리고 부정적인 자아개념은 그러한 개개인들에 자주 일어나는 속성이다. 그래서 학습경험의 다양성은 인지적 장애를 지닌 사람들의 준비를 고무시킨다. 유사하게, Krumboltz의 원리는 정보화된 진로, 의사와 역기능적 진로 관련 신념을 만들기 위해 지원하는 데 사용되어질 수 있다. 또한 아마도 학습기초교육과 직업적성검사 경험들은, 고용주와 직업의 변화에 부딪히는 장애를 지닌 이들을 위해 고려될 수 있다.

제 14 장

직업상담에서의 정보관리

1. 직업정보의 개념과 유형
2. 직업과 산업분류
3. 직업분류와 직업사전
4. 직업전망서

제 14 장 직업상담에서의 정보관리

1. 직업정보의 개념과 유형

광범위한 직업정보는 진로지도나 직업상담 분야에 폭넓게 필요하다. 진로상담과정에서 직업정보는 모든 사람이 진로에 관한 지식에 접근할 수 있도록 보장하며, 내담자가 직업의 본질을 이해할 수 있도록 도우며 재활상담사가 내담자의 직업적 제 특성을 이해할 수 있도록 지원할 수 있다(Fredrickson, 1982).

일반적으로 정보는 내담자들과 일정한 목적(goal)을 가지고 원시자료(data)를 체계화하는 일련의 과정이라고 정의해 볼 수 있다. 특히 직업상담 분야에서 내담자들과 상담하고 기록해 놓은 기록물들은 일종의 원시자료에 불과하다. 이것을 유형별로 모으고 어떤 목적(정책결정)을 가지고 가공할 때만이 정보로서 가치가 있는 것이다.

원시자료가 정보로서 가치를 가지기 위해서는 일련의 조건이 필요하다(나운환, 1998).

첫째, 소비자, 즉 어떤 목적을 가지고 이용하려고 하는 사람이 있어야 한다.

둘째, 자료는 일정한 규칙이나 방식에 따라서 재배열되거나 요약하는 일련의 과정이 있어야 한다.

결국 정보는 이용하려는 소비자의 사용 목적에 대한 관점에 따라 그 가치가 결정되며 "필요한 때, 필요한 장소에, 필요한 형태로 존재하면 가치를 갖는다."

Andrus(1971)는 정보가 가치를 가질 조건으로 다음을 들고 있다.

첫째, 형식조건으로 정보의 형식이 이용자가 원하는 형식에 가까울수록 가치를 갖는다.

둘째, 시간조건으로 정보의 이용자가 원하는 시간에 존재하면 가치를 갖는다.

셋째, 공간조건 또는 물리적 접근조건으로 정보는 쉽게 접근할 수 있으면 그리고 쉽게 전달되면 될수록 가치를 갖는다.

넷째, 소유조건으로 정보의 소유자는 그 정보를 다른 사람에게 전파하는 것을 통제하여 정보가치에 크게 영향을 미칠 수 있다.

위에서 정보가치는 정보가 이용자에게 주는 효용으로부터 정보획득에 소요된 비용을 제외한 부분이기 때문에 정보의 가치를 증가시키기 위해서는 다음의 두 가지 방법이 전략으로 사용될 수 있다.

그 하나는 위에서 언급한 정보의 조건을 충족시켜 정보가 이용자에게 주는 효용을 증가시키는 것이고 다른 하나는 정보 획득 비용을 감소시키는 것이다.

위의 Andrus의 정보조건은 좀 더 평이한 말로는 다음과 같이 표현될 수 있다. 즉 정보는 필요한 때, 필요한 장소에, 필요한 형태로, 그리고 진실된 내용으로 존재할 경우에 가치를 갖는다. 이를 순서대로 정보가 가치를 갖기 위한 시간성, 공간성, 편의성, 그리고 진실성 조건이라고 부를 수 있을 것이다.

사실, 정보가 가치를 갖는 위의 조건 가운데서 공간성과 시간성 조건은 컴퓨터의 온라인 능력에 의하여 놀랄 만큼 향상되었다. 컴퓨터와 통신기술을 통합한 텔레커뮤니케이션의 발달은 정보의 시간성과 공간성 조건을 만족시킴으로써 정보가치를 현저히 높였고 정보시장의 출현을 가능케 하였다. 그리고 편의성은 흔히 서류나 서식의 표준화를 통하여 이루어진다. 나머지 정보의 진실성 문제는 기술적이며 형식적인 차원의 문제가 아니고 경제적, 사회적, 행정적, 문화적 문제가 된다.

정보가 가치를 갖는 위의 조건에는 기본적으로 정보가 진실해야 한다는 정보의 진실성 조건이 전제가 된다. 컴퓨터를 이용하는 경우의 정보의 진실성은 정보의 정확성이라는 말로 대치될 수 있다. 컴퓨터 정보의 진실성은 특히 중요하다. 예를 들어서 99% 진실한 정보를 가지고 있는 파일의 경우 1%의 진실하지 않은 정보 때문에 그 가치가 현저히 떨어질 가능성을 갖는다.

또한 이러한 정보의 가치는 이용목적에 따라 상업적 가치, 개인적 가치, 공공적 가치로 구분할 수 있다(나운환, 1998).

첫째, 정보의 상업적 가치란 정보가 상업적 재화의 가치로 간주되는 것을 의미한다. 다시 말해서 정보가 상품화된다는 것이다. 특히 오늘날 다매체, 다채널화에 따른 매체 간의 경쟁심화는 정보의 상업화를 촉진시킨다.

둘째, 정보의 개인적 가치는 특별히 개인적으로 국한시켜 이용할 목적으로 정보의 기밀성을 포함한다. 개인도 조직과 마찬가지로 특허나 저작권과 같은 형식으로 자신과 관련된 정보가 외부의 남용에 의해 초래될 수 있는 불이익으로부터 보호를 받는다. 또한 특정 정보를 혼자서만 소유하여 이득을 얻을 수 있는 권한도 부여된다.

셋째, 정보의 공공적 가치란 정보가 공공복리에 영향을 미친다는 것을 의미한다. 언론의 자유나 의사표현의 자유, 정보접촉과 정보이용의 자유 등은 정보의 공공적 가치를 인정하여 보호하려는 것으로 볼 수 있다.

이와 같이 이용목적에 따라서 분류해 볼 때 진로지도나 직업상담 관련된 정보는 개인적 가치와 공공적 가치를 동시에 가지는 것으로 이의 판단은 제도와 법률에 의해서 판단되어야 할 것이다.

일반적으로 자원으로서 정보가 갖는 특성은 정보의 정확성, 신속성, 보편타당성, 접근성, 전환성을 들고 있다.

첫째의 정확성은 정보의 핵심이라고 볼 수 있다. 즉 소비자가 목적하는 바에 알맞은 정보를 제공하여 자원으로서 가치를 가지게 하는 것은 바로 정보의 정확성에 따른 것이다.

둘째의 신속성은 정보전쟁에서 누가 빠르고 필요한 정보를 찾아서 접근하느냐의 문제로써 정보화 사회에서 시·공간을 초월한 신속성은 정보의 가치를 누가 생산성으로 전환하느냐의 아주 중요한 문제이다.

셋째의 보편타당성은 정보가 때와 장소와 필요한 어느 누구와도 관계없이 필연적으로 통용되는 가치를 가지는 것을 의미하는 것으로 정보가 수단과 방법의 차이에 따라 그 가치가 달라져서는 안 된다는 것을 의미한다.

넷째의 접근성은 정보는 소득과 지역, 장애와 관계없이 필요한 사람이면 누구나 사용할 수 있도록 접근성이 보장되어야 한다는 것을 의미하는 것으로 이는 정보화 사회의 중요한 원칙으로 자리 잡아가고 있다.

다섯째의 전환성은 정보표현 양식을 전환할 수 있다는 것으로 음성을 문자로 혹은 문자를 음성으로 전환해 줌으로써 사용의 편의성을 증대시켜 줄 뿐만 아니라 시각이나 청각장애인의 의사소통을 가능하게 해 준다.

직업은 산업사회 이후 산업구조가 변화하는 이상으로 변화되고 있다. 특히 개인과 사회 그리고 산업발달과 구조변화의 과정에서 발생한 새로운 직업은 여러 가지 요인과 맞물려 비중 있는 직업으로서 각광을 받으면서 수요가 늘어나고 성장하거나 더욱 발전하여 유관 직업으로의 직업분화가 이루어지기도 한다. 물론 생성된 모든 직업들이 지속적인 성장을 하는 것은 아니어서 시대적 필요성과 괴리된 직업들은 자연스럽게 사라지기도 한다. 이처럼 직업의 생명력은 궁극적으로 여러 가지 변화에 얼마나 적응할 수 있느냐의 문제이다.

환경변화, 즉 시대흐름, 과학기술의 발달, 근로자 감원, 자동화로 인한 직업의 변화는 산업구조의 변화에 능동적으로 대처할 수 있는가, 직업전환이 용이한가, 신기술(신지식) 습득이 유리한가, 지식정보의 축적이 가능한가, 현실적으로 재화 창출이 가능한가, 새로운 경제체제에 직업으로서 조화되는가, 근로자의 성취욕은 얼마나 높은가, 육체노동과 정신노동의 조화 또는 정신노동으로의 전환이 가능한가 등에 의해 결정된다. 경쟁력 있는 직업들은 시대변화에 따라 그 모습을 달리해 가며 새로운 경제체제에 적응해 간다. 때로는 직무가 분리되거나 통합되는 등 직업 내에서 자체적 변화가 일어나기도 한다.

따라서 진로지도나 직업상담이 필요로 하는 사람들은 이러한 변화와 광범위한 직업 지식에 접근하기 위해서는 직업정보에 접근할 수 있어야 하며, 직업정보는 직업과 관련된 여러 유형의 자료를 체계화하여 이용자가 손쉽게 접근할 수 있도록 하는 과정이라 볼 수 있다.

직업정보라 할 수 있는 기존의 자료들은 유·무형의 자료들이 있을 수 있으나 이 책에서 다루고자 하는 직업정보의 유형은 산업분류표와 직업사전, 직업전망서이며 이런 정보들을 통합해서 제공하는 포털사이트를 소개하고자 한다.

2. 직업과 산업분류

산업이란 인간이 생계를 유지하기 위하여 일상적으로 종사하는 생산적 활동 혹은 유사한 성질을 갖는 산업활동에 주로 종사하는 생산단위의 집합으로, 산업활동이란 각 생산단위가 노동, 자본, 원료 등 자원을 투입하여, 재화 또는 서비스를 생산 또는 제공하는 일련의 활동과정이라 정의된다. 한편 이와 같은 모든 종류의 산업활동은 초기에는 농림어업 부문에 속하는 업종의 산업은 1차 산업, 광공업 부문에 속하는 것은 2차 산업, 기타 서비스 부문에 속하는 모든 업종은 3차 산업이라고 분류하거나 아니면 또한 좁은 의미에서 주로 제조업만을, 또는 농업 이외의 모든 분야의 업종만을 산업이라 일컫기도 하였다.

산업이라는 용어는 모든 분야의 생산적 활동 전반을 지칭하는 것인 동시에 전체 산업을 구성하는 각 부문, 다시 말하여 각 업종을 지칭하는 말로도 사용된다. 엄밀히 말하면 같은 종류의 제품 또는 서비스를 공급하는 기업, 즉 복수의 기업이 존재하고 있는 경우에는 이들이 서로 경쟁관계에 있는 동일한 분야를 산업이라 하기도 한다. 예를 들면 자동차산업 또는 합성섬유산업이라고 하는 경우가 이에 해당한다. 일반적으로 산업활동의 발전은 경제발전의 원동력이 된다. 산업활동이 활발하면 고용이 증가하고 실질소득이 상승한다. 소득이 상승하여 구매력이 증가하면 산업활동이 다시 자극을 받게 된다. 이같이 생산(공급)과 시장(수요)이 상호 간에 작용하면서 순조롭게 확대해 나가기 위해서는 경제제도나 경제정책에 있어 관련 조건이 정비되어 있어야 한다.

산업활동의 발전은 그 생산수준의 상승 등의 양적인 확대의 측면뿐만 아니라 산업구성 또는 산업구조의 변화라는 측면에서도 고찰이 필요하다. 산업구조의 고도화 또는 중화학공업화라고 하는 것이 이러한 측면을 문제 삼는 것이라고 하겠다. 산업구조의 고도화는 사회전체의 생산적 노동 중에서 자연물의 직접 채취를 감당하는 농림어업이나 광업에 충당되는 부분이 점차로 약화되고 오히려 채취된 자연물(농산물 · 광석 등)을 고도로 가공 · 변형한 복잡한 제품을 만들어 내거나 또는 문화적인 요구를 충족시켜 주는 부문의 산업에 점차로 더 많은 인원이 취업하게 된다는 것을 의미한다. 이것이 가능하게 된 것은 각 산업 부문에서의 1인당 물적 생산성의 상승으로 보다 적은 노동력으로 보다 많은 것을 생산할 수 있기 때문이다. 또한 이 같은 고도의 생산력으로 과학기술의 연구나 새로운 제품개발에 종사하는 사람들 또는 고도의 교육을 받는 사람들이 많아진다는 것은 나아가서 다시 생산력의 발전을 가속화하는 작용을 하게 된다는 것을 의미한다. 산업활동이 순조롭게 지속적으로 확대되어 이것이 국민 전체의 복지향상과 연결되기 위해서는 산업조직이나 경제체제·산업정책 등 전체적인 경제정책에 있어 적절한 방향이 미리 선택되어야 한다. 산업조직 측면에서는 경제력의 과도한 집중화 또는 건전한 경쟁을 저해하는 요인이 있을 경우에는 산업의 효율화와 성장에 지장을 초래하게 된다. 또한 현대사회에서의 산업발전은 그 속도가 급속하기 때문에 구조의 변화나 일부 산업 또는 직종·숙련 등의 사양화가 가속된다. 그러므로 합리화에 대한 노동조합 등의 강력한 관여나 사회보장제도 등의 충실이 없으면 근로자 계층이 큰 희생을 당하기 쉽다. 산업발전이 높은 수준에 도달한 사회를 고도 공업화 사회 또는 고도 산업 사회라고 하는데, 이와 같은 사회는 그만큼 고도로 정비된 사회체제를 갖추고 있으며 경제정책의 결정에 있어서의 민주적인 절차나 목표·수단의 유효성에 대한 목적의식적이다. 계획적인 검토를 하는 측면에 있어서 충분히 개선된 내용을 가져야 할 것이 무엇보다 필요하다.

산업구조의 변화가 신속하고 급변하게 변화될수록 산업구조의 변화를 예측하거나 연구하기 위한 일정한 기준에 의한 산업분류가 필요한데 우리나라는 UN의 국제표준산업분류방식(International Standard of Industry Classification: ISIC)을 기준으로 하여 제정하고 있다.

1) 한국산업분류의 목적과 변천과정

한국표준산업분류는 생산단위(사업체단위, 기업체단위 등)가 주로 수행하는 산업활동을 그 유사성에 따라 체계적으로 유형화한 것이다. 이러한 한국표준산업분류는 산업 관련 자료의 수집, 제표, 분석 등 통계목적을 위하여 작성된 것으로 통계법에서는 산업통계자료의 정확성, 비교성을 위하여 모든 통계작성기관이 이를 의무적으로 사용하도록 규정하고 있다.

한국표준산업분류는 통계목적 이외에도 일반행정 및 산업정책 관련 법령에서 그 법령의 적용대상 산업 영역을 한정하는 기준으로 준용되고 있다. 한국산업분류는 1963년 3월 경제활동 중에서 우선 광업과 제조업 부분에 대한 산업분류를 제정하였고, 이듬해 4월 비 제조업 부문에 대한 산업분류를 추가로 제정함으로써 우리나라의 표준산업분류체계를 완성하였다.

1964년에 제정된 한국표준산업분류의 미비점과 불합리한 점을 보완하기 위하여 1965년과 1968년 두 차례에 걸쳐 개정작업을 추진하였으며, 이후 유엔의 국제표준산업분류의 2 · 3차 개정('68, '89)과 국내의 산업구조 및 기술변화를 반영하기 위하여 주기적으로 개정하여 왔다('70, '75, '84, '91, '98).

최근 개정은 2000년 3월 1일이며 이 개정은 한국표준산업분류가 1991년에 제 6차 전면 개정된 이래 지식 · 정보화 사회와 서비스산업 활동의 비중 증대 및 전문화 추세를 반영하기 위한 것이다. 개정의 특징은 다음의 다섯 가지로 요약된다.

첫째, 새로운 산업 출현과 산업활동의 전문화 및 다양화에 따른 산업구조의 변화를 반영하여 반도체 관련 산업(액정표시장치, 전자카드제조업), 전기통신산업(전기통신회선설비 임대업, 무선 호출업, 별정통신업), 금융 서비스업(투자자문업, 유가증권관리 및 보관업),

영화 및 방송산업(만화영화제작업, 통합유선방송업), 통신판매업(전자상거래업)등의 새로운 산업을 신설하였으며, 서비스산업의 전문화 및 비중 증대경향을 반영하여 사업 서비스 부문의 디자인산업, 사무 관련 서비스업, 건축기술 및 엔지니어링 서비스산업 등을 보다 세분하였다.

둘째, 우리나라 산업 실정과 산업분석의 효용성 제고를 고려하여 통신업, 서비스산업, 오락, 문화 및 운동 관련 서비스업을 대분류로 상향조정하였고, 중·소·세분류 항목을 확대조정하였으며, 제조업, 도소매업 및 서비스업에 분산되어 있던 기계장비, 자동차 및 소비용품 수리업 등을 통합하여 서비스산업 부문에서 "92 수리업"의 중분류로 신설하는 한편 국내 생산업체의 결합생산 상태 또는 비중감소 경향 등을 고려하여 세세분류 항목을 삭제 및 통합함으로써 분류체계를 전반적으로 조정하였다.

셋째, 재생재료 가공원료 생산업과 폐기물 처리업의 개념 및 구분한계를 명확히 하는 등 각 산업의 개념 및 정의를 보다 구체화하는 데 주력하였다.

넷째, 주요 관심산업에 대한 분석과 행정목적에 보다 효율적으로 사용할 수 있도록 기본 분류에서 관련 산업 부문을 발췌하여 정보산업, 문화산업, 스포츠산업, 환경산업, 물류산업 및 관광산업분류표 등의 특수목적 분류표를 개발하였다.

다섯째, 사업체의 산업활동, 산출물(상품 및 서비스) 및 수출입통계를 연계분석할 수 있는 통합경제분류체계 구축을 위한 기본틀이 마련되도록 산업별 생산품과 무역상품분류상의 연계성을 고려하여 세세분류 항목을 조정하였다.

2) 한국산업분류의 기준과 적용원칙

산업분류는 생산단위가 주로 수행하고 있는 산업활동을 그 유사성에 따라 유형화한 것으로 이는 다음과 같은 분류 기준에 의하여 분류된다.

첫째, 산출물(생산된 재화 또는 제공된 서비스)의 특성으로 이것은 산출물의 물리적 구성 및 가공단계, 산출물의 수요처, 산출물의 기능을 나타낸다.

둘째, 투입물의 특성으로 원재료, 생산공정, 생산기술 및 시설 등을 나타낸다.

셋째, 생산활동의 일반적인 결합형태를 의미한다.

산업분류의 적용원칙은 다음과 같은 여덟 가지가 지켜져야 한다.

첫째, 생산단위는 산출물뿐만 아니라 투입물과 생산공정 등을 함께 고려하여 그들의 활동을 가장 정확하게 설명된 항목에 분류해야 한다.

둘째, 복합적인 활동단위는 우선적으로 최상급 분류단계(대분류)를 정확히 결정하고, 순차적으로 중, 소, 세, 세세 분류단계 항목을 결정하여야 한다.

셋째, 수직적으로 결합되어 있는 단위는 달리 명시된 항목내용이 없으면 최종제품의 성질에 따라 분류한다.

넷째, 수수료 또는 계약에 의하여 활동을 수행하는 단위는 자기계정과 자기책임하에서 생산하는 단위와 동일 항목에 분류되어야 한다.

다섯째, 자기가 직접 실질적인 생산활동은 하지 않고, 다른 계약업자에 의뢰하여 재화 또는 서비스를 자기계정으로 생산케 하고, 이를 자기명의로, 자기 책임하에서 판매하는 단위는 이들 재화나 서비스 자체를 직접 생산하는 단위와 동일한 산업으로 분류하며,

제조업의 경우에는 그 제품의 고안에 중요한 역할을 하고 자기계정으로 재료를 제공하여야 한다.

여섯째, 각종 기계장비 및 용품의 개량, 개조 및 재생은 그 기계장비 및 용품의 제조업과 동일 산업으로 분류하나 이들의 경상적인 유지수리를 전문으로 수행하는 독립된 사업체의 산업활동은 "92: 수리업" 으로 분류한다. 수수료 또는 계약에 의하여 운송사업장 내에서 철도차량, 선박 및 항공기의 경상적인 점검, 보수 및 유지관리활동은 "63: 운수 관련 서비스업"으로 분류되며, 고객의 특정 사업장 내에서 건물 및 산업시설의 경상적인 유지관리를 대행하는 경우는 "75: 사업지원 서비스업"에 분류한다.

일곱째, 동일 단위에서 제조한 재화의 소매활동은 별개 활동으로 파악되지 않고 제조활동으로 분류되어야 한다. 그러나 자기가 생산한 재화와 구입한 재화를 함께 판매한다면 그 주된 활동에 따라 분류한다.

여덟째, "공공행정 및 국방, 사회보장사무" 이외의 다른 산업활동을 수행하는 정부기관은 그 활동의 성질에 따라 분류하여야 한다.

3) 한국표준산업분류체계

한국표준산업분류표의 분류구조는 대분류(알파벳 사용/Sections), 중분류(2자리 숫자 사용/Divisions), 소분류(3자리 숫자 사용/Groups), 세분류(4자리 숫자 사용/Classes), 세세분류(5자리 숫자 사용/Sub-Classes)의 5단계로 구성된다. 부호 처리를 할 경우에는 아라비아 숫자만을 사용토록 하였으며 중분류를 나타내는 숫자 부호체계의 처음 단위는 "0"에서 시작하여 "9"에서 끝나도록 하였다. 또한 각 분류단계에서 더 이상 세분되지 않을 때 "0"을 사용한다(예를 들면, 05/어업, 소분류/050). 또한 소분류 이하에서 "9"는 기타 항목을 의미한다.

한국표준산업분류는 대분류→중분류→소분류→세세분류로 분류하는데 대분류는 〈표 14-1〉과 같이 알파벳 문자 A에서 T까지 20개, 중분류는 숫자 63개, 소분류 194개, 세분류 442개, 세세분류 1,121개로 분류된다.

〈표 14-1〉 한국표준산업분류의 단계별 항목 수

대분류	중분류	소분류	세분류	세세분류
A. 농업, 임업	2	6	17	29
B. 어업	1	2	4	8
C. 광업	3	7	12	18
D. 제조업	23	71	174	473
E. 전기, 가스 등	2	4	6	7
F. 건설업	2	7	13	43
G. 도 · 소매업	3	21	54	162
H. 숙박, 음식	1	2	6	22
I. 운수업	4	12	21	48
J. 통신업	1	2	5	9
K. 금융, 보험	3	5	15	34
L. 부동산, 임대	2	5	10	21
M. 사업서비스	4	16	29	70
N. 행정, 국방 등	1	5	8	25
O. 교육서비스	1	5	11	23
P. 보건, 복지	2	4	10	22
Q. 오락, 문화 등	2	7	21	55
R. 공공, 개인	4	11	24	49
S. 가사서비스	1	1	1	1
T. 국제, 외국	1	1	1	2
20	63	194	442	1,121

3. 직업분류와 직업사전

1) 직업분류

직업은 사회환경의 변화에 맞추어 변화되어 왔다. 기술과 직무형태에 따라 변화되기도 하고 통합되기도 하는 과정을 거쳐 다양하게 변화되면서 직업을 어떤 유형으로 범주화하고 체계화하는 과정이 필요하게 되었다.

미국의 경우는 1850년 이후 10년 주기로 직업에 대한 조사를 수행하면서 애초에 농업, 자산가, 고용 서기, 숙련 근로자, 노동자의 5개 범주로 직업군을 구분하다가, 1930~70년대에는 일의 성격에 대한 상식적 이해에 기초하여 전문직, 판매직, 서기직 등으로 체계적인 수정이 가해져 11개 범주로 분류되어 왔다. 그러던 중 1980년 센서스에서부터는 13개로 직업군을 나누는 새로운 분류방법이 도입되었다.

우리나라에서 체계적으로 직업분류를 하기 시작한 것은 1960년 국세조사부터이다. 그 후 1963년에 '한국표준직업분류'가 제정되었다. '한국표준직업분류'는 우리나라의 직업구조 및 실태에 맞도록 직업분류를 표준화한 것이다. 직업분류의 기본적인 체계는 대분류, 중분류, 소분류, 세분류로 되어 있다.

1970년대의 경제발전과 중화학공업화의 추진으로 인해 새로운 산업이 등장하고 일의 전문화, 세분화가 진행되면서 직종의 세분화가 요구되었다. 이에 따라 국제비교를 용이하게 하기 위하여 UN의 권고안을 중심으로 1970년대에 제2차 개정이 이루어졌고, 1974년에는 제3차 개정이 이루어졌는데 이때부터 직업 세분류가 포함되었다.

1988년에는 국제노동기구(ILO)의 주도로 국제표준직업분류체계의 개정이 이루어지면서 〈표 14-2〉와 같이 직업 대분류 체계의 변

〈표 14-2〉 국제표준직업분류체계 비교

<table>
<tr><th>1968년도</th><th>1988년도</th></tr>
<tr><td rowspan="2">0/1. 전문직, 기술직</td><td>2. 전문가</td></tr>
<tr><td>3. 기술공 및 준전문가</td></tr>
<tr><td>2. 행정직, 관리직</td><td>1. 입법공무원, 고위 임직원 및 관리자</td></tr>
<tr><td>3. 사무직</td><td>4. 사무직원</td></tr>
<tr><td>4. 판매직</td><td rowspan="2">5. 서비스 근로자 및 상점과 시장 판매 근로자</td></tr>
<tr><td>5. 서비스직</td></tr>
<tr><td>6. 농・림・어업</td><td>6. 농업 및 어업 숙련 근로자</td></tr>
<tr><td rowspan="3">7/8/9. 생산, 운수장비, 단순 노무자</td><td>7. 기능원 및 관련 기능 근로자</td></tr>
<tr><td>8. 장치, 기계 조작원 및 조립원</td></tr>
<tr><td>9. 단순 노무직 근로자</td></tr>
<tr><td>X. 분류 불능</td><td>0. 군인</td></tr>
</table>

출처: 홍두승・김병조・조동기, 『한국의 직업구조』, 1999: 4.

화가 이루어졌다.

ILO는 국제표준직업분류(International Standard Classification of Occupation)를 마련하고 전 세계적으로 직업분류를 표준화시키기 위해 노력하고 있다.

그러나 ILO가 발간한 1996년도 『노동통계연감』(*Yearbook of Labour Statistics*)을 보면 ISCO-88을 채택하여 직업분류에 사용하는 국가는 우리나라를 포함하여 29개국에 불과하다. 직업구조를 국제비교할 경우 가장 유의할 점은 동일한 분류체계를 사용한다 할지라도, 구체적으로 해당 직업군에 포함되는 구체적인 직업의 내용이 다를 수 있다는 점이다.

2) 미국의 직업사전

직업사전은 직업세계에 대한 정보를 체계적으로 제공하는 일차적인 자원으로 1930년 와그너페이서 법(the Wagner-Peyser Act)의 통과로 직업정보에 대한 체계화와 필요성에 대한 인식이 증대되자 직업정보를 수집해서 체계화한 직업사전(Dictionary of Occupational Title: DOT)이 1939년 최초로 편찬되었다. 직업사전 초판은 약 17,500개의 직무를 알파벳과 직업분류체계에 의해서 분류하였다(Wright, 1980). 제2판은 1949년에 출판되었으며 다양한 새로운 직무와 이전의 직업경험이 없는 새로운 노동시장 진입자의 직업정보를 획득하기 위해 직업분류체계의 자료(data)가 첨가되었다. 제3판은 1965년에 출판되는데 숙련(skill), 반숙련(semi-skilled), 비숙련(unskilled)과 같은 이전의 직업의 정보를 삭제하고 직무수행의 특성과 직무활동의 요구를 기반으로 한 직업분류체계를 사용하였다. 그리고 직업 요구조건의 지표로 훈련시간, 적성, 흥미, 기질, 신체적 요구, 작업 상태, 작업수행도와 산업이라는 8개의 분류요소를 제시하였다.

제4판은 1977년에 출판되었는데 1965년에서 1970년 중반까지 약 75,000개의 현직 직무를 분석하여 2,100개의 새로운 직업이 정의되었고 3,500개의 직무를 제의하였다. 따라서 제3판의 직업의 정의보다 약 1,800개 줄어든 20,000개의 직업의 정의가 포함되었다. 제4판에서는 이들 각각의 직업들이 9개의 직업코드로 분류되어 있다.

0/1. 전문직, 기술직, 관리직
2. 사무 및 판매직
3. 서비스직
4. 농업, 수산업, 임업, 관련직
5. 가공처리직
6. 기계산업직
7. 생산직
8. 구조물 작업직
9. 기타직

이 9개의 범주는 다시 82개의 중분류와 559개의 소분류로 나누어진다. 직업코드 중 첫머리의 3개 숫자는 상담사와 내담자가 직업을 탐색할 때 이들 9개의 대분류 중에서 하나의 관련 직군을 선택할 때 쓰인다. 만약 상담사가 찾고자 하는 직무가 들어 있는 산업을 알고 있다면 산업명칭으로 정렬된 직업명을 이용할 수 있다. 직업사전에 묘사된 각각의 직무의 기능은 직업을 확인할 수 있는 9개의 직업코드에 의해 그 기능이 규정되고 또 그 자체로도 직무의 정의를 나타낼 수 있다. 예를 들면, 직업코드 중간에 있는 3자리의 숫자는 그 직업 내에서 수행되는 과제와 자료, 사람, 사물과의 요구되는 관계 정도를 나타낸다. 각각의 직무들에 있어 근로자가 가져야 할 특징적 요구들을 가리키는 것이다. 숫자들은 아래에 제시된 자료, 사람, 사물과의 요구되는 관계 정도를 나타낸다. 각각의 직무들에 있어 근로자가 가져야 할 특징적 요구들을 가리키는 것이다. 숫자들은 아래에 제시된 자료, 사람, 그리고 사물의 영역에서 알맞은 수준을 선택하여 표시하는데 낮은 번호일수록 더 복잡한 기능을 나타낸다.

자료(Data): 직무와 관련하여 관찰, 연구, 해석, 검사, 정신적 작용에 의해 얻은 정보, 지식, 개념들을 의미하며 자료는 무형의 것으로 수, 단어, 상징, 관념, 개념, 언어적 표현이 포함된다. 자료는 직업사전 코드 숫자의 네 번째이며 숫자가 의미하는 바는 〈표 14-3〉과 같다.

사람(People): 직업사전 코드 다섯 번째 숫자에 적용되며 사람들 또는 동물들을 사람인 것처럼 간주할 때는 동물도 포함한다.

사물(Thing): 사람과 구별되는 무생물, 물체들, 물질, 기계, 연장들, 장비들, 작업보조구 그리고 생산물을 나타내며 직업사전코드의 여섯 번째 숫자를 의미한다.

〈표 14-3〉 DOT의 자료, 사람, 사물코드의 의미

자료(네 번째 숫자)	사람(다섯 번째 숫자)	사물(여섯 번째 숫자)
0. 종합	0. 조언	0. 설치
1. 조정	1. 중재	1. 정밀작업
2. 분석	2. 교육	2. 조작－제어
3. 편집	3. 감독	3. 운행－조작
4. 계산	4. 유희	4. 운전
5. 복사	5. 설득	5. 다루기
6. 비교	6. 담화－신호	6. 공급－제거
	7. 봉사	7. 취급
	8. 지시수용－보조	

직업사전을 이용하면 상담사는 내담자의 초기면접과정에서 언급된 직무들의 성질에 대해 더 자세히 알 수 있다. 예를 들면, 직무에 관한 신체적 요구에 대한 몇몇 질문 때문에 상담사는 소형 엔진이나 오토바이 수리에 관한 정보를 추가적으로 찾아봐야 하는 것이다. 직업사전을 찾기 위해 상담사는 제일 먼저 직업의 범주, 그리고 소형엔진과 오토바이의 수리에 관한 직업사전 코드번호를 알아야 한다. 이런 정보를 얻기 위한 가장 쉬운 방법은 직업사전의 알파벳 색인을 이용하는 것이다. 오토바이 기계공은 620.281-054로 이 번호에서 6은 대분류에서 6번 기계산업직을 가리키고, 62는 하위로 기계와 기계류 수리를 나타낸다. 620은 더 세분화되어 동력운송 수단을 나타낸다. 또 상담사는 이 코드번호를 보고 오토바이 수리가 자료를 다루는 기술은 2(=분석), 그리고 사물을 다루는 기술은 1(=정밀작업)로 상당한 수준이 요구됨을 알 수 있고, 사람을 대하는 수준은 8(지시수용－보조)로 상당히 낮은 수준을 요구함을 알 수 있다.

3) 한국의 직업사전

『한국직업사전』은 변동 · 생성 · 소멸하는 직업세계를 체계적으로 조사 · 분석하여 표준직업명 제정과 객관적이고 표준화된 직업정보 제공을 위해 제작되었다. 이러한 『한국직업사전』은 일반인의 취업 및 진로선택을 위한 기초자료, 직업분류체계의 개발과 기타 직업연구를 위한 기초자료, 그리고 정부의 노동정책 수립을 위한 참고자료 등 다양하게 활용될 수 있다.

한국에서 최초의 직업사전은 1969년 3,260개의 직업에 대한 정보가 수록되어 인사관리, 실업교육, 직업훈련 등을 위해 활용되도록 발간하였으며, "한국표준직업분류"와 "국제표준직업분류"의 소분류를 기준으로 제작되었다. 이후 1986년 『한국직업사전』 통합본 1판으로 출간되었는데 이 사전은 국내의 전체 산업 및 직업 현장 직무분석에 기반을 둔 최초의 직업사전으로 1970년대 고도 경제성장기의 인력배분의 효율화, 과학적인 직업훈련, 그리고 경제발전에 따른 직업세계의 변화를 반영하기 위하여 발간되었다.

2차 통합본 개정판은 1995년 출간되었는데 1980년대 후반부터 시작된 과학기술과 산업구조 변화에 따른 직업변화를 반영하고자 연도별, 산업별 직무분석 계획을 수립하여 체계적인 직무조사를 실시하였으며 교육수준, 숙련기간, 육체적 활동, 환경조건, 자격/면허 등에 대한 정보가 수록되었다.

또한 1997년에는 건설업 및 건설업 관련 직업을 대상으로 직무조사를 실시하여 관련 직업에 대한 직업사전 정보가 제공되었으며, 1999년에는 금속산업, 의료산업 등의 산업 및 직업이 제1차 금속산업, 운수, 창고 및 통신업, 부동산 임대 및 사업 서비스업, 보건 및 사회복지사업, 공공, 사회 및 개인 서비스업 등에 대해 전문연구인력에 의한 사업체 직무조사를 거쳐 각 산업별 직업정보가 수록되었다.

2000년에는 목재산업, 음식료품 제조업 등의 산업 및 직업이, 목재산업, 종이 및 종이제품 제조업, 음식료품 제조업, 전기·전자산업 등에 대한 사업체 직무조사를 거쳐 각 산업별 직업정보가 수록되었으며, 2001년에는 농림어업, 화학산업 등의 산업 및 직업이 농림어업, 섬유·피혁산업, 화학산업, 비금속광물제품 제조업, 전기·가스 및 수도사업, 교육 서비스업 등에 대한 사업체 직무조사를 거쳐 각 산업별 직업정보가 수록되었고 특히 이 정보는 2000년 개정된 제8차 "한국표준직업분류"를 기준으로 제작되었다.

2003년은 『한국직업사전』 통합본 개정 3판이 출판되는데 이 사전은 국내의 전체 산업 및 직업에 대해 1997~2002년 동안 조사한 각 산업별 직업을 재분류하고 산업분류 개정으로 조사에서 누락되었던 도·소매업, 자동차 제조업 등에 대한 추가 직무조사를 실시하여 국내의 전체 산업 및 직업에 대한 정보를 수록하였으며, 또한 일반인의 이해를 높이기 위해 전체적인 구성체계를 변환하였다.

『한국직업사전』의 구성항목은

1. 직업코드
2. 본직업명칭
3. 직무개요
4. 수행직무
5. 부가직업정보(산업분류, 정규교육, 숙련기간, 직무기능, 작업강도, 육체활동, 작업장소, 작업환경, 유사명칭, 관련 직업, 자격/면허, 조사연도, 직업전망, JOB MAP)로 구성된다.

『한국직업사전』에 수록된 직업들은 직무분석을 바탕으로 조사된 정보들로서 수많은 일을 조직화된 방식으로 고찰하기 위하여 유사한 직무를 기준으로 분류한 것이다. 『한국직업사전』에서 수록하고 있는 정보는 전국적인 사업체에서 유사한 직무가 어떻게 수행되는가에 대한 포괄적인 조사·분석·연구의 결과이다. 수록된 직업 관련 정보들은 크게 다섯 가지의 체계적인 형식으로 구성되어 있다.

□ 직업코드

"한국표준직업분류"(2000)의 세분류체계를 기준으로 4자리 숫자로 표기된다. 그러나 "한국표준직업분류"(2000)의 특성상 동일한 직업에 대해 여러 개의 직업코드가 포함될 경우에는 직무의 유사성 등을 고려하여 가장 타당하다고 판단되는 직업코드를 부여하였다.

직업코드 4자리에서 첫 번째 숫자는 대분류, 두 번째 숫자는 중분류, 세 번째 숫자는 소분류, 네 번째 숫자는 세분류를 나타낸다.

첫 번째 숫자인 대분류의 의미는 다음과 같다.

1. 입법 공무원, 고위 임직원 및 관리자
2. 전문가
3. 기술공 및 준전문가
4. 사무직원
5. 서비스 근로자 및 상점과 시장판매 근로자
6. 농업 및 어업 숙련 근로자
7. 기능원 및 관련 기능 근로자
8. 장치, 기계 조작원 및 조립원
9. 단순 노무직 근로자
0. 군인

□ 본직업명칭

산업현장에서 일반적으로 해당 직업으로 알려진 명칭, 혹은 그 직무가 통상적으로 호칭되는 것으로 『한국직업사전』에 그 직무내용이 기술된 명칭이다. 즉 사업주가 근로자를 모집할 때 사용하는 명칭, 사업체 내에서 일반적으로 통용되는 명칭, 구직자가 취업하고자 할 때 사용하는 명칭, 해당 직업 종사자 상호간 호칭, 그 외 각종 직업 관련 서류에 쓰이는 명칭을 말한다.

특별히 부르는 명칭이 없는 경우에는 직무내용과 산업의 특수성 등을 고려하여 누구나 쉽게 이해할 수 있는 명칭을 부여하였다. 실제로 현장 근로자를 대상으로 하는 직무조사의 경우 작업자 스스로도 자신이 무엇으로 불리는지 알지 못하는 경우가 있는데 이는 작업자들 간에 사용하는 호칭과 기업 내 직무편제상의 명칭이 다르기 때문이다. 따라서 직업명칭은 해당 작업자의 의견뿐만 아니라 상위 책임자 및 인사 담당자의 의견을 수렴하여 결정하였다. 또한 가급적 외래어를 피하고 우리말로 표기하되, 우리말 표기가 현장감이 없을 경우에는 외래어를 교육인적자원부에서 정한 외래어 표기법에 따라 표기하였다.

□ 직무개요

주로 직무 담당자의 활동, 활동의 대상 및 목적, 직무 담당자가 사용하는 기계, 설비 및 작업 보조물, 사용된 자재, 만들어진 생산품 또는 제공된 용역, 수반되는 일반적, 전문적 지식 등을 간략히 포함한다.

□ 수행직무

직무 담당자가 직무의 목적을 완수하기 위하여 수행하는 구체적인 작업(task) 내용을 작업순서에 따라 서술한 것이다. 단, 공정의 순서를 파악하기 어려운 경우에는 작업의 중요도 또는 작업빈도가 높은 순으로 기술하였다. 작업을 수행하면서 수반되는 작업요소(task element)는 직무를 기술하는 데 필요한 것이라면 포함한다. 직무의 특징적인 작업을 명확히 하기 위하여 작업자가 사용하는 도구·기계와 관련시켜 작업자가 무엇을, 어떻게, 왜 하는가를 정확하게 표현하되 평이한 문체로 이해하기 쉽게 기술하였다. 작업과 작업요소는 상대적인 개념으로 어떤 직업에서는 작업요소인 활동이 다른 직업에서는 작업(task)이 될 수 있고 또 어떤 근로자에게는 하나의 직무가 될 수 있으므로 직무특성에 따라 적절히 판단하였다.

□ 부가 직업정보

부가 직업정보는 산업분류, 정규교육, 숙련기간, 직무기능, 직업강도, 육체활동, 작업환경, 유사명칭, 관련 직업, 자격/면허, 조사연도, 직업전망, 직무정보 등을 나타낸다.

□ 산업분류

해당 직업을 조사한 산업을 나타내는 것으로 "한국표준산업분류"(2000)의 소분류 산업을 기준으로 하였다.

두 개 이상의 산업에 걸쳐 조사된 직업에 대해서도 해당 산업을 모두 표기하였으며 대분류 기준의 모든 산업에 포함되는 일부 직업은 대분류의 소분류 산업을 모두 표기하는 것이 아니라 "제조업", "도매 및 소매업" 등 대분류 산업을 기준으로 표기하였다. 단,

“산업분류”는 수록된 산업에만 해당 직업이 존재하는 것을 의미하는 것이 아니라 그 직업이 조사된 산업을 나타내고 있다. 따라서 타 산업에서도 해당 직업이 존재할 수 있다.

□ 정규교육

해당 직업의 직무를 수행하는 데 필요한 일반적인 정규 교육 수준을 의미하는 것으로 해당 직업 종사자의 평균 학력을 나타내는 것은 아니다. 현행 우리나라 정규 교육과정의 연한을 고려하여 “6년 이하”(무학 또는 초졸 정도), “6년 초과~9년 이하”(중졸 정도), “9년 초과~12년 이하”(고졸 정도), “12년 초과~14년 이하”(전문대졸 정도), “14년 초과~16년 이하”(대졸 정도), “16년 초과”(대학원 이상) 등 그 수준을 6개로 분류하였으며 독학, 검정고시 등을 통해 정규 교육과정을 이수하였다고 판단되는 기간도 포함된다.

□ 숙련기간

정규 교육과정을 이수한 후 해당 직업의 직무를 평균적인 수준으로 스스로 수행하기 위하여 필요한 각종 교육, 훈련, 숙련기간을 의미한다. 해당 직업에 필요한 자격/면허를 취득하는 취업 전 교육 및 훈련기간뿐만 아니라 취업 후에 이루어지는 관련 자격/면허 취득 교육 및 훈련기간도 포함된다. 또한 자격/면허가 요구되는 직업은 아니지만 해당 직무를 평균적으로 수행하기 위한 각종 교육/훈련기간, 수습교육, 기타 사내교육, 현장훈련 등이 포함된다. 단, 해당 직무를 평균적인 수준 이상으로 수행하기 위한 향상훈련(further training)은 “숙련기간”에 포함되지 않는다.

□ 직무기능

해당 직업 종사자가 직무를 수행하는 과정에서 '자료'(data), '사람'(people), '사물'(thing)과 맺는 관련된 특성을 나타낸다. 각각의 작업자 직무기능은 광범위한 행위를 표시하고 있으며 작업자가 자료, 사람, 사물과 어떤 관련을 가지고 있는지를 보여 준다. 세 가지 관계 내에서의 배열은 아래에서 위로 올라가면서 단순한 것에서 차츰 복잡한 것으로 향하는 특성을 보여 주지만 그 계층적 관계가 제한적인 경우도 있다.

'자료'(data)와 관련된 기능은 정보, 지식, 개념 등 세 가지 종류의 활동으로 배열되어 있는데 어떤 것은 광범위하며 어떤 것은 범위가 협소하다. 또한 각 활동은 상당히 중첩되어 배열 간의 복잡성이 존재한다. '사람'(people)과 관련된 기능은 위계적 관계가 없거나 희박하다. 서비스 제공이 일반적으로 덜 복잡한 사람기능이며 나머지 기능들은 특정한 순서를 표시하는 수준을 가지고 있는 것은 아니다. '사물'(thing)기능은 작업자가 기계와 장비를 가지고 작업하는지 혹은 기계와 관련 없는 도구와 작업보조구를 가지고 작업하는지 기초하여 분류된다. 또한 작업자의 업무에 따라 사물과 관련된 요구되는 활동 수준이 달라진다.

자료(data)	사람(people)	사물(thing)
0. 종합 1. 조정 2. 분석 3. 수집 4. 계단 5. 기록 6. 비교	0. 자료 1. 협의 2. 교육 3. 감독 4. 오락 제공 5. 설득 6. 말하기-신호 7. 서비스 제공	0. 설치 1. 정밀작업 2. 제어조작 3. 조작운전 4. 수동조작 5. 유지 6. 투입-인출 7. 구상작업

○ 자료(data)

'자료'와 관련된 기능은 만질 수 없으며 숫자, 단어, 기호, 생각, 개념 그리고 구두상 표현을 포함한다.

0. 종합(synthesizing)

사실을 발견하고 지식개념, 또는 해석을 개발하기 위해 자료를 종합적으로 분석한다.

1. 조정(coordinating)

데이터의 분석에 기초하여 시간, 장소, 작업순서, 활동 등을 결정한다. 결정을 실행하거나 상황을 보고한다.

2. 분석(analyzing)

조사하고 평가한다. 평가와 관련된 대안적 행위의 제시가 빈번하게 포함된다.

3. 수집(compoling)

자료, 사람, 사물에 관한 정보를 수집, 대조, 분류한다. 정보와 관련한 규정된 활동의 수행 및 보고서가 자주 포함된다.

4. 계산(computing)

사칙연산을 실시하고 사칙연산과 관련하여 규정된 활동을 수행하거나 보고한다. 수를 세는 것은 포함되지 않는다.

5. 기록(copying)

데이터를 옮겨 적거나 입력하거나 표시한다.

6. 비교(comparing)

자료, 사람, 사물의 쉽게 관찰되는 기능적, 구조적 조합적 특성을 (유사한지 또는 명백한 표준과 현격히 차이가 있는지) 판단한다.

○ 사람(people)

'사람'과 관련된 기능은 인간과 인간처럼 취급되는 동물을 다루는 것을 포함한다.

0. 자문(mentoring)

법률적으로나 과학적, 임상적, 종교적, 기타 전문적인 방식에 따라 사람들의 전인격적인 문제를 상담하고 조언하며 해결책을 제시한다.

1. 협의(negotiating)

설명이나 실습 등을 통해 어떤 주제에 대해 교육하거나 훈련(동물 포함)시킨다. 피기술적인 문제를 조언한다.

2. 교육(instructing)

설명이나 실습 등을 통해 어떤 주제에 대해 교육하거나 훈련(동물 포함)시킨다. 피기술적인 문제를 조언한다.

3. 감독(supervising)

작업절차를 결정하거나 작업자들에게 개별 업무를 적절하게 부여하여 작업의 효율성을 높인다.

4. 오락 제공(diverthing)

무대공연이나 영화, TV, 라디오 등을 통해 사람들을 즐겁게 한다.

5. 설득(persuading)

상품이나 서비스 등을 구매하도록 권유하고 설득한다.

6. 말하기-신호(speaking-signaling)

언어나 신호를 사용해서 정보를 전달하고 교환한다. 보조원에게 지시하거나 과제를 할당하는 일을 포함한다.

7. 서비스 제공(serving)

사람들의 요구 또는 필요를 파악하여 서비스를 제공한다. 즉각적인 반응이 수반된다.

○ 사물(thing)

'사물'과 관련된 기능은 사람과 구분되는 무생물로서 물질, 재료, 기계, 공구, 설비, 작업도구 설비, 작업도구 및 제품 등을 다루는 것을 포함한다.

0. 설치(setting up)

기계의 성능, 재료의 특성, 작업장의 관례 등에 대한 지식을 적용하여 연속적인 기계가공작업을 수행하기 위한 기계 및 설비의 준비, 공구 및 기타 기계장비의 설치 및 조정, 가공물 또는 재료의 위치조정, 제어장치 설정, 기계의 기능 및 완제품의 정밀성 측정 등을 수행한다.

1. 정밀작업(precision working)

설정된 표준치를 달성하기 위하여 궁극적인 책임이 존재하는 상황하에서 신체 부위, 공구, 작업도구를 사용하여 가공물 또는 원료를 선정하고 작업에 알맞게 공구를 조정한다.

2. 제어조작(operating-controlling)

기계 또는 설비를 시동, 정지, 제어하고 작업이 진행되고 있는 기계나 설비를 조정한다.

3. 조작운전(driving-operating)

다양한 목적을 수행하고자 사물 또는 사람의 움직임을 통제하는데 있어 일정한 경로를 따라 조작되고 안내되어야 하는 기계 또는 설비를 시동, 정지하고 그 움직임을 제어한다.

4. 수동조작(manipulating)

기계, 설비 또는 재료를 가공, 조정, 이동 또는 위치할 수 있도록 신체 부위, 공구 또는 특수 장치를 사용한다. 정확도 달성 및 적합한 공구, 기계, 설비 또는 원료를 산정하는 데 있어서 어느 정도의 판단력이 요구된다.

5. 유지(tending)

기계 및 장비를 시동, 정지하고 그 기능을 관찰한다. 체인징가이드, 조정타이머, 온도게이지 등의 계기의 제어장치를 조정하거나 원료가 원활히 흐르도록 밸브를 돌려 주고 빛의 반응에 따라 스위치를 돌린다. 이러한 조정업무에 판단력은 요구되지 않는다.

6. 투입－인출(feeding-off bearing)

자동적으로 또는 타 작업원에 의하여 가동, 유지되는 기계나 장비

안에 자재를 삽입·투척·하역하거나 그 안에 있는 자재를 다른 장소로 옮긴다.

7. 단순작업(handling)

신체 부위, 수공구 또는 특수장치를 사용하여 기계, 장비, 물건 또는 원료 등을 정리·운반·처리한다.

정확도 달성 및 적합한 공구, 장비, 원료를 선정하는 데 판단력은 요구되지 않는다.

□ 작업강도

'작업강도'는 해당 직업의 직무를 수행하는 데 필요한 육체적 힘의 강도를 나타낸 것으로 5단계로 분류하였다. 그러나 '작업강도'는 심리적, 정신적 노동강도는 고려하지 않았다.

또한 각각의 작업강도는 '들어올림', '운반', '밂', '당김' 등을 기준으로 결정하였는데 이것은 일차적으로 힘의 강도에 대한 육체적 요건이며 일반적으로 이러한 활동 중 한 가지에 참여한다면 그 범주를 기준으로 사용한다.

○ 들어올림

물체를 주어진 높이에서 다른 높이로 올리거나 내리는 작업

○ 운반

손에 들거나 팔에 걸거나 어깨에 메고 물체를 한 장소에서 다른 장소로 옮기는 작업

○ 밂

물체에 힘을 가하여 힘을 가한 반대쪽으로 움직이게 하는 작업

(때리고, 치고, 발로 차고, 페달을 밟는 일도 포함)

○ **당김**

물체에 힘을 가하여 힘을 가한 쪽으로 움직이게 하는 작업

□ 육체활동

'육체활동'은 해당 직업의 직무를 수행하기 위해 필요한 신체적 능력을 나타내는 것으로 균형감각, 웅크림, 손, 언어력, 청각, 시각 등이 요구되는 직업인지를 보여 준다. 단, "육체활동"은 조사대상 사업체 및 종사자에 따라 다소 상이할 수 있으므로 전체 직업 종사자의 "육체활동"으로 일반화하는 데는 무리가 있다.

○ **균형감각**

손, 발, 다리 등을 사용하여 사다리, 계단, 발판, 경사로, 기둥, 밧줄 등을 올라가거나 몸 전체의 균형을 유지하고 좁거나 경사지거나 또는 움직이는 물체 위를 걷거나 뛸 때 신체의 균형을 유지하는 것이 필요한 직업이다(예시 직업: 도장원, 용접원, 기초구조물 설치원, 철골 조립원 등).

○ **웅크림**

허리를 굽히거나 몸을 앞으로 굽히고 뒤로 젖히는 동작, 다리를 구부려 무릎을 꿇는 동작, 다리와 허리를 구부려 몸을 아래나 위로 굽히는 동작, 손과 무릎 또는 손과 발로 이동하는 동작 등이 필요한 직업이다(예시 직업: 단조원, 연마원, 오토바이 수리원, 항공기 엔진 정비원, 전기 도금원 등).

○손 사용

일정 기간의 손 사용 숙련기간을 거쳐 직무의 전체 또는 일부분에 지속적으로 손을 사용하는 직업으로 통상적인 손 사용이 아닌 정밀함과 숙련을 필요로 하는 직업에 한정한다(예시 직업: 해부학자 등 의학 관련 직업, 의료기술 종사자, 기악 연주자, 조각가, 디자이너, 미용사, 조리사, 운전 관련 직업, 설계 관련 직업 등).

○언어력

말로 생각이나 의사를 교환하거나 표현하는 직업으로 개인이 다수에게 정보 및 오락 제공을 목적으로 말을 하는 직업이다(예시 직업: 교육 관련 직업, 변호사, 판사, 통역가, 성우, 아나운서 등).

○청각

단순히 일상적인 대화내용 청취 여부가 아니라 작동하는 기계의 소리를 듣고 이상 유무를 판단하거나 논리적인 결정을 내리는 청취활동이 필요한 직업이다(예시 직업: 피아노 조율사, 음향 관련 직업, 녹음 관련 직업, 전자오르간 검사원, 자동차엔진 정비원, 광산기계 수리원 등).

○시각

일상적인 눈 사용이 아닌 시각적 인식을 통해 반복적인 판단을 하거나 물체의 길이, 넓이, 두께를 알아내고 물체의 재질과 형태를 알아내기 위한 거리와 공간관계를 판단하는 직업이다. 또한 색의 차이를 판단할 수 있어야 하는 직업이다(예시 직업: 측량 기술사, 제도사, 항공기 조종사, 사진작가, 의사, 심판, 보석 감정인, 위폐 감정사 등 감정 관련 직업, 현미경, 망원경 등 정밀광학기계를 이용하는 직업, 촬영 및 편집 관련 직업 등).

□ 작업장소

'작업장소'는 해당직업의 직무가 주로 수행되는 장소를 나타내는 것으로 실내, 실외 종사비율에 따라 구분한다.

○ **실내**
눈, 비, 바람과 온도변화로부터 보호를 받으며 작업의 75% 이상이 실내에서 이루어지는 경우

○ **실외**
눈, 비, 바람과 온도변화로부터 보호를 받지 못하며 작업의 75% 이상이 실외에서 이루어지는 경우

○ **실내 · 외**
작업이 실내 및 실외에서 비슷한 비율로 이루어지는 경우

□ 작업환경

'작업환경'은 해당 직업의 직무를 수행하는 작업원에게 직접적으로 물리적, 신체적 영향을 미치는 작업장의 환경요인을 나타낸 것이다. 작업자의 작업환경을 조사하는 담당자는 일시적으로 방문하고 또한 정확한 측정기구를 가지고 있지 못한 경우가 일반적이기 때문에 조사 당시의 조사자가 느끼는 신체적 반응 및 작업자의 반응을 듣고 판단한다. 온도, 소음 · 진동, 위험 내재 및 대기환경이 미흡한 직업은 근로기준법, 산업안전보건법 등의 법률에서 제시한 금지작업이나 유해요소가 있는 직업 등을 근거로 판단할 수 있다. 그러나 이러한 기준도 산업체 및 작업장에 따라 달라질 수 있으므로 절대적인 기준이 될 수 없다.

○ 저온

신체적으로 불쾌감을 느낄 정도로 저온이거나 두드러지게 신체적 반응을 야기할 정도로 저온으로 급변하는 경우

○ 고온

신체적으로 불쾌감을 느낄 정도로 고온이거나 두드러지게 신체적 반응을 야기할 정도로 고온으로 급변하는 경우

○ 다습

신체의 일부분이 수분이나 액체에 직접 접촉되거나 신체에 불쾌감을 느낄 정도로 대기 중에 습기가 충만하는 경우

○ 소음 · 진동

심신에 피로를 주는 청각장애 및 생리적 영향을 끼칠 정도의 소음, 전신을 떨게 하고 팔과 다리의 근육을 긴장시키는 연속적인 진동이 있는 경우

○ 위험 내재

신체적인 손상의 위험에 노출되어 있는 상황으로 기계적 · 전기적 위험, 화상, 폭발, 방사선 등의 위험이 있는 경우

○ 대기환경 미흡

직무를 수행하는 데 방해가 되거나 건강을 해칠 수 있는 냄새, 분진, 연무, 가스등의 물질이 작업장의 대기 중에 다량 포함되어 있는 경우

□ 유사명칭

'유사명칭'은 본직업을 명칭만 다르게 부르는 것으로 본직업과 사실상 동일하다. 예를 들어, '보험모집원'이라는 직업은 '생활설계사', '보험영업사원'이라는 유사명칭을 가지는데 이는 동일한 직무를 다르게 부르는 명칭들이다. '유사명칭'은 별개의 '직업'이 아니라 '직업명칭'이므로 직업 수 집계 등에서는 제외된다.

□ 관련 직업

'관련 직업'은 본직업과 기본적인 직무에 있어서 공통점이 있으나 직무의 범위, 대상 등에 따라 나누어지는 직업이다. 하나의 본직업에는 두 개 이상의 관련 직업이 있을 수 있으며 직업 수 집계에 포함된다.

□ 자격 / 면허

'자격 / 면허'는 해당 직업에 취업 시 소지할 경우 유리한 자격증 또는 면허를 나타내는 것으로 현행 국가기술자격법 및 개별법령에 의해 정부 주관으로 운영하고 있는 국가자격 및 면허를 수록한다. 한국산업인력공단 및 대한상공회의소에서 주관 · 시행하는 시험에 해당하는 자격과 각 부처에서 개별적으로 시험을 실시하는 자격증을 중심으로 수록하였다. 그러나 민간에서 부여하는 자격증은 제외한다.

□ 조사연도

'조사연도'는 해당 직업의 직무조사가 실시된 연도를 나타낸 것이다.

□ 직업전망

'직업전망'은 한국고용정보원에서 매 2년마다 발간하고 있는 한국직업전망의 결과물로써 한국직업전망의 직업과 그보다 하위 세부 관련 직업인 한국직업사전의 직업을 상호 연계시킴으로써 독자에게 풍부한 직업정보를 제공한다.

□ JOB MAP

'JOB MAP'은 한국고용정보원에서 매년 실시하고 있는 『산업·직업별 고용구조 조사』의 결과물로써 392개 직업별로 종사자 수, 수입, 근로시간, 성비 등에 대한 노동시장정보를 제공한다. 따라서 직무정보만을 제공하는 『한국직업사전』을 JOB MAP과 연계시킴으로써 사용자에게 해당 직업에 대한 직무정보와 노동시장정보를 함께 제공할 수 있다. 그러나 JOB MAP과 『한국직업사전』에 사용된 직업분류의 기준이 서로 다르기 때문에 정확한 연계에는 한계가 있으며 참고자료로 사용해야 한다.

4. 직업전망서

직업전망서(the occupational outlook handbook)는 직업에 대한 미래의 예측으로 일정 직업군의 조사를 통해 전망한다.

미국은 매 2년마다 직업전망서를 발간하고 있으며 2006~2007년 직업전망서는 약 250개 군의 직업조사를 통해 직무수행에 필요한 훈련과 교육, 소득, 예상직업전망, 직무의 성격, 작업조건들을 수록한다.

2006~2007년 미국직업전망서에서 상담사(Counselor)의 직업전망을 예로 살펴보면, 상담사 직업은 2014까지 모든 직업들의 평균 상승치보다 빠른 성장이 될 것으로 전망하고 있다. 이렇게 전망하는 이유는 많은 상담사들이 퇴직할 것으로 예상되고 많은 새로운 영역들의 직무가 새로이 생길 것으로 예측하면서, 특히, 재활상담사와 약물남용이나 행동장애상담사는 가장 성장속도가 빠를 것으로 전망하였다(OOH, 2006-2007).

한국직업전망서는 1999년 처음 작성되었으며, 2007년 한국직업전망서는 14개 분야 213개 직업을 포함하고 있다.

수록직업은 한국고용직업분류(KECO)의 세분류 직업 392개 중에서 종사자 수가 2,000명 이상인 직업으로 선정하였다. 이후 직업별 해당 전문가들과 연구진들의 의견을 종합하여 최종 수록직업을 선정하였다. 비록 종사자 수가 적더라도 자원공학 기술자 및 해양공학 기술자, 임상심리사, 아나운서 및 리포터, 쇼핑호스트, 컴퓨터보안 전문가, 무용가 등 일반인의 관심이 높거나 직업으로서 가치가 높다고 인정되는 직업을 수록직업으로 선정하였고, 보험계리사, 변리사 등 관련 자격 및 면허가 있어야 입직이 가능한 직업도 포함하였다. 반면, 직무가 유사하거나 일반인의 관심이 상대적으로 낮은 제조 기능직 분야의 장치 조작원, 조립원, 단순 노무자 등의 직업은 해당 직업의 종사자 수가 많아도 여러 직업을 하나의 직업으로 통합하였다.

2007 한국직업전망에서 제공하는 각 직업별 구성체계는 다음과 같다.

□ 하는 일

'하는 일'에는 해당 직업 종사자들이 일반적으로 수행하는 업무

내용과 과정을 수록하고 있다. 여러 직업을 하나로 통합하여 수록한 경우 포함된 각각의 세부 직업에 대한 정보를 기술하였다.

□ 근무환경

'근무환경'에는 해당 직업 종사자들의 일반적인 근무시간, 초과근무, 교대근무 여부를 비롯해 작업복 및 안전장비 착용 여부, 상해와 질병 노출 정도, 육체적·정신적 스트레스 여부, 근무장소의 온·습도, 위생상태, 소음 등의 물리적 환경 등이 포함된다.

□ 되는 길

교육 및 훈련은 해당 직업에 종사하는 데 유리한 학력과 전공, 그리고 세부 전공별 교육과정 및 내용과 직업훈련기관이나 사설학원의 훈련과정 등을 소개하였고, 업무수행을 위해 갖추어야 할 지식, 기술 등이 포함되었다.

관련 학과는 고등학교, 전문대학, 대학교에 개설되어 있는 관련 학과를 수록하였다. 관련 자격 및 면허는 해당 직업에 종사하기 위해 반드시 취득해야 하거나 취득 시 취업에 유리한 면허와 국가(기술)자격, (공인)민간자격을 수록하였다.

입직 및 진출 분야는 해당 직업에 입직하기 위한 방법, 주요 채용기관들의 채용전형 등을 소개하고 해당 직업 종사자들의 진출 분야 등을 수록하였다.

승진 및 경력개발은 해당 직업의 승진체계를 설명하고 경력을 쌓은 후 이·전직하는 분야 및 직업 등을 수록하였다. 단, 승진체계의 경우 기업체에 따라 차이가 있을 수 있어 2007 한국직업전망에서는 일반적인 승진경로를 설명하였다.

□ 적성 및 흥미

'적성 및 흥미'는 해당 직업에 종사하는 데 유리한 성격, 흥미, 적성 등이 기술되어 있다.

□ 종사현황

'종사현황'은 한국고용정보원에서 2005년 전국 5만 가구를 대상으로 조사한 산업 · 직업별 고용구조조사 자료를 바탕으로 해당 직업의 종사자 수, 연령분포, 성별분포, 학력분포, 전공분포를 수록하였다. 하지만 표본 크기가 작은 직업이나 공식적인 통계자료가 없는 경우에는 한국직업정보시스템(KNOW)이나 관련 기관 및 협회 등에서 제공하는 조사 결과를 참고하였다.

□ 수입

'수입'은 한국고용정보원에서 2005년 전국 5만 가구를 대상으로 조사한 산업 · 직업별 고용구조조사와 한국직업정보시스템(KNOW)의 임금조사 자료를 바탕으로 해당 직업 종사자의 월평균임금, 임금순위 상위 25%, 하위 25% 등 3개 영역으로 구분하여 제시하였다. 하지만 기업규모, 경력, 개인의 능력 등에 따라 해당 직업 종사자의 임금이나 수입에 차이가 있을 수 있다는 것을 염두에 두고 임금순위의 격차를 살펴볼 필요가 있다. 또한 특정 직업의 경우 적은 표본 수 때문에 실제 임금현황과 다소 차이가 있을 수 있다는 점을 유의해야 한다.

□ 직업전망

'직업전망'은 향후 5년간 해당 직업의 고용전망을 중심으로 기술하였으며, 특히 고용 증가 또는 감소에 영향을 주는 요인들, 인력의 수요와 공급에 따른 입직경쟁률, 이·전직 정도 등을 고려하였다.

또한 전문가 6,400명을 대상으로 실시한 조사결과와 학계, 협회, 기업체 인사 담당자들의 의견, 각 직업 및 산업과 관련한 연구보고서 등을 종합적으로 참조하였으며, 담당 연구진들의 합의와 전문가 자문을 거쳐 최종적인 직업전망을 기술하였다. 전망의 방향은 '감소', '다소 감소', '현상태 유지', '다소 증가', '증가' 등 5가지 영역으로 나누어 예측되었다.

2007년 한국직업전망서에 나타난 전문상담가의 전망서를 예로 살펴보면 다음과 같다.

□ 하는 일

상담전문가는 성격, 적성, 진로 및 신체적·정서적 증상 등으로 일상생활에서 어려움을 겪고 있거나 갈등에 놓인 사람들이 자신의 문제를 해결할 수 있도록 상담 프로그램, 심리검사 등을 활용하여 지원하거나 도움을 주는 사람이다.

상담 분야는 크게 상담심리 분야와 임상심리 분야로 구분되는데 병원(정신과) 등에서 정신장애인 및 부적응자 등을 치료하기 위하여 상담에 응하는 분야는 '임상심리사'를 참고하기 바라며 여기서는 상담심리 분야에 활동하는 상담전문가에 대해서 소개한다. 이들은 임상심리사와 달리 정상적 범주에 속하는 사람들에게 심리적 지원을 제공하여 병리적 행동을 예방할 수 있도록 하거나 부적응적 해동을 변화시킬 수 있도록 돕는 사람이다.

상담전문가는 우울 및 불안 등의 정신건강문제, 학습문제, 교육

문제, 진로문제, 가족문제, 성격문제 등 다양한 상담을 요청하는 개인(내담자)과의 대화를 통해 문제를 파악하고 진단한다. 그 후 각종 심리검사를 실시하고 검사 결과를 해석해 주며 상담을 실시한다. 상담은 개인상담, 집단상담, 자기성장 프로그램, 대인관계 향상 프로그램 등 내담자의 상황에 맞게 다양한 방식으로 시행된다. 또한 상담을 위한 각종 프로그램을 개발하고 계획하는 것도 상담전문가가 수행하는 중요한 업무이다. 이 밖에 상담실 운영을 위한 각종 행정적인 업무도 처리한다.

상담전문가는 주로 각 대학의 학생상담실, 공공기관의 상담실시, 시·공립 청소년 상담실, 중·고등학교의 상담실, 사설 상담소 등에서 청소년상담원으로 가장 많이 활동하고 있다. 이 밖에 아동, 성인(부모), 노인 등을 대상으로 전문적인 상담을 수행하기도 한다.

□ 근무환경

근무시간은 보통 오전 9시에서 오후 6시이지만 내담자의 일정에 따라 야간이나 휴일에 상담이 이루어지기도 한다. 또한 소수이지만 24시간 상담이 이루어지는 상담실도 있다.

내담자와 편안한 상담을 해야 하기 때문에 근무환경은 쾌적한 편이며 안락하고 소음이 적은 상담실에서 근무한다.

다양한 어려움을 호소하는 사람들을 만나야 하고 상담 내용에 대해 신중하고 사려 깊게 접근해야 하므로 정신적 스트레스를 받기도 한다.

□ 되는 길

교육 및 훈련은 상담전문가가 되기 위해서는 대졸 이상의 학력을 갖추는 것이 필요하다. 인간의 심층적 문제를 이해하고 다루기 위해서는 상담심리에 대한 전문적 지식을 습득하고 일정 기간 수련과정을 거쳐야 하기 때문에 대학에서 심리학, 교육학 및 아동학 등 관련학을 전공한 후 상담심리학 분야의 석사 및 박사학위과정에 진학하는 경우가 많다. 대학의 관련 학과에서는 상담 및 심리치료이론 및 실습, 집단상담이론 및 실습, 성격심리학, 발달심리학, 이상심리학, 상담 및 면접기법, 학습심리학, 심리통계 및 심리평가 등의 과목을 배우게 된다. 특히 심리 관련 학과를 전공하고 교직을 이수하면 전문상담교사 2급 자격을 취득할 수 있다. 이 밖에 대학에서 관련 학과를 전공하지 않은 사람이라도 상담 관련 대학원에 진학하여 전문적인 지식을 습득하면 상담전문가로 진출할 수 있다. 상담전문가가 되기 위해서는 유능한 전문가의 지도와 조언 아래 체계적으로 지속적인 훈련을 통해 실제 경험을 쌓는 것이 매우 중요하다.

관련 학과는 대학교의 심리학과, 교육학과, 아동학과, 청소년학과 등이 있다.

관련 자격 및 면허는 국가자격증으로 한국청소년상담원에서 시행하는 청소년 상담사 1, 2, 3급 자격증이 있다. 1급 응시자격은 상담 관련 분야의 박사 또는 석사학위 취득자로 상담실무경력이 4년 이상인 자 등으로 제한된다. 2급은 상담 관련 분야 석사 및 학사 학위 취득자로 상담실무경력이 3년 이상인 자, 그리고 3급은 상담 관련 분야의 학사학위 취득자 및 고등학교 졸업자로 상담실무경력이 5년 이상인 자 등이 시험에 응시할 수 있다. 시험에 합격한 후 100시간의 연수를 이수하면 청소년상담사 자격증을 취득할 수 있다. 또한 한국상담심리학의 상담심리사 1, 2급, 자격증이 있는데 이것은 민간자격증으로 현재까지는 상담분야에서 가장 인정받고 있는 자격증이다. 상담 관련 분야의 박사학위 취득 후 상담경력이

1년 이상이거나 관련 분야의 석사학위 취득 후 상담경력이 3년 이상인 자 등이 상담심리사 1급 시험에 응시할 수 있다. 상담심리사 2급의 경우 상담 관련 분야의 학사학위 취득 후 수련감독자의 감독하에 2년 이상의 상담경력을 가진 자 등이 응시할 수 있다.

입직경로 및 진출 분야는 청소년상담기관, 중·고등학교 및 대학교의 상담실, 사회복지기관, 공공기관의 상담실, 기업체 및 사설상담소에 입직하거나 개업을 통해 상담전문가로 활동할 수 있다. 재학 중에 상담실 등에 자원봉사로 활동하며 경험을 쌓으면 취업 시 유리하다. 보통 상담실에서는 구인광고를 통한 공개채용으로 입직하는 것이 일반적이며 교수나 선후배 등의 인맥을 통해 취업이 이루어지기도 한다. 사설상담소를 개업하는 것은 보통 여러 기관에서 경험을 통해 경제적 및 사회적인 기반을 다진 후에 이루어진다. 이 밖에 심리 관련 학과를 전공하고 교직을 이수하여 전문상담교사 2급 자격을 취득한 사람은 임용고시를 거쳐 중·고등학교 등에서 전문상담교사로 활동할 수 있다.

승진 및 경력개발은 보통 상담전문가는 3~5년 근무한 후 전임 또는 선임상담원으로 승진한다. 그 후 상담부장을 거쳐 상담실장의 직위까지 승진할 수 있다. 특히 상담전문가들은 워크숍, 사례연구 등을 통해 지속적으로 자기계발을 하며, 박사학위까지 취득하여 대학교수로 입직하거나 상담연구업무를 수행하기도 한다. 또한 별도의 교육과정을 이수하여 임상심리사나 사회복지사 등의 자격증을 취득하는 경우도 있다.

□ 적성 및 흥미

내담자의 입장에서 이해하고 문제를 파악할 수 있는 통찰력, 포용력, 성실성, 인내심 등이 필요하며, 자신의 감정과 행동을 통제할 수 있는 능력이 요구된다. 상담전문가는 상담을 하는 동안 내담자의 말, 표정, 태도 등 내담자의 모든 것을 관찰하면서 대화를 하기 때문에 상당한 집중력과 정신력이 요구되며, 문제 및 원인 파악을 위해 분석적이고 종합적 · 통합적인 사고력이 필요하다. 또한 상담을 이끌어가는 기술도 필요하다. 다양한 사람들을 만나는 만큼 예상치 못한 상황에서도 당황하지 않고 문제를 해결할 수 있는 상황대처능력도 요구된다.

□ 종사현황

산업 · 직업별 고용구조조사에 의하면 상담전문가로 활동하고 있는 사람은 8,347명이다. 연령별로는 38.4%로 20대가 가장 많고, 학력별로는 대졸 이상이 95.4%로 고학력이다.

□ 수입

산업 · 직업별 고용구조조사에 의하면 상담전문가의 평균임금은 175만 원이고, 하위 25%는 100만 원, 상위 25%는 200만 원을 받는 것으로 조사되었다.

□ 직업전망

향후 5년간 상담전문가의 고용은 증가할 것으로 전망된다.

현대사회를 살아가는 사람들에게 있어서 신체건강 못지않게 정신건강도 중요하다. 특히 사회가 복잡하고 다양화되면서 인간 소외현상으로 외로움을 겪는 사람들이 증가하고 있고 가정, 사회, 학교, 직장 등 빠르게 변화하는 환경으로 인해 심리적 문제가 많이 발생하고 이를 해결하고 도와줄 수 있는 상담전문가의 수요는 앞으로 증가할 것으로 예상된다.

세부적으로 보면 상담전문가가 주로 활동해 오던 청소년상담 분야에서는 수요가 지속적으로 발생할 것으로 보인다. 청소년은 신체적, 정서적, 사회적 성장이 급격히 이루어지는 과도기적 발달단계에 있기 때문에 불안정한 심리상태를 갖기 쉽다. 특히 입시 위주의 교육 현실로 인해 학습장애를 비롯해 심리적 고통을 겪는 청소년들이 많기 때문에 청소년 분야에서 전문상담가에 대한 수요는 증가할 것으로 예상된다. 최근 교육인적자원부에서 다양한 유형의 청소년 문제 대처와 전문적인 학생상담을 위하여 2005년 전국 181개 지역교육청에 전문상담 순회 교사 308명을 임용·배치하는 등 학교상담 활성화를 추진 중에 있다.

앞으로 고령화에 따라 노인요양시설을 비롯해 관련 복지시설이 증가하면서 노년기의 건강, 심리, 일상생활, 경제문제 등 노인 분야의 전문상담가에 대한 수요가 증가할 것으로 예상된다. 또한 주의력 결핍이나 행동장애를 겪는 아동들이 증가하고 유아기부터 과도한 학습으로 학업스트레스를 겪는 아동들이 증가하면서 아동 분야의 상담전문가 수요도 예상된다. 더불어 기업에서 직원복지에 대한 관심이 높아지고 직장생활에서의 원만한 인간관계와 스트레스 감소 등이 업무효율성을 높이는 중요한 요소임을 인식하면서 직원들의 정신건강을 위해 심리상담을 도입하는 기업이 늘고 있어 일반기업에서는 상담전문가 수요도 점차 증가할 것으로 전망된다.

일자리가 증가하는 만큼 매년 대학 및 대학원에서 배출되는 전문인력도 많아 입직경쟁은 다소 치열한 편이다. 하지만 일부 영세한 규모의 사설상담소의 경우 근무환경이나 임금수준이 열악해 적합한 인력을 찾는 데 어려움을 겪기도 한다.

제 4 부
사례관리

〈핵심 내용〉

재활상담에서 사례관리는 장애인들의 독립생활이나 완전고용을 달성하기 위하여 필요한 서비스를 효과적으로 조직·전달·조정하는 체계이다. 특히, 재활상담에서 장애인들은 직업상담과 배치 서비스에 많은 관심을 가지고 있기 때문에 직업적 관점에서의 접근이 중요하게 다루어져야 한다. 사례관리자나 팀의 효율적인 역할을 위해서는 시간관리, 과제분석, 업무단순화, 체계적인 재교육이 필요하다. 사례관리자의 역할과 함께 사례관리의 핵심은 사례관리 모델과 과정인데 사례관리 모델은 사례관리자의 역할, 서비스방법, 내담자의 유형, 자원의 형태에 따라 살펴보았으며 과정은 초기 면접 → 문제상황 측정 및 평가 → 재활계획 → 서비스 조정 → 모니터링 → 재측정으로 살펴보았다.

제 15 장

재활상담과 사례관리

1. 사례관리의 개념
2. 사례관리에서 재활상담 관점의 중요성
3. 사례관리자의 역할

제 15 장 재활상담과 사례관리

1. 사례관리의 개념

재활상담은 인간 서비스 분야에서 진로를 찾고자 하는 개인에게 광범위한 기회를 제공하는 흥미롭고 도전적인 전문 분야로서 개인적·사회적 측면의 장애를 가진 사람들에게 초점이 맞추어진 분야이다. 재활상담은 전문 분야로서 개별적이고 직업적인 상담지원을 통해 장애인들의 기회균등을 촉진시키고 일상생활을 포함한 모든 활동의 독립을 증진시키는 데 관여하는 영역이다. 미국의 재활상담사 자격위원회(CRCC, 2007)는 재활상담을 신체적·정신적·발달상·인지상 그리고 정서상 장애를 가진 사람들에게 상담과정의 지원을 통해 가능한 한 가장 통합된 환경에서 그들의 개인, 진로, 그리고 독립생활 목표들을 성취할 수 있도록 지원하는 체계적인 과정으로 상담과정은 의사소통, 목표설정, 그리고 자기옹호, 심리적·직업적·사회적·전문적인 개입을 통해 바람직한 방향으로 변화를 포함하는 영역으로 정의하였다. 따라서 재활상담은 현재의 상황을 이해하는 것이 중요하며 현재의 상황은 단지 지속적인 과정 내에서 한 부분으로 이에 대한 체계적인 접근이 재활상담의 성공 여부에 중요하게 관여하게 된다.

사례관리(case management)는 일반적으로 서비스관리라고도 하는데 이것은 개별화되어 있는 다양한 전문적 서비스를 내담자에게 효과적으로 제공하는 것이라고 할 수 있다. 사례관리는 1960년대부터 정신건강과 지적 장애 분야에서 서비스에 대한 비용절감과 내담자의 권리를 확보하기 위한 탈시설화 운동이 일어나면서 연구되기 시작하였다. 이러한 탈시설화 정책은 서비스에 대한 준비가 미비한 지역사회에서 독립적으로 서비스를 받을 수 없는 많은 사람들이 문제를 야기함에 따라 이를 극복하기 위해 서비스 전달체계, 지역사회 자원체계, 내담자 중심 서비스 등의 확립을 통한 제반 조건의 정비가 이루어져야 한다는 필요성이 대두되면서 서비스 조정기능을 강화해야 한다는 주장으로 확립되게 되었다.

그러나 취약계층에 대한 기존의 서비스 망이 매우 복잡하고 분파적이므로 복합적인 욕구와 문제들을 해결하는 데 한계점이 노출되었고, 특히 장애인 등의 복합적 욕구를 지닌 내담자들은 연령집단·기능 영역·문제 영역 등에 따라 서비스들이 분화되어 포괄적인 서비스를 한 곳에서 수용하기가 어려웠다(장인협, 1996). 그로 인해, 서비스 공급 주체를 다양화하고, 지역사회 중심 서비스에 대한 필요성을 증대시키며, 내담자에 대한 포괄적인 서비스 실천방법이 필요하게 되었다. 그 결과, 최대한의 급여를 위한 서비스 조정, 가족단위의 인본주의적 접근, 지역적 포괄 서비스 제공을 위한 준비, 지역 수준의 적합한 자원 할당 등의 서비스 통합 프로그램에 관한 연구로 사례관리라는 새로운 기법이 등장하게 된 것이다.

초기 사례관리는 주로 정신보건과 발달장애 분야에 대한 연구가 대부분이었다. 그러나 1980년대 이후 사례관리는 장기보호를 요하는 자들을 위한 실천전략으로 체계적이고 다양하게 이루어졌으며, 1990년대 이후에는 보호의 질을 향상시키고 서비스의 효과성을 높일 수 있는 모형 개발이나 프로그램 개발, 사례관리의 기능에 초점을 두게 되었다. 이처럼 사례관리는 노인, 아동복지, 보건, 장애인 등을 포함한 다양한 내담자에게 효과적인 서비스를 제공하기 위한 전략이자 방편이며(Rothman, 1991), 다차원적 욕구를 가진 개인들의 기능과 안녕을 향상시키기 위해 개발된 것으로 공식적·비공식적 자원과 활동을 조직하고 조정하며 유지하는 방법이라 할 수 있다. 미국사례관리협회(Case Management Society of America: CMSA)는 내담자의 욕구에 맞추어 질 좋은 비용효과적인 서비스를 가능한 자원들을 활용하여 제공하기 위한 사정, 계획 수립, 실행, 조정 및 평가 등의 총체적인 일련의 과정을 사례관리로 정의하였다.

그 외에도 Johnson & Rubin(1983)은 사례관리를 복잡한 서비스 전달체계를 연결시켜 내담자로 하여금 적절한 서비스를 받을 수 있게 하는 과정이라고 하였고, Baruth 등(2000)은 내담자의 이익을 위해 다양한 기관과 직원들로부터 제공받을 서비스를 계획하고 추구하며 검토하는 일련의 절차라고 하였으며, Moxley(1989)는 복잡한 욕구를 가진 개인들의 기능과 안녕을 향상시키기 위하여 개발된 것으로 공식적 및 비공식적 지원과 활동을 조직하고 조정하는 일련의 체계로, Ballew와 Minks(1996)는 복합적이고 다중적인 문제를 가진 내담자들을 지원하기 위해 자원을 개발하거나 확대하며 자원을 이용할 수 있는 능력을 강화시켜 주는 과정이라고 정의하였다.

재활 분야에서 사례관리는 처음 서비스를 등록한 후 종결하기까지의 전 과정을 통해 내담자가 필요한 재활과정에 원활하게 이동할 수 있도록 돕는 활동을 의미한다(Wright, 1980). 따라서 재활상담에서 사례관리는 장애인의 독립생활이나 완전고용을 달성하기 위해 필요한 서비스를 효과적으로 조직·전달·조정하는 일련의 체계라고 정의할 수 있다.

이런 사례관리의 목적은 비공식적 지원체제(가족, 친족, 친구 등)와 공식적 지원체제(국가 및 공공기관)가 보유하는 각종 자원을 통합하는 기능을 하는 것으로(Moore, 1990) 다음의 세 가지로 요약할 수 있다.

첫째, 대인 서비스와 사회적 지지들을 이용하고 접근할 수 있도록 내담자의 능력과 기술을 증진시키는 것이다.

둘째, 내담자의 재활기능을 증진하기 위해 관련된 대인 서비스 제공자와 사회적 지원망의 능력을 발전시키는 것이다.

셋째, 효율적인 서비스를 전달하기 위해 노력하는 가운데 서비스의 효과성을 증진시키는 것이다.

또한 Rubin 등(1989)은 사례관리의 원칙을 지속성(continuity), 종합성(comprehensiveness), 통합성(integration), 개별성(individualization), 책임성(responsibility)을 제시하면서 이러한 기본원칙이 지켜지는 가운데 이용자 중심에서 서비스의 질을 향상시키는 것이 사례관리의 목적이라고 주장하였다.

Roessler와 Rubin(2006)은 재활 분야에서 사례관리의 세 가지 기본원칙을 제시하였다.

첫째, 사례관리는 분석, 가정, 계획, 피드백, 통합 등의 과학적 과정을 통해서 우리가 지원하고 있는 사람들에게 보다 더 중요한 욕구를 확실하게 하고자 지속적인 사정을 해야 한다.

둘째, 사례관리는 장애의 정도나 유형에 따라 그 접근방식은 다양하다.

셋째, 사례관리는 내담자의 단점보다는 장점을 강조해야 한다.

여기서 사정은 진단의 목적을 위해서 정보를 수집하는 이상의 의미를 가진다. 사실상 진단이 내담자의 고정된 모습인 반면, 사정은 역동적이고 지속적인 성향을 지닌다. 재활상담사는 지속적으로 수집된 정보를 검토하면서 내담자에 대한 정보를 수집하게 되고 수집된 정보를 근거로 평가하여 내담자와 함께 서비스 계획을 결정하게 된다. 모든 재활 서비스 계획의 성공에서 중요한 것은 사정으로 사례가 종결되는 시점까지 지속적으로 이루어져야 한다는 것이다. 재활상담사와 내담자가 개발한 서비스 계획이 내담자의 목표를 성취하는 데 기여하지 못한다면 이는 재활상담사가 사정된 정보를 이용하여 내담자의 분명한 상황을 이해하는 데 실패하였기 때문일 것이다. 즉 사정을 통해 우리는 사례관리를 위한 분명한 상황을 이해해야 한다는 것이다.

따라서 재활상담에서 사례관리의 목적은 첫째, 전문적인 직업재활 서비스와 사회적 자원을 활용하여 장애인의 독립성과 고용 잠재력을 증대시키며, 둘째, 재활 서비스와 관리를 공식적으로 전달하고 조정함으로써 역량을 강화하고, 셋째, 효율적인 서비스를 전달함으로써 재활 서비스의 효율성을 증진시키는 것이다.

2. 사례관리에서 재활상담 관점의 중요성

사례관리가 등장하게 된 배경에는 지역사회 중심 재활사업, 내담자의 증대, 서비스 비용에 대한 효율성 요구 등이 영향을 주었다. 1960년대 이후 서구사회에서의 탈시설화 운동은 종래의 시설 중심의 재활사업에서의 많은 문제점, 예를 들어, 재활의 목표와 배치, 비용/효과의 제한, 이용자 중심 서비스의 한계 등을 극복하기 위하여 등장, 지역사회 중심에서 재활사업을 전개하자는 운동이다. 그러나 짧은 시간의 지역사회 중심 서비스는 이용자로 하여금 지역사회에서 서비스 적체 현상으로 이어지고 사례 적체를 해결하기 위해서는 효과적인 관리체계가 필요하게 된 것이다.

산업화, 도시화, 사회 환경의 다중적 변화는 재활 분야에도 많은 내담자를 파생시켰고 특히, 이들 내담자는 한 가지 이상의 문제를 가진 복합적인 이용자를 양성하므로 이들의 욕구를 해결하기 위한 과학적인 접근도 필요하게 된 것이다.

상기의 지역사회 중심 서비스, 내담자의 증대는 결국, 국가나 민간에서의 많은 자원들을 요구하게 되었으나 자원들은 제한적이고 이에 대한 효과성이나 효율성 문제는 재활 분야에 자연스럽게 등장하게 된다. 따라서 서비스 전달의 효율화를 통해 자원이나 비용의 효과성 문제는 재활 분야의 주요한 이슈로 등장하게 되었고 결국, 이런 문제들을 해결하기 위해 등장한 것이 사례관리이다.

고용과 그 자체의 많은 이점들은 비장애인처럼 장애인에게도 중요하다. 특히, 최근 장애발생요인의 증가와 장애범주의 확대, 지역사회 및 고객 중심의 서비스기능 확대는 서비스에 대한 욕구의 수와 범위를 확대하는 데 기여하였다. 이로 인해 제한된 자원으로 이들의 욕구를 충족시키기 위해서는 자원의 연계와 서비스의 효율성을 관리하는 체계가 중요하다. 많은 연구에서 장애인들은 직업에 대해 가장 강한 욕구를 나타내기 때문에 재활상담사들은 심리상담보다는 직업상담과 배치 서비스에 더욱 집중하게 된다고 보고하고 있다(Murphy, 1988).

고용이 장애인들의 재활에 필수적(sine qua non)이라는 것을 강조함으로써 재활상담사의 주요 임무가 장애인들의 삶의 질(QOL)을 증진시키는 것이라는 예전의 논의를 논박할 방법이 없다. 재활상담사들이 제공한 수많은 서비스들은 삶의 질에 있어 가장 중요하고 토대가 되는 고용을 위해 필수적으로 필요한 개인적인 자립, 건강, 적응, 그리고 교육상태에서 장애인들이 중요한 이득을 얻도록 준비시킨다. 그러한 준비가 성공적으로 이루어지고 개인이 고용상태에 만족스러워 할 때 그들은 재활이 성공적으로 이루어졌다고 믿게 된다(Murphy, 1988).

직무만족에 관한 연구는 작업역할의 중요성에 대한 2가지 이유를 강조하는데, 첫째, 돈과 권력, 그리고 다른 사람들의 인지와 같은 외적 강화인자들은 일을 통해 얻어질 수 있다. 둘째, 본질적인 내적 강화인자로 안전과 만족, 자아실현, 그리고 긍정적인 시간을 통해 이루어진다는 것이다(Kuhnert, 1989). 개인들이 실업상태에 있을 때 그들은 많은 내적·외적 강화인자들로 접근하는 것을 부정하게 된다. 그러므로 직업재활 상담은 장애인의 삶에서 중요한 스트레스 감소전략으로 제시된다.

몇몇 연구자료들은 고용과 장애인의 삶의 질 사이에 강한 관계가 있다고 하였다(Crisp, 1990). 척수손상인에 대한 11년간의 사후관리 연구에서 Krause와 Crewe(1987)는 장기간의 생존과 관련되는 몇 가지 중요한 변수들을 확인하였다. 현재 나이와 손상된 시기를 계산한 다음 연구자들은 11년 이상 척수손상인으로 살아 온 사람들이 심리학자 팀에 의해 직업적·개인적 적응에서 더 높이 평가되었다고 하였다. 그들은 또한 사후지도 기간 동안 학교에 입학하거나 다니는 등 사회적으로 활동적인 역할을 하는 데 그들의 시간을 더 많이 보냈다. 그 외 연구들은 장애인들의 복지평가와 고용상태 사이의 정적상관을 증명하고 있다. 주당 근로시간, 주당 임금, 그리고 현재 직무만족도는 몇몇 연구들에서 삶의 질과 정적으로 관련되어 있다(Kirchman, 1986; Lehman, 1983). Murphy(1988)는 그의 연구에서 14명의 재활내담자 가운데 어떤 내담자도 그들이 여전히 실업상태에 있게 된다면 재활이 성공적이라고 여기지 않는다고 하였다.

몇몇 연구들에서 장애인의 선호도를 진술한 것뿐만 아니라 실험결과들은 재활상담사들이 매우 숙련된 직업상담사들이 되어야 한다는 주장을 강력하게 지지한다. 그들은 장애인들이 적절한 직무들을 선택하도록 돕는 데 필요한 훈련과 기술들을 가져야 한다. 연구결과들은 재활내담자들의 성격요소들과 그들이 직면하게 되는 작업환경의 특성들 사이에 존재하는 직무만족과 적합정도 간의 정적관계를 뒷받침해 준다. 성공적으로 재활된 개인들의 연구에서 Jagger 등(1992)은 개인과 환경에 대한 Holland의 6가지 차원들(현실적, 탐구적, 예술적, 기업적, 관습적, 사회적)에서 경쟁력 있는 직무들에서 일하는 장애인들은 미네소타 직무만족도 질문지에 의해 더 큰 직무 만족도를 가진다고 하였다.

고용주와 고용인 모두를 만족시키는 직무들을 선택한 장애인들을 돕기 위해 상담사는 종종 "직업세계에서 자신에 대한 이해를 할 수 있도록" 내담자를 더욱 촉진시켜야만 한다(Solly, 1987). 개인이 자아와 교육기회, 고용선택에 관한 직업적으로 관련된 정보를 탐색하고 통합하도록 상담경험을 구조화함으로써 재활상담사는 이해를 촉진할 수 있다. 그러나 먼저 상담사는 어떤 전제가 되는 문제들을 처리하도록 장애인을 도와야 한다. Amundson(1989)에 따르면 진로계획의 첫 단계는 직업탐색과 선택과정에 개인이 준비하도록 하는 것이다. 준비하는 데 영향을 미치는 요인들은 ① 개인이 기본적인 생존욕구를 가지는지, ② 자존감이 충분한지, ③ 자신의 삶을 개인적으로 통제하는 데 긍정적인 기대를 가지는지와 같은 질문들을 통해 나타난다. 이러한 질문들에 긍정적인 답을 할 때 직업계획을 세우도록 한다.

개인이 직업상담과정을 시작할 준비가 되었다고 결정할 때 재활상담사는 체계적인 직업선택이나 의사결정전략을 통해 개인을 지도한다. 그러한 전략에는 내담자에게 가능한 직업선택의 확인, 관련된 내담자와 직업적-교육적 정보에 대한 검토, 각각의 확인된 작업을 시작하는 데 있어 환경적인 장애물에 대한 사정, 그러한 장애물들에 대처하기 위한 가능한 접근법, 정보에 밝은 각각의 직업적 선택에 대한 검토, 그리고 직업목표의 선정 등이 있다. 직업상담과정에서 상담사는 ① 잠재적인 진로에 대한 직업적-교육적 정보 자원과 직접적인 정보의 출처에 대한 전문가(Solly, 1987), ② 내담자 자기-탐색의 촉진자, ③ 개인이 작업역할을 선택하는 데 적절한 모든 정보를 고려할 수 있도록 하는 안내자와 같은 서비스를 제공해야 한다.

직업적인 자기-탐색 과정을 통해 재활상담사는 어떤 직업선택도 현실적인 요인들의 정확한 평가를 반영하도록 정보에 관한 직업적 의사결정목적과 과정에 필요한 자료를 얻도록 돕는다. 정보는 개인의 특성과 환경의 특성을 포함한 직업상담과정 동안에 얻어지고 처리되어야 한다. 직업선택의 적절성은 단지 능력을 고려하거나 개인의 흥미에 기초하여 결정될 수는 없다. 환경의 본질은 특별한 직무를 얻기 위한 개인의 능력에 의미 있는 영향을 미칠 뿐만 아니라 직무에 배치된 후에도 영향을 미친다. Dobren(1994)은 신체적, 경제적, 개인적, 사회적 변수들이 개인의 행동에 영향을 미치는 것뿐만 아니라 장애의 결과가 몇몇 변수들을 어떻게 변화시키고, 새로운 것을 어떻게 만들어 내는지에 대해서도 설명함으로써 개인과 환경 간의 계약 복잡성을 명백하게 하였다. 이러한 변화는 장애인이 직면하는 적응상의 도전들을 증가시키는 결과를 가져왔다. 장애의 발생에 따라 변수들이 변하는 예로 사회적 태도(사회적)와 자아개념(개인적)이 있다. 새로운 변수들의 예로 경제적인 성장을 억제하는 것(경제적)과 건축상의 장벽(물리적)도 포함된다.

개인과 환경 간의 좋은 적합성은 높은 근로자 수행과 만족뿐만 아니라 낮은 스트레스를 가져왔다(Kulik et al., 1987). 개인과 환경 사이에서 적합성에 대한 두 가지 양상이 일반적으로 고려되어 왔다. ① 그들이 관리하는 환경에 의해 제공되는 개인의 욕구와 가치, 그리고 기회 사이에 적합성이 존재해야 하고, ② 그들의 요구에 부합하기 위해 환경의 요구와 개인의 능력 사이에 적합성이 존재해야 한다.

개인과 직무의 연결이 직업상담에서 주요 관심사로 나타나는 반면 효과적인 연결을 결정하는 것은 복잡한 측정의 도전이다. 예를 들면, 어떤 개인적 특성과 어떤 환경적 양상이 고려되어야 하는가?

"이러한 질문에 대한 명확한 답은 '그것은 의존한다'는 것이다. 만약 누군가가 씨름선수나 K-1선수가 되고자 한다면 체중이 중요하다. 그러나 다른 분야들의 경우 아마 그렇지 않을 것이다"(Ossipow, 1987). 동시에 상담사와 내담자는 개인과 직업의 이러한 짝짓기 과정이 인간이나 환경에 대한 견고한 생각에 기초하지 않는다는 사실을 명심해야 한다. 아무 것도 아닌 것이 정적이다. 훈련과 교육을 통해 인간은 새로운 기술과 지식을 개발할 수 있다.

직업상담에서 이러한 개인적 관점 외에도 재활상담에서 재활상담사와 내담자는 하나의 작업장보다 개인에 대해 다른 것을 더 바람직하게 만드는 환경적인 요소들을 부정하지 않아야 한다. 이들 요소들은 위치, 구조의 측면에서 작업장과 대인관계에서의 지원의 양 사이의 변화를 포함한다. 예를 들면, 작업은 일반적으로 지역사회의 구체적인 장소에서 일어난다. 그러므로 장소는 특히 많은 장애인들에게 중요하게 고려되어야 할 부분이다.

많은 신체적인 장애를 가진 개인들에게 작업장의 구조적인 측면은 중요하게 고려되어야 한다. 램프에 관한 대체방법, 컴퓨터의 음성출력과 화면강화에 대한 지원과 같은 작업환경에서의 변경, 또는 기계의 변경은 장애를 가진 고용인들에게 적절한 적응을 의미한다. 작업과제와 회사의 구조는 휴식의 빈도, 작업과제의 기간, 그리고 무급으로 방치하는 규정과 같은 다른 중요한 고려점을 포함할지도 모른다.

신체적인 장벽에서 기인한 직업기회에 대한 제한적인 접근은 직업선택과정에 영향을 미치는 환경 중의 하나이다. 신체적인 환경에 관한 장벽을 면밀히 검토함으로써 Mace(1980)는 어떻게 접근성의 의미를 장애의 본질에 의존하는 것과 구별하는지에 관해 논했다. 예를 들면, 휠체어를 탄 개인의 접근성은 "힘든 표면, 점차적으로 경사진 곳, 기초에서 떨어진 곳, 그리고 넓은 문" 등의 개념을 포함한다. 개인들은 걷기 위한 능력에서 "핸드레일, 앉아서 쉬는 장소, 또는 여가시간으로 이동하는 것에 관한 것"을 필요로 할지도 모른다. 시각장애인은 "촉각이나 음성적인 정보를 대조하여 표시하거나 경고하는 것, 누군가 지시를 주는 것, 또는 안내견을 따라 승차하는 것" 등을 필요로 한다. 청각장애인들은 통역자에게 시각적인 정보로 표시하고 접근하게 된다. 그러므로 작업환경에서 구조적인 요소들이 중요한 요소가 될 때 직업선택은 직업변경의 가능성을 고려하는 점으로 선택되어야만 한다.

장애인들과 함께 작업을 할 때 재활상담사는 직업기회의 유용성에 관한 것뿐만 아니라 작업장의 관점에서 위치, 구조, 그리고 대인관계적 지원에 관한 지방 노동시장에 대해 알아야 한다. 상담사는 내담자 평가를 위한 그들의 계획과 재활계획을 개발하는 것으로 작업세계에 대한 이런 현실성에 기초하여 이해함으로써 통합해야 한다.

결국, 많은 장애인들은 재활상담에서 무엇보다도 직업상담과 배치 서비스에 대해 많은 기대를 가지고 있고 관련 기관과 재활상담사들에게 이와 관련된 서비스를 지원받기를 원한다. 그러므로 사례관리에서 직업상담 관점은 중요하다. 재활과정의 성과는 개인의 이력 및 경험에 적합한 직업을 갖는 것이다. 그러나 직업배치는 많은 요인들, 즉 개인과 환경에 의해 영향을 받으며 이 영향요인은 직무배치 상황에 따라 달라지기 때문에 사례관리를 위해서는 이와 같은 관점과 요인들을 고려해야 하는 것이다.

3. 사례관리자의 역할

1) 사례관리자의 역할

사례관리를 누가 어떤 방법으로 해야 할 것이냐는 문제의 상황과 내용에 따라 달라질 수 있을 것이다. 그러나 일반적으로 사례관리자는 내담자가 가진 문제를 해결하기 위해 직접 서비스를 제공하거나 문제를 해결하기 위해 일련의 서비스를 총체적으로 관리해 나가는 체계라고 볼 수 있기 때문에 사례관리자는 개인이 될 수도 있고 팀이 될 수도 있을 것이다.

사례관리자의 역할에 대한 학자들의 주장을 살펴보면, Weil과 Karls(1985)는 사례관리자의 역할을 내담자가 가진 문제를 해결하기 위한 주도적인 역할을 하는 사람으로 문제해결자, 계획가, 서비스 조정자, 평가자, 진단자, 옹호자, 중재자, 체계적인 조직, 연계자, 모니터, 기록자, 자문가, 지원자, 치료자, 상담사 등의 역할을 하는 사람으로 정의하였고, Moxley(1989)는 내담자와 함께 직접적으로 대면해서 하게 되는 역할과 간접적인 역할로 구분해서 제시하고 있다.

Rothman(1991)은 모든 유형의 내담자와 사회 전반에 공통적으로 적용될 수 있는 사례관리자의 역할을 ① 사례발견과 의뢰, ② 적극적인 내담자의 발굴, ③ 인테이크(intake), ④ 사정, ⑤ 목표 설정, ⑥ 서비스 계획 및 개입, ⑦ 내담자와 서비스 또는 자원 간의 연계, ⑧ 자원 파악 및 목록 작성, ⑨ 서비스 제공의 점검, ⑩ 재사정, ⑪ 결과평가, ⑫ 기관상호 간의 조정, ⑬ 상담, ⑭ 치료, ⑮ 내담자의 옹호 등 15가지로 제시하고 있다.

Davies 등(2001)은 사례관리자의 역할을 ① 사례발견, ② 적격 여부를 위한 심사, ③ 사정, ④ 재활계획, ⑤ 모니터링, ⑥ 관리자로 제시하였고, Frankel & Gelman(2004)는 사례관리자의 역할을 지원, 위기 개입, 단기치료개입, 중재자, 교사, 옹호자, 서비스 조정자, 사후관자 등의 역할로 명시하고 있다.

재활 분야에서의 사례관리자의 역할은 Wright(1980)는 초기면접, 서비스 조정 및 사례기록으로 제시하고 있다. 그 내용을 구체적으로 살펴보면 다음과 같다.

첫째, 초기면접에서는 ① 내담자의 욕구를 파악하고, ② 기관이 내담자에게 적합한 서비스를 제공할 수 있는지를 판단하며, ③ 서비스 이용의 적격 여부를 판단하는 데 필요한 직업평가 유형을 결정한다.

둘째, 서비스 조정에서 재활상담사는 지역사회의 지도자나 관련된 재활기관과 접촉하여 재활자원을 확보하기 위한 노력을 지속적으로 해야 하고, 필요할 때 이를 활용하여 자신의 내담자에 대한 서비스를 연결하고 조정할 수 있어야 한다. 직업평가의 경우만 하더라도 상담사는 의사, 심리학자, 직업평가사에게 내담자의 평가를 의뢰해야 한다.

따라서 재활상담사는 이런 분야의 유능한 전문가 자원을 파악해야 하고, 내담자에게 제공되는 치료나 훈련 서비스를 적극적으로 조정하고 관리해야 하며, 사례조정과 관련된 서비스의 재활비용을 적절하게 관리할 수 있어야 한다.

셋째, 사례기록 및 보고에 대한 업무영역은 사례기록의 보유 및 내담자의 서비스 제공과 관련된 개인이나 재활기관 내외부인에게 내담자의 진척사항을 보고하는 활동이 포함된다.

Roessler와 Rubin(2006)도 사례관리자의 역할을 초기면접, 서비스 조정, 사례기록과 보고로 정의하고 있다.

이처럼 사례관리자는 역할개입 과정에서 직접 자원을 관리하기도 하지만 주요 역할은 내담자를 옹호하거나 서비스를 위해 교섭

하고 제공된 서비스를 검토하는 것이다. 즉 각기 분리되어 있는 복잡한 서비스들을 체계적으로 해결하는 중간역할을 담당하는 것이다. 따라서 사례관리팀이나 관리자의 역할은 상황에 따라 조정자, 옹호자, 상담가 혹은 교육자로 나누어 볼 수 있고 직업상담에서 사례관리자는 직업상담가가 담당해야 할 것이다. 사례관리자의 역할을 보다 구체적으로 살펴보면 다음과 같다.

□ 조정자

조정자로서 사례관리자는 내담자에게 직접 서비스를 제공하는 대신 주로 서비스 전달상황을 파악하고 조정한다. 조정이란 사례관리자가 내담자의 욕구에 대응하기 위하여 필요한 자원을 조직하고 조율하는 것으로서 이는 관련 자원들이나 재활문제에 대한 체계적인 이해가 부족하면 어려운 역할이다. 또한 조정자로서 역할은 초기에 내담자의 욕구에 부합하기 위한 자원이 무엇인지를 결정하기 위하여 내담자와 논의하는 역할도 하게 된다. 따라서 사례관리자는 서비스 상황(setting)에 따라 서비스를 안내하고 정리하며, 때로는 어떤 서비스를 직접 통제할 수도 있다. 이런 역할을 수행하기 위해서는 사례관리자는 내담자 중심 접근과 지역사회 이용 가능한 자원들에 관한 전문적인 지식을 가져야 하며 내담자의 자기결정을 지원할 수 있는 방법들에 관해 충분한 교육이 이루어져야 할 것이다.

□ 옹호자

옹호자로서 사례관리자는 내담자가 자기문제를 직면하고 자기문제를 해결할 수 있도록 자기직면과 자기옹호능력을 지원해 주는 것이다. 이를 위해 사례관리자는 내담자에게 비전을 주거나 내담자의 노력과 인내에 격려를 하거나 내담자의 관심사항에 대하여 친밀하게 경청하거나 접근함으로써 내담자가 자신의 문제해결을 위해 노력하도록 해야 할 것이다. 옹호(advocacy)는 약한 위치에 있는 내담자를 위해 영향력이나 권한을 활용하여 대변하는 역할로서 때로는 서비스 전달에 필요한 자원이 전혀 없거나 자원이 적절히 제공되지 않을 때 양질의 서비스가 전달되도록 필요한 지원을 해야 한다(Ballew & Mink, 1986).

특히, 내담자에게 필요한 자원을 제공하거나 충분한 서비스를 제공할 수 있는 여건이 되거나 하고 있는 기관들은 문제될 것이 없지만 내담자들에게 의도적 혹은 회피적으로 서비스를 거절하려고 할 때에는 사례관리자가 이에 대해 적극적인 옹호를 해야 한다.

□ 상담가 혹은 교육자

상담가로서 사례관리자는 내담자가 문제와 욕구를 스스로 파악하고, 인식하도록 도우며, 서비스의 질과 적합성을 판단하는 방법을 교육시키고, 책임성을 어느 정도 분담하도록 격려한다. 그리고 효과적으로 사례를 관리하기 위해 각각의 재활단계, 즉 사례발견, 초기면접, 적격성 판정, 평가, 상담, 계획수립과 이행, 서비스 제공, 직업배치와 사후지도, 그리고 취업 후 서비스에 이르는 전 과정에서 필요한 업무활동을 충실히 수행한다.

사례관리자로서 교육자의 역할을 수행할 때에는 내담자가 문제해결을 독립적으로 할 수 있도록 개입이 이루어져야 한다. 따라서 상담사 혹은 교육가로서 역할을 수행하기 위해서는 사례관리자는 충분한 상담이론에 대한 지식과 학습원리를 이용하는 기술을 충분히 함양하고 있어야 한다.

2) 효율적인 사례관리를 위한 사례관리자의 역할

효율적인 사례관리를 위해서는 사례관리자는 특정 내담자의 문제에 대응할 수 있는 능력과 서비스 전달체계나 자원연계망 등에 대한 종합적인 지식체계에 해박한 정보를 가지고 있어야 한다. 그러나 이러한 사례관리자들만의 노력으로 사례관리가 효과적으로 이루어지는 것은 아니다. 효과적인 사례관리에 영향을 미치는 요인에는 사례관리자의 능력 외에도 국가의 재활정책, 서비스에 대해 상담가가 느끼는 압박감의 정도, 각 사례의 특성, 상담가의 성향과 능력 등이 다중적으로 영향을 미치게 된다.

재활상담에서 효율적인 사례관리를 위해 사례관리자들이 참고해야 할 역할은 일일 업무계획의 수립, 의사결정, 사례선택의 우선순위 기준 설정, 상담가의 자율적인 판단 등이다. 이에 대한 구체적인 내용은 다음과 같다(Wright, 1980).

첫째, 일일 업무계획 수립으로 사례관리자들이 명확한 계획하에 업무를 수행함으로써 사례가 누적되지(case load) 않도록 하는 것이다. 즉 하루에 해야 할 전체 업무 가운데 우선순위를 정해 사례관리의 효율성을 갖게 하는 것이다.

둘째, 의사결정으로 사례관리자가 활용할 수 있는 가장 정확한 정보에 기초하여 내담자의 참여 속에 서비스가 필요한 적기에 의사결정을 하도록 한다.

셋째, 사례선택의 우선순위로 이는 각 기관이 정한 기준에 따른다. 예를 들면, 직업상담에서, 중증장애인 우선, 기능 정도에 따른 우선권 등을 들 수 있다.

넷째, 사례관리자의 자율적인 판단으로 사례관리자는 직업상담에서 프로그램 선택, 자원의 활용, 재활계획의 수립, 전문적인 서비스를 제공할 때 내담자의 참여와 팀워크의 협조 아래 합리적인 방향에서 자율적으로 판단할 수 있고, 이를 효과적으로 활용해야만 적절한 사례관리가 이루어질 수 있다는 것이다.

또한 미국 인간 서비스 기관에서 근무하는 50~60명의 사례관리자를 직접 인터뷰를 통해 얻은 효과적인 사례관리자가 되기 위한 조건들은 다양한 역할 수행, 조직능력, 의사소통 기술, 다양한 상황에 대한 지식, 윤리적 의사결정, 경계, 비판적 사고, 개인적 자질 등이며 구체적인 내용은 다음과 같다(조미숙 외, 2006).

첫째, 다양한 역할을 수행할 수 있도록 준비되어야 한다.

사례관리자는 옹호, 중재, 조정, 교육, 상담, 감독자 등 다양한 역할을 수행한다. 사례관리자는 내담자의 핵심문제를 결정하고 이 문제를 해결하기 위한 계획을 수립하고 자원을 찾고 다른 전문가들과 서비스에 대한 조정을 하는 책임 있는 역할이다. 따라서 사례관리자가 효율적인 사례관리자가 되기 위해서는 이러한 다양한 역할을 수행할 수 있도록 다양한 기술을 가지고 있어야 한다.

둘째, 조직능력이다.

몇몇 사례관리자들은 조직화 기술의 중요성에 대해 강조하고, 전문가들이 조직 능력이 부족할 때 발생할 수 있는 문제에 대해 언급하였다. 내담자를 위해 사례관리자가 조직화한다는 것의 의미는 자신의 시간을 관리하는 것과 문서화하는 것을 의미한다. 사례관리자가 자신을 잘 조직화하지 않으면, 종래에는 내담자들이 고통받게 된다.

비록 시간 관리가 스트레스를 완화시키는 도구로 지속적으로 언급되어져 왔지만, 많은 이들은 그들의 업무 상황을 통제할 수 없을 정도로 업무량이 많다고 한다. 따라서 너무 분주하게 되어 내담자의 문제를 해결하기 위한 방안을 찾을 시간조차 없다고 한다. 한 응답자는 "내담자가 나에게 와야지 내가 가서 만날 수는 없다"고 말했다.

문서업무 수행은 사례관리자들이 매일 접하게 되는 또 다른 조직기술이다. 내담자 전체 삶을 문서화하는 것이 중요하다. 사례관리자가 기록하는 문서는 초기 사정, 가족력, 심리사회적 사정, 면접일지, 목적, 서비스 계획, 그리고 평가가 포함된다. 전문가들은 보고서를 작성하는 방법과 보고서를 작성할 시간을 찾는 방법에 대한 이중적 도전에 직면해 있다.

사례관리자는 요구되는 문서 기록을 포함하여, 사례관리자로서의 책임감이 막중하다는 것에 놀라게 된다. 조직적 기술이 마스터되지 않으면, 과다한 업무량, 좌절, 소진으로 인해 직장을 떠나게 된다. 시간과 문서 업무, 업무량, 매일의 스케줄, 비상 상황에 대한 관리는 매우 중요한 생존기술이다.

셋째, 원활한 의사소통기술을 가져야 한다.

사례관리자들은 의사소통기술은 다른 어떤 기술들보다 더욱 중요하다고 하였고, 이는 서비스 관계를 형성하고, 욕구와 상황을 사정하고, 내담자를 설득하는 데 직접적으로 관련되는 기술이다. 의사소통기술에는 경청하기, 질문하기, 정보 제공하기를 포함한다.

사례관리자들은 내담자 서비스 관계를 잘 형성하기 위해, 문제를 잘 규정하기 위해, 사례관리 과정의 원활한 진행을 위해 내담자가 말하는 것을 경청하는 것이 중요하다고 언급하였다. 유대감은 원조과정에 있어서 매우 중요한 부분이다. 사례관리자는 내담자가 서비스를 받으려 하지 않을 수 있고, 오랜 기간 마음을 열지 않을 수도 있다. 사례관리자는 내담자와 친밀감을 형성해야 한다.

적극적 경청을 통해 사례관리자는 내담자가 자신의 숨겨진 문제를 말할 수 있도록 도와야 한다. 적극적 경청은 또한 내담자가 억눌린 감정을 토해 내도록 하는 데 도움을 준다. 또한 내담자가 말하는 것이 무엇을 의미하는지 명확히 하도록 돕기 위한 질문들을 하는 것도 포함된다.

경청은 또한 사정 과정을 촉진하는 의사소통기술이다. 많은 사람들로부터 정보를 모으고, 사람들의 욕구를 사정하고 무엇이 중요한지의 여부를 파악하는 데 필요한 기술이다. 정보를 얻기 위한 질문을 던지는 기술이 필요한 것이다.

내담자로 하여금 서비스를 받도록 하고, 스스로를 보호하는 데 적극성을 띠도록 교육하기 위해 정보를 제공하는 데도 의사소통기술은 중요한 도구이다. 때때로 사례관리자들은 내담자의 가족에게 문제가 무엇이고 중요한 이슈가 무엇인지 언급해야 하고 필요하면 법적 조치에 대해서도 정보를 주면서 이야기해 주어야 한다. 다른 전문직과의 의사소통 또한 중요한 기술이다. 연계망(networking)은 내담자를 위한 자원을 찾는 데 중요한 도구이다. 다른 전문직과 좋은 관계를 맺고 있는 것과 서비스를 위해 연락할 사람들과 기관을 알고 있는 것은 궁극적으로 내담자에게 도움이 된다.

넷째, 다양한 상황에 대한 지식을 소유하고 있어야 한다.

사례관리자는 다양한 상황에 대한 지식이 필요하다. 여기에는 일반적인 기술들, 예를 들어 타이핑하기, 컴퓨터 활용하기뿐 아니라 더 전문화된 지식(의학용어, 처방과 부작용 등)이 포함된다. 인간행동, 심리사회적 문제들, 다양한 원조 방법들에 대한 전반적인 이해가 내담자와 함께 일하면서 계획을 세우는 데 기초가 된다. 또한 중요한 것은 의료급여, 보호처분, 아동복지, 임대주택 등의 체계를 아는 것이 필요하다. 이를 통해 사례관리자가 다른 기관 또는 서비스와 상호작용하기가 용이하다.

다섯째, 윤리적 의사결정이 이루어지도록 교육되어져야 한다.

사례관리자는 반드시 윤리적 이슈들(즉 자기결정, 비밀보장, 역할갈등)을 알아야 하고, 이러한 이슈와 관련된 질문을 제기해야 하며, 이에 대해 적절한 전문적인 반응을 해야만 한다. 자기결정과 관련해 한 사례관리자는 다음과 같이 언급하였다. "우리는 그들을 교육하지만, 그들의 권리를 빼앗을 수는 없다." 사례관리자들은 내담자가 잘못된 결정을 내린 사례들을 제기했다. 내담자들은 서비스를 거부했고, 완벽한 서비스를 받는 것보다 독립을 유지하는 것을 선택했다. 약물 치료도 거부하고, 식사도 거르고, 학대적인 상황으로 되돌아가기도 했다. 사례관리자들은 내담자가 서비스를 거부하거나 조언을 무시했을 때 겪은 좌절에 대해 묘사 했다. 그러나 그들은 내담자들이 자신의 운명을 스스로 결정해야 하는 권리에 대해서 열정을 가지고 있었다.

비밀 보장은 또 하나의 윤리적 딜레마이다. 사례관리자는 어떤 정보들을 보고해야 하고, 어떤 것들은 생략해야 할지에 대한 의문을 종종 갖는다. 비밀 보장과 관련된 또 다른 문제는 컴퓨터의 사용과 관련된다. 컴퓨터 보안의 필요성이 증대되고 있다. 사례관리자가 직면하는 가장 어려운 딜레마 중 하나는 역할 갈등이다. 사례관리자는 서로 모순되는 이중의 책임감에 대해 생각해 보아야 하는 상황을 종종 맞게 된다. 내담자를 지지하기 위해 새로운 서비스를 제공해 주어야 하지만 기관의 규정을 어겨야 하는 경우를 예로 들 수 있다.

여섯째, 내담자와의 구분을 명확히 할 수 있어야 한다.

사례관리자로서 자신과 내담자 사이에 경계를 세우는 것이 중요하다. 한 사례관리자는 "내담자와 매우 가까워질 수 있으므로, 스스로를 잘 살펴야 한다"고 지적하였다. 또 다른 사례관리자는 "상황이 어떻게 진행되고 있는지에 대해 분명하게 이해하기 위해 때때로 한걸음 물러서서 '이것이 누구의 문제인가?'라고 질문해 보는 것이 도움이 된다." 비록 사례관리자들이 자신과 내담자 사이에 경계를 세우기 위해 노력한다 할지라도, 여전히 내담자에 직면한 어려운 상황에 대해 고민하게 된다. 사례관리자는 내담자의 문제로 인해 울기도 하고 내담자에 대한 꿈을 꾸기도 한다. 사례관리자는 때로 현실적일 필요가 있고, 자신의 감정을 잘 통제해야 한다.

일곱째, 비판적인 사고가 필요하다.

사례관리자는 비판적이고 명확하게 사고할 필요가 있다. 비판적 사고의 기술 중 하나는 "개인적이고 작은 부분뿐만 아니라 전체를 보는 것"이다. 개별 사례들은 매우 복잡하게 얽혀 있는 경우가 많기 때문에, 세부적인 것에만 중점을 두고 "숲을 보지 못한다면 문제를 해결하기 힘들 수 있다. 비판적 사고는 여러 사람으로부터 많은 정보를 모으고 요약하고 결정하는 것"이다.

마지막으로, 사례관리자로서 자질을 가져야 한다.

효과적인 사례관리자가 되기 위한 개인적 자질은 무엇인가? 유연성이 필요하다. 하루 동안의 계획이 예정대로만 진행되지 않을 수 있다. 긴급한 내담자의 욕구가 발생하거나, 면접이 평소와는 다른 환경 속에서 이루어질 수 있다. 유연성을 갖고 상황에 따라 적절히 대처할 수 있어야 한다. 또한 사례관리자는 의사소통에 있어서 '확고한' 면과 아울러 때로는 '부드러울' 필요가 있다. 내담자와의 좋은 업무 관계를 형성하는 능력은 매우 중요하다. 사례관리자는 '사람들과 이야기하고 잘 어울릴 수 있는 능력'이 중요하다.

사례관리자는 또한 인내심이 필요하다. 사례관리자는 자신이 내담자와 함께 일할 때는 '한 번에 한 걸음씩' 나아가야 한다. 이것이 때로 인내하기 힘든 경우가 많다. 그들은 스스로에게 기다리는 것이 중요함을 상기시킨다. 내담자에 대한 현실적인 기대를 함으로써 인내심을 갖게 될 수도 있다. 한 사례관리자는 내담자가 새로운 기술을 배우도록 할 때, 서두를 필요가 없다는 점을 강조한다. 인내의 두 번째 부분은 지속성(persistence)이다. 많은 사례관리자들이 서비스과정에서 내담자와 관료주의로부터의 저항과 어려움을 경험하기 때문이다.

자신감은 사례관리에서 접하게 되는 많은 어려움들을 극복할 수 있는 기반이 된다. 응답자들은 "반드시 자신감을 가져야 한다"고 말한다. 이러한 자신감은 상황이 잘 풀리지 않을 때도 긍정적인 관점을 갖도록 도와준다. 그리고 다른 전문가들과 일할 때 또는 저항적인 내담자와 일할 때 단정적 행동(assertiveness)을 강화시켜 준다. 다른 전문직과 일할 때 경험하게 되는 특별한 어려움은 바로 관료주의적 위계관계이다. 많은 고위층 인사들은 사례관리자가 중요한 전문적인 공헌을 한다고 생각하지 않는다. 자신감을 통해 사례관리자들이 리더십을 발휘하게 되고 목표를 성취하는 데 필요한 권위를 갖게 된다.

끝으로, 사례관리자는 자신의 업무에 대한 '모험심'과 '흥미'를 가져야 한다. 인류학자나 탐험가처럼, 인간 서비스 제공자들은 문제를 정확히 파악하고, 내담자의 욕구에 맞는 서비스 계획을 세우고, 이러한 서비스를 찾아 나서는 데 흥미를 느껴야 한다.

결국 사례관리는 서비스가 내담자에게 보다 적합한 것이 되어야 하므로 사례관리자의 능력을 향상시키는 것이 사례관리를 효율적으로 수행할 수 있는 하나의 방법이다. 따라서 재활기관에서 사례관리자의 능력을 향상시킬 수 있는 방안들을 상기의 내용들을 축약해서 제안해 보면 시간관리, 과제분석, 업무단순화, 체계적인 재교육이다.

□ 시간관리

보다 능률적인 사례관리자는 항시 바쁘게 움직일 뿐만 아니라 자신의 시간을 효율적으로 활용한다. 불필요한 출장이 많고 서류작업에 많은 시간을 소비하는 등 시간을 효율적으로 관리하지 못하는 사례관리자는 상담과 계획, 직업배치, 구인개발, 기관 간의 팀워크, 사후지도와 같은 생산적인 활동을 잘 수행해 낼 수 없다. 따라서 사례관리자는 시간별, 일별, 주별, 월별의 사례관리를 위한 체계적인 시간관리를 위한 훈련과 적용이 필요하다.

□ 과제분석

이것은 각 과제의 구성요소들을 평가하는 것으로, 직업상담에서 개입해야 되는 과제의 구성요소들을 명확히 하면 그 과제를 어떻게 수행하는 것이 쉽고 빠른지 알 수 있게 된다. 과제수행방법을 달리하거나 그 과제를 사무요원과 같은 다른 사람에게 맡길 때 시간을 절약할 수도 있고, 과제와 그 구성요인들을 재조정할 때 직무의 복잡성을 감소시킬 수도 있다. 효율적으로 시간을 관리하는 사례관리자는 대개 하루 동안에 처리해야 할 활동의 수를 가급적 줄이게 되는데 이것은 철저한 과제분석에서 가능한 일이다.

과제분석은 임무(duties), 과업(task), 과업요소(task element)를 분석해야 한다. 여기서 임무는 한 사람이 수행하고 있는 작업을 크게 세분화한 것으로 주요한 직무책임의 하나로 인정되며 노동시간의 일정비율을 차지하고 그 노동주기 내에서 일정한 빈도를 가진다. 과업은 한 가지 또는 여러 가지 과업을 통해 임무를 구성한다. 다시 말하면 과업은 한 개의 임무 가운데 포함한 작업활동의 단위이다. 작업요소는 어떤 업무의 동작, 운동, 그리고 정신적 과정으로 분해하지 않고 세분화할 수 있는 작은 단위의 일을 말한다.

과업분석을 하려면 먼저 ① 사례관리자가 무엇을 하는가, ② 사례관리자가 과업을 어떻게 수행하는가, ③ 사례관리자가 왜 그 과업을 수행하는가, ④ 그 과업을 하는 데 어떤 기술이 필요한가 등에 대한 분석이 이루어져야 한다.

□ 업무단순화

업무단순화는 적은 시간, 적은 비용 및 적은 노력을 들여 일을 보다 능률적으로 할 수 있도록 하는 기술이다. 일례로, 최근 직업상담에서 정보관리체계(information management system)가 업무를 단순화, 전문화하는 데 기여하고 있음을 볼 수 있다. 그리고 그 과정에서 비합리적인 결정이 도출되는 것을 피하기 위해 7단계의 순차적인 문제해결 과정, 즉 ① 개선될 수 있는 일이나 해결될 수 있는 문제 선택, ② 정보 수집(요인들에 대한 확인), ③ 수집된 정보에 대한 분석, ④ 개선을 위한 방법 개발, ⑤ 대안 분석 및 평가, ⑥ 최선의 개선안 선택, ⑦ 사후관리를 적용하는 것을 볼 수 있다.

□ 체계적인 재교육

사례관리자가 사례관리를 효율적으로 수행하기 위한 조건은 다학문적인 지식과 기술에 대한 접근과 의사소통기술의 활용, 윤리적 의사결정기술의 활용 등이 전제되어야 한다. 이러한 지식과 기술, 실천적인 방법들은 사례관리자를 위한 지속적인 교육체계와 임상의 적절한 피드백(feed-back)으로 가능한 일이다. 따라서 재활상담이나 직업재활 분야에서 사례관리자의 효율성을 확보하기 위해서는 관련 학회나 협회 등에서 이들을 위한 지속적인 재교육 시스템을 제공하거나 자격요건의 재교육을 필수요건으로 규정하는 방법도 고려할 필요가 있을 것이다.

제 16 장

사례관리 모델과 과정

1. 사례관리 모델
2. 사례관리의 개입과정

제 16 장 사례관리 모델과 과정

1. 사례관리 모델

사례관리의 모델을 형성하는 일반적인 목표는 보다 종합적인 서비스 프로그램을 개발하고, 사례관리의 종합적인 기능을 구축하여 내담자의 서비스 욕구에 신속하고 효과적인 서비스 체계를 확립하는 데 있다(Schraeder, 1996). 즉 사례관리는 복합적이고 다양한 서비스 욕구를 지닌 내담자를 대상으로 그들의 욕구와 문제를 해결하고, 사회적 기능을 증진시키기 위해 그들이 필요로 하는 보호와 서비스를 효과적으로 제공받을 수 있도록 공식적·비공식적 자원체계를 통합·조정·관리하는 과정으로 볼 수 있기 때문에 체계를 확립하는 것은 중요하다는 것이다. 내담자에 대해 정확한 임상적 예측을 하는 데 기여하는 가장 중요한 요소는 체계적으로 구조화되어 있는 모델을 개발하는 것이며 이를 위한 조직적인 접근방법이 활용되어야 한다.

재활상담사는 다양하고 복잡한 문제와 욕구를 가진 사람들과 일을 하는 것이기 때문에 이러한 문제들에 재활상담사가 어떻게 접근할 것인가는 재활과정의 성공 여부를 결정하게 된다. 따라서 연구자들에 의해 체계적인 접근방법이 다양하게 연구·개발되고 있다.

사례관리 모델의 성격은 일반적으로 사례관리의 목표, 대상자의 특성, 사례관리자의 역할, 서비스의 범위 및 내용, 자원활용의 정도, 어디에 초점을 두느냐에 따라 달라질 수 있다.

황성철(1995)은 사례관리자의 역할에 따라 사례관리 모델을 단순형, 기본형, 종합형, 전문관리형으로 제시하고 있고, Chubon(1992)은 자원조정과 통제라는 측면에서 연계체계와 통합체계 모델로 이윤로(2006)는 서비스 방법에 따라 중계 모델, 판매 모델, 통합된 중계 모델, 자원개발 모델, 조직의 변화 모델로 구분하였으며 Rapp(1995)은 사례관리의 체계적 접근이라는 기존 연구 모델을 종합적으로 검토하여 종합적인 측면에서 재활 분야의 적용 가능한 사례관리 모델을 중재자 모델, 재활 모델, ACT 모델(assertive community treatment model), 장점 모델로 구분하였다.

1) 사례관리자 역할에 따른 분류

이 분류는 사례관리의 접근방법은 사례관리자가 어떤 역할을 하느냐에 따라 체계적으로 분류하는 방법으로 단순형, 기본형, 종합형, 전문관리형으로 구분하였다.

□ 단순형 모델

단순형 모델은 사례관리의 기본적인 목적을 내담자와 지역사회 자원, 그리고 서비스와 연계시키는 데 초점을 두고 있다. 여기에서 사례관리자는 주로 중재자의 역할을 하고, 내담자를 인식하고 사정, 사례계획 및 서비스 연계, 전달 서비스의 효과성을 점검하는 세 가지 기능을 수행한다. 이 모델은 주로 준 전문가와 비전문가에 의해 수행될 수 있고, 비용-효율적 서비스 차원에서 팀 접근보다 개별 접근이 더 적합하다.

□ 기본형 모델

기본형 모델은 사례관리자가 공식적 · 비공식적으로 지역사회 기관과 원조관계를 형성하여 내담자와 서비스를 연계하는 기능을 수행하고, 개별화된 조언이나 상담 등의 직접적인 서비스를 제공하는 것이다.

이 모델의 목적은 내담자와 서비스의 연계를 도모하고, 동기 부여와 자조능력 배양을 포함한 상담 서비스를 제공하는 데 있다. 또한 사례관리자가 단순히 서비스 중재자에서 내담자의 일차적인 상담가가 되어야 한다는 점이 강조됨으로써 때때로 준전문가나 충분한 훈련과 경험이 없는 전문가가 사례관리자로 선임될 경우, 문제행동을 분석하고 치료하는 등 심층적 상담을 전개하는 데 어려움을 야기하기도 한다.

따라서 이 모델에서 사례관리자는 적극적인 내담자의 발굴, 사정 및 사례관리, 서비스 제공, 서비스 점검 기능, 내담자의 기술습득을 위한 정보 제공, 그리고 교육기능을 수행함으로써 중재자 · 교육자 · 지지자 등의 역할을 수행하며 팀 접근보다 개별 접근이 더 적합하다.

□ 종합형 모델

종합형 모델에서 사례관리자는 다양한 역할을 수행하는 데 그 목적은 내담자의 문제상황과 행동을 치료하는 데 있다. 이 모델은 보통 전문가에 의해 수행되는 것이 바람직하며 기존의 전통적인 서비스 전달체계와는 별도의 독립된 부서를 설치하여 전개하는 것이 전문성과 내담자의 개별적인 접근에 유리하다. 또한 사례관리의 효과성에서 볼 때 내담자의 삶의 질 향상, 스트레스와 고독감 감소, 행동변화 등의 차원에서 긍정적인 결과가 나타나고 실제로 비용이 절약되는 면도 있다.

따라서 이 모델은 많은 양의 서비스와 자원이 투입되는 데에 비해 상대적으로 효과가 크지 않은 기존의 전통적 접근보다 훨씬 효과적이다. 그러나 사례관리 대상 사례 수가 많으면 많을수록 행정적인 업무에 보다 많은 시간을 소비할 수 있기 때문에 전문적 서비스를 위해서라면 사례 수를 10 내지 20사례로 제한하는 것이 바람직하다.

□ 전문관리형 모델

전문관리형 모델은 사례관리자가 직접 서비스로 분류되는 내담자의 가족이나 지역사회를 대상으로 하는 활동뿐만 아니라 직접 상담하고 치료 서비스를 제공하는 것이다. 이 모델에서 사례관리자는 관리자로서 과업과 책무를 수행하고, 조직에서 계획·의사결정·점검·조정·자원배분·통솔의 역할을 담당하며, 내담자에 대한 직접적인 서비스 제공과 간접적인 대상을 통해 그 역할을 수행한다.

따라서 사례관리자는 조직 내 전문가의 위치와 권위를 갖고, 사례관리의 직접목표와 간접목표를 동시에 추구하는 과정에서 관리자의 기능을 수행하며, 접근방법에서는 개별적 접근보다 팀 접근이 보다 효과적이며 일반적인 영역보다 특수하고 전문적인 재활 영역 등에 잘 적용될 수 있다.

2) 자원조정과 통제에 따른 분류

사례관리 모형을 자원 조정과 통제에 의해 구분하는 접근이론은 연계체계 모델과 통합체계 모델을 주장하고 있다.

□ 연계체계 모델

연계체계 모델은 전통적인 사례관리 모델을 의미하며 특히, 사례조정과 연결기능에 초점을 둔다. 즉 다양한 자원들을 효과적 및 효율적으로 대상에게 연계시키는지가 중요한 관심사가 된다. 이 경우 사례관리자는 서비스 구매에 대한 직접적인 통제권을 갖지는 않으며 자원들을 내담자에게 연계시키는 일에 초점을 둔다.

이 모델에서 사례관리의 초기 과정에서 사정은 사례관리자가 담당하기도 한다. 연계 모델에서는 사례관리자의 전문성이 중요한 이슈가 된다. 실제로 연계 모형에서는 사례관리자가 꼭 재활상담사나 간호사와 같은 전문가일 필요는 없다. 그러나 내담자의 욕구에 충분한 대응을 위해서는 단순한 연결 이상의 전문성이 요구되는 경우가 많고, 전문가의 개입은 사례관리의 원래 목적달성에 충실할 수 있다.

이 연계체계 모델은 책임 사례관리자를 어떻게 구성하는가에 따라 다시 단일사례관리(single case management)와 팀사례관리 모형으로 구분되기도 한다.

단일사례관리 모형은 사례관리의 책임자인 사례관리자가 한 사람인 경우가 오늘날 전형적인 사례관리기법이다. 즉 단일사례관리자가 전반적인 욕구사정, 계획 작성, 조정 및 실행, 모니터링 및 수정을 행하며 사례관리 제공 전반에 책임을 진다.

팀 중심 사례관리 모형은 사례관리자가 속한 팀이 먼저 구성되고 사례관리의 많은 결정들이 팀에 의해 이루어진다. 단일사례관리의 단점 중 한 가지는 서로 다른 영역의 연계 측면에서는 사례관리자의 전문성이 상대적으로 약한 타 영역의 자원 확보가 용이하지 못하다는 점이다. 예를 들어 재활상담사, 간호사 및 사회복지사가 단독 사례관리자로 활동하는 경우 상대 분야에서의 협조나 자원 제공이 상대적으로 낮아질 가능성이 있다. 따라서 연계를 위한 연계체계 사례관리 모형으로는 팀 접근이 적절하다고 볼 수 있다.

□ 통합체계 모델

통합체계 모델은 주관 서비스 기관을 중심으로 다양한 서비스의 통합체를 구성하여, 내담자에게 다양한 케어를 내담자의 기능 상태 혹은 욕구 정도에 따라 통합적으로 제공하도록 하는 시스템이다.

이 모델은 단지 기능적이나 물리적 통합 이상의 전달체계와 비용관리가 통합된 정도를 말한다. 지역사회에서 이 통합 모델의 발달은 미국의 경우 고단위 비용의 시설 중심 장기요양 서비스의 비용절감 전략으로 대두되었다. 시설입소 정도의 중증을 대상으로 재가 서비스 통합체계에서 관리하여 상대적으로 비용절감 효과를 볼 수 있게 되었다. 또 사례관리의 만족도나 서비스 제공의 질 관리가 용이하다는 장점이 있다. 그러나 통합체계는 통합을 통해 얻게 되는 인센티브가 낮을 경우 통합주체가 어느 정도의 위험을 갖게 된다는 단점이 있다.

통합체계 모델의 비용통제 전략은 품목제 방식의 예산 집행 및 재정 운영과 사례관리자가 유연성을 갖는 예산집행의 유연성 방식을 들 수 있다. 품목별 방식에 의한 사례관리 모형의 특징은 사례관리자의 담당 대상자 수만큼 예산을 편성받아 그 한도 안에서 사례관리를 통한 서비스 구입을 대상자의 욕구에 맞게 유연하게 집행해 나가는 것이다. 통합체계 모델의 핵심사항은 사례관리의 실천이 전통적 연계적 기능만을 담당해서는 안 된다는 점이다(Applebaum & Austin, 1990). 특히 오늘날 중요시되는 재정 관련 사례관리자의 역할은 중요한 사례관리의 기능으로 여겨진다.

3) 서비스 방법에 따른 분류

서비스 조작방법에 따른 분류는 사례관리 서비스가 기관이나 가족 등과 같이 어떤 체계에서 제공되느냐에 따라 분류되는데 중재모델, 판매 모델, 통합화 중재 모델, 자원개발 모델, 조직변환 모델로 구분된다.

□ 중재 모델(broker model)

이 모델에서 사례관리자는 장애인의 재활을 위해 여러 가지 서비스를 통합·조정하는 역할을 하지만 직접 서비스를 제공하진 않고 필요에 따라 중재만 해 주는 것이다.

이 모델의 대표적 예는 미국의 경우 민간 사례관리기관이다. 민간 사례관리기관은 수수료를 받고 사례관리를 하는 기관을 말한다. 민간 사례관리는 정부기관에서 제공하는 서비스 이외에 서비스를 찾는 장애인들이나 정부자금으로 운영되는 프로그램의 혜택을 받을 자격이 없는 사람들을 위해서 주로 행해진다.

기능적 장애를 가진 노인들에게 제공되는 도움의 약 80%는 가족에 의해서 제공된다. 그래서 사례관리자는 장애노인의 가족이 사용할 수 있는 공식적 서비스를 파악하여 정리해 주고 조정해 주며, 가족은 서비스에 대한 정보를 수집하고 서비스에 접근하는 방법을 배움으로써 이익을 얻게 된다.

□ 판매 모델(vendor model)

이 모델은 사례관리 기관이 내담자들에게 직접 서비스를 제공하거나 다른 기관의 서비스를 구매하여 제공하는 모델이다.

이 모델의 예는 미국의 경우 민간회사와 보험회사의 사례관리자들, 그리고 Social and Health Maintenance Organizations(SHMO)와 Community Options Program(COP) 등이 포함된다.

위의 SHMO는 주로 병원에서 취급하는 급성 치료 및 지역사회를 기반으로 하는 서비스들을 모두 제공한다. 현재 SHMO는 건강보험(medicare) 당국으로부터 매달 환자 수에 따라 자금을 받고 장애인들에게 서비스를 제공하고 있다. 그리고 COP 프로그램은 기관보호 대신에 지역사회를 세팅으로 하는 장기보호를 하고 있다. 사례관리자들은 주로 자신이 확보하고 있는 서비스를 제공하고 일정한도 비용 내에서 타 기관의 서비스를 추가적으로 구입할 수 있다.

일반 보험회사가 주관하는 사례관리체계는 그들의 사례관리자들에게 질이 좋고 값이 싼 서비스를 구입하도록 자금을 제공하여 서비스를 확보해 놓는다. 이 사례관리 방식은 급속도로 보급되고 있는데, 보험회사가 지불해야 하는 높은 의료비를 절감하는 데 도움이 되기 때문이다(병원에 입원해 있는 경우 의료비가 매우 많이 드나 퇴원해서 사례관리를 받게 되면 지역사회에서 서비스를 받을 수 있어 비용이 훨씬 적게 든다). 그래서 보험회사들은 사례관리를 철저히 받지 않은 치료 케이스에 대해서는 보험료를 지불하지 않겠다는 강경한 입장을 취하고 있다.

이 모델은 모든 필요한 자원을 다 보유하기가 어렵고, 조직 내에서 서비스 전달이 모두 소화되다 보니 가족의 개입이 적은 것이 단점이다.

□ 통합 중재-판매 모델(integrated broken-vender model)

이 모델은 사례관리 기관이 제한한 수의 서비스를 제공하고 나머지는 의무기관과 협력해서 조정한다. 주로 급성 치료에 중점을 둔다. 이 모델의 대표적 예는 병원을 기반으로 하는 사례관리이다.

미국에서는 병원들이 사례관리체계를 개발해 왔는데, 병원에서는 환자에게 급성 치료만을 제공하고 퇴원을 시켜 가정과 지역사회에서 계속 치료를 받게 하기 위한 것이다.

환자가 병원에 입원해 있을 경우 비용이 많이 들이 때문이다. 물리치료나 기타 병원에서 제공하는 서비스는 계속 제공되지만 건강보험으로 충당되지 않는 추가적 서비스들, 즉 가정관리 서비스나 지역사회기관 서비스들은 병원에서 직접 제공하지 않고, 병원의 사례관리자가 지역사회기관들의 협력하에 그들의 서비스를 조정하여 제공한다. 병원 외부의 서비스는 병원 사례관리자가 단지 중재하여 주는 것이므로 병원에서 비용을 직접 관리하지는 않는다. 이 모델을 적용할 경우에는 환자들이 장기적 보호를 하는 데 필요한 '포괄적 서비스'들을 병원에 잘 조정하여 제공하여만 한다.

□ 자원개발 모델(resource development model)

이 모델은 장기보호 서비스가 마련되어 있지 않아 개발되어야만 하는 경우에 적용된다. 사례관리자는 서비스 전달을 위해 필요한 자원을 파악하고, 그 자원을 확보하는 데 있어 도움이 될 요소와 장애가 될 요소를 가려내어 재원 확보를 위한 계획을 세워야 한다. 그리고 상당히 유용한 비공식적 서비스 전달체계에 대하여 특별한 관심을 가져야 하며 이에 대한 세밀한 분석을 할 필요가 있다. 이 모델의 한 예로서 의료전달체계가 미비한 농촌지역에서 장기보호 서비스를 개발하려고 하는 군이나 읍의 보건기관을 들 수 있다. 이 경우 필요한 서비스가 존재하지 않는 이유로서 문화적 신념, 정치적 영향력의 부족 등 조건들에 대한 이해를 할 필요가 있다.

□ 조직의 변화 모델

이 모델은 흔히 자원개발 모델과 중복되는 측면이 있다. 사례관리자는, 장기보호 서비스가 현재 가능하지는 않지만, 현존하는 기관이 제공하고 있는 서비스들을 약간 변화시키거나 보충하여 장기적 서비스로 전환할 수 있다고 가정한다.

사례관리자는 ① 장기적 보호 서비스를 제공하는 데 필요한 서비스들이 무엇인가를 조사한 다음, 이를 기반으로 현 기관을 어떻게 변화시킬지 목표를 정하고, ② 현 기관의 내부 강점과 약점을 파악한 다음, ③ 서비스 전달 조직이 변화되어야 하는 이유와 목적을 설정하고, ④ 기관을 변화시킴으로써 얻게 된 이득을 나타낼 만한 자료를 확보하며, ⑤ 의도된 변화를 수행하기 위한 전략계획을 세운다. 이 모델은 특별히 사례관리자가 새로운 서비스의 비용을 만회할 수 있다고 보장할 때 효과적이다.

이 모델의 한 예는 증가하는 AIDS 환자들에 관심을 갖는 호스피스(hospice) 프로그램이 될 것이다. 이 기관의 사례관리자가 AIDS 환자들을 위해 새로운 서비스가 필요하고, 이러한 서비스를 시작하는 데에는 기관 간부들의 태도 변화, 예를 들어 환자의 생명 연장 조치보다는 고통 통제로의 전환, 보호자들의 훈련 등이 요청된다는 것을 인정한다면 이 모델을 활용할 수 있다.

4) 종합적 측면의 분류

종합적 측면의 분류는 보건이나 재활 관련 분야 등의 사례관리의 체계적 연구들을 분석하여 제시하는 모델로 중재자 모델, 재활 모델, ACT 모델(assertive community treatment model), 장점 모델 등이 있다.

□ 중재자 모델(broker model)

중재자 모델에서 사례관리자는 서비스를 위한 개인의 욕구를 사정하고, 이들 서비스들의 유용성과 적절성에 대해서 사정하고 확인한다. 이 모델은 재활상담사가 최초로 내담자와 내담자의 가족을 대면하게 된다는 책임 있는 역할을 수행한다는 측면 외에도 내담자를 공식적인 재활 서비스에 배치시키는 것에 중점을 둔다. 그러나 사례관리의 중재자 모델로 평가된 6가지 연구의 결과들을 검토해 보면 대부분 내담자를 위해 긍정적인 효과를 거의 산출하지 못하고 있다고 보고하고 있으며 중재자 모델로 서비스를 제공받은 내담자는 서비스 기간을 다소 더 많이 사용하고 삶의 질을 증가시키는 것을 확연히 보여 주지 못하고 있다고 밝혔다(Rapp, 1995).

□ 재활 모델(rehabilitation model)

재활 모델은 내담자의 프로그램을 계획하고 이 계획에서 중요한 역할을 행하는 기술결함을 평가하여 궁극적으로 내담자의 장점과 특성을 확인하는 것에 중점을 둔다. 이 모델은 근본적으로 내담자 선호도를 중심으로 배치하는 내담자 중심 모델로서 선호도는 내담자를 위한 결과를 만족시키는 데 대한 목표의 형태인 좋아함, 싫어함, 흥미와 관련된 욕구들이다. 내담자의 의료적, 사회적, 재정적, 일상생활 활동, 심리적, 그리고 직업적 범주로부터의 정보를 조직화하는 것에 의해 각 자료의 가치를 배치하고, 재활상담사는 내담자의 문제와 욕구의 정확한 설명을 제공할 수 있다. 그러나 이런 모델이 한 연구에서 긍정적이라고 평가되고 있지만 아직은 이 모델이 다른 어떤 모델보다 결정적이라는 것은 아니다.

□ ACT 모델

이 모델은 위스콘신 대학에 의해 주창되었으며 이 모델은 효율적인 사례관리를 위한 학제적인 전문적인 팀의 활동을 요구한다. 이 모델은 임상적이고 사례관리 서비스와 증상관리의 제공뿐만 아니라 내담자의 요구와 맞추기 위한 내담자의 지시적인 환경중재를 중요시한다. 임상적인 관점은 가족상담, 대처기술 학습, 그리고 적절한 서비스 활동을 포함한다. 이 모델과 관련하여 Rapp(1995)이 인용한 17개 연구는 이 모델이 정신건강 분야에서 특히 적절한 모델로서 기술하고 있다. 직업적 기능, 보호감호 시스템과 관련된 응급실 계약, 그리고 가족책임의 정도와 같이 비록 다른 결과가 ACT에 의해 지속적으로 영향을 받지 않는다고 하더라도 결과는 일관되게 병원 사용을 감소시킨다는 것을 지적한다. 또한 연구결과들은 내담자의 사회적 기능, 여가시간 활동, 행동적인 종합적 증상, 약물치료, 응급실 활용, 그리고 삶의 질을 포함하는 것을 발견하게 된다. 따라서 이 모델은 시설 중심 사업보다는 지역사회 중심 재활사업에서 활용하기에 적절한 모델이다.

□ 장점 모델(strengths model)

장점 모델은 효율적인 사례관리를 위해 기본적으로 몇 가지 원칙을 제시하는데, 첫째, 재활상담사는 내담자의 장점과 활동적으로 창출하는 상황을 확인해야 하며, 둘째, 인간의 행동은 내담자에게 유용한 자원으로서 작용할 수 있고 다원주의적인 사회는 자원접근의 평등성을 기본 가치로 한다는 것이며, 셋째, 장애를 가진 개인은 인간성장과 발달을 위한 필수적인 중요한 생활 영역에서 자원을 찾는 것을 도울 필요가 있다는 것이, 이 모델의 많은 연구에서 긍정적인 결과에 대해 제시하고 있는데 사회적 기능의 개선, 삶의 질의 개선, 직업적인 기능, 여가시간 활동, 행동적인 종합 증상, 내담자의 만족도, 그리고 가족의 책임이라는 측면에서 기능향상을 지적했다. 따라서 이 모델은 재활 분야에서 가장 유용하게 활용될 수 있는 모델로 주장하였다.

상기한 바와 같이 사례관리 모델은 사례관리자의 역할이나 서비스 방법, 내담자의 문제 유형, 자원의 형태 등에 따라 달라질 수 있다. 그러나 효과적인 사례관리가 이 모델의 적절한 선택에 의해서만이 영향을 미치는 것이 아니고 다음과 같은 몇 가지 특성에 의해서도 달라질 수 있기 때문에 이들 요인들에 대한 고려도 필요하다.

첫째, 사례관리팀 리더는 재활 분야 전문가의 충분한 경험을 가지고 있어야 한다.

둘째, 사례관리자는 전문직 보조원이지만 전문가로 접근할 필요가 있다.

셋째, 적절한 사례관리의 사례 수는 내담자의 문제에 기초하지만 20 : 1을 넘어서는 안 되며, 평균적인 사례 규모는 아마도 12 : 1에서 15 : 1 정도일 것이다.

넷째, 내담자는 때로는 24시간, 일주일 내내 위기와 응급 서비스에 접근할 필요가 있다. 그 서비스는 내담자와의 친근함과 관계를 가진 직원에 의해 접근되는 것이 요구된다.

다섯째, 사례관리 서비스의 기간은 지속적이고 불확정적이기 때문에 내담자에 따라 달라져야 한다.

여섯째, 지역사회 자원의 활용은 접근이 용이하고 내담자에게 격려되어져야 한다.

일곱째, 사례관리자는 내담자에 대한 궁극적인 책임성을 가지고 있어야 한다.

여덟째, 내담자가 이관상황이라 할지라도 내담자의 존엄성과 권리는 유지되어야 한다.

마지막으로 내담자는 삶의 결정과 치료에 있어 사례관리자나 다른 전문가보다 같거나 더 큰 권위가 주어져야 한다.

2. 사례관리의 개입과정

재활상담에서 장애인들이 지닌 복합적이고 다중적인 문제에 접근하기 위해서는 재활상담사들은 상담, 사례관리, 그리고 사례관리 기술을 복합적으로 활용함으로써 서비스를 제공할 수 있다. 재활상담사의 역할에서 적체된 사례를 체계적으로 관리하기 위해서는 다른 전문직이나 행정에서의 업무관리와 같은 접근이 필요하다. 비록 사례관리가 재활상담에서 광범위하게 사용되는 단어이기는 하지만 이것은 전문직 내에서도 상담이 진행되는 환경에 따라 다양한 의미를 지닌다. 대부분의 장애 분야에서 사례관리는 주정부 직업재활 체계의 재활상담, 특히 그 내부의 현장 상담가에 의해 활용되어지는 경우가 일반적이지만 사례관리 원리나 기술은 재활상담 현장에서 보편적으로 활용된다. 사례관리를 위한 정의들은 전형적으로 사례관리나 상담 서비스와 차별되는 실제 업무관리에 초점이 맞추어진다. 예를 들면, Henke 등(1975)은 사례적체를 해소하기 위한 사례관리를 동시에 여러 사례를 처리할 수 있는 방법, 어떤 사례를 다룰 것인지에 대해 선택하는 방법, 한 사례를 종결하고 다른 사례로 옮겨가는 방법, 모든 사례의 활동을 보장해 줄 수 있는 시스템은 어떻게 확립할 수 있으며 확립된 목표들을 어떻게 충족시킬 수 있는가에 대한 답을 주는 것이라 정의하였다. Cassell과 Mulkey(1985)는 이에 대해 포괄적인 접근으로 정의하고 있다. 사례관리는 직관과 통계로부터 얻어진 기술의 적용을 통하여 상담, 그리고 관리자적 개념과 기술, 이 두 가지를 융합하는 체계적인 처리과정으로 상담가 자신이나 내담자, 현장 또는 관련된 적절한 요소들의 기능적인 조정과 통제를 위한 효과적이고 효율적인 의사결정을 돕는 행위라고 정의하고 있다.

Cassell과 Mulkey(1985)는 사례관리 기술을 더욱 폭넓게 접근하고 사례관리의 정의, 이론적 근거 그리고 장점들, 관리 모델들, 상담사의 사례관리 과정의 조정, 의사결정, 시간관리, 직업재활과정에서의 사례의 유형 분류, 사례의 과정 관리, 사례기록과 문서화, 공유 영역, 전환기 사례관리와 같은 주제에 대해 언급했다.

사례관리에 대한 정의들은 체계적인 과정 속에서의 계획, 조정, 의사결정, 효율 그리고 목표성취를 강조하는 데 가장 효과적인 방법으로 개인의 목적을 달성하는 것이다. 비록 재활상담사가 전형적으로 동시에 어떤 개인과 일을 하는 사람, 직접적인 서비스의 제공자라고 하더라도 그들은 동시 발생적으로 상담, 회복, 그리고 훈련 서비스의 폭넓은 다양함을 통하여 진보하고 있는 많은 개별 사례들을 책임져야 한다. 그러므로 그들의 시간과 활동들을 관리하는 방법은 재활과정의 효능과 효과에 상당하게 관련되게 된다. 따라서 재활상담사는 시간과 서비스의 효과적인 배치를 반영하는 실제 현장에서의 사례관리들을 개발하는 것이 필요하다.

체계적인 사례관리는 대부분의 재활상담사들이 적체된 내담자 사례 외에도 수행해야 할 다른 많은 기능과 과제들을 가지고 있다는 가정에 기초하고 있다. 그러므로 체계적인 사례관리를 위해서는 체계적인 과정이 필요하게 되는데 이에 대해서는 학자들에 따라 조금은 다른 과정을 제안하고 있다.

Roessler와 Rubin(2006)은 체계적인 사례관리과정을 재활상담사의 기능과 직무의 효과적인 배치를 위한 계획, 상담사들의 시간을 가장 효과적으로 배치하기 위한 관리, 계획단계에서 설정된 목표가 성취되었는지를 점검, 판단, 변화시키기 등을 통해 평가하는 과정으로 제안하였다. Rothman(1998)은 사례관리의 과정을 사정 및 목표 설정, 계획 또는 자원 확인, 내담자 연결, 모니터링 및 재사정, 결과평가로 제시하였고 Challis(1992)는 사례발견, 사정, 계획 및 서비스 배정, 모니터링 및 재사정, 종료단계로 구분하고 있다.

이윤로(2006)는 사례관리과정을 내담자 발견, 사전심사, 측정, 계획 수립, 서비스의 전달 및 조정, 옹호, 모니터링, 재측정, 종결 등으로 제안하였고 김찬우(2006)는 인테이크, 욕구사정, 서비스 계획수립 및 목표설정, 서비스 실시, 모니터링, 평가, 필요시 재사정으로 구분하였다.

따라서 상기 학자들의 사례관리과정을 요약해 볼 때 체계적인 사례관리를 위한 개입과정은 〈표 16-1〉과 같이 초기면접, 내담자의 문제상황 측정 및 평가, 재활계획 수립, 서비스 조정 및 구입, 서비스 전달상황 모니터링(점검), 전달 후 고객상태 재측정 등의 6가지 과정으로 이해할 수 있다.

〈표 16-1〉 사례관리의 개입과정

과 정	개입내용
초기면접	내담자가 기능적·재정적 서비스를 받을 자격이 있는지를 결정
문제상황 측정 및 평가	내담자의 욕구와 내담자가 활용할 수 있는 비공식적 망에 대한 정보 수집 및 객관적인 사정과 평가
재활계획	전달된 서비스와 빈도, 지속기간 및 목적을 구체화하고, 이 계획을 내담자와 전문가의 협력하에 수립함
서비스의 조정	재활계획에서 필요로 하는 서비스들을 식별해서 조정하고, 서비스 제공자 및 필요한 자원들에 대해 조정함
모니터링	서비스가 계획대로 전달되고 있는지 검토하고 계획을 수정함
재측정	서비스 전달 상황을 재평가함

1) 초기면접(intake)

이 단계에서는 사례관리를 위해 내담자를 최초로 분류하는 과정이다. 초기면접은 명확한 상호 수용 가능한 목적을 가진 상담사와 내담자 사이의 대화로 정의할 수 있다. 초기면접은 효과적인 사례관리를 위한 기초와 분위기를 확립해야 하기 때문에 결정적으로 중요하다.

초기면접의 내용은 규정된 목표를 성취하도록 선택되어야 하며 초기면접의 목표를 성취하는 것이 재활상담사의 책임이기 때문에 그는 상호작용을 감독할 준비가 되어 있어야 한다.

재활에 있어 일반적인 목표들은 모든 내담자의 초기면접에서 다루어져야 한다. 예를 들어 기관의 역할, 이용 가능한 서비스, 그리고 내담자의 책임에 대한 필요한 정보를 내담자에게 제공하는 것, 진단과정 개시, 그리고 적절한 라포를 개발하는 것 등을 포함한다.

재활상담사의 초기면접 계획은 그 정보 교환과정을 역동적으로 다룰 수 있어야 한다. 초기면접에 대한 효과적인 계획의 부재는 시간낭비, 부적절한 정보, 그리고 라포에 대한 가능한 손상을 아주 잘 야기할 지도 모른다. 효과적인 초기면접 계획은 내담자에게 수집해야만 하거나 알려져야만 하는 정보를 결정하는 것, 그 이상을 요구하거나 수집되거나 알려진 정보가 내담자의 궁극적인 재활을 촉진시키기 위해 작용할 것이라는 목적에 대한 명확한 이해를 요구한다.

효과적인 사례관리를 위한 초기면접에서의 개입의 목표들은 대체로 내담자에게 그 기관과 서비스에 대한 오리엔테이션, 진단과정의 시작, 적절한 라포 개발로 요약할 수 있다(Roessler & Rubin, 2006).

□ 기관과 서비스에 대한 오리엔테이션

초기면접 동안에 내담자는 기관의 목적과 서비스, 서비스의 적격성 기준과 내담자의 권리, 재활상담사의 기능, 내담자의 책임 등에 대해 오리엔테이션을 받아야 한다. 이 4가지 영역에서 오리엔테이션의 내용은 내담자가 경험한 문제들과 내담자의 기관과 재활상담사에 대한 내담자의 기대에 따라 달라질 수 있다. 따라서 재활상담사는 오리엔테이션을 단순히 기록자가 아닌 서비스를 제공하는 전문가로서 이러한 정보에 대해 구체적으로 제공할 수 있도록 해야 한다. 기관의 목적, 제공되는 서비스, 그리고 적격성의 기준에 대한 재활상담사의 진술은 서비스를 신청하는 각각의 내담자들에게 명확하게 말로 표현되어져야 한다. 내담자의 욕구에 부합하고, 의미 있는 서비스 오리엔테이션의 내용을 설정하는 것은 그런 정보에 대한 내담자의 기억을 오랫동안 향상시킬 것이다.

초기면접 동안에 재활상담사들은 서비스의 직접적인 제공자로서 자신의 역할, 내담자에 대한 서비스의 조정자로서의 역할, 그리고 내담자의 지지자로서의 역할 등을 설명해야 한다. 재활상담사들의 상담 서비스를 제공하는 능력뿐만 아니라 필요한 서비스 예를 들면, 의료적 서비스, 직업훈련비 및 생계비 등을 조정하는 능력을 인식하는 내담자들은 자신들의 재활계획에 보다 적극적으로 참여하게 된다. 초기면접 초기에 재활상담사는 상담사와 내담자의 논의가 어느 정도까지 비밀로 유지될 수 있을 것인지에 대해 알려 주어야 한다. 내담자에게 비밀유지 정도에 대해 알리지 않는 것은 어떤 개인적인 성질의 많은 정보가 거부되게 할 수도 있다(Nugent, 1990). 내담자의 진실한 대화들이 공공연하게 공개될 위험이 없다는 사실을 알리고 보장함으로써 내담자의 자아위협 수준을 감소하고 더 자유로운 의사소통이 가능하게 할 것이다.

또한 초기면접 동안 내담자들에게 진단과 관련한 필요성과 이유에 대해 설명되야 하며 이러한 진단활동이 구체적으로 언제, 어디에서, 어떻게 이루어지는 것인지에 대한 정보도 제공해야 한다. 이러한 정보를 사전에 알게 됨으로써 내담자는 진단활동에 대한 막연한 우려를 감소시킬 수 있다. 이때 어떤 특정한 진단 서비스들이 재활목표를 성취하는 데 도움이 될 수 있다는 재활상담사의 설명이 도움이 될 수 있다.

내담자가 초기면접 동안에 내담자의 서명이 필요한 모든 서류 형식의 내용을 설명하는 것 또한 중요하다. 각 형식의 목적과 내담자의 서명이 필요한 이유를 설명하는 것이 초기면접에서 재활상담사의 전형적인 업무처리 방식이 되어야 한다.

재활상담사가 내담자에게 초기면접의 목표를 알리지 않을 이유가 없다. 사실상, 내담자를 위해 초기면접의 경험을 구성하는 것은 또한 내담자로 하여금 체계적인 목표지향 방식으로 초기면접에 접근하게 할 수 있도록 한다. 비록 재활상담사의 구성과 내담자의 결과의 관계에 관한 연구가 부족하지만 심리치료 문헌의 몇몇 연구들과 사회사업 관련 연구들은 내담자가 치료결과에 중요한 긍정적 영향을 끼치는 것으로 나타나고 있다.

따라서 가능한 많은 정보가 초기면접 동안에 내담자에게 전달되어야만 한다. 그러나 너무 많은 정보로 인해 내담자가 혼란스러워지거나 자기결정능력을 상실할 경우도 주의해야 한다. 이런 정보의 부정적인 측면을 해소하기 위해서는 재활상담사는 첫째, 혼란을 일으키는 전문용어와 은어의 사용을 피하고 내담자의 배경에 부합되는 언어를 사용해야 하며, 둘째, 면접 동안 한번에 내담자에게 너무 많은 정보를 제공하지 않도록 주의해야 한다.

오리엔테이션 마지막 단계에서 재활상담사는 내담자가 정보를 완전히 이해하고 있는지를 확인해야 하며 또한 초기면접 논의의 중요한 내용을 요약하는 것도 현명한 방법이다. 특히 이 과정에서 다음 단계에서 재활상담사와 내담자가 동의하고 진행하기로 한 과정에 대해 명확히 하는 것이 중요하다.

□ 진단과정의 시작

내담자를 정확하게 진단하기 위해서는 재활상담사는 내담자로부터 많은 정보를 수집해야 한다. 초기면접은 정보수집을 위한 중요한 수단이다. 왜냐하면 초기면접은 재활상담사에게 내담자의 진단 및 예측에 필요한 사회력과 직업력을 제공할 기회를 제공하기 때문이다. 내담자의 사회력과 직업력의 정보들이 초기면접 동안에 불충분하게 제공될 때 재활상담사는 이후 수반되는 외부 평가를 통해 부적절한 결정을 내릴 수도 있다. 초기면접의 마지막 단계까지 내담자에 관한 정보가 불충분하게 제공된다면 의료적, 심리적, 또는 교육적－직업적 평가의 필요성을 인식하지 못하게 되거나 부적절한 재활계획이 개발될 수도 있다. 재활상담사가 초기면접과정에서 진단과 관련하여 이러한 부적절한 정보가 제공되지 않도록 하기 위해서는 직업적인 관점과 신체적, 심리사회적 관점에서의 다음과 같은 질문들에 대해 정보를 얻을 수 있어야 한다(Rubin & Farley, 1980).

○직업적 관점

－내담자는 특정한 직업목표를 가지고 있는가?

－내담자는 한 가지 이상의 잠재적인 직업목표를 가지고 있는가?

－내담자는 각각의 직업목표를 성취하는 자신의 능력에 관해 얼마나 낙관적 또는 비관적인가?

－내담자는 직업훈련에 흥미가 있는가?

－내담자는 어떤 특정한 유형의 직업훈련에 흥미가 있는가?

-내담자가 가졌던 최근 3개의 직업은 무엇인가?
-최근 세 가지 직업에 대해 아래의 항목들은 어떠한가?
  · 주급 수입
  · 고용기간(그것이 특정 기술을 습득할 만한 기간이었는가?)
  · 퇴사 이후의 시간(중요한 기술을 잊어버리기에 충분한 시간이 흘렀는가?)
  · 직무를 수행하는 데 있어 장점과 단점
  · 가장 좋아하고 가장 싫어하는 직무와 그 이유는?
  · 퇴사의 이유
-장애의 발생 이전에 경력에서 어떤 중요한 방해요소가 있었는가? 이유는?
-내담자는 현재 실업상태인가? 만약 그렇다면 그 기간은?
-장애를 지니게 된 이후 내담자는 고용된 적이 있는가?

○ **신체적 관점**
-어떤 특정한 신체적 손상이 있는가?
-장애의 원인은 무엇인가?
-내담자가 얼마 동안 장애를 가지고 있었는가?
-내담자가 과거에 어떤 장애와 관련된 치료를 받은 적이 있는가?
-내담자의 장애상태가 과거보다 더 악화되었는가?
-내담자가 현재 어떤 장애 관련 치료를 받고 있는가?
-내담자가 잠재적인 부작용을 가지는 어떤 약물치료를 받고 있는가?
-최근 의료검사 결과가 신체적 장애로 판단할 만한 근거가 있는가?
-내담자의 신체적 장애는 일상생활에서 어느 정도 장애가 되는가?

○심리사회적 관점

–최근의 심리검사 결과들이 내담자의 심리적응이란 문제와 관련이 있는가?

–내담자가 현재 심리적 서비스를 받고 있는 어떤 기관이나 전문가가 있는가?

–내담자가 개인적응 문제에 관한 전문적인 치료를 받아 본 적이 있는가?

–내담자가 신경안정제나 수면제를 복용하고 있는가?

–내담자가 장애를 가진 이후 직업 또는 사회생활을 불필요하게 회피하고 있는가?

–내담자의 결혼상태는 어떠한가?

–내담자는 자신의 가족과 함께 살고 있는가?

–내담자는 부양해야 할 자녀들이 있는가?

–가장 중요한 가족 구성원들이 재활계획을 지지하는가?

–내담자가 자신의 가정환경에 대해 어떻게 느끼는가?

–내담자가 다른 가족 구성원들과 어느 정도 잘 지내고 있는가?

–내담자는 가까운 친구들이 있는가?

–내담자가 자신의 사회생활에 만족하는가?

–내담자가 하루의 시간을 어떻게 보내는가?

–내담자 가족은 그가 직업을 얻을 수 있다면 이사를 갈 용의는 있는가?

○교육적 관점

–내담자의 최종학력은?

–내담자가 학교생활에서 좋아하는 것과 싫어하는 것은?

–내담자가 학교를 그만둔 이유?

–내담자가 만약 고등학교를 마치지 않았다면 그는 고등학교 검

정고시를 통과했는가?

—내담자는 직업능력개발 훈련을 받은 적이 있는가?

○**경제적 관점**

—내담자의 기본적인 생활비 출처는?

—내담자는 다른 생활비 출처가 있는가?

—내담자는 상당한 양의 갚지 못한 빚이 있는가?

—의료비와 같은 어떤 고정된 생계비용은 감소될 수 없는가?

—내담자는 계류 중인 근로자 임금 관련 소송사건이 있는가?

—내담자는 복지 또는 연금을 받고 있는가 또는 신청한 상태인가?

—내담자는 어떤 건강보험을 가지고 있는가?

—내담자는 자신의 경제적 상황에 대해 걱정하고 있는가?

—내담자가 받을 수 있는 최적 수준의 임금은 얼마인가?

□ 적절한 라포개발

재활상담사와 내담자 사이의 라포 형성은 공백상태에서 형성되는 것이 아니다. 오히려 라포의 발달은 재활상담사의 면접준비의 효율성과 내담자의 도착 이후 상담사의 면접반응 양식에 의해 많은 영향을 받는다. 내담자가 상담사를 좋아하고, 재활상담사가 자신의 문제를 해결해 줄 수 있는 수준으로 유능하다고 인식하고 상담사가 자신에 대해 관심을 가진다고 느낄 때 효과적으로 반응할 수도 있다. 따라서 효과적인 라포형성을 위해서는 초기면접을 위한 철저한 사전준비와 재활상담사의 반응 유형이 주요하게 고려되어야 한다.

○**초기면접을 위한 철저한 사전준비**

초기면접에서 물리적 조정은 초기면접의 진단목표 성취와 재활상담사와 내담자의 라포발달을 촉진시키거나 방해하는 데 상당한 영향을 미친다. 내담자와의 초기면접이 사무실 외의 다른 장소에서 이루어질 때 재활상담사들은 환경을 조직하는 데 제한될 수도 있을 것이다. 그러나 초기면접이 사무실에서 이루어질 경우 재활상담사는 라포를 향상시키고 흥미와 관심을 유발할 수 있도록 효과적인 가구 배치, 불필요한 방해물 제거, 적절한 시간계획 등에 대해 준비하여야 한다.

몇 연구들은 면접환경에서의 가구 배치와 라포 수준과의 관계의 유의미를 나타내기는 하지만 절대적인 것은 아니다. 그러나 일반적으로 적절한 라포를 형성하기 위해서는 재활상담사들은 자신들과 내담자들 사이에서 책상 같은 물리적 장애를 놓는 것을 피해야 한다고 제안한다. 상담사와 내담자 사이의 이런 장애물들은 개방된 의사소통에 장애가 될 수도 있다. 이것은 특히 비언어적 의사소통에 관한 사례가 될 것이다. 이런 관점에서 Kadushin(1972)은 재활상담사와 내담자 사이의 책상은 내담자의 신체 절반이 관찰될 수 없다는 것을 의미하기 때문에 비언어적인 내담자의 몸의 하체 부분의 어떤 몸짓－발을 떠는 것, 무릎을 모으는 행동, 무릎 위에 깍지 낀 손 등을 발견하기가 어렵다. 그러나 어떤 연구자들은 상담에서 탁자나 책상 등을 통해 제한된 보호가 필요하다는 주장도 있다. 즉 너무 많은 부분이 노출되면 지나치게 불안해 할 수도 있다는 것이다.

그러나 이와 관련한 더 심도 있는 연구가 진행될 때까지 재활상담사들은 사무실의 가구를 재활상담사와 내담자의 라포를 가장 촉진시키기 위해 상식적인 방법을 적용할 필요가 있다. 신체적 장애를 가진 사람들과 초기면접을 할 경우에는 재활상담사들은 접근성에 대한 장벽을 제거하도록 사무실을 배치하는 것이 필요하다.

또한 재활상담사들은 비밀성이 보장될 수 있는 공간에서 내담자와 만나야 한다. 내담자들은 충분한 프라이버시가 결여된 모임이나 장소에서는 의미 있고 적절한 개인 정보를 많이 노출할 가능성이 적다. 그리고 재활상담사들은 그들의 초기면접 목표를 얻는 데 충분한 시간을 허용해야 한다. 따라서 너무 짧은 기간에 너무나 많은 사람을 계획하는 것은 피해야 한다. 일단 내담자가 도착하면 그들이 자신들을 재활상담사의 관심을 받는 사람으로 보이는 것은 중요하다. 따라서 전화와 문의 노크와 같이 주의를 흩뜨릴 가능성이 있는 것들을 제거하는 것이 면접을 계획하기 전에 이루어져야 한다.

□ 사례관리자의 반응 유형

사례관리자들이 초기면접에서 충분한 정보를 얻고 진단과정이나 라포형성을 위해서는 내담자와의 효과적인 면접 반응양식을 가져야만 한다. 이 반응양식은 사례관리자와 내담자의 라포 개발과 유지를 촉진시키는 비언어적 및 언어적 상담사의 반응에 훈련되야 한다. 유능한 재활상담사의 반응은 이해, 따뜻함, 존경, 진실성을 담고 있어야 하고 내담자가 자유롭게 자신을 표현할 수 있도록 분위기를 만들어 주어야 한다.

먼저, 비언어적 행동은 일단 내담자가 사례관리자의 사무실에 들어온 이상 내담자는 사례관리자의 완전한 관심을 받아야만 한다. 사례관리자는 또한 내담자를 편안하게 만들기 위해 필요한 것을 해야 한다. 예를 들면 사례관리자와 내담자는 적절한 간격을 유지해야 한다. Carkhuff와 Anthony(1979)는 사례관리자와 내담자의 최적의 거리는 두 사람이 마주보고 있을 때 1에서 1.5미터라고 제안한다. 이와 관련된 몇 연구에서는 서로 마주보고 0.6미터 내의 거리에 있을 때는 불편해 하는 경향이 있다고 설명하고 있다.

내담자와 초기면접을 할 때는 상체를 약간 기울여 정면으로 대면하고 적절한 눈맞춤을 유지함으로써 사례관리자가 내담자에게 집중하고 있다는 것을 느낄 수 있도록 해야 한다. 연구에 의하면, 내담자를 향해 몸을 기울이는 것은 사례관리자가 자신에게 주의를 기울이고 있다고 느끼게 하는 것과 긍정적인 관계가 있다고 한다 (Genther & Moughan, 1977). 눈맞춤도 상담과 직접적인 관련이 있는데 특히, 서구 문화에서 눈맞춤은 사례관리자가 내담자에게 주의를 기울이고 있다는 표시로 이해되는데 사람들은 누군가에게 긍정적으로 느끼고 있을 때 눈맞춤을 더 많이 하는 경향이 있다. 그러나 10초 이상의 지속적인 응시와 같은 계속된 눈맞춤은 내담자를 불안하게 만들 수 있고, 적개심의 표현으로 보일 수도 있다. 따라서 사례관리자가 내담자를 정면으로 대면하고 내담자를 향해 몸을 기울이며, 적당한 눈맞춤을 하는 등 적절한 거리를 취하면, 내담자는 개방적이고 편안한 자세를 갖게 된다고 볼 수 있다.

또한 개방적인 자세가 상담에 긍정적이라는 연구들도 있는데 그러나 지나치게 팔짱을 끼거나 다리를 꼬는 자세 등은 오히려 내담자가 사례관리자를 회피하게 만들 수도 있다. 사례관리자는 산만한 움직임을 자제해야 한다. 산만한 몸짓은 손가락질하며 손을 흔드는 것, 하품하는 것, 눈을 깜빡거리는 것, 눈살을 찌푸리는 것, 재채기하는 것, 안절부절 못하는 것, 팔을 크게 흔드는 것, 손가락을 두드리는 것과 다리를 흔드는 것 등은 내담자로 하여금 관심 부족, 불만 또는 조바심을 나타나게 할 수 있다. 반면에 적당한 움직임은 라포 형성에 중요할 수 있다. Okun(1976)은 긍정적인 의사소통 행동으로 때때로 고개를 끄덕거리는 것과 손의 움직임을 말하고 있다. Bayes(1972)는 미소뿐만 아니라 신체, 머리, 손의 움직임을 통해 높은 온정을 표현할 수 있다고 하였다. LaCrosse(1975)는 사례관리자의 긍정적인 끄덕임, 몸짓, 미소는 상담사가 매력 있고 설득력이 있다고 평가받은 것과 긍정적인 관계가 있다고 하였다.

이와 같은 비언어적 행동과 마찬가지로 사례관리자의 언어적 행동 또한 내담자와의 라포 수준에 영향을 미칠 수 있다. 사례관리자의 언어적 면접 반응은 다양한 유형으로 범주화되는데 참고적으로 2부에서 Miller(1972)의 5가지 언어적 분류 또는 유형을 활용하면 도움이 될 것이다.

결론적으로 초기면접에서는 오리엔테이션, 진단과정의 시작, 라포의 개발을 통해 내담자의 문제를 식별하고 자격 여부를 판단하며 능력을 평가한다. 서비스 수혜자격 여부는 일반적으로 내담자의 성명, 연령, 가족상태, 소득 등을 참고로 결정된다. 이때 부적격 판정이 내려질 경우, 그 사례는 다른 기관으로 의뢰해야 한다.

2) 문제상황 측정 및 평가

이 단계에서는 신체적 · 인지적 · 사회적 · 정서적 · 재정적 · 환경적 욕구 등을 파악하고, 공식적인 서비스 제공자와 비공식적인 서비스 제공자로부터 내담자의 자원에 대해 자세하게 검토하게 된다. 문제상황의 측정은 전문가에 의해 표준화된 도구를 사용하여 수행되고, 종합적인 측정을 위해 건강문제, 일상생활 활동, 인지적 기능 등의 내용도 하게 된다. 재활상담에서 특히, 직업관점에서 문제상황 측정 및 평가에서는 주로 내담자의 직업적인 문제와 관련한 의료평가, 심리평가, 직업평가 등이 다루어지게 된다.

□ 의료평가

사례관리의 문제상황 측정 및 평가과정에서 의료적 평가의 목적은 내담자의 의료적 한계와 잔존능력을 파악하는 데 있다. 특히, 재활상담사는 다양한 직업적 요구를 내담자가 수행할 수 있을지 내담자의 가능성을 중점적으로 평가하게 된다. 내담자의 의료적 정보는 좀 더 발전적인 재활계획의 수립에 있어 본질적인 기초자료로 중요한 부분을 차지하는데 이 과정에서는 의료적 평가를 위한 의사의 선택, 효과적인 의료적 의뢰, 평가에 임하는 의사에게 요구하는 사항의 명확화, 전문의의 활용 등이 중요하게 다루어져야 한다.

○적절한 의사의 선택

부적절한 의사의 선택에서 부적절한 의료적 평가가 나올 수 있기 때문에 효과적인 의료 평가를 위한 첫 번째 기준은 현명한 의사의 선택이라고 할 수 있다. 여기에서 항상 고려할 수 있는 하나의 기준은 환자들과 화합할 수 있는 의사의 능력이다. 의뢰된 내담자와 의사 사이의 효과적인 의사소통의 문제는 그들 사이의 라포 수준에 의존하게 된다.

재활상담에서 의료평가를 위한 적절한 의사는 가장 먼저 고려할 수 있는 사람은 지금까지 내담자를 담당해 온 의사이다. 왜냐하면 이 의사는 ① 내담자 병력에 대한 지식, ② 구체적인 장애에 대한 전문적인 의료지식, 그리고 ③ 내담자와의 라포가 어느 정도 형성되어 있다고 보기 때문이다. 물론 이전에 내담자와 어떤 접촉도 없이 내담자와의 관계를 발전시킬 수 있고, 내담자의 특정 장애를 치료해 줄 수 있는 전문가가 적절한 의사로 고려될 수도 있다. 그러므로 재활상담사는 많은 의료적 전공 분야와 친숙해져야만 한다. 내담자의 의료적 평가를 얻는 과정에서 재활상담사는 여러 의료적 전문가들 예를 들어 알레르기, 심장내과, 피부과, 내분비과, 내과, 산부인과, 신경과, 신경외과, 안과, 이비인후과, 소아과, 정신과, 신경정신과, 방사선과, 정형외과, 성형외과, 흉부외과, 비뇨기과 등과 상호작용할 수 있다.

○ 효과적인 의료적인 의뢰

의료평가에서 효과적인 의뢰를 위해서 재활상담사는 의사에게 요구하는 정보를 명확히 전달해야 한다. 이러한 정보들을 명확히 전달하기 위해 재활상담사는 조회질문의 목록을 통해 전달할 수 있다. 비록 조회질문이 개인적인 사례에 맞추어진 것이지만 몇몇 문제는 모든 내담자와 관련되는 것이기도 하기 때문에 의사들이 항시적으로 답변하게 할 수 있다. 예를 들면 ① 내담자의 일반적인 건강, ② 장애의 진행, 변화, 정지 또는 치료 가능성, ③ 추천된 치료법, 타당한 근거, 치료장소, ④ 생활방식의 유형, 상태를 악화시키는 스트레스 요인, ⑤ 장애로 인해 발생할 수도 있는 일상활동에서의 제한들, ⑥ 처방된 약물치료가 작업수행에 미칠 수 있는 잠재적인 효과들, ⑦ 장애로 인해 발생할 수도 있는 잠재적인 합병증, ⑧ 필요한 부가적인 의료적 평가들이다.

의료평가 동안 고려해야 할 기본적인 사항들은 장애와 관련한 사항들이 확실한 직무요구를 만족시키기 위해 어느 정도까지 영향을 미치느냐는 것이다. 예를 들어, 기능적 제한에 기초한 상지기능과 하지기능에는 모두 그 기능에 맞는 직무가 있다. 상지기능의 제한점은 손의 미세한 움직임, 움켜잡기, 어깨 위에서의 작업, 촉감으로 구별하기, 밀기, 어깨를 기준으로 위나 아래로 뻗기, 쓰기에 영향을 미친다. 하지기능의 제한점은 무릎 굽히기, 상체 굽히기, 서 있기, 균형 잡기, 기어오르기, 걷기 등에 영향을 미치기 때문에 가급적 이런 기능을 최소화할 수 있는 직무나 보조기술이나 적절한 배려를 통한 직무배치가 고려되어져야 한다.

이 외에도 자주 의료평가에 관련되는 다른 기능적 제한점들은 장시간 앉아 있기, 운반, 들어올리기, 그리고 습도, 연기, 추위, 더위, 먼지, 공기, 건조와 같은 환경에 대한 내성 등이다.

효과적인 의료평가를 위한 의뢰를 위해 재활상담사는 〈표 16-2〉

<표 16-2> 의료평가를 위한 질문 목록 예

1. 현재 내담자가 겪고 있는 장애나 질환의 상태는 어떤 수준인가?
2. 어떤 조건이 내담자의 장애나 질환을 악화시킬 수 있는가?
3. 내담자의 상태가 5년, 10년 후에는 어느 정도 더 심해질 수 있는가?
4. 내담자가 특별히 피해야 하는 작업조건이 있는가? (예를 들면, 들어올리기, 서 있기, 알레르기 물질, 작업계획 등)
5. 내담자의 상태를 개선할 수 있는 단기, 중기, 장기 치료법은 있는가?
6. 내담자가 직업을 얻기 위해서는 어느 수준까지 장애나 질환이 안정되어야 하는가?
7. 내담자의 장애나 질환의 치료를 위해 의료적 권고사항은 무엇인가?

와 같은 조회 질문들을 미리 준비해 두는 것이 필요하다. 질문 목록들은 의사로부터 포괄적이고 명확한 피드백을 요구하는 내용으로 구성할 필요가 있고 더 구체적인 답변을 위해서는 재활상담사는 내담자의 의료적, 사회·직업적 경력을 의사에게 제시하는 것이 도움이 될 것이다. 또한 이 과정에서 확정된 고용계획서가 아니더라도 평가과정에서 의사가 내담자의 직업목표에 관해 정보를 제공받는다면 더 효과적으로 평가를 수행할 수 있을 것이며 의사가 의료적 견해에서 내담자의 직무 적합성 여부를 더 명확하게 제시할 수 있도록 도와줄 것이다.

○평가의사에게 요구하는 사항 명확화

의료적 평가에서 재활상담사는 상담사의 결정에 도움이 되는 모든 의료조회 질문에 대해 고려해야 한다. 즉 신체적 또는 정신적 장애의 존재 여부, 일상생활을 수행하는 데 제한의 정도, 치료나 서비스를 통해 장애상태가 개선되어질 수 있는 정도나 방법 등에 대한 필요한 모든 정보를 염두에 두어야 한다.

의료적 평가로부터 기대될 수 있는 정보들은 예를 들어, 장애나 질환의 증상 정도, 진행이나 회복상태, 전이나 후유증과 관련된 내용들이다. 그리고 이 과정에서 재활상담사는 구두 혹은 문서화된 의사들의 보고서를 이해할 수 있는 충분한 의학적 전문용어를 이해할 수 있도록 훈련되어질 필요가 있다.

축적된 의료정보는 재활상담사와 내담자가 개개인의 직업에 대한 가능성과 내성을 고려하여 실제적인 결정을 내리는 데 유용한 정보가 된다. 예를 들면, 신체적 장애라고 진단된다면 상태에 따라 직무의 성격과 방법, 과정, 보조기술의 개입 등에 대한 방법적인 방안들이 권고될 수 있을 것이다. 작업능력은 내담자의 지구력에 의해 달라질 수 있으며 이것은 내담자의 근무형태, 즉 전일제나 시간제냐를 결정하는 데 영향을 미친다. 중증 지체장애인의 평가에서 의사는 반드시 개개인의 독립생활능력을 위한 적절한 정보를 상담사에게 제공해야 한다. 예를 들면, 일상생활 활동(개인적인 몸치장, 식사, 옷 입기, 용변 처리, 이동성)을 수행하기 위한 개인의 역량에 있어 어떤 장애와 관련된 제한점, 그리고 스스로 수행할 수 있는 의료적 자기보호뿐만 아니라 독립적인 기능을 향상시킬 수 있는 재활보조기기 서비스 등이 의료평가 보고서에 다루어져야 한다. 내담자가 재가장애인일 경우에는 진단에 관한 부가적인 질문이 필요하다. 집안에만 있는 내담자를 위해 의사는 상담사에게 내담자가 집 밖에서 적당한 지원 서비스의 원조를 받으며 활동할 수 있는 활동내용을 결정할 수 있게 도와줄 수 있다.

그러나 의료평가 보고서가 늘 이런 부분의 명쾌한 답을 주지 못하는 경우가 있다. 내담자의 능력, 한계, 혹은 환경에 대한 내성 등에 대한 명확한 진술의 부재를 자주 접할 수 있는데 이러한 경우, 재활상담사는 의료적 전문 상담의사의 도움을 받아 내담자의 재활계획과 서비스 준비에 대한 토대로서 의료적 정보를 활용한 직업적 의미를 구명해야 할 책임이 있다.

○전문의의 활용

재활상담에서 효과적으로 전문의를 활용하기 위해서는 재활상담사가 내담자의 장애, 질병, 그리고 손상에 대한 기본적인 이해를 가지고 있어야 한다. 더욱이 그들은 의료적 진단과 치료과정, 그리고 이 과정에서 의사의 역할, 아울러 앞서 지적했던 의학적 전문용어에 대해서도 충분한 이해와 지식을 가지고 있어야 한다. 하지만 의료적 사실에만 국한된 지식은 불충분하다. 재활상담사는 독립생활과 직업기능의 장·단기 한계점에 관하여 내담자가 어떻게 자신들의 장애를 감지하고 있는지에 대해서도 이해하고 있어야 한다.

재활상담사는 전문의에게 의료적 자문이나 회의를 하기 전에 다음과 같은 몇 가지 실제적인 단계를 준비할 필요가 있다.

첫째, 재활상담사는 새로운 결정을 위해 그들의 사례를 모두 재조사하고 그 조사된 정보를 전문의에게 제공해 주어야 한다. 또한 재활상담사들은 의사들이 답변해야 할 내용에 대해 구체적으로 명확히 제시해 주어야 한다. 보통 전문의에게 의뢰되는 사례들은 중복장애를 가졌거나 혹은 특별한 의료적 치료, 수술 또는 재활보조기기가 필요한 사람들이다.

전문의와의 의료적 자문이나 회의를 통해 재활상담사는 많은 방식의 도움을 얻을 수 있다. 전문의는 내담자의 기능적 제한, 예측 그리고 직업적 장애를 포함한 의료 보고서의 관점을 명확하게 할 수 있다. 나타난 자료들을 재조사함으로써 전문의는 의료 전문가 이상의 진단 서비스나 치료 서비스를 추천할 수 있다. 의료 전문의와의 자문이나 회의를 통해 얻을 수 있는 또 다른 이점은 ① 재활상담사가 질병의 성질, 진단, 치료법을 훨씬 쉽게 이해할 수 있도록 하고, ② 재활상담사가 의료 서비스를 조절할 수 있게 도움을 줌으로써 내담자가 의료 서비스에 머물러야만 하는 시간을 최소화시키고, ③ 재활상담사가 내담자에게 적합한 의료적 프로그램이 있는 재활시설을 선택할 수 있도록 도움을 줄 수 있다는 것이다.

□ 심리평가

사례관리의 문제 상황 측정 및 평가과정에서 심리평가의 목적은 내담자의 장애상태, 특히 지적 장애, 정신장애, 학습장애, 정서불안 등의 상태를 확인하는 것에서부터 직업적 능력을 평가하기 위해 필요한 내담자의 지적 능력이나, 심리적 특성, 인성이나 흥미, 그리고 행동적 특성들을 이해하고자 하는 것이다. 심리평가를 통해 재활상담사는 내담자의 욕구를 확인하고 필요한 서비스를 선택하고 궁극적으로는 적합한 직무를 통해 사회통합시키는 것이다. 따라서 심리평가에서는 심리평가의 목적을 명확히 하고 적절한 심리전문가의 선택, 적절한 심리평가 의뢰, 심리평가 보고서 활용이 중요한 과제가 된다.

○심리평가 목적 구체화

심리평가의 궁극적인 목적은 내담자가 일상생활에서 지역사회 통합에 이르기까지 개인의 심리적 역량 수준을 판단하는 것이다. 따라서 심리평가는 여러 가지 광범위한 상황에서 내담자의 행동에 관해 예측하는 과정이며, 이 과정에서 재활상담사의 책임은 이러한 예측의 적합성을 판단하고 내담자가 직업적, 사회적 역할수행에 있어 필요한 행동능력을 개발하기 위한 서비스의 적합성을 결정하는 것이다.

심리평가 의뢰 시 재활상담사는 내담자의 대인관계 기술, 새로운 직무를 학습하는 능력, 정서적 안정성, 그리고 직업목표에 대한 책임감 등에 대한 구체적인 정보를 얻기를 원한다. 따라서 심리전문가가 주로 활용하거나 기술하는 방식의 전문적이고 이론적인 용어(예, 자아정체상태, 체계적 둔감상태)나 내적 정신갈등과 같은 식의 보고서는 재활상담사에게 거의 의미가 없다. 재활상담사는 구체적인 상황에서 내담자의 반응에 대한 예측이나, 내담자가 어떤 상황에서 효과적 혹은 비효과적으로 기능할 것인지, 그리고 내담자의 효과적인 기능을 증진시킬 수 있는 재활 서비스의 유형과 같은 구체적인 내용을 필요로 한다.

심리평가는 내담자의 특성과 상황적 수요, 특히, 내담자가 직업을 가짐으로 원하는 것은 무엇인지, 특정 직업으로부터 유용한 강화인자들은 무엇인지, 그리고 내담자의 능력과 직무요구간의 관계에 대한 명확한 해결책을 제공해야 한다. 따라서 심리평가보고서는 광범위하게 내담자의 장점, 약점, 갈등과 방어기능 등이 내담자의 개인적 기능에 영향을 미치는 차이와 같은 방식보다는 오히려 내담자의 다양한 직업적 역할에서 요구되는 기술과 대인관계를 충족시킬 수 있는 심리적인 수단과 같은 측면 등에 대해 구체화될 필요가 있다. 심리평가 보고서는 내담자가 일반적으로 겪을 수 있는 직업적 부적응에 대해 다루어야 하며, 재활상담사가 특별히 요청할 경우에는 특정 직무를 수행하는데 필요한 직업적 적응을 위한 심리적 문제에 대해 다루어야 한다. 따라서 심리평가의 목적은 심리전문가의 일반적인 목표에 의한 평가가 되어서는 곤란하고 철저하게 내담자 중심에서 재활상담사와 협의와 동질 의식 가운데 내담자의 직업문제를 해결하기 위한 심리적 접근에 맞추어야 한다.

○적절한 심리전문가의 선택

적절한 심리평가를 위한 재활상담사의 역할 중의 하나는 적절한 심리전문가를 선택하는 것이며 이것은 장애가 내담자의 심리적 적응과 개인의 기능상에 미치는 영향을 이해하고 있는 심리전문가를 선택하는 것이다. 또한 심리전문가들은 장애 자체에서 기인하는 행동적 영향을 이해해야 하는데 뇌손상, 말기 신부전증, 뇌성마비와 같은 문제들은 어떤 특별한 행동반응을 유발할 수도 있기 때문이다. 또한 외상성 뇌손상장애는 신경심리학적 검사를 위해 신경심리전문가들의 검사가 필요할 수도 있다. 신경심리학적 검사는 지능검사나 기억력검사와 같은 방식으로 접근해서는 안 되며 뇌신경, 언어적 이해, 언어적 추론, 기억과 학습, 시공간지각력, 그리고 문제해결 및 인식기능 등의 고차원의 뇌기능 능력을 검사하는 것이다. 일반적인 신경심리 검사도구로는 Halstead-Reitan Neuropsychological Test와 Luria-Nebraska Neuropsychological Battery를 포함하는 신경심리학적 평가 도구들이 사용되어진다.

심리전문가들은 재활상담사들이 고용계획을 수립할 수 있도록 특정 장애와 사회학습기능 사이의 기질적인 적응반응을 구별할 수 있도록 지원해야 한다. 예를 들면, 내담자 자신의 장애에 대한 태도는 장애를 갖기 이전의 경험, 장애를 유발하는 사고나 질병의 시작 동안 경험된 불안이나 공포, 개인이 질병에 관해 가지고 있는 정보, 개인이 가족과 친구들에 의해 어떻게 대우받는지 그리고 개인의 회복에 대한 희망에 의해 영향을 받을 수 있다.

따라서 재활상담사는 장애에 대한 사회적 역할인지에 문제가 없는 심리전문가를 선택하는 것이 중요하며 어떤 경우는 심리전문가들이 지나치게 현실적인 것에 중점을 둠으로써 내담자의 잠재적 능력을 간과하는 경우도 있다. 또한 심리전문가들이 내담자의 문제에 과도하게 집착하지 않도록 할 필요가 있다. 이럴 경우 내담자의 장점은 간과하고 내담자의 문제만 지나치게 부각되어 잘못된 평가 결과를 발생시킬 수 있다. 이런 문제를 개선하기 위해서는 심리전문가들은 장애인은 수동적이지 않고, 그들은 자신의 삶을 개척할 수 있으며 자신만의 다양성을 가지고 있는 존재라는 사실을 지속적으로 자각할 필요가 있으며 장애는 단지 사회, 환경적인 제약으로 인한 기능상의 문제라는 사실을 인지하는 것이 필요하다.

심리전문가들은 또한 장애가 심리평가에 영향을 미친다는 사실을 주지할 필요가 있다. 예를 들면, 반응을 하는 데 손과 눈의 협응이 필요한 지필검사는 이 부분의 손상이 있는 뇌졸중이나 뇌성마비 장애인들에게는 이들의 적성과 잠재력을 정확하게 평가하는 데 어려움이 있다.

또한 심리전문가들은 재활과정의 목표와 목적에 관해 이해하고 있어야 한다. 재활의 궁극적 목적은 직업배치이므로 심리전문가들은 심리학적, 사회적, 그리고 지적인 영역에서 내담자의 장점과 단점에 대한 직업적인 부분의 질문에 대답할 준비가 되어 있어야 한다.

따라서 심리평가가 재활상담과정에서 효과적으로 개입하기 위해서는 심리적 평가를 수행할 수 없는 심리전문가를 활용해서는 안 된다.

○적절한 심리평가 의뢰

심리전문가에게 심리평가를 적절하게 의뢰하기 위해서는 몇 가지 사항을 고려할 필요가 있는데 첫째, 재활상담사는 심리평가가 필요한 내담자가 누군지 확인해야 하며, 둘째, 재활상담사는 심리전문가에게 의뢰하기 전에 내담자를 준비시켜야 하며, 셋째, 재활상담사는 처리해야 할 중요한 의뢰질문과 이에 대한 정확한 답변을 얻기 위한 의미 있는 사회적 정보를 심리전문가에게 제공해야 한다.

먼저, 심리평가가 필요한 내담자를 확인하는 것은 심리평가 의뢰를 위한 첫째 과정인데 심리평가가 필요한 내담자는 일반적으로 ① 내담자가 직업적 경력이 전혀 없거나, ② 내담자에게 명확한 직업적 대안을 찾을 수 없거나, ③ 내담자에게 적합한 직업적 목표가 다양하게 나타나거나, ④ 재활상담사의 관점에서 내담자의 직업적 목표가 바람직하지 않다고 판단되고 그 적합성을 확인할 수 있는 정보가 없을 때, ⑤ 내담자에 관한 정보가 서로 모순되거나 학력이나 경력에 중요한 차이가 있을 때, ⑥ 내담자가 아직 나타나지 않은 장점이나 제한이 있을 것이라고 추측될 때, ⑦ 내담자가 뇌 손상, 시각, 청각 손상, 중추신경계 손상으로 내담자의 직업적 능력을 평가하기 위한 특별한 평가가 필요하다고 판단되는 자이다. 중도장애인의 경우 의료적 서비스 후 중도장애 전의 직업으로 복귀하려는 경우는 심리평가가 불필요하거나 또한 심리평가에 대해 부정적인 생각을 가지고 있는 내담자들에게는 무리한 심리평가로 인해 오히려 역효과를 예상할 수 있기 때문에 이런 경우는 심리평가의 대상에서 고려되어야 한다.

심리평가를 위한 내담자 준비는 주로 심리평가의 목적과 심리평가 결과가 앞으로 고용계획과정에 어떠한 영향을 주는지에 대해 집약된다. 또한 재활상담사는 심리평가 이전에 평가비용이나 평가장소, 평가기간이나 평가자에 대한 정보를 알려 주어야 한다. 재활상담사는 심리평가가 실제적인 측면에서 내담자에 대한 역할인지 수준을 높이고 내담자의 장점과 제한점을 확인하여 고용목표와 계획을 개발하고 이후 직업 프로그램을 결정하는 데 도움이 된다는 사실을 중점적으로 설명해야 한다.

마지막으로 심리평가의 활용성을 증대시키기 위해서는 재활상담사는 심리전문가에게 내담자에 대한 사회적–직업적 경력, 치료력, 그리고 직업목적에 관한 구체적인 정보를 제공해야만 한다. 심리전문가가 시간을 낭비하지 않도록 하고 내담자의 심리적 안정감을 위해서는 이미 재활상담사가 수집해 놓은 정보들을 제공해야 하며 이 정보들은 ① 신체적 정보로 장애 정도, 치료력, 현재 의료상태나 의료검사 결과, ② 교육적 · 직업적 정보로 교육기간, 좋아하고 싫어하는 분야, 직업훈련 경력, 직업 경력, 그리고 좋아하고 싫어하는 직업 유형, ③ 심리사회적 정보로 심리학적 치료 경력, (약물)치료 경력, 그리고 가족과 친구들과의 관계력, ④ 경제적 정보로 현재 내담자의 재정상태, 재정적인 지원의 출처, 장애 혹은 다른 이유로 발생한 현재 부채나 미래의 예상 부채, 그리고 사회보장이나 근로자 임금, ⑤직업선택 정보로 내담자가 표명한 직업흥미와 직업목적, 직업훈련 유형, 성취능력에 대한 지각, 희망하는 급여 수준 등이다.

심리평가 보고서의 유용성을 높이기 위해 재활상담사는 구체적인 의뢰질문을 제공해야 한다. 질문들은 주로 내담자의 신체적 혹은 신경학적 기능, 심리사회적 기능, 인지적 기능, 그리고 직업흥미와 목표에 관한 모호한 영역에 초점을 두어야 한다. 이들 각 영역에서 심리전문가를 위한 적절한 질문들은 〈표 16-3〉과 같은 질문

〈표 16-3〉 심리평가 시 의뢰 질문들

영 역	질문 내용
신체적 기능	-심리 검사결과 뇌 혹은 중추신경 계통의 손상이 있는가? -이러한 손상은 개인의 기능에 영향을 미치는가?
심리사회적 기능	-현재 내담자의 심리적 상태가 재활에 영향을 미치고 있는가? -내담자의 판단, 추리, 또는 이해력 수준이 손상되었으며 이 손상은 행동특성을 나타내고 있는가? -정서불안증상과 증상 정도, 그 유형은? -직업훈련뿐만 아니라 직업기능의 수행에 영향을 미치는 개인적인 적응문제는 어떤 방식으로 일어나는가? -어떤 관점에서 내담자의 환경에 대한 지각이 직업적응에 영향을 미치는가? -직업적응에 문제가 될 만한 대인관계 기술의 문제에 대한 과거와 현재의 증거가 있는가? -일을 하지 않는 상황이 어떤 측면에서 직업적응을 위해 중요한가? -성격특성이 직업선택과정에 어떻게 영향을 미치는가? -직업수행에 영향을 미칠 수 있는 어떤 행동이 있는가? -내담자에게 좀 더 적절한 작업환경이 있는가? -경쟁적인 작업상황에 적응할 수 있는가?
인지적 기능	-지적 장애나 학습장애 혹은 발달장애의 증거가 있는가? -어떤 관점에서 내담자의 지적 기능을 재활계획에서 고려해야 하는가? -내담자의 지적 능력이 새로운 직무를 수행하는 데 영향을 미치는가?
직업적 관심과 목표	-내담자의 직업흥미는? -내담자의 직업흥미와 직업목표는 일관성을 가지고 있는가? -내담자의 흥미와 목표는 다른 영역에서의 기능 수준과 합리적으로 일치하는가?

들을 포함할 수 있다(Roessler & Rubin, 2006).

○ 심리평가 보고서의 활용

심리평가의 목적을 이루기 위해서는 마지막 단계로 평가 보고서를 적절히 활용해야 한다. 일반적으로 심리평가 보고서에서 다루어야 할 내용에 대해서 학자들에 따라 조금 다른 목차를 제시하기도 하지만 일반적으로 다음과 같은 내용을 다루게 된다.

① 배경정보(발달력, 교육력, 사회력 등)
② 심리평가가 이루어지는 동안의 내담자의 비언어적인 행동
③ 심리전문가와 상담하는 동안의 내담자의 행동 특성
④ 지능검사 결과
⑤ 지각–운동기능 정보
⑥ 사회적 기술과 사회적 성숙
⑦ 학업성취 기록들
⑧ 객관적인 성격검사 결과
⑨ 투사적인 성격검사 결과
⑩ 요약과 결론
⑪ 개선을 위한 권고

그러나 아무리 좋은 평가 보고서라도 그 내용이 지나치게 길고, 전문적이며 이론적인 보고서들은 실제 보고서가 고용계획을 수립하는 데 활용되지 못할 가능성이 있다. 따라서 심리평가 보고서는 어떤 내용으로 작성이 되든지 재활상담 영역에서는 ① 내담자를 위한 직업 추천, ② 내담자에게 적합한 직업적 기술 및 대인관계 기술을 위한 권고, ③ 지역사회 내에서 가능한 취업기회 권고, ④ 평가를 통해 확인된 내담자의 직업적 기능 제한 등이 제시되어야 한다.

심리전문가가 아무리 신속하게 평가보고서를 작성하였다 하더라도 재활상담사가 이를 적절하게 이해하고 활용할 수 없다면 아무

소용이 없다. 즉 재활상담사는 심리평가 보고서에 사용된 평가도구의 기법, 도구들의 신뢰도와 타당도, 기준들에 대한 충분한 지식을 이해할 수 있어야 심리평가의 목적을 효과적으로 달성할 수 있을 것이다.

□ 직업평가

사례관리의 문제상황 측정 및 평가과정에서 직업평가의 목적은 내담자의 잠재적인 고용 목표와 그것을 성취하는 데 필요한 서비스를 결정하기 위해 내담자의 직업적성, 흥미 그리고 행동을 평가하는 것이다. 평가 서비스의 최종적인 목적은 관련된 내담자의 종합적인 정보를 기초하여 가장 실행 가능한 직업목표들을 수립하는 것이다. 따라서 재활상담사는 직업평가에서 ① 직업과 관련하여 내담자의 적절한 사회적, 교육적, 심리적, 그리고 생태학적 기능 수준에 관한 정보, ② 내담자의 행동변화와 기술습득에 근거한 잠재력, ③ 내담자의 가장 효과적인 훈련 유형 결정, ④ 내담자가 부가적인 직업 서비스 없이 할 수 있는 직업 확인, ⑤ 내담자의 직업 잠재력을 증진시킬 수 있는 교육이나 구체적인 훈련 프로그램 확인, ⑥ 직업재활 서비스를 받은 내담자에게 잠재적으로 실현 가능한 직업 확인, ⑦ 성공적인 직업배치 후에 직업유지를 위한 지역사회 지원 서비스 확인 등을 기대할 것이다. 물론 직업평가는 이 모든 해답을 제공하지 못한다. 결국 의료평가와 심리평가, 기타 다른 정보들을 종합해서 이들 질문들에 판단을 하게 되는 것이다.

직업평가의 내담자 중심 관점에서의 목적은 내담자의 현재 기능적 제한만이 아니라 향후 서비스를 이용했을 때 예상될 수 있는 잠재적 이익들에 대한 예측을 통해 내담자 자신의 이해를 촉진시키고자 하는 것이다. 내담자 자신들이 평가계획에 기여하고, 직업 관련 행동들의 직업적 능력과 제한점 그리고 기술 잠재력 등이 직무배치와 어떻게 관련되는지를 제대로 이해할 때, 직업재활 프로그램 계획에 있어서 긍정적인 기여를 하게 되는 것이다.

전체적으로 직업평가 목적을 달성하기 위해서는 직업평가가 갖는 특성과, 적절한 직업평가 의뢰, 직업평가를 위한 내담자 준비, 직업평가 보고서 작성과 활용이라는 측면들이 고려되어야 한다.

○직업평가의 특성

직업평가 목적의 달성 여부는 직업평가의 특성, 즉 직업평가사의 전문적 기술, 평가도구와 기법의 활용 가능성, 평가과정에 내담자를 포함시키는 직업평가사의 능력, 평가결과를 효과적으로 보고하는 직업평가사의 능력 등의 상호작용에 의해 결정된다.

직업평가의 효과성은 직업평가사의 전문적 기술에 크게 달려 있으므로 직업평가에서 훈련된 직원의 중요성은 아무리 강조해도 지나치지 않다. 비록 직업평가사와 재활상담사의 대학원 훈련이 많은 면에서 유사하더라도 직업평가사는 작업표본의 사용과 해석, 직업 관련 환경에서의 행동관찰과 분석, 전문적인 개인 및 집단 심리측정 검사, 평가자료의 해석과 종합, 그리고 포괄적인 평가 보고서의 개발 등에서 전문적인 훈련을 받아야 하며 우리나라 직업재활사 교육과정에도 이 내용들이 포함되어야만이 훈련된 직업평가사를 양성한다고 이야기할 수 있을 것이다.

직업평가 도구와 기법들은 다양한 장애를 가진 사람들을 대상으로 하지만 모두 똑같이 다양한 내담자들의 직업잠재력을 평가하는 기능을 갖추고 있는 것은 아니다. 이를 위해서는 직업평가를 실시하는 기관들은 기능 수준에 따른 다양한 언어 및 동작성 검사 도구들을 갖추고 활용할 수 있어야 하며, 성별이나 이동능력, 다양한 작업현장에서의 관찰들이 이루어질 수 있도록 시스템을 갖추고 있어야 한다. 많은 표준화된 지필검사들은 검사 불안이란 반응을 유발하기도 하고, 특정 장애조건들을 반영하고 있지 못하기 때문에 평가결과가 계획수립에 잘못된 기준을 만들게 할 수 있다. 또한 작업표본, 모의작업, 현직평가 들은 이런 문제를 일부 해소하기도 하고 좀 더 명확하게 작업현장에서 내담자의 기능적인 문제들을 객관적으로 진단할 수 있도록 해 준다. 그러나 이렇게 다양한 직업평가 도구들의 활용에도 불구하고 제한점이 있다. 즉 내담자에게 추천되는 직업의 범위가 기관이 가지고 있는 일련의 작업표본이나 작업현장으로 제한될 가능성도 배제할 수 없기 때문이다.

직업평가를 실시하는 기관의 능력을 확대하기 위해 Ditty와 Reynolds (1980)는 지역사회와 관련되는 개별화된 접근방법을 주장하였다. 내담자 개인의 학습 잠재력과 제한점에 대해 보다 구체적으로 접근하기 위해 표준화된 검사도구와 작업표본의 구분을 단순화하고 재결합하는 것이다.

직업평가를 효과적으로 수행하기 위해서는 평가를 완성하는 데 필요한 시간적 고려를 해야 한다. 보다 전통적인 검사과정에 의존하는 평가는 평가를 완료하는 데 작업표본과 상황평가 기법들을 사용하는 평가보다 적은 시간이 소요된다. 그러나 최종 분석에서 재활상담사는 지역사회에서 이용 가능한 평가 프로그램들의 장점과 제한점에 대한 지식이 있어야 하고, 의뢰된 내담자의 특정한 평가 욕구에 대해 아직 확실한 상황이 아니라면 주어진 평가 프로그램의 적합성을 기초로 선택해야 한다.

직업평가도구와 기법문제 외에도 직업평가를 위한 계획을 어떻게 수립할 것인지도 상당한 영향을 줄 수 있다. 평가계획을 수립할 때 내담자에 따른 질문과 문서화된 접근방식을 활용하면 평가도구와 기법을 결정하는 데 있어서도 효율적이다.

□ 적절한 직업평가 의뢰

직업평가의 적절한 의뢰는 의뢰된 내담자의 특성과 이용 가능한 직업평가 프로그램 특성에 대한 재활상담사의 지식과 관련되어 있다. 예를 들면, 몇몇 직업평가 도구와 기법들은 평균 또는 평균 이상의 지적 능력의 신체적 장애를 가진 개인의 직업잠재력을 평가하기 위해 설계되었기 때문에 여기에 해당되지 않은 대상은 부적절한 의뢰가 일어날 수 있다. 이들 도구 및 기법들은 직업훈련, 지속적인 교육 프로그램의 참가 또는 노동시장의 참여에 주요한 강조점을 두기 때문에 중증 지적 또는 정신의학적 장애를 가진 사람들을 평가하는 데 적절하지 않다. 이러한 장애인 내담자들은 지도·감독을 수용할 수 있는 능력, 동료관계, 적절한 생산성 유지, 작업내성과 같은 일반적인 고용능력 요인들을 평가할 수 있는 직업평가 단위에 의뢰되어야 한다.

비록 재활상담사가 어떤 직업평가 프로그램이 가장 적절한 것인지에 대해 알아내는 것은 어려운 일이지만 다른 상담사들이나 의뢰 목적을 살펴봄으로써 가능하게 할 수 있다.

적절한 직업평가 의뢰를 위해서는 무엇보다도 재활상담사가 필요로 하는 정보 유형을 직업평가사나 해당 직업평가기관에 알려주어야 되며 효과적인 평가계획을 개발할 수 있도록 모든 내담자의 정보들이 제공되어야 한다. 예를 들어 직업평가사가 그 사람의 의학적 상태를 알고 있을 때 이 내담자의 신체적, 정서적 상태에 적합한 평가활동들이 선택되어질 가능성이 더 많다. 재활상담사가 직업평가사에게 적절한 사회력, 직업력, 교육력, 그리고 의료력 정보를 제공하지 못하는 것은 매우 심각한 일이다. 직업평가 이전에 이미 존재하는 유용한 정보를 활용하지 못하므로 내담자에게 불필요한 많은 평가를 하게 할 수 있으며 더욱 직업평가사가 내담자와 관련된 모든 사항들을 제대로 고려하지 못하게 함으로 직업평가결과에 상당한 영향을 주게 된다.

결과적으로 적절한 직업평가 의뢰는 내담자의 욕구를 충족시키기 위해 평가 프로그램의 적절성을 결정하는 것뿐만 아니라 상담사와 내담자의 기대에 영향을 미치는 평가목표에 대한 명확한 진술과 함께 평가 프로그램에 관련된 의료적, 정서적, 교육적, 그리고 직업적 정보를 전달하는 것을 포함해야 한다.

○직업평가를 위한 내담자 준비

직업평가에 대한 내담자의 기대나 적절한 직업평가는 평가 서비스의 실행과 목적에 대한 재활상담사의 설명에서 생기기 때문에 재활상담사의 직업평가에 대한 오리엔테이션은 내담자의 평가결과에 정확하게 반영된다. 만약, 이 과정에서 불일치는 내담자를 혼동시키고 직업평가나 재활 프로그램에 적극적으로 참여하려는 동기에 심각한 영향을 줄 수 있다. 예를 들면, 만약 예측되는 직업평가결과가 특정한 유형의 직업적응 훈련에 대한 단순한 권고인데 내담자는 직업평가의 결과 직접적인 직무배치를 기대한다면 불필요한 혼란이 발생할 수 있다.

재활상담사가 직업평가를 위해 내담자를 효과적으로 준비시키는 일은 매우 중요하기 때문에 오리엔테이션 과정에서 다음의 사항들을 준비시킬 필요가 있다.

첫째, 직업평가 목적에 대해 구체적으로 설명해야 한다.

재활상담사는 현실적인 직업목표를 구체화하기 위한 내담자의 직업적 장점을 중심으로 평가한다는 사실을 강조해야 한다. 평가에 합격, 불합격이 있을 수 없으며, 평가는 단순히 내담자에게 적합한 직업훈련 프로그램을 결정하기 위해 설계된다는 것을 주지시켜야 한다.

둘째, 평가의 도구와 기법들이 가지는 의도를 알려 주어야 한다.

재활상담사는 내담자와 필요한 특정 정보들이 어떤 평가도구와 방법을 통해 얻을 수 있을 지에 대해 구체적으로 논의해야 한다. 즉 내담자가 사무직을 요구하고 있다면 이를 위해 사무관련 적성검사나 앉은 자세나 직립자세에서의 지구력, 기타 내담자의 신체상황에 대한 평가가 필요하고 이것은 결국 내담자의 사무직 적성을 찾기 위한 방법임을 주지시켜야 한다.

셋째, 내담자가 경험할 수 있는 평가도구와 기법들에 대해 충분한 설명을 하여야 한다.

재활상담사는 내담자가 경험할지도 모르는 지필검사, 컴퓨터 시스템을 활용한 평가, 그리고 상황평가 등에 대한 일반적인 두려움을 완화시키고 어떤 오해를 바로잡기 위한 설명이 필요하다. 특히, 내담자에게 적용되는 도구들에 대해서는 자세하게 설명할 필요가 있다.

넷째, 직업평가를 위한 과정을 설명하여야 한다.

직업평가 의뢰 전에 재활상담사들은 평가의 시작일과 종료일, 유지기간, 교통수단, 참석에 대한 기대, 혹시 문제가 발생하면 연락해야 하는 사람 등에 대해 명확히 해야 한다. 이러한 과정에 대해 주의 깊게 논의하고 문제를 해결함으로써 내담자 평가에 적극적으로 참여할 수 있게 할 것이다.

결국, 직업평가를 위한 내담자의 준비는 평가과정에서 내담자의 현실적인 기대를 발전시키고 더 많은 가능성을 보장하며 평가과정에서 발생할 수 있는 예상하지 못한 문제들을 최소화하도록 하여 궁극적으로 직업평가가 효과적으로 진행될 수 있도록 할 것이다.

○직업평가 보고서 작성과 활용

직업평가 보고서는 직업평가 서비스의 최종 결과이기 때문에 직업평가 의뢰시의 내용을 담고 있어야 하고 평가의뢰의 정당성을 확보하도록 해야 한다.

종합적인 직업평가 보고서에 포함되어야 할 내용에 대해서는 심리평가와 유사하다고 볼 수 있으나 대체적으로 다음의 내용들이 포함되어야 할 것이다.

① 의뢰 이유에 대한 간단한 진술

② 장애 및 관련 배경정보

③ 중요한 행동관찰과 직업적 의미

④ 평가동안 실시된 검사와 작업표본의 결과와 그 결과에 나타난 직업적 의미

⑤ 일상생활 또는 사회기능적 기술에 관련된 정보

⑥ 평가결과를 종합하여 내담자의 직업적 특성, 전이될 수 있는 능력, 제한점, 이후 직업 프로그램에서 고려되어야 하는 사항들과 같은 일반적인 평가진술

⑦ 평가결과 가장 적합한 직업적 또는 기타 측면의 잠재적인 선택사항의 권고와 이를 실현하기 위한 과정들의 진술이다.

보고서에서의 권고사항들은 특히 초기 의뢰 질문들과 관련되어져야 하며 추가적인 서비스의 성공적인 완료를 가정한다면 단지 실현 가능할 것 같은 선택뿐만 아니라 더 이상의 서비스가 제공되지 않는 것을 감안한 실현 가능한 권고들도 제안해야 한다. 이런 방법으로 진술된 권고사항들은 재활상담사에게 추후 서비스들의 잠재적인 직업적 이익에 대한 더 명확한 이해를 제공할 뿐만 아니라 내담자가 잠재적인 서비스 성과와 장기적인 직업목표 사이의 관계를 이해하도록 돕는 데 도움이 된다.

3) 재활계획

이 단계에서는 측정 및 평가과정을 통한 자료에 기초하여 사례관리자가 내담자에게 적절한 서비스의 유형과 방법, 서비스에 필요한 시간, 지역사회기관과 직원, 가족구성원의 역할을 구체화하는 계획을 수립해야 한다. 적절한 재활계획은 사례관리의 핵심이 되므로 그 계획을 잘 알고 있어야 한다. 재활계획을 효과적으로 수립하기 위해서는 먼저, 초기평가와 측정 및 평가단계의 재검토와 재활계획의 수립과정으로 이루어진다.

□ 초기평가 및 측정단계의 재검토

재활계획을 위해 먼저, 재활상담사는 초기면접과 의료적, 심리적, 직업적 평가를 통해 수집된 정보를 재검토해야 한다. 내담자는 초기평가와 측정과정을 거치면서 많은 사안과 평가들을 진행해 왔기 때문에 이 결과들은 상호 충돌될 수도 있고 초기면접단계에서 나타난 문제들이 변화가 예상될 수도 있기 때문에 내담자의 나타난 정보들을 다시 한번 재검토함으로써 내담자의 정확한 장점과 제한점들을 제거하거나 감소시키기 위해 필요한 서비스를 규명할 수 있다. 실제적인 관점에서 보면 수집된 정보의 재검토는 새로운 평가보고나 상황들을 만들어 내기 위한 과정이 아니라 재검토 과정을 통해 내담자의 정보들을 종합함으로써 사실적인 분석을 하자는 것이다. 일반적으로 재활상담에서 내담자를 위한 계획은 여러 가지 과정을 거치면서 재활목표가 상이하게 변화할 수 있다. 이럴 경우 지속적인 측정 및 평가과정을 통해 내담자의 잠재된 능력을 개발하거나 지역사회 노동시장의 환경을 적절하게 개조하는 방식을 통해 내담자의 현실적인 목표를 설정하게 된다. 따라서 재활계획을 수립하기 위해서는 복잡한 과정의 재검토는 계획의 성공률을 높이는 데 기여할 것이다.

□ 재활계획의 수립

재활계획하기 단계의 목적은 재활목표를 성취하기 위한 프로그램 개발이다. 재활 프로그램은 더 높은 수준의 목표를 성취하기 위한 하향식 계획의 한 예라고 볼 수 있다. 다른 의미로는 이들 목적들을 달성하기 위해 필요한 단계와 결부시켜 목표와 목적의 단계를 상세히 설명하는 것이다. 최고의 목표는 직업목적을 달성함으로써 증진될지도 모르는 내담자의 삶의 질을 향상시키는 것이라고 언급할 수 있다. 그러나 직업의 목적에 대한 성취는 신체적, 심리사회적, 교육적, 직업적 목표에 대해 정의된 것으로서 어떤 직접적인 목적에 관한 행동에 달려 있다. 재활목표는 일반적으로 경쟁적인 노동시장, 보호작업장, 자영업, 실업 등으로 접근될 수 있다. 그리고 이 과정에서 내담자의 정확한 직업을 정확히 알 수 있다면 적절한 직업명을 기재하여야 한다.

또한 재활상담사는 목표분석과정을 통해 재활 프로그램에 내담자를 자연스럽게 참여시킬 수 있으며 내담자가 직업목표를 성취하기 위해 무엇이 필요한지를 결정하게 한다. 이런 분석을 통해 내담자는 신체적 기능, 심리사회적 기능, 교육적-직업적 기능, 특별한 고려사항 등에 대한 내담자의 재활과정에서 주목해야 할 사항들을 확인하게 된다. 그리고 이 사항들은 재활 프로그램을 계획하는 데 달성해야 할 중간목표가 된다. 적절한 중간목표는 내담자가 할 수 있을 것으로 기대되는 활동이나 행동, 기대되는 행동의 수준, 양, 내담자가 기대되는 행동의 실행을 완수할 수 있는 기간 등이 포함되게 된다.

재활계획 수립에서 포함되어야 할 내용에 대해서는 관점에 따라 차이가 있을 수 있지만 직업상담 관점에서 계획에 포함되어야 할 부분은 다음과 같다.

① 실행 가능한 직업목표 선택

② 직업목표를 지원할 수 있는 범위에서 의미 있는 목표 선택

③ 목표를 성취하기 위한 필요한 과정

④ 각 과정을 완수하는 데 필요한 시간적 계획

⑤ 각 과정에 따른 각 관계자, 내담자, 재활상담사의 책임성 부분 명시

⑥ 목표성취를 통해 기대되는 결과

재활계획을 수립하는 데 있어 재활상담사는 내담자의 책임에 대한 중요성을 잊어서는 안 된다. 따라서 계획의 종결단계에서 재활상담사는 내담자가 프로그램에 대해 가지고 있는 고려사항, 프로그램의 필수적인 과정, 프로그램을 실행함으로써 내담자가 기대할 수 있는 보상 등에 관해 적시되어야 한다.

4) 서비스 조정

이 단계는 서비스를 조정하는 단계로 사례관리과정에서 가장 중요한 단계이기도 하다. 서비스 조정은 재활계획 수립단계에서 필요하다고 판단된 서비스를 배열·정리하여 서비스 제공자들로부터 서비스를 구입하고 연결시켜 주는 것이다. 따라서 사례관리자는 이용 가능한 지역사회 자원들에 대해 잘 알고 있어야 하고 이 자원들을 적절히 활용할 수 있어야 한다.

재활상담과정에서 다양한 자원을 참여시키기 위해서는 재활상담사가 지역사회 서비스의 광범위한 범위와 무엇을 하는지, 어디서 하는지, 어떻게 하는지, 왜 제공되는지를 인지해야 한다. 재활상담사들은 내담자들에게 차후에 발생하는 문제들을 해결하기 위한 기

관을 이용하는 방법을 제공해야 하며 정보들을 공유해야 한다. 지역사회 자원을 활용함에 있어 재활상담사는 ① 건강관리, 장애 관련 중재, 심리적 적응, 가족상담, 교육과 직업훈련, 기본 생활욕구를 위한 재정적 지원 등 내담자의 필요한 모든 욕구를 평가해야 하며, ② 재활상담사는 내담자와 가족을 안정적인 상태로 회복시키는 데 필요한 서비스를 제공해 줄 수 있는 서비스 전달기관과 지역사회 자원을 확인해야 한다.

또한 효율적인 지역사회 자원을 활용하기 위해 지역사회의 종교단체나 자발적인 기관들에 대한 정보도 확인하는 것이 필요하다.

5) 모니터링

이 단계는 서비스가 적절한가, 서비스의 질이 높은가 등을 평가하는 것으로 직접 만나거나 전화 등을 통해 서비스 전달상태를 점검하는 것이다. 아무리 재활계획이 체계적인 과정을 통해 적절하게 수립되었다 하더라도 내담자와 환경의 변화와 함께 계획 자체를 변화 혹은 수정해야 할 상황이 발생하게 된다. 모니터링은 재활계획에서 서비스 조정과정을 추적하여 재측정을 위한 기초자료를 제공하게 된다. 따라서 재활계획이 완성되고 서비스가 실행되면 내담자를 위한 모니터링 시스템이 구축되어야 한다. 이 체계는 내담자에 대한 서비스 수준과 서비스 조정의 규모에 따라 달라질 수 있지만 기본적으로 어떤 내담자에게도 모니터링은 필요한 과정이다.

재활상담사는 내담자에게 주어지는 서비스를 모니터링해야 할 책임을 가지고 있으며 내담자에 대한 주요한 서비스 목표의 성취와 실무의 부합 정도에 관해 슈퍼비전을 받게 되므로 다음 단계의 재측정과 함께 상담사의 주요 기능이다.

재활상담사는 일반적으로 서비스 제공과정에서 일어날 수 있는 위기에 대응해야 한다. 예를 들어 내담자가 응급상황이 발생하거나 기관에 중요한 회의와 관련한 상황이 발생할 가능성에 대비해 항상 준비를 하여야 하고 시간을 관리할 필요가 있다. 이에 효율적으로 대처하기 위해서는 재활상담사는 매일 한 시간 정도의 시간을 이와 같은 예측할 수 없는 일을 위해 비워 두는 것이다. 또한 모니터링을 위한 면담에는 내담자의 상담요구를 해소시켜 줄 수 있을 만큼 충분한 시간을 할애해야 한다.

모니터링을 하는 이유는 내담자의 문제상황과 종합적으로 관련되지만 일반적으로 모니터링의 목적은 다음의 몇 가지로 요약될 수 있다.

① 재활 서비스 계획이 적절하게 실행되고 있는지를 검토하는 것이다.

② 내담자를 위한 서비스 지원이나 조정의 목표가 잘 성취되고 실행되는지를 점검하는 것이다.

③ 재활 서비스 계획에 개선이나 수정사항의 여부를 점검하기 위한 것이다.

④ 재활 서비스 계획에 대한 내담자의 새로운 욕구변화를 추정해 보기 위한 것이다.

⑤ 내담자와 서비스 자원망에 대한 지속적인 지지와 격려를 통해 재활 서비스의 원활한 유지를 위한 것이다.

6) 재측정

이 단계는 처음에 세운 재활계획의 목적과 비교하여 서비스 전달 후 차이나 변화가 있었는지를 판정하기 위해 그 상태를 다시 측정하는 것이다. 재측정 활동은 재활상담사의 업무계획과 실행의 결과로서 목표가 성취되었는가를 이해하는 데 중요한 과정이다.

재측정은 일반적으로 3개월이나 6개월 단위에서 주단위로 평가될 수 있는데 내담자의 재활계획과 실행의 점검, 판단 및 전략수정 등의 활동들이 이루어지며 주로 내담자의 장애와 건강상태, 기능상태, 인지, 행동이나 정서상태, 지원이나 지지체계, 환경상태, 재정상태 등의 평가를 포함하게 된다. 이때 재활상담사가 주로 하게 되는 사례기록은 내담자의 문제상황을 평가하게 되는 중요한 도구 중의 하나이다. 그리고 필요에 따라서는 진단과 평가과정에서의 도구들을 사용하게 되는데 이런 사례기록이나 평가를 통해 당초 재활 서비스 계획의 목표의 달성 여부를 평가하게 되며, 달성되지 못한 목표에 대해서는 그 목표를 달성하기 위해 무엇이 필요한지를 재사정하게 된다. 또한 재활상담사는 목표성취에 방해가 되는 장벽들이 있다면 이 장벽들에 대한 문제 확인도 이 과정에서 하게 된다.

재활상담사는 재측정과정을 지원하기 위하여 실무에서 활용할 수 있는 자원을 분석할 수 있어야 한다. 재측정업무를 수행하기 위하여 부가적인 피드백을 위한 슈퍼바이저, 동료, 직원인력풀을 활용하는 것은 매우 유용한 방법이다. 문제상황을 슈퍼바이저에게 설명함으로써 재활상담사는 문제를 분석하고 해결하기 위한 방안을 토의할 수 있다. 이것은 재활상담사가 슈퍼바이저의 부정적인 시각이나 평가에 반응하기보다 사례관리와 상담에 있어 내담자가 직면하는 문제에 대해 서비스 조정을 요청하는 것으로 볼 수 있다. 재활상담사가 가지는 소진 중의 하나가 내담자의 문제해결의 어려움이라는 것을 감안한다면 이 방법은 재활상담사의 소진을 예방하기 위한 방안으로도 검토할 사항인 것이다.

결론적으로 재측정과정에서는 다음과 같은 주요한 활동들이 이루어져야 한다.

첫째, 재활계획과 실행을 검증하기 위한 평가, 판단 및 수정활동이다.

둘째, 내담자의 서비스 실행에 대한 성과와 만족도를 측정하여 재반영하는 활동이다.

셋째, 실행에 어려운 부분들을 해결하기 위해 내부 다른 전문가들을 활용하기 위한 활동이다.

참고문헌

강위영 · 나운환(2001). 『직업재활개론』. 나눔의 집.

강위영 · 조인수 · 정대영(1993). 『직업재활과 지원고용』. 서울: 성원사.

김찬우(2006). 『사례관리와 케어매니지먼트』. 서울: EM커뮤니티.

김충기(1999). 『진로상담의 이론과 실제』. 서울: 성원사.

김충기 · 김현옥 공역(1997). 『상담과 심리치료의 원리와 실제』. 서울: 성원사.

나운환(1998). 『복지정보체계론』. 서울: 홍익제.

나운환(1999). "직업재활의 연구동향을 통해서 본 직업재활정책의 새로운 패러다임". 『직업재활연구』 제9집. 한국직업재활학회.

나운환(2003). 『Total 재활론』. 서울: 홍익제.

나운환(2007). "장애인직업재활시설 유형재편과 세부업무 매뉴얼개발 보고서". 한국장애인복지진흥회.

나운환 · 정명현 · 이성일(2000). "한국형 지원고용 모델 개발을 위한 서설적 연구". 『재활과학연구』 제16권 제1호. 특수교육 · 재활과학연구소.

노동부(2000). 『한국직업사전』. 중앙고용정보관리소.

노동부(2007). 2007 한국직업전망. http://www.work.go.kr

이달엽(2000). 『직업상담의 이론과 실제』. 서울: 형설출판사.

이윤로(2006). 『최신 사회복지실천론』. 서울: 학지사.

이장호(2003). 『상담심리학』. 서울: 박영사.

이형득 · 김선남 · 김성회 · 신원주 · 이성태 · 이수룡(1998). 『상담의 이론적 접근』. 서울: 형설출판사.

임성문 · 이주성 · 김윤주 · 이누미야 요시유키 · 안형근 · 육성필 역(2004). 『심리상담의 과정과 기법』. 서울: 시그마프레스.

장인협(1996). 『지역복지실천방법론』. 서울: 서울대학교출판부.

조미숙 · 이윤로 · 강용규 · 간호욱 · 김나영(2006). 『사례관리』. 서울: 창지사.

조현춘 · 조현재 공역(2004). 『심리상담과 치료의 이론과 실제』. 서울: 시

그마프레스.
한국보건사회연구원(2005). 『2005년도 장애인실태조사』. 한국보건사회연구원.
황성철(1995). "사례관리 실천을 위한 모형개발에 관한 연구". 『한국사회복지학』. 한국사회복지학회.
홍두승 · 김병조 · 조동기(1999). 『한국의 직업구조』. 서울대학교출판부.

Adler, A.(1963). *The practice and theory of individual psychology*. Paterson, NJ: Little field, adams.
Amundson, N.(1989). "A model for individual career counseling". *Journal of Employment Counseling*. 26, pp. 132-138.
Andrus, R. R.(1981). "Approach to information Evaluation". *MSU Business Topics*. Summer.
Angell, D. L., De Sau, G. T., & Havrilla, A. A.(1969). "Rehabilitation counselor versus coordinator: One of rehabilitation's great straw men". *NRCA Professional Bulletin*. 9.
Applebaum, R. & Austin, C.(1990). *Long-term care case management: Design and evaluation*. New York: Springer.
Arborna, C.(1995). "Theory and research on racial and a ethnic minorities: Hispanic Americans". In F. T. L. Leong(ed.). *Career development and vocational behavior of racial and ethnic minorities*. Mahwah, NJ: Erlbaum, pp. 37-66.
Argyle, M. & Dean, J.(1965). "Eye contact, distance and affiliation". *Sociometry*. 28, pp. 289-304.
Bailey, W. R., Deery, N. K., Gehrke, M, Perry, N., & Whiteledge, J.(1989). "Issue in elementary school counseling: Discussion with American School Counselor Association leaders". *Elementary School Guidance and Counseling*. 24, pp. 4-13.
Bailey, L. J. & Stsdt. R. W.(1973). *Career education: New approaches to human development*. Bloomington, IL: McKnight Publishing Company.
Ballew, J. R. & Mink, G.(1986). *Case management in the human services*. Springfield, IL: Charles C. Thomans Publisher.
Bandura, A.(1969). *Principles of behavior modification*. New York: Holt, Rinehart & Winston.
Bandura, A. T.(1977). *Social learning theory*. Englewood Cliffs, NJ: Prentice Hall.
Baruch, Y. & Peiper, M.(2000). "Career management practices: An empirical

survey and implications". *Human Resource Management*. 39, pp. 347-366.

Bauchamp, T. L. & Childress, J. E.(1989). *Principles of biomedical ethics*(3rd ed.). New York: Oxford University Press.

Bayes, M.(1972). "Behavioral cues of interpersonal warmth". *Journal of Counseling Psychology*. 39, pp. 333-339.

Beardsley, M. & Rubin, S.(1988). "Rehabilitation service providers: An investigation of generic job tasks and knowledge". *Rehabilitation Counseling Bulletin*. 37, pp. 122-139.

Benjaman, A.(1987). *The helping interview*(4th ed.). Boston: Houghton Mifflin.

Bergin, A. E. & Garfield, S. L.(1971). *Handbook of psychotherapy and behavior change*. New York: Wiley.

Bergin, A. E. & Garfield, S. L.(1994). *Handbook of psychotherapy and behavior change*(4th ed.). New York: Wiley.

Bergman, M. M.(2002). "The benefits of a cognitive orthotic in brain injury rehabilitation". *Journal of Head Trauma Rehabilitation*. 17, pp. 431-445.

Beutler, L. E.(1983). *Eclectic psychotherapy: A systematic approach*. New York: Pergamon.

Beutler, L. E., Engle, D., Mohr, D., Daldrop, R. J., Bergen, J., Meredith, K., & Merry, W.(1991). "Predictors of differential response to cognitive, experiential and self-directed psychotherapeutic procedures". *Journal of Consulting and Clinical Psychology*. 59, pp. 333-340.

Bitter, J. A.(1979). *Introduction to rehabilitation*. St. Louis: C. V. Mosby.

Bolton, B. & Jacques, M. E.(eds.)(1978). *Rehabilitation Counseling: Theory and practice*. Austin, TX: PRO-ED.

Brammer, L. M. & MacDonald, G.(1999). *The helping relationship*(7th ed.). Boston: Allyn & Bacon.

Brill, A.(1960). *Basic principles of psychoanalysis*. New York: Washington Square Press.

Bringham, R. P. & Ward, C. M.(1996). "Practical applications of career counseling with ethnic minority women". In M. L. Savikas & W. B. Walsh(eds.). *Handbook of career counseling theory and practice*. Palp Alto, CA: Davies-Black, pp. 291-313.

Brown, M.(1995). "Career development of Americans: Theoretical and empirical issue". In F. T. L. Leong(eds.). *Career development and vocational behavior of racial ethnic minorities*. Mahwah, NJ: Erlbaum, pp. 7-36.

Burks, H. M. & Stefflre, B.(1979). *Theories of counselling*. New York: McGraw-Hill.

Byrne, R. H.(1995). *Becoming a master counselor: Introduction to the profession*. Pacific Grove, CA: Brooks/Cole.

Cabral, A. C. & Salomone, P. R.(1990). "Chance and careers: Normative versus contextual development". *The Career Development Quarterly*. 39, pp. 5-19.
Capuzzi, D. & Gross, D. R.(1998). "Group counseling: An introduction". In D. Capuzzi & D. R. Gross(eds.). *Introduction to group counseling*(2nd ed.). Denver, CO: Love Publishing Company, pp. 3-30.
Carkhuff, R. R.(1969). *Helping and human relation*(vol. 2). New York: Holt, Rinehart & Winston.
Carkhuff, R. R. & Berenson, B. G.(1977). *Beyond counseling and therapy*(2nd ed.). New York: Holt, Rinehart & Winston.
Cassell, J. L. & Mulkey, S. W.(1985). *Rehabilitation caseload management: Concepts and practice*. Austin, TX: PRO-ED.
Challis, D. & Darton, R.(1995). *Care management and health care of older people: The darlington community care project*. Aldershot, England, Arena Ashgate Publishing Ltd.
Chubon, R.(1992). "Defining rehabilitation from a system perspective: Critical implication". *Journal of Applied Rehabilitation Counseling*. 23(1), pp. 27-32.
Commission on Rehabilitation Counselor Certification(2003). CRC *certification guide: Certified rehabilitation counselor*. Retrieved October 19. 2003. from http://www.crccertification.com/pdf/crc_guide_us.pdf
Conte, L.(1983). "Vacational development theories and the disabled person: Oversight or deliberate omission". *Rehabilitation Counseling Bulletin*. 26, pp. 316-328.
Cook, D. W. & Bolton, B.(1992). "Rehabilitation counselor education and case performance: An independent replication". *Rehabilitation Counseling Bulletin*. 36, pp. 37-43.
Corey, G.(1996). *Theory and practice of counseling and psychotherapy*(5th ed.). Pacific Grove, CA: Brooks/Cole.
Cormier, W. H. & Cormier, L. S.(1998). *Interviewing strategies for fundamental skills and cognitive behavioral strategies*(4th ed.). Pacific Grove, CA: Brooks/Cole.
Corsini, R.(1981). *Handbook of innovative psychotherapy*. New York: Wiley.
Corthell, D.(ed.)(1990). Traumatic brain injury and vocational rehabilitation. Menomonie: University of Wisconsinstout, Research and Training Center.
Coucil on Rehabilitation Education(2003). *New CORE standards*. Retrieved October 1. 2003. from http://www.core-rehab.org/Final%20revised%20CORE%20Standards%20sept2003.doc
CRCC(Certified rehabilitation counselor certification)(2001). Retrieved June 1. 2001. from the World Wide Web: http://www.crccertification.org/home.

html
Crisp, R.(1990). "Return to work after spinal cord injury". *Journal of Rehabilitation*. 56, pp. 28-35.
Cubbage, M. E. & Thomas, K. R.(1989). "Freud and disability". *Rehabilitation Psychology*. 34, pp. 161-173.
Danek, M., Wright, G. N., Leahy, M. J., & Shapson, P. R.(1987). "Introduction to rehabilitation competency studies". *Rehabilitation Counseling Bulletin*. 31, pp. 84-93.
Davis, S. R. & Meier, S. T.(2001). *The elements of managed care: A guide for helping professionals*. Belmont, CA: Ward Worth.
Department of Labor(2007). Occupational Outlook Handbook 2006-07 Edition. http://www.bls.gov/oco/
Dobren, A.(1994). "An ecologically oriented conceptual model of vocational rehabilitation of people with acquired midcareer disabilities". *Rehabilitation Counseling Bulletin*. 37(3), pp. 215-228.
Donley, R. J. & DeShong, R. L.(1990). "The effect of several self-disclosure permutations on counseling process and outcome". *Journal of Counseling and Development*. 67, pp. 408-412.
Doster, J. A. & Nesbitt, J. G.(1979). "Psychotherapy and self-disclosure". In J. Chelune & Associates(eds.). *Self-disclosure: Origins, patterns, and implications of openness in interpersonal relationships*. San Francisco: Jossey-Base, pp. 177-242.
Doyle, R. E.(1992). *Essential skills and strategies in the helping process*. Pacific Grove, CA: Brooks/Cole.
Drake, R. E., Essock, S. G., Shaner, A., Carey, K. B., Minkoff, K., Kola, L., Lynde, D., Osher, F. C., Clark, R. E., & Rickards, L.(2001). "Implementing dual diagnosis services for clients with severe mental illness". *Psychiatric Services*. 52, pp. 469-476.
Dudley, G. A. & Tiedeman, D. V.(1977). *Career development: Exploration and commitment*. Muncie, IN: Accelerated Development.
Dunn, D.(1990). "Validating the master's degree in rehabilitation counseling". *Rehabilitation Counseling Bulletin*. 34, pp. 170-174.
Egan, G.(1998). *The skilled helper: Model, skills, and methods for effective helping* (6th ed.). Pacific Grove, CA: Brooks/Cole.
Ellis, A.(1989). "Rational-emotive therapy". In R. Corsini & D. Wedding(eds.). *Current psychotherapies*(4th ed.). Itasca, IL: Peacock, pp. 179-238.
Ellis, A.(1998). "Are there "rationalist" and "constructivist" camps of the cognitive therapies? A response to Michael Mahoney". *Cognitive Behaviorist*. 10(2), pp. 13-17.

Ellis, A.(2000). "Rational-emotive behavior therapy". In R. Corsini & D. Wedding(eds.). *Current psychotherapies*(6th ed.). Belmont, CA: Wads Worth, pp. 168-204.

Ellis, A. & Harper, R. A.(1961). *A guide to rational living*. Englewood Cliffs, NJ: Prentice.

Emener, W. & Rubin, S. E.(1980). "Rehabilitation counselor role and functions and sources of role strain". *Journal of Applied Rehabilitation Counseling*. 11, pp. 57-59.

Emener, W. G., Wright, T. J., Klein, L. F., Lavender, L. A., & Smith, D. W.(1987). "Rules of ethical conduct and rehabilitation counseling: Results of a national survey". *Journal of Applied Rehabilitation Counseling*. 18(3), pp. 3-15.

Erikson, E. H.(1950). *Childhood and society*. New York: Norton.

Evans, D. R., Hearn, M. T., Uhlemann, M. R., & lvey, A. E.(1998). *Essential interviewing: A programed approach to effective communication*(5th ed.). Pacific Grove, CA: Brooks/Cole.

Evans, G. W. & Howard, R. B.(1973). "Personal space". *Psychological Bulletin*. 80, pp. 334-344.

Ferguson, P. M.(2001). "Mapping the family: Disability studies and the exploration of parental response to disability". In G. Albrecht, K. Seelam & M. Bury(eds.). *Handbook of disability studies*. Thousand Oaks, CA: Sage, pp. 373-395.

Flowers, J. G. & Parker, R. M.(1984). "Personal philosophy and vocational rehabilitation job performance". In W. G. Emener, A. Patrick & D. K. Hollingsworth(eds.). *Critical issues in rehabilitation counseling*. springfield, IL: Thomas, pp. 45-64.

Frank, J. D.(1961). *Persuasion and bealing*. Baltimore: Johns Hopkins University Press.

Frankel, A. & Gelman, S.(2004). *Case management*(2nd ed.). Chicago: Lyceum Press.

Fredrickson, R. H.(1982). *Career information*. Englewood Cliffs, NJ: Prentice Hall.

Fromm, E.(1947). *Man for himself*. New York: Holt.

Gabbard, G. O.(1995). "What are boundaries in psychotherapy?". *The Menninger Letter*. 3(4), pp. 1-2.

Gazda, G. M., Asbury, F. R., Balzer, F. J., Childers, W. C., & Walters, R. P.(1977). *Human relations development: A manual for educators*. Boston: Allyn & Bacon.

Genther, R. W. & Moughan, J.(1977). "Introverts' and extrovert's responses to non-verbal attending behaviors". *Journal of Counseling Psychology*. 24, pp. 144-145.

George, R. L. & Cristiani, R. S.(1995). *Counseling theory and practice*(4th ed.). Boston: Allyn & Bacon.

Germain, C. B.(1981). "The physical environment and social work practice". In A. N. Maluccio(ed). *Promoting competence in clients*. New York: Free Press, pp. 103-124.

Gilbride, D. & Stensrud, R.(1992). "Demand-side job development: A model for the 1990s". *Journal of Rehabilitation*. 58, pp. 34-39.

Ginzberg, E.(1972). "Toward a theory of occupational choice: A restatement". *Vacational Guidance Quarterly*. 20, pp. 169-176.

Ginzberg, E., Ginzberg, S. W., Axelrad, S., & Herma, J.(1951). *Occupational choice: An approach to a general theory*. New York: Columbia University Press.

Gompertz, K.(1960). "The relation of empathy to effective communication". *Journalism Quarterly*. 37, pp. 535-546.

Goodyear, R. K.(1981). "Termination as a loss experience for the counselor". *Personnel and Guidance Journal*. 59, pp. 349-380.

Gottfredson, G. D., Holland, J. L., & Ogawa, D. K.(1996). *Dictionary of Holland occupational codes*. Odessa, FL: Psychological Assessment Resource.

Graves, W. H.(1983). "Rehabilitation counselor certification: The path toward professional recognition". *Journal of Applied Rehabilitation Counseling*. 14(4), pp. 24-28.

Greenberg, L. S., Rice, L. N., & Elliott, R.(1993). *Process-experiential therapy: Facilitating emotional change*. New York: Guilford.

Greenberg, J. R., Rice, L. N., & Elliott, R.(1993). *Facilitating emotional change*. New York: Guilford.

Hackney, H. & Cotmier, L. S.(2001). *The professional counselor*(4th ed.). Boston, MA: Allyn & Bacon.

Hagner, D. & Salomone, P.(1989). "Issues in career decision making for workers with developmental disabilities". *Career Development Quarterly*. 38, pp. 148-159.

Hall, C. S. & Lindzey, C. C.(1978). *Theories of personality*(3rd.). New York: John Wiley and Sons.

Harley, D. A.(ed.)(2000). "Cultural diversity[Special issue]". *Journal of applied Rehabilitation Counseling*. 31(1).

Hefgeman, B. S.(1985). "Rehabilitation counselor certification". *Journal of Counselor and Development*. 63, pp. 609-610.

Henke, R. O., Connolly, S. G., & Cox, J. G.(1975). "Caseload management:

The key to effectiveness". *Journal of Applied Rehabilitation Counseling*. 6, pp. 217-227.

Herr, E. L. & Cramer, S. H.(1996). *Career guidance and counseling through the life span: Systematic approaches*(5th ed.). Reading, MA: Addison-Wesley.

Hersey, P. & Blanchard, K. H.(1977). *Management of organizational behavior: Utilizing human resources*(3rd ed.). Englewood Cliffs, NJ: Prentice-Hall.

Hershenson, D.(1998). "A systemic, ecological model for rehabilitation counseling". *Rehabilitation Counseling Bulletin*. 42, pp. 40-50.

Hershenson, D.(1988). "Along for the ride: The evaluation of rehabilitation counselor education". *Rehabilitation Counseling Bulletin*. 31, pp. 204-217.

Highlen, P. S. & Baccus, G. K.(1977). "Effect of reflection of feeling and probe on client self-referenced affect". *Journal of Psychology*. 23, pp. 440-443.

Hill, C. E. & Gormally, J.(1977). "Effect of reflection, restatement, probe, and nonverbal behavior on client affect". *Journal of Psychology*. 24, pp. 92-97.

Hjelle, L. A. & Ziefler, D. J.(1981). *Personality Theories*(2nd ed.). New York: McGraw-Hill.

Holland, J. L.(1989). *Making vocational choices: A Theory of Vocational Personalities and Work Environments*. Englewood Cliffs, NJ: Prentice-Hall.

Horney, K.(1945). *Our inner conflicts*. New York: Norton.

Howard, G. S., Nance, D. W., Ivey, A., & Ivey, M. B.(2003). *Intentional interviewing and counseling: Facilitating client development in a multicultural society*. Belmont, CA: Brooks/Cole.

Hutchins, D. E. & Cole C. G.(1997). *Helping relationships and strategies*(3rd ed.). Pacific Grove, CA: Brooks/Cole.

Ivey, A. & Ivey, M.(1999). *Intentional interviewing and counseling: Facilitating client development in a multicultural society*. Pacific Grove, CA: Brooks/ Cole.

Jacobson, E.(1938). *Progressive relaxation*. Chicago: University of Chicago Press.

Jagger, L., Neukrug, E., & McAuliffe, G.(1992). "Congruence between personality traits and chosen occupation as a predictor of job satisfaction for people with disabilities". *Rehabilitation Counseling Bulletin*. 36, pp. 53-60.

Johnson, P. & Robin(1983). "A case management in mental health: a social work domain?". *Social Work*. 28(1), pp. 49-55.

Jung, C. G.(1959). *Basic writings*. New York: Random House.

Kadushin, A.(1972). *The social work interview*. New York: Columbia University Press.

Kahn, M.(1997). *Between therapist and client: The new relationship*(rev. ed.). New York: W. H. Freeman.

Kazdin, A. E.(1978). *Histort of behavior modification: Experimental foundations of contemporary research*. Baltimore: university Park Press.

Kempler, W.(1973). "Gestalt therapy". In R. Corsini(ed.). *Current psychotherapies* (2nd ed.). Itasca, IL: Peacock, pp. 251-286.

Kernberg, O. F.(1984). *Severe personality disorders: Psychotherapeutic strategies*. New Haven, CT: Yale University Press.

Kichman, M.(1986). "Measure the quality of life". *The Occupational Therapy Journal of Research*. 6(1), pp. 21-31.

Kiesler, D. J.(1973). *The process of psychotherapy*. Chicago: Aldine.

Kitchener, K. S.(1984). "Intuition, critical evaluation and ethical principles: The foundation for ethical decisions in counseling psychology". *Counseling Psychologist*. 12(3), pp. 43-55.

Kleinke, C. L.(1994). *Common principles of psychotherapy*. Pacific Grove, CA: Brooks/Cole.

Knapp, R. R. & Knapp, L.(1977). "Interest changes and the classification on occupations". Unpublished manuscript. EDITS. San Diego, CA.

Koch, D. S., Nelipovich, M., & Sneed, Z.(2002). "Alcohol and other drug abuse as coexisting disabilities: Considerations for counselor serving individuals who are blind or visually impaired". *RE: view*. 33, pp. 151-159.

Kohut, H.(1984). *How does analysis cure?* Chicago: University of Chicago Press.

Krause, J. & Crewe, N.(1987). "Prediction of long-term survival of persons with spinal cord injury". *Rehabilitation Psychology*. 32(4), pp. 205-214.

Kress-Shull, M. K. & Leech, L. L.(eds.)(2000). "Effective psychiatric rehabilitation: A collaborative challenge[Special issue]". *Journal of Applied Rehabilitation Counseling*. 31(4).

Krueger, D. W.(1984). "Psychological rehabilitation of physical trauma and disability". In D. W. Krueger(ed.). *Rehabilitation psychology: A comprehensive textbook*. Rockville. MD: Aspen, pp. 3-14.

Krumboltz, J. D.(1983). *The identification of troublesome private rules in career decision making*. Columbus: Advance Study Center, National Center for Research in Vocational Education, Ohio State University.

Krumboltz, J. D.(ed.)(1996). *Revolution in counseling*. Boston: Houghton Mifflin.

Krumboltz, J. & Thoresen, C. E.(eds.)(1969). *Behavior counseling: Cases and techniques*. New York: Holt.

Krumboltz, J. C., Mitchell, A., & Gelatt, H. G.(1975). "Applications of social

learn theory of career selection". *Focus on Guidance*. 8, pp. 1-16.
Kuhnert, K.(1989). "The latent and manifest consequences of work". *The journal of Psychology*. 123(5), pp. 417-427.
Kulik, C., Oldham, G., & Hackman, J. R.(1987). "Work design as an approach to person-environment fit". *Journal of Vocational Behaviors*. 31, pp. 278-296.
Kunce, J. & Angelone, E.(1990). "Personality characteristics of counselor roles and functions". *Rehabilitation Counseling Bulletin*. 34(1), pp. 4-15.
LaCrosse, M. B.(1975). "Nonverbal behavior and perceived counselor attractiveness and persuasiveness". *Journal of Counseling Psychology*. 22, pp. 536-566.
LaFleur, N. K.(1979). "Behavioral views of counseling". In H. M. Jr. Burks & B. Stefflre. *Theories of counseling*. New York: McGraw-Hill.
Lambert, M. J., Shapiro, D. A., & Bergin, A. E.(1986). "The effectiveness of psychotherapy". In S. L. Garfied & A. E. Bergin(eds.). *Handbook of psychotherapy and behavior change*. New York: Wiley, pp. 157-211.
Lambert, M., Bergin, A., & Garfield, S.(2004). "Introduction and overview". In M. Lambert(ed.). *Bergin and garfield's handbook of psychotherapy and behavior change*(5th ed.). New York: Wiley, pp. 3-15.
Lazarus, A. A.(1971). *Behavior therapy and beyond*. New York: McGraw-Hill.
Lazarus, A. A.(1976). *The practice of multimodal therapy*. Baltimore: Johns Hopkins University Press.
Lazarus, A. A.(1995). "Multimodal therapy". In R. Corsini & D. Wedding (eds.). *Current psychotherapies*(5th ed.). Itasca, IL: Peacock, pp. 322-355.
Lazarus, A. A. & Beutler, L. E.(1993). "On technical eclecticism". *Journal of Counseling and Development*. 71(4), pp. 381-385.
Leahy, M., Szymanski, E., & Linkowski, D.(1993). "Knowledge importance in rehabilitation counseling". *Rehabilitation Counseling Bulletin*. 37, pp. 130-135.
Lehman, A.(1983). "The will-being of chronic mental patients". *Archives of General Psychiatry*. 40, pp. 369-373.
Levitsky, A. & Perls, F. S.(1970). "The rules and games of Gestalt therapy". In J. Fagan & I. Dhepherd(eds.). *Gestalt therapy now*. Palo Alto, CA: Science and Behavior Books, pp. 140-149.
Linkowski, D. L. & Szymanski, E. M.(1993). "Accreditation in rehabilitation counseling: Historical and current content and process". *Rehabilitation Counseling Bulletin*. 37, pp. 81-90.
Lipps, T.(1935). "Empathy, inner-imitation of sense feelings". In Radar: *A modern book of esthetics*. New York: Holt.
Livneh, H. & Sherman, A.(1991). "Application of personality theories and

counseling approaches to clients with physical disabilities". *Journal of Counseling and Development*. 69, pp. 525-538.

Lofquist, L. H. & Dawis, R. V.(1969). *Adjustment to work: A psychological view of man's problems in work-oriented society*. New York: Appleton-Century-Crofts.

Lofquist, L. H., Siess, T. F., Dawis, K. V., England, G. W., & Weiss, D. J.(1964). "Disability and work[Monograph]". *Minnesota Studies in Vocational Rehabilitation*. 17.

Luborsky, L., Crits-Chistoph, P., Mintz, J., & Auerbach, A.(1988). *Who will benefit from psychotherapy? Predicting therapeutic outcomes*. New York: Basic Books.

Lunneborg, P. W.(1981). *The vocational interest inventory Ⅷ manual*. Los Angeles: Western Psychological Service.

Lunneborg, P. W.(1984). "Practical application of Roe's theory career development". In D. Brown & L. Brooks(eds.). *Career choice and development*. San Francisco: Jossey-Bass.

Lynch, R. K. & Lynch, R. T.(1998). "Rehabilitation counseling in the private sector". In R. M. Parker & E. M. Szymanski(eds.). *Rehabilitation counseling: Basics and beyond*(3rd ed.). Austin, TX: PRO-ED, pp. 71-105.

Lynn, S. J. & Garske, J. P.(eds.)(1985). *Contemporary psychotherapies: Models and methods*. Columbus, OH: Merrill.

Mace, R.(1980). *Focus on research: Recreation for disable individuals*. Washington, DC: George Washington University, Regional Rehabilitation Research Institute.

Mahalik, J. R.(1990). "Systematic eclectic models". *The Counseling Psychologist*. 18(4), pp. 655-679.

Mahler, M.(1979). *The selected papers of Margaret S. Mahler*(Vols. 1, 2, 3). New York: Jason Aronson.

Matarazzo, R. G. & Patterson, D. R.(1986). "Methods of teaching therapeutic skill". In S. L. Garfield & A, E. Bergin(eds.). *Handbook of psychotherapy and behavior change*(3rd ed.). New York: Wiley, pp. 821-845.

Matkin, R., Bauer, L., & Nickles, L.(1993). "Personality characteristics of certified rehabilitation counselors in various work settings". *Journal of Applied Rehabilitation Counseling*. 24(3), pp. 42-53.

McAuliffe, G. & Eriksen, K.(eds.)(2000). *Preparing counselors and therapists: Creating constructivist and developmental programs*. Virginia Beach, VA: The Donning Company.

McDaniels, C. & Watts, G. A.(1994). "Frank Parsons: Light, information, inspiration, cooperation[Special Issue]". *Journal of Career Development*.

20(4).
McGinley, H., SeFevre, R., & McGinley, P.(1975). "The influence of a communicator's body position on opinion change in others". *Journal of Personality and Social Psychology*. 31, pp. 686-690.
Meador, B. D. & Rogers, C. R.(1979). "Person-centered therapy". In R. J., Corsini & Contributors. *Current psychotherapies*(2nd ed.). Itasca, Illinois: F. E. Peacock Publishers, Inc.
Miller, L.(1972). "Resource-centered interaction in rehabilitation settings". In J. Bozarth(ed.). *Models and functions of counseling for applied setting and rehabilitation workers*. Fayetteville, AR.: University of Arkansas Rehabilitation Research and Training Center in Vocational Rehabilitation.
Miller, C. H.(1974). "Career development theory in perspective". In E. L. Herr(ed.). *Vocational guidance and human development*. Boston: Houghton Miffilin.
Miller, G.(1999). "The development of the spiritual focus in counseling and counselor education". *Journal of Counseling and Development*. 77, pp. 598-601.
Miller-Tiedeman(1988). *A Lifecareer: The quantum leap into a process theory of career*. Vista, CA: LIFE-CAREER Foundation.
Moore, S. T.(1990). "A social work practice model of case management: The case management grid". *Social Work*. 35, pp. 444-449.
Moxley, D.(1989). *The practice of case management*. CA: SAGE Publication.
Morse, P. S. & Ivey, A. E.(1996). *Face to face: Communication and conflict resolution in the schools*. Thousand Oaks, CA: Crowin Press.
Murphy, S.(1988). "Counselor and client views of vocational rehabilitation success and failure: A qualitative study". *Rehabilitation Counseling Bulletin*. 31(3), pp. 185-197.
Neimeyer, G. J., Bankoites, P. G., & Winum, P. C.(1979). "Self-disclosure flexibility and counseling-related perceptions". *Journal of Counseling Psychology*. 26, pp. 546-548.
Neimeyer, G. J. & Fong, M. L.(1983). "Self-disclosure flexibility and counselor effectiveness". *Journal of Counseling Psychology*. 30, pp. 258-261.
Neukrug, E.(1980). *The effects of supervisory style and type of praise upon counselor trainees level of empathy and perception of supervisor*. Unpublished doctoral dissertation, University of Cincinnati, Ohio.
Neukrug, E.(1987). "The brief training of paraprofessional counselors in empathic responding". *New Hampshire Journal for Counseling and Development*. 15(1), pp. 15-19.
Neukrug, E.(1997). "Support and challenge: Use of metaphor as a higher

level empathic response". In H. Rosenthal(ed.). *Favorite counseling and therapy techniques*. Bristol, PA: Accelerated Development.

Neukrug, E.(2000). *Theory, practice and trends in human services: An introduction to an emerging profession*(2nd ed.). Pacific Grove, CA: Brooks/Cole.

Neukrug, E.(2002). *Skill and techniques for human service professionals: Counseling environment, helping skills, treatment issues*. Pacific Grove, CA: Brooks/Cole.

Neukrug, E.(2003). *The world of the counselor*. CA: Brooks/Cole.

Neukrug, E., Miller, T., & Shoemaker, J.(2001). "Counselor seeking behaviors of NOHSE practitioners, educators, and trainees". *Human Service Education*. 21, pp. 45-58.

Neukrug, E. & Williams, G.(1993). "Counseling counselors: A survey of values". *Counseling and Value*. 38(1), pp. 51-62.

Norcross, J. C.(ed.)(1986). *Handbook of eclectic psychotherapy*. New York: Brunner/Mazel.

Nugent, F. A.(1990). *An introduction to the profession of counseling*. Columbus, OH: Merrill Press.

Nugent, F. A.(2000). *An introduction to the profession of counseling*(3rd ed.). Upper Saddle River, NJ: Merrill.

Nye, R. D.(1992). *The legacy of B. F. Skinner: Concepts and perspectives, controversies and misunderstandings*. Pacific Grove, CA: Brooks/Cole.

Nye, R. D.(2000). *Three psychologies*(6th ed.). Pacific Grove, CA: Brooks/ Cole.

Okun, B.(1976). *Effective helping: Interviewing and counseling techniques*. North Situate, MA: Duxbury Press.

Orlinsky, D. E. & Howard, K. I.(1986). "Process and outcome in psychotherapy". In S. L. Garfield & A. E. Bergin(eds.). *Handbook of psychotherapy and behavior change*(3rd ed.). New York: Wiley, pp. 311-381.

Ossipow, S.(1987). "Applying person-environment theory to vocational behavior". *Journal of Vacational Behavior*. 31, pp. 333-336.

Ossipow, S.(1996). *Theories of career development*(4th ed.). Boston: Allyn & Bacon.

Parker, R. M., Szymanski, E. M. & Patterson, J. B.(2005). *Rehabilitation Counseling*(4th ed.). Austin, TX: PRO-ED.

Parsons, F. C.(1909). *Choosing a vocation*. New York: Houghton Milflm.

Passons, W. R.(1975). *Gestalt approaches in counseling*. New York: Holt, Rinehart & Winston.

Patterson, C. H.(1960). *Reading in rehabilitation counseling*. Champaign, IL: Stipes.

Patterson, J. B.(1987). "Certified rehabilitation counselors(CRC)". *Journal of Applied Rehabilitation Counseling*. 18(4), pp. 45-47.

Pavio, S. C. & Greenberg, L. S.(1995). "Resolving "unfinished business": Efficacy of experiential therapy using empty chair dialogue". *Journal of Counseling and Clinical Psychology*. 63, pp. 419-425.

Peatling, J. H. & Tiedman, D. V.(1977). *Career development: Designing self.* Muncie, IN: Accelerated Development.

Pennebaker, J. W., Colder, M., & Sharp, L. K.(1990). "Accelerating the coping process". *Journal of Personality and Social Psychology*. 58, pp. 528-537.

Pennebaker, J. W. & Summan, J. R.(1988). "Disclosure of traumas and psychosomatic processes". *Social Science and Medicine*. 26, pp. 327-332.

Perls, F.(1969). *Gestalt therapy verbatim*. Lafayette, CA: Real People.

Perls, F., Hefferline, R. F., & Goodman, P.(1951). *Gestalt therapy*. New York: Julian.

Peterson, G. W., Samson, J. P., & Readon, R. C.(1991). *Career development and services: A cognitive approach*. Pacific Grove: Brooks/Cole.

Pine, F.(1990). *Drive, ego, object, and self: A clinical synthesis*. New York: Basic Books.

Polster, E.(1995). *A population of selves: A therapeutic exploration of personal diversity*. San Francisco: Josseybass.

Polster, E. & Polster, M.(1973). *Gestalt therapy intergrated*. New York: Brunner/Mazel.

Power, P., Dell Orto, A., & Gibbons, M.(eds.)(1988). *Family interventions throughout chronic illness and disability*. New York: Springer.

Pressly, P. K. & Heesacker, M.(2001). "The physical environment and counseling: A review of theory and research". *Journal of Counseling and Development*. 79(2), pp. 148-160.

Prochaska, J. & Norcross, J.(2003). *Systems of psychotherapy: A trans-theoretical approach*(5th ed.). Pacific Grove, CA: Brooks/Coke.

Rank, O.(1957). *The trauma of birth*. New York: Bruner.

Rapp, C.(1995). "The active ingredients of effective case management: A research synthesis". In L. Giesler(ed.). *Case management for behavioral managed care*. Cincinnati, OH: NACM.

Raskin, N. & Rogers, C.(1995). "Person-centered therapy". In R. Corsini & D. Wedding(eds.). *Current psychotherapies*(5th ed.). Itasca, IL: Peacock, pp. 128-161.

Raskin, N. & Rogers, C.(2000). "Person-centered therapy". In R. Corsini & D. Wedding(eds.). *Current psychotherapies*(6th ed.). Belmont, CA: Wadsworth, pp. 133-167.

Roe, A.(1956). *The psychology of occupations*. New York: Wiley.

Rogers, C. R.(1942). *Counseling and psychotherapy: New concepts in practice*. Boston: Houghton Miffilin.

Rogers, C. R.(1951). *Client-centered therapy*. Boston: Houghton Mifflin.

Rogers, C.(1957). "The necessary and sufficient conditions of therapeutic personality change". *Journal of Counseling Psychology*. 21(2), pp. 95-103.

Rogers, C. R.(1961). *On becoming a person: A therapist's view of psychotherapy*. Boston: Houghton Mifflin.

Rogers, C.(1970). *Carl Rogers on encounter groups*. New York: Harper & Row.

Rogers, C. R.(1980). *A way of being*. Boston: Houghton Mifflin.

Rogers, C. R., Gendlin, E. T., Kiesler, D. J., & Truax, C. B.(eds.)(1967). *The therapeutic relationship and its impact: A study of psychotherapy with schizophrenics*. Madison: University of Wisconsin Press.

Remley, T.(1993). "Rehabilitation counseling: A scholarly model for the generic profession of counseling". *Rehabilitation Counseling Bulletin*. 37(2), pp. 182-186.

Rosenthal, H.(ed.)(1997). *Favorite counseling and therapy techniques*. Bristol, PA: Accelerated Development.

Rosenthal, H.(ed.)(2001). *Favorite counseling and therapy homework assignments: Leading therapists share their most creative strategies*. Philadelphia: Brunner-Routledge.

Roessler, R. T. & Rubin, S. E.(1998). *Case management and rehabilitation counseling*(3rd ed.). Austin, TX: PRO-ED.

Roessler, R. T. & Rubin, S. E.(2006). *Case management and rehabilitation counseling*(4rd ed.). Austin, TX: PRO-ED.

Rothman, J.(1991). "A model of case management: toward empirically based practice". *Social Work*. 36(6), Silver spring, MD: NASW.

Rubin, S. E. & Emener, W. G.(1979). "Recent rehabilitation counselor role changes and role strain-A pilot investigation". *Journal of Applied Rehabilitation Counseling*. 10, pp. 141-147.

Rubin, S. E. & Farley, R. C.(1980). *Intake interview skills for rehabilitation counselors*. Fayetteville: University of Arkansas, Arkansas Rehabilitation Research and Training Center.

Rubin, S. E., Martkin, R., Ashley, J., Beardsley, M., May, V. R., & Onstott, K. et al.(1984). "Roles and functions of certified rehabilitation counselors". *Rehabilitation Counseling Bulletin*. 27, pp. 199-224, 239-243.

Rubin, S. E., Millard, R. P., & Wong, H. D.(1989). *Ethical case management practices*. Carbondale: Southern Illinois University, Rehabilitation Institute.

Ryder, B. E.(2003). "Counseling therapy as a tool for vocational counselors". *Journal of Visual Impairment & Blindness*. 97, pp. 149-157.

Safran, J. D. & Segal, Z. V.(1990). *Interpersonal processes in cognitive therapy*. New York: Basic Books.

Sather, W. S., Wright, G. N., & Bulter, A. J.(1968). "An instrument for the measurement of counselor orientation". In G. N. Wright(ed.). *Wisconsin studies in vocational rehabilitation*(Vol. 9). Madison: University of Wisconsin Regional Rehabilitation Research Institute, pp. 1-37.

Schraeder, C.(1996). "Alzheimer's disease". *Journal of Case Management*. 2(3), pp. 213-219.

Schultz, D.(1977). *Group Psychology: Models of the healthy personality*. New York: D. Van Nostrant Co.

Scissons, E. D.(1993). *Counseling for results*. Pacific Grove, CA: Brooks/Cole.

Seligman, L.(1996). *Diagnosis and treatment planning in counseling*(2nd ed.). New York: Plenum Press.

Sharf, R.(2000). *Theories of psychotherapy and counseling: Concepts and cases*(2nd ed.). Belmont, CA: Wadsworth.

Skinner, B. F.(1938). *The behavior of organisms: An experimental analysis*. New York: Appleton.

Skinner, B. F.(1971). *Beyond freedom and dignity*. New York: Knopf.

Smith, M. L., Glass, G. V. & Miller, T. L.(1980). *The benefits of psychotherapy*. Baltimore: Johns Hopkins University Press.

Solly, D.(1987). "A career counseling model for the mentally handicapped". *Techniques: A Journal for Remedial Education and Counseling*. 3, pp. 294-300.

Sommer, R.(1959). "Studies in personal space". *Sociometry*. 22, pp. 247-260.

Steinem, G.(1992). *Revolution from within: A book on self-esteem*. Boston: Little, Brown.

Strong, S. R.(1968). "Counseling: An interpersonal influence process". *Journal of Counseling Psychology*. 15, pp. 215-224.

Sullivan, H. S.(1947). *Conceptions of modern psychiatry*. Washington, DC: William Alanson White Psychiatric Foundation.

Super, D. E.(1957). *The psychology of career: An introduction to vacational development*. New York: Haper.

Super, D. E.(1984). "Career and life development". In D. Brown, L. Brooks & Associates(eds.). *Career choice and development*. San Francisco: Jossey-Bass.

Super, D. E.(1990). "A life-span, life-space approach to career development". In D. Brown, L. Brooks & Associates. *Career choice and development: Applying contemporary theories to practice*(2nd ed.). San Francisco: Jossey-Bass, pp. 197-261.

Super, D. E. & Overstreet, P. L.(1960). *The vocational maturity of ninth grade boys*. New York: Teachers Clllege, Columbia University.

Szymanski, E. M.(1984). "Rehabilitation counseling: A profession with a vision, an identity, and a future". *Rehabilitation Counseling Bulletin*. 29, pp. 2-5.

Szymanski, E, M. & Danek, M. M.(1985). "School to work transition for students with disabilities: Historical, current and conceptual issues". *Rehabilitation Counseling Bulletin*. 55(4), pp. 32-36.

Szymanski, E. M., Hershenson, D. B. & Power, P. W.(1988). "Enabling the family in supporting transition from school to work". In P. W. Power, A. E. Dell Otto & M. B. Gibbons(eds.). *Family interventions throughout chronic illness and disability*. New York: Springer, pp. 216-233.

Szymanski, E. M. & Parker, R. M.(1989). "Competitive closure rate of vocational rehabilitation clients with severe disabilities as a function of counselor education and experience". *Rehabilitation Counseling Bulletin*. 32, pp. 292-299.

Tafoya, T.(1996). New heights in human services: Multiculturalism. Keynote address at National Organization of Human Service Annual Conference. St. Louis, MO.

Thoreson, R. W., Smith, S. J., Butler, A. J., & Wright, G. N.(1968). "Counselor problems associated with client characteristics". In G. N. Wright(ed.). *Wisconsin studied in vocational rehabilitation*(Vol. 3). Madison: University of Wisconsin Regional Rehabilitation Research Institute, pp. 1-32.

Tiedman, D. V. & Miller-Tiedman, A.(1977). "In "I" power primer: Part one; structure and its enablement of interaction". *Focus on Guidance*. 9(7), pp. 1-16.

Tiedman, D. V. & Miller-Tiedman, A.(1984). "Career decision-making: An individualistic perspective". In D. Brown & L. Brooks(eds.). *Career choice and development*. San Francisco: Jossey-Bass.

Tiedman, D. V. & O'Hara, R. P.(1963). *Career development: Choice and adjustment*. Princeton, NJ: College Entrance Examination Board.

Truax, C. B. & Mitchell, K. M.(1961). "Research on certain therapist interpersonal skills relation to process and outcome". In A. E. Bering & S. L. Garfield(eds.). *Handbook of psychotherapy and behavior change: An empirical analysis*(3rd ed.). New York: Wiley.

Tymchuk, A. J.(1982). "Strategies for resolving value dilemmas". *American Behavior Scientist*. 26, pp. 15-175.

Weil, M. & Karls, J.(1985). *Case management in human service practice*. San Francisco: Jossey-Bass.

Whitehouse, F. A.(1975). "Rehabilitation clinician". *Journal of Rehabilitation*. 41, pp. 24-26.

Winnicott, D. W.(1975). *Through paediatrics to psychoanalysis*(2nd ed.). New York: Basic Books.

Wrenn, R. L.(1994). "A death at school: Issues and interventions". *Counseling and human development*. 26, 7, pp. 1-6.

Wright, G. N.(1980). *Total rehabilitation*. Boston: Little Brown & Company, Inc.

Wright, G. N., Leahy, M. J., & Shapson, P. R.(1987). "Rehabilitation Skills Inventory: Importance of counselor competencies". *Rehabilitation Counseling Bulletin*. 31(2), pp. 107-118.

Wolpe, J.(1958). *Psychotherapy by reciprocal inhibition*. Stanford, CA: Stanford University Press.

Wolpe, J. & Lazarus, A.(1966). *Behavior therapy techniques*. New York: Pergamon.

Young, M. E.(1992). *Counseling methods & techniques: An eclectic approach*. New York: Macmillan.

Zcooaria, J.(1970). *Theory of occupational choice and vocational development*. Boston: Houghton Mifflin.

Zandy, J. & James, L.(1977). "Time spent on placement". *Rehabilitation Counseling Bulletin*. 21, pp. 31-35.

Zinker, J.(1977). *Creative process in Gestalt therapy*. New York: Vintage Books.

Zinker, J.(1994). *In search of good form: Gestalt therapy with couples and families*. San Francisco: Jossey-Bass.

http://www.bls.gov/oco

http://www.crccertification.com

http://www.work.go.kr

찾아보기

[내용]

ㄱ

ㅊ

ㅌ

[인명 · 단체]

ㄱ~ㅎ

A

B

N

O

P

R

저자 소개

나운환(羅雲煥) 대구대학교 사회복지학과 졸업
광운대학교 대학원 행정학박사(재활행정)
현재 대구대학교 재활과학대학 직업재활학과 교수

아산재단 연구총서 제247집
재활상담과 사례관리 값 19,500원

2008년 2월 25일 1판 1쇄
2012년 7월 30일 1판 2쇄

저 자 나 운 환
발 행 인 임 동 규
발 행 처 **집 문 당**
주 소 110-360 서울특별시 종로구 돈화문로 82
등 록 1971. 3. 23. 제406-2003-000039호
영 업 부 (02)743-3192~3 팩스(02)742-4657
전자우편 sale@jipmoon.co.kr
편 집 부 (02)743-3096~7 팩스(02)743-0227
전자우편 edit@jipmoon.co.kr
홈페이지 www.jipmoon.co.kr

 ISBN 89-303-1362-0

이 도서의 국립중앙도서관 출판시도서목록(CIP)은 e-CIP홈페이지(http://www.nl.go.kr/ecip)와 국가자료공동목록시스템(http://www.nl.go.kr/kolisnet)에서 이용하실 수 있습니다.
(CIP제어번호: CIP2008000173)

아 | 산 | 재 | 단 | 연 | 구 | 총 | 서

42 남북한의 인성 · 사상교육
한승조 외 | 고려대 정치외교학과

43 연계적 뇌기능 조언을 위한 의료용 멀티미디어 시스템의 설계
유선국 | 연세대 의용공학교실

44 다민족국가의 민족문제와 한인사회
최협 외 | 전남대 인류학과

45 저소득층지역 청소년 여가문화와 소집단 활성화
박문수 외 | 서강대 사회학과

46 삶의 질의 국제비교와 지역간 비교분석
이재기 외 | 울산대 경제학과

47 21세기 지역주민의 삶의 질
양종회 외 | 성균관대 사회학과

48 삶의 질에 대한 국가간 비교
조명한 외 | 서울대 심리학과

49 외국인 노동자의 노사관계와 사회적 적응
석현호 외 | 성균관대 사회학과

50 한국의 사법제도와 발전 모델
정종섭 | 건국대 법학과

51 고령화사회와 중상층 노인의 사회활동
조성남 외 | 이화여대 사회학과

52 한국의 서비스 시장 개방정책
한홍렬 | 한양대 경제학부

53 한국과 AFTA간의 교역증진 및 경제 협력방안
손일태 외 | 경희대 경제통상학부

54 물류비 절감을 위한 무역업체의 정보화전략
이영수 외 | 경북대 경제통상학부

55 사회주의 체제전환과 사회정책
오정수 외 | 충남대 사회복지학과

56 남북통일 이후 농업생산체계 개편
홍성규 외 | 건국대 농업경제학과

57 국제화와 세계화
하영선 외 | 서울대 외교학과

58 IMF 개혁정책의 평가와 한국경제의 신(新) 패러다임
조동근 | 명지대 경제학과

59 구조개혁과 실업대책
박동운 | 단국대 경제무역학부

60 21세기 신노사관계
심윤종 외 | 성균관대 사회학과

61 학교에서의 집단 따돌림
이춘재 외 | 가톨릭대 심리학과

62 한국노인의 정신건강실태와 건강증진
조맹제 외 | 서울대 의과대학

63 혁명과 개혁 속의 중국 농민
김광억 | 서울대 인류학과

64 중국의 경제환경과 한국기업의 진출 전략
지용희 외 | 서강대 경영학과

65 김대중 대통령의 시스템 사고
김동환 | 중앙대 공공정책학부

66 실업과 가족해체
최일섭 외 | 서울대 사회복지학과

67 합리적 부채비율 조정방안
오상근 | 동아대 경제학과

68 한국 중산층의 생활문화
문숙재 외 | 이화여대 소비자 · 인간발달학과

69 계층간 갈등상태에서 최적소득세
김진욱 | 건국대 경상학부

70 글로벌 경쟁력 제고를 위한 기업전략과 조직구축
이만우 외 | 고려대 경영학과

71 의료보험과 국민연금의 관리효율화를 위한 통합방안
사공진 외 | 한양대 경제학부

72 정부개혁의 과제와 전략
박우서 외 | 연세대 행정학과

73 책임운영기관 제도에 관한 비교분석
김근세 | 가톨릭대 행정학과

74 새로운 패러다임하에서의 한국기업의 바람직한 지배구조
최운열 외 | 서강대 경영학과

75 현대 한국사회의 계층구조
양춘 외 | 고려대 사회학과

76 한국의 산업정책과 산업구조조정
강인수 | 숙명여대 경제학부

77 기업구조조정
김석진 | 경북대 경영학부

78 지식경영을 위한 인적자원 개발 및 관리체계
장영철 | 경희대 경영학부

79 뉴 비즈니스 모델
전성현 | 국민대 정보관리학부

80 중산층의 정체성과 소비문화
함인희 외 | 이화여대 사회학과

81 외국관광객 유치를 위한 마케팅 전략
박상규 | 강원대 경영학과

82 한국인의 세대별 문학의식
이동순 | 영남대 국문과

83 공공부문의 효율성 평가와 측정
김재홍 외 | 울산대 사회과학부

84 한국 청소년의 정치의식과 형성요인
김광웅 외 | 숙명여대 아동복지학과

85 한국 대학생의 정치의식
배한동 | 경북대 윤리교육과

86 산업의 정보화와 산업발전
이기동 | 계명대 통상학부

87 한국 제조업의 고용조정 분석
이종원 외 | 성균관대 경제학부

88 지식자산에 대한 경영전략적 평가모형 개발
배재학 외 | 울산대 컴퓨터 · 정보통신공학부

89 관광사업을 위한 한국적 이미지의 휴식복 개발
채금석 | 숙명여대 의류학과

90 한국 정치제도의 개혁
신정현 | 경희대 사회과학부

91 e비즈니스와 아웃소싱 전략
정승화 외 | 연세대 경영학과

92 집단 따돌림의 진단 및 치료방안
홍준표 | 중앙대 인간생활환경학과

93 16대 총선과 낙선운동
조기숙 | 이화여대 국제대학원

94 부동층 유권자 행태 분석
진영재 | 연세대 정치외교학과

95 사이버 공동체의 성공요인
이재관 | 숭실대 경영학부

96 온라인 소비자 행동의 이론과 실증
윤성준 | 경기대 경영학부

97 글로벌 시대 정약용 세계관의 가능성과 한계
차성환 | 한일장신대 역사사회학과

98 러시아의 체제전환 과정에서 나타난 국가의 역할과 그 전망
이상민 외 | 부산대 정치외교학과

99 남북한의 경제발전 수준과 산업구조 비교, 그리고 경제교류 협력방향
주성환 | 건국대 경제학과

100 집단따돌림과 교육해체
한준상 | 연세대 교육학과

101 공적연금제도의 효율성과 개선방안
유금록 | 군산대 행정복지학부

102 벤처기업-대기업의 성공적인 협력 모델
나중덕 | 경산대 경영학과

103 북한의 재외동포정책
조정남 외 | 고려대 정치외교학과

104 사이버 공동체 형성의 역동적 모형
장용호 | 서강대 신문방송학과

105 기업이론과 기업의 소유지배구조
김일태 외 | 전남대 경제학부

106 가축분뇨 자원화를 위한 공동이용조직에 대한 농가선호도 분석
유덕기 | 동국대 생명자원경제학과

107 개혁정책과 전문가 집단
이경원 외 | 제주대 행정학과

108 현대 한국사회의 이중가치체계
신수진 외 | 이화여대 가정관리학과

109 한국의 산업구조 변화와 기업집단 다각화 전략
김용학 외 | 연세대 사회학과

110 지식정보사회의 경제적 모형 설정 및 사례 연구
김범환 | 배제대 경영정보학부

111 변호사징계제도
오종근 | 한림대 법학부

112 인터넷 특허법
김순석 | 광주대 법학과

113 e-비즈니스 시대의 금융 및 재정정책의 새로운 패러다임
이종욱 | 서울여대 경제학과

114 청소년의 하위문화와 정체성
조성남 | 이화여대 사회학과

115 디지털금융시대의 금융구조변화와 정부규제 및 정책
이충열 | 고려대 경제학부

116 지식경영을 위한 기업의 조직설계방안
김경수 외 | 전남대 경영학과

117 전자금융의 발달과 경제정책의 새로운 패러다임
이명훈 | 명지대 경제학과

118 동아시아의 안보와 유엔체제
강성학 편저 | 고려대 정치외교학과

119 유료 치매노인 그룹홈의 개발과 관련 정책
최정신 외 | 가톨릭대 소비자 · 주거학과

120 소비자 지향적 문화산업 정책
홍영준 | 호남대 광고홍보학과

121 국제 · 국가 · 지방 환경규제의 연계
정준금 외 | 울산대 행정학과

122 현행 회사 합병 · 분할제도의 평가와 개선방안
옥무석 외 | 이화여대 법학과

123 배려지향적 도덕성과 정의지향적 도덕성
정옥분 외 | 고려대 사범대학

124 기업구조조정에 대한 채권금융기관 및 금융감독기관의 역할과 책임
이중기 | 한림대 법학과

125 실업대책으로서 한국의 법정기준근로시간 단축
박영범 | 한성대 경제학과

126 프랑스어의 비분리성 소유개념 표현
노윤채 | 연세대 언어정보연구원

127 지방채의 효율적 관리방안
강태구 | 호원대 법행정학부

128 21세기 산업구조 변화와 과학기술정책
임채성 외 | 그리스도신학대 경영정보학부

129 인터넷 쇼핑몰 이용자의 불평행동
예종석 | 한양대 경영학부

130 한국기업의 성과급제도 현황, 효과 및 개선방안
김성수 | 서울대 경영학과

131 전자상거래와 소비자보호
서민교 외 | 경일대 인터넷국제통상학과

132 평생학습 사회에서의 인적자원개발을 위한 사회적 파트너십 구축
김영화 | 홍익대 교육학과

133 한국 공교육의 새로운 구상과 전략
권대봉 외 | 고려대 교육학과

134 한국의 정부개혁
김태룡 | 상지대 행정학과

135 지방정부 생산성 측정의 이론과 실제
이은국 외 | 연세대 행정학과

136 불가 시문학론
배규범 | 경희대 학술연구 교수

137 남북경제교류의 법적 문제
제성호 | 중앙대 법학과

138 경제위기와 청소년 발달
구인회 | 서울대 사회복지학과

139 생명과학기술의 응용과 기본권보호적 한계
정상기 외 | 한남대 법학과

140 경제발전과 정치환경의 한 · 일 비교분석
정갑영 외 | 연세대 동서문제연구원

141 한국 공교육의 진단
윤정일 외 | 서울대 교육학과

142 우리나라 지방자치 발전을 위한 자치단체장의 역할
정성호 외 | 경기대 사회과학부

143 의료보험제도의 개혁방안
권순원 | 덕성여대 경제학과

144 중등 도덕교육의 현실과 문제
손동현 외 | 성균관대 철학과

145 사이버공동체 발전론
이명식 | 상명대 경영학과

146 남북경협 확대에 대비한 북한 담보제도의 정비방안
박휘일 | 경희대 법과대학

147 한국 공무원 인사제도 개혁
김판석 | 연세대 행정학과

148 교사화법 교육
임칠성 외 | 전남대 국어교육과

149 세계화의 문화정치학
임혁백 외 | 고려대 정치외교학과

150 효과적인 e-SCM을 위한 의사결정 조정 시스템 모형
이원준 | 성균관대 경영학부

151 환경거버넌스
김종순 외 | 건국대 행정학과

152 자동차산업의 인적자원관리
이덕로 | 서원대 경영학부

153 한국과 영국 간 지식기반산업 비교
이명호 | 한국외대 경영학과

154 한국 벤처기업의 기술네트워킹 및 기술마케팅 전략
장영일 | 인제대 경영학부

155 회사변호사의 윤리
오승종 | 성균관대 법과대학

156 미디어교육론
이정춘 | 중앙대 신문방송학과

157 조선시대 서원과 양반
윤희면 | 전남대 역사교육과

158 환경문제와 철학
박찬국 | 서울대 철학과

159 노인보건복지 이론과 실제
김명 외 | 이화여대 보건교육학과

160 북한의 법체계
권재열 외 | 숭실대 법학과

161 생명공학기술의 안전성 확보에 관한 법적 고찰
이재협 | 경희대 법학부

162 청소년복지학
김성이 외 | 이화여대 사회복지학과

163 변화하는 세계, 변화하는 복지국가
조영훈 | 동의대 사회복지학과

164 의리의 윤리와 한국의 유교문화
김낙진 | 진주교대 도덕교육과

165 미국의 통상정책과 통상법
윤충원 | 전북대 무역학과

166 사회복지 프로그램 평가
김학주 | 경상대 사회복지학과

167 환경주의와 지속가능한 발전
정대연 | 제주대 사회학과

168 무역과 환경
김기흥 외 | 경기대 경제학부

169 산업계 유해폐기물의 위험과 관리
김금수 | 호서대 경상학부

170 백범 김구의 지적 계발과정 탐색
문용린 | 서울대 교육학과

171 태평양전쟁 발발 이후 일제의 인적 지배와 그리스도교계의 대응
윤선자 | 전남대 사학과

172 거버넌스 상황에서 갈등관리를 위한 대체적 분쟁해결제도
서순복 | 광주대 법정학부

173 시장경제의 유형과 민주주의
최배근 | 건국대 경상학부

174 일본고전소설 총론
김현정 | 국립한국전통문화학교

175 국어 교육을 위한 국어 문법론
이관규 | 홍익대 국어교육과

176 율곡의 군주론
전세영 | 부산교대 윤리교육과

177 동북아시아 환경협력
정서용 | 명지대 법학과

178 기후변화협약과 기후정책
신의순 외 | 연세대 경제학과

179 인터넷과 국제 학술정보 네트워크-하이퍼링크 분석
박한우 | 영남대 언론정보학과

180 국내 기업복지의 활성화 방안
최수찬 | 연세대 사회복지대학원

181 세계화와 인간안보
김우상 외 | 연세대 정치외교학과

182 세계문화유산 종묘 이야기
지두환 | 국민대 국사학과

183 한국 평생교육의 사회철학적 과제
곽삼근 | 이화여대 교육학과

184 강점모델
정순둘 | 이화여대 사회복지학과

185 글로벌시대의 계약법
박영복 | 한국외대 법과대학

186 배심제와 시민의 사법참여
안경환 | 서울대 법학과

187 동북아공동체
김재한 | 한림대 정치외교학과

188 정치 참여와 탈물질주의
김욱 | 배재대 정치외교학과

189 퍼지전문가회로망을 이용한 금융기관의 사이버 기업여신결정 지원시스템의 개발
권혁대 | 목원대 경영학과

190 환경정책과 환경법
송인성 | 전남대 지역개발학과

191 포스트모던 시대의 평생교육학
한숭희 | 서울대 교육학과

192 현대 한국인의 세대경험과 문화
박길성 외 | 고려대 사회학과

193 서구의 근로연계복지
김종일 | 건국대 사회복지학과

194 사회복지운동론
현외성 | 경남대 사회복지학과

195 외국의 역모기지 사례
유선종 | 건국대 부동산학과

196 옛이야기와 어린이문학
이지호 | 진주교대 국어교육학과

197 노인사회복지관광의 정책과제와 방안
김창수 | 경기대 관광학부

198 복지서비스의 민간위탁 시스템 분석
김순양 | 영남대 행정학부

199 새로운 빈곤층의 대두와 정부의 정책과제
김진욱 | 건국대 경제학과

200 문화행정론
김정수 | 한양대 행정학과

201 스칸디나비아 노인용 코하우징의 계획과 적용
최정신 외 | 가톨릭대 생활과학부

202 북한의 자연생태계
공우석 | 경희대 지리학과

203 통계로 이해하는 러시아
전홍찬 | 부산대 정치외교학과

204 사회복지법인의 경영과 회계
이동규 | 충남대 회계학과

205 의약분업 정책과정
차흥봉 | 한림대 사회복지학과

206 지역공동체와 평생교육
오혁진 | 동의대 평생교육학부

207 아동보호서비스의 실제
한미현 | 백석대 사회복지학부

208 그린마케팅
박재기 | 충남대 경영학부

209 아동권리와 아동복지
이혜원 | 성공회대 사회복지학과

210 국제 이주와 인도인 디아스포라
김경학 | 전남대 인류학과

211 질병과 의료의 사회학
조병희 | 서울대 보건대학원

212 북한이탈주민의 사회통합을 위한 지역복지실천의 모색
이기영 | 부산대 사회복지학과

213 치매노인케어론
조유향 | 초당대 간호학과

214 노인상담입문
서혜경 외 | 한림대 대학원 사회복지학과

215 '통일 이후 통일과정'으로서의 독일 통일영화
이준서 | 이화여대 독어독문학과

216 중국의 사회보장
오정수 | 충남대 사회복지학과

217 환경자원의 경제적 가치와 환경오염의 사회적 비용
김재홍 | 울산대 사회과학부

218 사회복지프로그램의 경제적 평가방법
박창제 외 | 상주대 사회복지학과

219 자유의지와 결정론
안건훈 | 강원대 철학과

220 심리학자들이 쓴 행복한 결혼의 심리학
채규만 외 | 성신여대 심리학과

221 현대 해석학 강의
양해림 | 충남대 철학과

222 한국인의 주거 빈곤과 공공주택
하성규 | 중앙대 도시 및 지역계획학과

223 IMF 경제위기와 한국 출산력의 변화
김두섭 | 한양대 사회학과

224 동아시아의 영토분쟁과 국제법
이석우 | 인하대 법학부

225 독일 복지국가와 사회복지서비스
정재훈 | 서울여대 사회사업학과

226 사회복지사를 위한 실용 비모수통계
엄명용 | 성균관대 사회복지학과

227 피해자학 연구
이윤호 | 동국대 경찰행정학과

228 광고언어창작론
박영준 외 | 부경대 국어국문학과

229 환경규제 패러다임의 전환
한철 | 한남대 법학과

230 고령사회의 노동환경변화와 고용시스템의 문제점 및 법적 대응
고준기 | 국립군산대 법학과

231 세계화와 소득불평등
이성균 외 | 울산대 사회과학부

232 유비쿼터스 사회의 이해
안중호 외 | 서울대 경영학과

233 국제환경책임법론
박병도 | 건국대 법학과

234 한국의 선거와 민주주의
윤종빈 | 명지대 정치외교학과

235 한국 시민운동의 구조와 동학
조대엽 외 | 고려대 사회학과

236 또래관계
송영혜 | 대구대 재활심리학과

237 해외 한국기업과 현지인 노동자
석현호 외 | 에스콰이아학술문화재단

238 독일 국가복지에서 민간복지단체의 역할과 의미
차성환 외 | 한일장신대 사회복지학부

239 청정공학
조정호 | 동양대 생명화학공학과

240 한국전통연희론
심상교 | 부산교육대 국어교육학과

241 정신장애와 가족
서미경 | 경상대 사회복지학부

242 빈곤통계의 작성과 활용
김주환 | 동국대 정보통계학과

243 인터넷과 한국정치
강원택 | 숭실대 정치외교학과

244 북한의 시장경제이행
정영화 외 | 서경대 법학과

245 시스템사고로 본 지속가능한 도시
문태훈 | 중앙대 도시및지역계획학과

246 실버산업과 유비쿼터스 컴퓨팅
고일상 | 전남대 경영학부

247 재활상담과 사례관리
나운환 | 대구대 직업재활학과

아|산|재|단|연|구|보|고|서

1 한국인의 도덕성 연구
배해수 | 고려대 국문학과

2 산업화와 청소년 진로
이원호 | 울산대 교육학과

3 공동체의식과 시민운동
김영섭 | 한양대 행정학과

4 한국청년의 삶의 의미 충족도와 만족적 태도
안정수 | 경희대 철학과

5 중국조선족의 사회발전과 한 · 중관계의 위상
손장권 | 고려대 사회학과

6 해송림 "솔껍질깍지벌레"의 천적 및 주요 종의 생태
김규진 | 전남대 농생물학과

7 사회정의와 실천윤리
박종대 | 서강대 철학과

8 동구개혁의 영향
김달중 | 연세대 정치외교학과

9 한국청소년의 의식세계
김문조 | 고려대 사회학과

10 고강도 철근 콘크리트 구조의 실용화
정헌수 | 중앙대 건축학과

11 신기술의 연관형태 및 출현예측의 구조모형
권철신 | 성균관대 산업공학과

12 민간기업의 연구개발을 위한 조세정책
권영훈 | 한양대 경제학부

13 기술개발 활성화방안
송승구 | 울산대 화학공학부

14 부패의 현상과 진단
이문조 | 영남대 정치외교학부

15 연구투자의 지역적 편중화와 부산지역의 기초과학연구 활성화방안
윤웅찬 | 부산대 화학과

16 GATT의 신구 덤핑방지협정과 그 대응방안
전창원 | 동국대 무역학과

17 한국사회의 도덕성 제고를 위한 진단과 처방
황경식 | 서울대 철학과

18 새로운 노사관계 방향
이진규 외 | 고려대 경영학과

19 21세기 동북아 정세예측과 한국의 전략적 대응방안
최평길 외 | 연세대 행정학과

20 소련의 한국에 대한 정책목표분석
신승권 | 한양대 정치외교학과

21 메모리 커패시터용 $Pb(Zr_xTi_{1-x})O_3$ 강유전체 박막의 제작과 특성
장지근 외 | 단국대 전자공학과

22 러시아 국제법학의 전통
김용구 | 서울대 외교학과

23 유럽연합의 현황과 전망
김동현 외 | 성균관대 행정학과

24 중국의 정치동원
송영우 외 | 건국대 정치외교학과

25 산업적 활용을 위한 이동로보트 시스템의 개발
박민용 외 | 연세대 전자공학과

26 중국조선족의 정치사회화과정과 동화적 국민통합의 방향
전인영 외 | 이화여대 사회생활학과

27 공적부조의 이론과 실제
최일섭 외 | 서울대 사회복지학과

28 대외통상환경의 변화와 법제개편
서헌제 | 중앙대 법학과

29 기업금융의 국제화
최생림 | 한양대 경영학부

30 자동차부품공업의 노사관계
김호진 외 | 고려대 행정학과

31 산업화 과정에서의 한국가족의 실태와 전망
정창수 외 | 성균관대 사회학과

32 공무원 가치관 실태와 정립방안
배병룡 외 | 경상대 행정학과

33 해외귀국청소년의 국내적응연구
이장영 | 국민대 사회학과

34 초고속정보통신망에서 LAN서비스 제공방안
이재용 | 연세대 전자공학과

35 WTO체제의 정책적 대응
김병진 외 | 경희대 행정학과

36 유럽의 통합정치
최수경 외 | 충남대 정치외교학과

37 유기질폐기물을 이용한 고단백사료원인 조류의 생산공정
최정우 외 | 서강대 화학공학과

38 초고속정보통신망의 수용성과 정책방향
박영상 외 | 한양대 신문방송학과

39 중국의 강남사회와 한중교섭
조영록 외 | 동국대 사학과

40 세계화시대의 사회 · 문화의식
신행철 외 | 제주대 사회학과

41 국내 외국인 노동자의 문제와 대책
성규탁 외 | 연세대 사회복지학과

42 노인인력 활용정책과 프로그램
김정후 외 | 강원대 법과대학

43 한일간 학술교류 현황과 활성화방안
정홍익 외 | 서울대 행정대학원

44 계량모형에 의한 한일 경제관계의 이해
김명직 외 | 한양대 경제학부

45 직장인의 음주행태와 삶의 질
진기남 외 | 연세대 보건행정학과

46 유통정보 시스템의 구조와 설계
정용길 | 충남대 경영학과

47 남북통일 이후 사회통합을 위한 교육의 역할
안기성 외 | 고려대 교육학과

48 대중음악에 심취한 청소년들의 심리적 특성
김인경 외 | 연세대 인간행동연구소

49 멀티미디어 시스템을 활용한 교육환경의 개선방안
김한일 | 제주대 컴퓨터교육학과

50 탈냉전기 한일관계의 쟁점
최상룡 | 고려대 정치외교학과

51 자치시대 새로운 '삶의 질' 지표의 모색
김형기 외 | 경북대 경제통상학부

52 유럽통합의 역내외 협력과 갈등
이호재 외 | 고려대 정치외교학과

53 21세기를 대비한 신노사관계
김재원 | 한양대 경제학부

54 대학의 시간제학생 등록제
안규철 외 | 전남대 교육학과

55 21세기에 대비한 방송통신정책
한진만 외 | 강원대 신문방송학과

56 주민참여를 통한 혐오시설 관리운영방안
박균성 외 | 경희대 법학부

57 여성의 정치적 권리인식과 정치참여
전경옥 외 | 숙명여대 정치외교학과

58 한국인 위장질환과 식생활 · 환경요인 및 *H. pylori* 감염과의 관계
이양자 외 | 연세대 식품영양학과

59 학생과 시민의 자원봉사활동
윤정일 외 | 서울대 교육학과

60 동북아 환경문제와 지역환경협력의 모색
신연재 외 | 울산대 정치외교학과

61 노인 자원봉사활동을 통한 사회통합 프로그램 개발
김동배 | 연세대 사회복지학과

62 물류정보 시스템
김태현 | 연세대 경영학과

63 전자식 문서교환을 이용한 항공화물 운송체계
민재형 | 서강대 경영학과

64 청소년과 성
이근후 | 이화여대 의과대학

65 민족통합과 무궁화호 위성의 남북한 공동활용방안
방정배 | 성균관대 신문방송학과

66 채식주의가 20대 여성의 영양상태와 에스트로겐 대사에 미치는 영향
성미경 | 숙명여대 식품영양학과

67 가상정보공간을 통한 지역개발 활성화 전략
유재천 외 | 한림대 언론정보학부

68 조산아 관리현황 및 정책수립 방안
박상기 외 | 조선대 의과대학

69 남북한관의 의식조사와 통일교육 개선방안
김동규 외 | 고려대 북한학과

70 동양 전통 자연사상 탐구
장동순 | 충남대 환경공학과

71 초고속정보망의 시뮬레이터 구현
한기준 | 경북대 컴퓨터공학과

72 유통원가 시스템의 유효성
정다미 | 명지대 경영학과

73 국악과 문화관광의 만남
정익준 외 | 동아대 국제관광통상학부

74 기업의 지식경영 활용사례
김창은 | 명지대 산업공학과

75 선진국과 한국의 직업교육 · 훈련제도의 특성과 한계
정주연 | 고려대 경제학과

76 제주지역 성인 여성의 자원봉사활동
이상철 외 | 제주대 사회학과

77 M&A와 문화충돌 관리
박원우 | 서울대 경영학과

78 폐금속광산 인근 주민들의 중금속 오염실태
정종학 외 | 영남대 의학과

79 북한 농촌 · 농업실태와 인력자원개발 시스템을 통한 북한 농민의 구호방안
박성열 | 건국대 교육공학과

80 중소 소매점의 경쟁력과 소매성과
채명수 외 | 한국외대 무역학과

81 고령자를 위한 쾌적한 실내온도와 착의량의 설정
정운선 | 안동대 의류학과

82 지역문화 이벤트 PR
박종민 | 경희대 언론정보학부

83 인터넷 지역정보화의 실태와 전략
유평준 외 | 연세대 행정학과

84 여성 삶의 질 향상을 위한 사회교육 활성화 방안
김양희 | 중앙대 가족복지학과

85 벤처기업과 벤처금융
강대석 외 | 충남대 무역학과

86 구조조정기에 있어서 실업대책과 사회 안전망 구축
박천익 | 대구대 경제학과

87 한국 유아의 조기교육
이명조 외 | 한국외대 교육대학원

88 남북한 경제공동체 형성전략
이상만 | 중앙대 경제학과

89 지방자치회계의 투명성과 주민의 알 권리
권찬태 외 | 경북대 경영학부

90 정치지도자의 정책리더십
이해영 | 경일대 행정학과

91 경제위기와 한국인의 복지의식
신광영 외 | 중앙대 사회학과

92 북한의 노동
김강식 | 한국항공대 경영학과

93 우리나라 중소기업의 정보기술 활용 현황과 경쟁력 강화를 위한 제안
정승호 | 부산외대 정보시스템학과

94 인간배아복제의 법적 · 윤리적 문제점 과 그 해결방안
최병규 | 한경대 법학부

95 가치변화에 따른 투표행태
조찬래 외 | 충남대 정치외교학과

96 인터넷 경매에서의 계약체결과 소비자 보호
이기수 외 | 고려대 법과대학

97 세계화시대 남북한 통합의 방향과 과제
윤민재 | 서울대 사회발전연구소

98 글로벌 시대 지방정부의 문화마케팅 전략
박흥식 | 중앙대 행정학과

99 대졸여성실업의 실태분석 및 대학-노동 시장 간 효율적 연계방안
이은우 외 | 울산대 사회과학부

100 그린 투어리즘의 분석
이응진 | 대구대 관광학부

101 지방자치단체장의 부정부패
오일환 | 한양대 아태지역연구센터

102 산업화가 유교체제하 중국여성의 지위에 미친 영향
천성림 | 배재대 사회과학연구소

103 움직이는 말하기
유혜숙 외 | 나사렛대 교양학부

104 장애학생을 위한 특수교육공학의 활용
김용욱 | 대구대 중등특수교육과

105 지식기반사회의 평생교육 이해와 평생 교육 프로그램 개발
박성열 | 건국대 교육공학과

106 N세대의 미술교육
김동철 | 대구교육대 미술교육학과

107 노후계획과 투자
권택호 | 여수대 국제통상학과

108 영화산업
양영철 | 경성대 연극영화학부

109 동유럽의 변혁과 언론의 역할
정대수 | 경남대 정치언론학부

110 환율, 임금, 물가가 국제경쟁력 및 수출입산업에 미치는 영향
하인봉 | 경북대 경제통상학부

111 일본기업의 기술혁신 전략
위정현 | 중앙대 상경학부

112 노후보장정책과 역저당연금제도
조덕호 외 | 대구대 행정학과